功能性训练概论

周振华 李志宏 李 忠 李 镌 主编

中南大学出版社 ·长沙·
www.csupress.com.cn

图书在版编目（ＣＩＰ）数据

功能性训练概论／周振华等主编. --长沙：中南
大学出版社，2017.11
ISBN 978 - 7 - 5487 - 3086 - 6

Ⅰ.①功… Ⅱ.①周… Ⅲ.①运动训练—教材 Ⅳ.
①G808.1

中国版本图书馆 CIP 数据核字(2017)第 287116 号

功能性训练概论
GONGNENGXING XUNLIAN GAILUN

周振华　李志宏　李　忠　李　镌　主编

□责任编辑	罗赣虹　　何水来
□责任印制	易红卫
□出版发行	中南大学出版社

社址：长沙市麓山南路　　　　邮编：410083
发行科电话：0731 - 88876770　　传真：0731 - 88710482

□印　　装	长沙市宏发印刷有限公司

□开　　本	787×1092　1/16　□印张 21.5　□字数 549 千字
□版　　次	2017 年 11 月第 1 版　□2017 年 11 月第 1 次印刷
□书　　号	ISBN 978 - 7 - 5487 - 3086 - 6
□定　　价	68.00 元

图书出现印装问题，请与经销商调换

编委会

主　编

周振华　湖南城市学院教授　运动训练学博士
李志宏　湖南城市学院教授　中医康复学硕士
李　镌　湘潭市体育运动学校游泳教练培训师
李　忠　中南大学体育教研部硕士研究生导师

副主编

戴光荣　无锡和亦健身发展有限公司教练培训师
姚　军　湖南木威健身培训学院教练培训师
汪小莹　湘潭飞渔体育文化有限公司教练培训师
肖　强　湖南广运体育文化有限公司教练培训师
郭　智　湖南省醴陵市第四中学正高级教师

参编人员

曹　畅　湘潭飞渔游泳俱乐部游泳教练培训师
庄　佳　无锡和亦健身发展有限公司私教总监
郑小云　湖南省醴陵市第四中学体育教师
陈虹怡　株洲市少年儿童体育学校高级教练
崔利新　湖南省沅江市第二中学体育教师
何志斌　中南大学体育教研部体育教师
徐　哲　湖南城市学院运动防护研究所健身指导教师
赵　丹　湖南城市学院运动防护研究所中医康复教师
胡　鹏　湖南城市学院运动防护研究所运动人体教师
汤　华　湖南城市学院运动防护研究所运动营养教师
张志辉　湖南城市学院运动防护研究所生物力学教师
陈日红　湖南城市学院运动防护研究所运动医学教师

前　言

　　功能性训练（Functional Training）的早期探索始于美国的康复治疗研究。美国体能训练协会物理治疗师为了帮助受伤运动员尽快重返赛场，恢复竞技水平，同时避免再次发生运动损伤，在康复过程中融合了身体姿势纠正和运动功能重建的动作模式练习，确保运动员以功能正常和无痛技术动作投入专项运动。后来，这种功能康复训练模式向竞技运动训练不断渗透，逐渐发展出了一种新兴运动训练理论，并逐步在大众健身与学校体育领域传播。

　　备战伦敦奥运会伊始，国家体育总局引进了功能性训练这一理论。在美国体能训练讲师团的指导下，功能性训练理论逐步在多个备战项目运动队应用。随着运动队的成功实践，全国各级各类体育院校、体育科研机构纷纷成立功能性训练研究所、工作室，还有体育院校设置了功能性训练博士、硕士学位点。随着专家、学者研究的不断深入，一些相关的理论著作也在全国公开发行，例如张英波等翻译的《动作－功能动作训练体系》、王雄等主编的《身体功能训练动作手册》、尹军等主编的《身体运动功能训练》。本人此时正在北京体育大学攻读博士学位，有幸凭借指导备战北京奥运会的体能训练经历被派遣到美国功能性训练讲师团参加培训，并在国家竞走队、中长跑马拉松队对功能性训练理论进行实证研究与应用。通过实践，我获得的重要启示就是：该训练理论对运动员的损伤防护和技术动作优化具有明显效果。

　　运动损伤、功能动作不良一直是教练员、运动员、专家、学者普遍关心的棘手问题。虽然功能性训练理论为运动损伤防护开出了处方，为技术动作优化建构了动作模式训练体系，但是人们也有过分夸大其功效之趋，主要表现为以功能性训练代替体能训练，忽视传统力量训练；以动作训练代替技术训练，淡薄专项技术能力训练。究其原因，主要是缺乏对功能性训练的实质性把握。为此，我们从功能性训练本源出发，联合相关学校和企业，成立运动训练学、运动医学、中医康复学、运动人体科学等学科研究团队，整合体育专业训练和大众健身诉求编写了《功能性训练概论》一书，与广大同仁共同探讨功能性训练理论及其实践应用。

　　全书分为九章，以运动训练与运动防护为核心，阐述运动功能评估、运动损伤预康复、功能性体能训练、功能性竞技能力训练四个知识体系。第一章绪论，探讨功能性训练"是什么"的问题，介绍起源、价值取向和基本特征，把握动作训练的核心思想，建构竞技即动作的训练理念。第二章把握研究定位，探讨功能性训练的研究应用板块，阐述"为什么而练"这一问题，介绍运动功能康复、体能训练、竞技能力训练及三者之间的关系。第三章介绍运动系统，介绍人体产生运动的结构功能，奠定运动解剖学基础。第四章介绍训练内容体系，探讨功能性训练"练什么"的问题，介绍功能性训练的内容结构。第五章、第六章、第七章探讨"怎么练"的问题，介绍功能性训练应遵循的原理、运动功能评估、功能动作训练手段，建构预康复动作训练体系和运动训练手段范式。第八章、第九章探讨功能性训练理论"怎么用"的问题，介绍运动损伤康复及常规体能训练控制，为组织实施功能性竞技能力训练或大众健身提供运动损伤康复参考。

全书图文并茂，结构清晰，操作性强，适用范围广。每一章开篇为读者提供内容导读，每一章结尾提供思考题，帮助读者温故知新、承上启下地阅读与掌握四个核心知识体系。每一章节的内容结构彼此关联，理论联系实际，既适合于初学者，也适合于专业运动员。既适合于大众健身、运动功能康复训练，又适合于专业运动训练指导。全书文字叙述通俗易懂，图片制作清晰可见、易于模仿演练，其中的动作练习体系既可以在健身房、训练馆、家里等室内场地进行，也可以在室外生态环境中练习，甚至可以迁移到水环境中操练。

全书从前述四个知识体系回答了功能性训练"是什么、怎么练、练什么、为什么练"四个运动训练基本问题，难度适中，内容充实，富有学术前瞻性，集现代运动训练理念于一体。本书不但可以作为运动防护指导教材，而且可以作为体能训练、健身私教指导教材。

《功能性训练概论》一书的编写过程引用了部分专家、学者的观点和研究成果，在此表示衷心感谢！同时感谢江苏无锡和亦健身发展有限公司、湘潭飞渔体育文化有限公司、湖南木威健身培训学院、湖南广运体育文化有限公司、中南大学、湘潭市体育运动学校、株洲市少年儿童体育学校、醴陵市第四中学、沅江市第二中学等校企领导、专家、教练员为本书的编写与审定付出的辛勤工作！感谢湖南城市学院运动防护研究所全体教师及彭敏芳等同学为全书的策划、编写等的大力支持与悉心指导。

《功能性训练概论》一书存在的不足之处，还请广大同仁及读者批评指正。

周振华
2017 年 6 月

目 录

第一章 绪 论

【本章导读】 功能性训练的早期探索始于美国的康复治疗，后来渗透到竞技体育领域，并逐渐发展成为一种新兴运动训练理论。随着美国体能训练在竞技体育领域的成功实践，功能性训练逐渐得到教练员、运动员及专家、学者的认同，并成为日常训练的重要组成部分，同时逐步向大众健身和学校体育教学领域传播与发展。在理论方面，功能性训练理论的提出重塑了现代运动训练理论框架；在实践方面，其引起了人们对"体医"高度融合、"竞技即动作"训练理念和"运动是良医"的健身观的广泛关注。本章将从功能性训练的缘起、功能性训练的价值和功能性训练的基本特征三个方面介绍这一理论的基本内涵。

第一节 功能性训练的缘起

一、功能性训练的提出

功能性训练的早期探索始于美国的康复治疗。美国体能训练协会物理治疗师为了帮助受伤运动员尽快重返赛场，恢复原有竞技水平，同时避免再次发生运动损伤，在伤者的康复过程中融合了身体姿势纠正和身体运动功能重建的动作模式练习，以保证运动员以最正确、最安全的技术完成基本动作。后来，这种训练模式向竞技体育渗透，逐渐发展成为一种新兴运动训练理论，并强调"竞技即动作"这一训练思想。

美国学者 Cook 研究指出："身体本身就是个奇迹，具有难以置信的耐用性、坚韧性，并创造了惊人的运动成绩；我们生来就能够生长并变得强壮，而开垦真正的动作却是一切的起始""真正的动作是保障充分功能的动作，这些动作具有高度的安全性、稳定性、灵活性、对称性，不存在疼痛、代偿、限制和功能不良""离开动作效率，力量和功能都是个能被发现的，这样就不会有流畅、高效的动作，强壮的'体能'也就没有多大意义"。实践中，人们也发现，传统的力量、速度、耐力训练与运动员创造运动成绩并不呈正相关，人们普遍关注如何使运动员所获得的和提高的动作技术能力在训练和比赛中表现出来，即关注身体功能动作的表现。尤其是随着美国体能训练专家成功地运用"竞技即动作"训练思想来指导训练实践，身体功能动作训练理念得到了教练员、运动员和训练学专家、学者的普遍认可，并成为日常训练的重要组成部分。由此，这种以功能动作训练为核心的"功能性训练"概念被提出来了。

备战伦敦奥运会伊始，国家体育总局引进了功能性训练这一理论。在美国体能训练讲师团的指导下，这一理论逐步实践于多个备战项目运动队。随着运动队的实践不断取得成功，全国各级各类体育院校、体育科研机构纷纷成立功能性训练研究所、工作室，甚至有体育院校设置了功能性训练博士、硕士点。一些相关的理论著作也在全国公开发行，例如张英波等翻译的《动作-功能动作训练体系》、王雄等主编的《身体功能训练动作手册》、尹军等主编的《身体运动功能训练》等。

二、功能性训练的释义

功能性训练是一个外来词，不同学者对其有不同的定义。例如 Boyle 认为，功能性训练应包括平衡练习和本体感觉练习以及需要脚接触地面的、不需要固定器械辅助的练习（非稳定状态下的力量练习和身体在各个方位的练习）；Gambetta 认为，功能性训练是多关节、多方位、强调本体感觉的运动，包括减速、加速以及稳定性能力、在不稳定状态下控制身体重心、对反应力和冲力进行调控的能力；Plisk 认为，功能性训练是将具有力学特征的、协调的或者有活力的活动融入到日常生活中去；Foran 认为，功能性训练是一种模拟人体在自然状态下运动的训练模式，是通过强化核心力量促使神经肌肉系统愈发高效的训练方法，是涵盖了动作衔接的稳定性和加减速练习的整体性、多关节、多维度的动作训练；Cook 认为，功能性训练是强调动作模式合理性与身体姿态规范性，通过对脊柱力量、动作模式、恢复与再生、动力链等环节的系统性优化，提高专项运动能力的新兴训练方法与理论体系。

由此，我们认为功能性训练是一种模拟人体在自然状态下的功能动作的训练模式，是为了恢复或提高身体运动的力量、速度、耐力或促使神经肌肉系统高效运行而采用的涵盖动作衔接的稳定性、灵活性、加减速练习的多关节、多维度的动作训练系统。这个训练系统集运动训练和运动防护知识于一体，自成理论体系。功能性泛指身体运动功能，表现为最正确、最安全的动作功能，包括动作的灵活性、稳定性、对称性和加减速能力等。

第二节　功能性训练的价值

一、理论价值

（一）重构运动素质训练结构

传统体能训练包括身体形态、机能以及运动素质三个要素。运动素质包括力量、速度、耐力、柔韧性、灵活性、平衡能力和协调能力等，其中力量、速度和耐力是主要素质；柔韧性、灵活性协调能力、平衡能力是复合素质，是身体运动素质的有效补充。功能性训练认为柔韧性、灵活性、协调能力、平衡能力是表现力量、速度、耐力素质的基本条件，力量、速度、耐力素质是功能动作的外在结果表现，动作的稳定性、灵活性、对称性决定运动技术动作的经济、高效运行，同时也是健身运动的基本保障，所以功能性训练在理论上重构了身体运动素质训练结构。

功能性训练强调运动员对身体稳定性和灵活性的动态控制。稳定性和灵活性在人体运动的时候同时出现，如果运动员灵活性下降（肌肉紧张和关节僵硬）或稳定性下降（力量、协调性和控制能力），就会导致运动模式稳定性受到破坏或产生代偿，进而导致运动效率下降、耗能增加、技术失误增加、受伤概率增加。所以身体的稳定性、灵活性在运动素质训练中发挥着基础性作用。

（二）重塑运动训练理论架构

在"三从一大"训练原则（从难、从严、从实战出发的大运动量训练）的指导下，我国竞技体育有了很大的发展。但是在当今的多赛制形式下，人们认识到这种训练过于表面化、形式化和功利性。在功利性的影响下，长期实行大负荷训练，运动员带伤训练、带伤参赛以及吃苦耐劳地坚持训练，造成身体疲劳及神经肌肉固化等成为了常态，运动员因伤病提早断送运动生涯已不足为奇。然而，究其问题实质，主要是因为传统运动训练与运动损伤防护严重脱节，并缺乏一种权威的现代运动训练理论的指导。

功能性训练重视训练质量，强调多关节、多维度的动作模式训练，并以提高工作效率为导向，强调训练效应和康复效应的同步化，将康复训练融入运动训练过程，在健康状态中实现功能动作的高效运行，提出了预康复训练理念，强调在运动训练前或运动训练过程中实施主动的运动康复训练。由此可知，功能性训练理论的提出，重塑了现代运动训练理论架构（图1-2-1），运动防护、运动训练、功能性训练共同构成了现代运动训练理论体系，身体运动功能架构起了三者的联系通道。

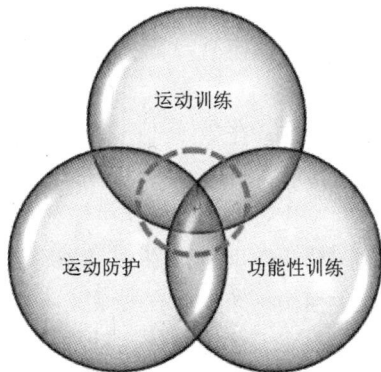

图1-2-1 现代运动训练理论架构

（三）建构核心区域稳定性训练体系

人体运动时身体重心起伏不定，姿势变化不断，始终处于一种"稳定-不稳定-稳定"的动态变化中。在这个变化过程中，整个身体依靠核心区域及毗邻环节的肌肉的力量来调整运动姿势和维持稳定平衡。这个核心区域主要指人体横膈肌以下至盆底肌之间的区域。核心区域毗邻环节包括脊柱、上肢带骨连结、自由上肢骨连结和下肢带骨连结、自由下肢骨连结及其附属组织，每环节环环相扣连成一个链式结构，例如肌肉链、关节链、筋膜链。人体的技术动作依靠动量在链上的各个环节传递来实现，核心区域在动量传递方面起着承上启下的作用，是人体运动链上的枢纽环节，担负着控制全身姿势精准性的责任。例如进行网球发球技术练习（右手发球）时，左侧髋-膝-踝关节链的蹬伸动量通过核心区域传递到脊柱、胸、右肩、肘、腕、手关节构成的关节链，实现转体挥拍用力击球动作。其中核心区域的灵活性、稳定性决定超越器械动作（髋关节领先其他关节）的幅度，对应肌肉链的肌肉力量控制用力的大小、挥拍的速度和方向，实现精准控制过程。

功能性训练强调核心区域的稳定性训练，精准控制肢体多肌肉、多维度、多关节链的动作训练。整个功能动作训练体系以运动技术效能表现为导向，以核心区域的稳定性控制为基础，建构稳定性和非稳定性动作练习体系。这个练习体系大致有以下几种划分：

◆ 按功能目的分类，分为姿势准备、动作准备、快速伸缩练习、动作技能练习、力量及爆发力练习、伸展性练习。

◆ 按身体练习部位分类，分为上肢练习、下肢练习和全身练习。

◆ 按练习动作方向分类，分为纵向、横向和多方向练习。

◆ 按动作轨迹分类，分为推、拉和旋转练习。

◆ 按动作速度分类，分为加速与减速练习。

◆ 按肌肉工作性质分类，分为主动肌、对抗肌和协同肌练习。

◆ 按有无器械练习分类，分为有器械练习和无器械练习（克服自身体重练习）。

二、应用价值

（一）强化运动素质的链式效应

人体整体力量均衡通常表现为身体左右两侧肌群力量、前后两侧肌群力量以及主要关节做屈伸、内收外展、旋转回旋运动时主动肌和对抗肌的力量比率、上下肢力量比率的均衡。虽然传统体能训练注重这种均衡力量的发展，但其建立在分割训练法基础上，按照核心区、四肢等部位进行训练，注重把单关节或单块肌肉肌群的"实力"练起来，容易导致多种体能素质在整合过程中出现障碍，如四肢和核心区域动量传递泄露及左右两侧、上肢下肢力量失去对称。有些运动员力量大而动作运行效率低，有力使不出来，有些运动员力量并不怎么突出却能有超常的动作效率，还有一些运动员一条手臂大、一条手臂小，或一条腿粗、一条腿细，或一边肩部高、肌肉厚实，一边肩部低、肌肉单薄等。究其原因，是分割训练法忽略了运动动力链的工作效应，重视相关结构的"实力"，忽视了相关环节"能力"的发展。

美国功能性训练专家 Cook 研究指出：身体左右两侧力量和柔韧性不对称很容易导致运动员发生损伤；身体左右两侧肢体均衡的柔韧性对整体运动素质的发挥有重要的作用。柔韧性在很大程度上决定人体运动的多关节稳定性和灵活性，多关节协同的稳定性和灵活性直接影响多种运动素质的整合。功能性训练理论据此提出了关节功能链结构模型，这个模型表现了关节稳定性、灵活性的相邻依存关系。关节功能链通过附着肌群表现出肌肉功能链式结构，例如旋转肌肉链、前侧屈伸肌肉链。关节功能链、肌肉功能链共同构成身体运动动力链，为强化运动素质的链式效应奠定了动力学基础。

（二）强化神经肌肉的控制效能

功能性训练是专门为提高日常生活能力、娱乐活动能力、运动能力而设计的练习。功能性训练强调稳定性训练，主张进行克服自身体重训练和自由重量训练，以及在固定器材上的训练和在具有不稳定性的器材上的抗阻训练，体现出训练界面由稳定性向不稳定性进阶，不稳定性越强，训练对神经肌肉功能的刺激也就越强，整合神经肌肉工作的效应就越好。

功能性训练重视整合神经肌肉的系统功能。值得注意的是，在不稳定性状态下进行的训练也有专项选择性，对于大多数在稳定地面进行的运动（篮球、足球、排球等项目）而言，在稳定性地面分别进行单脚和双脚支撑状态下的抗阻训练更适合篮球、足球、排球等技能主导类项目的需要，特别是在单脚状态下分别进行睁眼和闭眼的抗阻训练更能体现运动项目的专项化需求，更能强化神经肌肉的控制效能。

（三）提高专项技能的训练效率

从运动生物学角度看，只有类似于比赛的神经肌肉募集方式练习的效果才有可能被转移到比赛中去。受传统周期训练理论的影响，准备期一般遵循以"量"为主的低强度训练。事实上，由于神经－肌肉系统对训练强度具有敏感的选择性"适应"，长期低强度的刺激无法使肌肉的快肌纤维得到训练，而只能使慢肌纤维得到优先发展，一部分中间型纤维会朝着慢肌转型，甚至典型的快肌纤维也会在组织结构和功能上逐渐转向慢肌，如线粒体增多和有氧能力提高等，从而导致训练的低效及运动成绩得不到提高。

功能性训练强调力量与爆发力训练，认为爆发力训练水平在发展专项竞技能力的技术表现中起关键性作用。爆发力练习时间短、功率大，募集的神经元多而快，而所有的专项竞技动作都是瞬间行为，哪怕是长距离、周期性有氧运动，其动作表现必然是瞬间的。所以功能性训练提出了爆发力耐力训练理念，为了提高专项竞技能力，其主张在功能动作模式训练中发展专项速度、力量、爆发力和爆发力耐力，挖掘运动员专项运动潜能，缩短技术成熟期，提高训练效率。

第三节　功能性训练的特征

一、动作练习基础化

传统体能训练提高的是运动员的身体素质，特别是运动员的力量素质，因为速度等其他素质皆是力量素质不同形式的表现。功能性训练则不同，它提高的不仅仅是运动员的身体素质，其更注重提高运动员的身体运动"功能"，即提高运动员完成"动作"的效能。也可以认为身体素质训练提高的是运动员的"实力"，而功能性训练提高的是运动员的"能力"，提高运动员完成"动作"的能力、完成不同"动作"之间的衔接的能力。如网球、篮球、足球等需要运动员有极强的急起、急停、变向等动作能力。

Boyle 研究认为，功能性训练提高了神经对肌肉的控制能力，它针对的是动作，而不是肌肉；Gambetta 研究认为，功能性训练是基于动作的训练；Cannone 研究认为，功能性训练的一个目的是提高运动员完成"动作"的能力，另一个目的是使指导者所设计的动作对运动员的专项技能能够产生更大、更合理的影响。例如篮球比赛中的空中飘移扣篮动作、网球比赛中的滑动击球动作等都能在功能性训练体系中找到系列训练方法。

所以功能性训练的一个显著特征就是贯彻"动作练习基础化"的训练理念，强调练习动作而不是练习肌肉。这种动作练习通常可以满足专项运动技术诉求，是一种动作技能训练，而动作技能是各种体能素质（力量、速度、耐力等）的综合表现的内在实质。这种动作技能训练既能预防运动损伤，又能达到提高专项运动技能的目的。

二、动作过程链式化

任何体育运动都不是单关节运动，无论是静止性动作还是动态性动作，都需要多个关节及其附属结构的联动，特别是静止性的动作需要更多的神经肌肉和骨骼系统的参与。Cook等的研究强调功能性训练必须体现动力链的特点。肌肉骨骼系统作为人体运动的动力源，是完成身体运动的发动机。人在运动过程中，运动能力不是靠单关节、单肌肉发力来实现的，而是靠参与运动的多关节和肌肉在神经系统的参与下协调有序发力来实现的。例如进行功能性力量训练时，练习手段的设计要求突出多关节、多肌肉的链式结构，让整条动力链上各环节的力量全面发展，使其能协调、流畅地完成衔接、传递和整合过程，形成一个完整的发力通道，并减少传递中能量的损耗，提高力量使用的效率，满足专项动作技能需求。所以功能性训练的另一个特征是强调动作过程链式化，重视多关节链、多肌肉链的协同工作效应。

三、平衡训练常态化

功能训练的方法和手段多以动态肢体运动为主，无论是全身的还是局部的运动，都需要对人体运动的时空要素进行控制。身体变换体位时，平衡支点发生变化，要付出更大的努力来保持身体的平衡，如果体位控制能力差，可能发生运动补偿，导致运动关节、运动幅度、运动参与肌群均偏离理想状态，所以重心平衡控制要贯彻运动和训练的始终。

功能性训练是人体通过身体活动将生物能转化为动能，以动能作用于地面或者借助比赛的器械作为动能发挥的支点来完成预定动作的过程。人体对自身平衡（重心稳定性）的控制伴随着整个运动过程。Cook 认为，功能性训练需要通过在不稳定状态下的练习来加强身体的控制能力，使运动员在身体不稳定时获得更好的调控身体以保持动态稳定的能力；从有器械辅助的训练逐步进入需要保持平衡的单腿运动或不稳定状态增加的运动模式是训练的功能性增强的表现。所以功能性训练的又一特征是将平衡训练常态化，让所有练习手段遵循打破平衡和保持平衡训练的设计原则。

四、练习手段多维化

体育运动可能是以一个解剖面的运动为主，以其他两个解剖面的运动为辅，但是只有在三个解剖面都有较好控制能力的时候，才能达到更好的运动效果。功能性训练强调结合专项运动技术特征进行多维度的动作训练，使训练更加贴近比赛实战需要。尽管人体运动表现为某一方向上的运动，但在这个过程中有不同维度的骨骼肌肉在起支撑、协同、平衡作用。因此必须注意发展身体运动功能的练习手段的多维化，使不同维度的关节链、肌肉链发挥充分的负荷作用，使参与运动的结构产生同步化训练适应。例如进行腹部肌肉力量练习时，不仅要有发展矢状面的腹直肌练习，还要有其他方向的腹横肌、腹斜肌、髂腰肌练习。

功能性训练练习手段的多维化表现为动作方向上的矢状面、额状面、水平面等多面结合的练习；身体部位上的表层肌肉、中间肌肉、深层肌肉等多肌肉共同参与；身体形态上的大肌群和小肌群协同练习；不同功能作用的主动肌、对抗肌、协同肌有序用力练习等。

五、训练内容技术化

运动训练的最终目的是发展专项竞技能力，在竞赛场上取得优异的运动成绩，所有训练手段与方法都尽可能服务于这个目标。Gambetta 认为，功能性训练就是为了专门目的进行的训练，这个目的就是应用各种方法或者手段将训练引向竞赛需要。功能性训练以动作模式训练为基础，所以其训练内容应尽可能围绕专项技术动作设计，以技术化动作练习思路发展专项竞技能力，例如利用拉力器械模拟高尔夫挥杆动作练习。

功能性训练突出技术化训练，首先重视共性动作模式训练。如短距离加速跑、跳跃以及侧向移动都是很多运动项目必备的运动模式；橄榄球和篮球运动队对速度训练的要求有相似性；高尔夫、网球和曲棍球对身体躯干的训练也有相似性。功能训练强调运动项目之间的共性，并强化共同体现的素质，目的在于强调通过改善完成普遍性运动模式的效果和经济性来提高竞技表现。其次，功能性训练强调专项差异。例如在坐位姿势下进行的力量训练对划船运动员有很强的针对性；而对于依赖于场地的运动项目（如滑冰）来说，运动员需要通过自身努力而不能通过外部环境的协助来保持躯干的稳定性。值得一提的是，专项技术化训练手段的效果固然好，但一味地排斥其他非专项技术训练手段对竞技能力的发展是不利的。

六、训练康复同步化

传统大负荷训练会导致运动损伤已是人们的普遍认识。功能性训练立足无痛点训练，突出运动功能康复，将训练与康复同步化。例如功能动作筛查、选择性功能动作评估与突破行动、训练中的功能动作准备、训练后的恢复与再生训练等。

功能性训练倡导训练效应和恢复效应同步化，一是训练和康复过程的同步化，即将康复体能训练融入到竞技训练过程之中，在竞技训练中实现健康素质的巩固和提高；二是训练和康复效应同步化，即将训练和康复放到同等重要的位置，并进行全面干预，在训练中使身体达到更高程度的健康状态，从而进行更高效的训练。

七、肌肉功能最优化

肌肉功能最优化理念基于肌肉理想的预长度，即理想的长度与紧张度的关系。当肌肉被激活后短于或长于理想的有效长度时，肌肉长度与紧张度之间的关系都会发生变化，从而导致运动链发生改变。运动姿态的微小变化、运动模式的过度负荷以及神经肌肉控制效能的降低都会改变正常状态下肌肉的长度，肌肉的紧张度也会发生相应改变，导致肌肉功能失去最佳状态。肌肉过度活动和适应性肌肉缩短都会导致肌肉功能下降。例如发力部位产生的力量减少和协同性肌肉的补偿增强及协同性肌肉的补偿增强会导致主体运动模式改变或神经肌肉控制能力降低。

体育运动是由神经中枢控制的复杂活动。神经中枢控制着预先设定的动作模式，这些动作模式是人体对身体重力、地面反弹力以及相应冲力的反应。例如神经中枢控制臀大肌，使其最大程度地发挥离心力来降低髋关节的弯曲、内旋、内收以及胫骨的内旋，使其等长收缩来稳定髋关节，使其向心收缩来防止髋关节外旋。而臀部肌肉功能最优化的典型方式是多做矢状面的髋关节屈伸，例如深蹲运动。

（周振华、戴光荣编写）

【思考题】

1. 功能性训练是怎样提出来的？主要解决什么问题？谈谈你对功能性训练的理解。
2. 功能性训练的理论价值和应用价值主要表现在哪些方面？谈谈你的理解。
3. 功能性训练的基本特征有哪些？对你从事运动训练工作有什么启示？
4. 谈谈功能性训练的发展趋势及应用前景，并谈谈你将如何在实践中应用功能性训练理论。

第二章 功能性训练研究应用

【本章导读】 功能性训练关注的重点由过去被动的伤后康复向主动的功能锻炼转移，将改造身体机能、塑造身体形态、预防运动伤害有机结合起来，以减少运动损伤风险，提高训练质量，提升运动能力或竞技能力，延长运动寿命。所以运动功能评估、运动损伤预康复、体能训练和竞技能力训练构成了功能性训练理论的四大主要研究应用知识体系。"竞技即动作"训练理念和"运动是良医"的健身观念认为，"功能动作正常和无痛"是参与运动的保障，"功能动作不良或疼痛"是执行训练的瓶颈。本章从身体运动功能康复、体能训练和竞技能力突破三方面来探讨功能性训练理论的研究应用，至于运动功能评估、运动损伤康复将另列章节阐述。

第一节 运动功能康复

一、运动功能表现

人体运动功能主要通过动作模式予以表现，这种运动功能表现主要有以下四类划分，并共同构成功能性训练的四大过滤器。

◆ 动作模式正常或功能正常和无痛（FN）。

◆ 动作模式正常或功能正常和疼痛（FP）。

◆ 动作模式受限或功能不良和疼痛（DP）。

◆ 动作模式受限或功能不良和无痛（DN）。

◇ "功能正常"即动作不受限或无约束，受限或有约束都被认为是功能不良。

◇ "功能不良"即动作过程存在束缚或限制，特定动作缺乏灵活性、稳定性、对称性。

◇ "疼痛"表示在特定动作模式中肌肉或肌腱等组织出现了主要损伤症状或增加、引发了次要损伤症状。

◇ "功能正常和无痛"表示正常动作模式无疼痛，并不是记录动作的完美程度，只是表示那里不是最薄弱的环节。

◇ "功能正常和疼痛"表示正常的疼痛动作模式。持续的疼痛不能通过动作或姿势进行调节，这不是一个好迹象，这被排除在肌肉骨骼损伤、急性创伤炎症或肌肉痉挛之外，是一个系统性的问题、非整形外科医学问题或心理问题。

◇ "功能不良和疼痛"表示运动受限和产生疼痛的动作模式。需重点关注"是疼痛造成功能不良，还是动作不良造成了疼痛"。除非是动作不良引起的疼痛，一般不采用纠正练习，而应该考虑抗炎症治疗模式、手工治疗模式或功能性包扎，直到这种动作模式改变后再考虑纠正练习。

◇ "功能不良和无痛"这些动作模式需要纠正练习来改变。通过动作限制、不对称和多余动作三个过滤器获取优化信息。

二、动作模式纠正

动作模式纠正就是"不破不立"，即在努力重建一个动作模式之前，打破一个功能不良的动作模式。功能动作不良表示动作模式受损，受损的动作模式通过功能动作筛查和选择性功能评估与突破行动获取信息，提出纠正策略。

(一) 问题判断

第一，选择难度最大的受限动作模式；第二，如果有一个以上的功能不良和无痛动作模式，则选择最简单的或对身体能力要求最低的动作模式；第三，先解决对称的功能不良和受限的动作模式问题；第四，通过反复检查动作，解决多余动作问题，主要是观察动作的一致性。

(二) 纠正途径

纠正练习遵循从基本灵活性训练到基本稳定性训练，再到功能动作模式重训练的路径。

◆ 灵活性训练主要包括关节活动范围、组织长度和肌肉灵活性练习。练习形式分为伸展性练习和关节灵活性练习。

◆ 稳定性训练主要集中于动作的基本次序练习，是对每一种动作模式中动作的开始姿势和结束姿势的控制。稳定性反映的是对精细动作协调的控制能力，关键考虑动作时机，而不是力量。时机是一个快速的制动，力量是能够锁定关节的力量。

◆ 动作模式重训练主要是整合具体动作模式的灵活性和稳定性练习，建构功能动作正常、无疼痛的动作模式。通过动作模式的重复和反应性训练，增强自信，改进灵活性和稳定性之间的作用与配合，加强动作模式的协调和对时机的把握。

◆ 纠正练习过程总是以灵活性练习开始。执行灵活性练习能够确认灵活性受限和非对称性的区域，但不要自认为知道灵活性受限的部位或身体的某一侧存在灵活性限制，而是要对身体两侧进行核查，通过执行这两种类别的灵活性练习来清楚地了解身体的灵活性情况。

(三) 注意事项

◆ 如果这些练习揭示了灵活性受限和非对称性的情况，那么就确认了动作模式的灵活性问题，它应该成为纠正练习的核心。如果灵活性没有获得可意识到的改进，就不要进行稳定性练习。

◆ 如果这些练习没有表现出灵活性受限或非对称性，就要进行稳定性训练。动作稳定性控制是一个广泛的类别，包括灵敏性、对准性、平衡性、动作时机、反应速度、协调性、有效活动性等。值得注意的是稳定肌群的力量训练并不是唯一的解决办法。

◆ 如果发现稳定性提高了，则可以进行动作模式的重训练。动作模式的重训练应该一直遵循合理的运动技术并显现出纠正练习的稳定性和灵活性，或通过简易的稳定性辅助性器械进行高质量的动作模式练习。

三、功能康复过程

功能康复是依托临床医学、康复医学以及运动人体科学等多学科优势为从事体育运动的各类人群进行运动损伤风险评估、运动损伤预防、躯体疼痛减轻或消除以及运动功能恢复的综合过程。其包括预康复和损伤康复两方面。

◆ 预康复：一方面通过诊断身体薄弱环节实施动作训练干预，帮助其保持运动功能的基础性、均衡性，预防伤病发生，提高机体的健康运动水平；另一方面运用康复医学的物理疗法积极主动地促进身体机能水平的恢复。

◆ 损伤康复：遭受运动损伤者在临床治疗和医学康复后需接受康复体能训练，康复体能训练可帮助其重新获得从事该项运动的身体功能，直至重返运动场。这个过程大致分为损伤急性处理、医疗康复训练、康复体能训练、竞技体能训练四个阶段。

（一）急性处理阶段

运动员因训练不当或机体状态不良经常会出现各类急、慢性运动损伤，如肌肉、肌腱、韧带的创伤、骨骼损伤、关节创伤、骨骼及肌腱的过度使用性损伤等。损伤发生初期，临床医师或队医会对损伤情况进行诊断、评估，确定处置方案，选择保守治疗或手术治疗。采取保守治疗方案的患者一般直接进入医疗康复或运动康复训练阶段；确定手术方案的患者则通常在大型综合医院或运动损伤医院完成治疗。

（二）医疗康复训练阶段

医疗康复训练是在术后或保守治疗后病情相对稳定的阶段，对患者进行康复评定，制定康复治疗方案，再由康复治疗师运用康复手法，结合康复治疗仪和治疗性运动练习组织康复训练。

（三）康复体能训练阶段

康复体能训练是在伤病后的 3～7 周，患者通过专门性的康复体能训练恢复或重建机体正常功能和运动水平。首先，进行功能性诊断，分析造成损伤的薄弱环节和肌力失衡点，制定康复体能训练方案；然后，由运动防护师（ATC）或体能教练执行康复体能训练。康复训练手段包括机能康复性体能练习、功能性动作训练、神经康复性体能练习、肌群康复性体能练习、关节康复性体能练习以及拉伸康复性体能练习等。

（四）竞技体能训练阶段

这一阶段是在患者达到原有健康水平和运动能力水平之后进行体能训练，包括功能性训练、核心力量训练等，防止伤病的再次发生。就健康运动员而言，这一时期进行体能训练的主要目的是预防损伤和提高竞技能力与运动水平。

在整个运动功能康复过程中，体能教练主要帮助运动员提高一般体能素质，调配出适用于专项运动的最佳素质组合和体能，使运动员尽可能掌握合理的运动技术；运动防护师主要评估机体运动功能或动力链薄弱环节，通过动作训练干预预防运动损伤的发生；队医除了做好训练的医务监督外，还要同物理治疗师以及中医诊疗师配合，通过物理治疗方法和传统中医针灸、按摩、推拿等方法，促进康复，加快疲劳的主动恢复，消除训练导致的肌肉不适感。

第二节　功能性体能训练

一、功能性体能训练的内涵

随着功能性训练理念的广泛传播，功能性体能训练已成为业内关注的一大主题。可是很多教练员对其内涵的理解仍不够清晰，有些认为在垫子上进行静态支撑、在瑞士球上进行平衡训练就是功能性体能训练，或者核心力量训练和康复训练就是功能性体能训练。其实，功能性体能训练远不止这些训练形式，因为这些训练形式至少忽略了比赛实战要求。

体育运动是一个个完整的动作动力链结构，且都是在一瞬间完成的，这要求运动员具有良好的爆发力。肌肉爆发力是力量与速度的有机组合，是肌肉快速将生物化学能转换为机械能对外输出强大机械功率的能力，功率越大，肌肉表现出的爆发力越强。功能性体能训练中的很多练习要求动作幅度、速度接近于专项需要，因为这有利于提高肌肉的力量和速度效果，从而增大肌肉功率的输出，与实战要求保持一致。所以通常所说的核心力量或核心稳定性只是功能性体能训练的基础层面，功能性体能训练的最终表现应该是与专项需求相一致的在身体相对稳定的情况下的快速完成动作的形式。在不稳定的情况下产生快速力量的能力是最高水平的功能性力量表现形式，而紧密融合专项运动竞技需要的爆发力和爆发耐力才是功能性体能训练的最高目标。所以功能性体能训练的实质就是以身体基本运动功能训练为基础，满足专项运动训练诉求的动作技能训练。

二、功能性体能训练模型

竞技体育中的"功能"有别于康复医学中的"功能"概念范畴。康复医学中的功能性体能训练的"功能"主要指患者通过治疗性动作训练，逐渐恢复日常活动的能力，而竞技体育中的功能性体能训练的"功能"包含更高的要求，具体表现为三个层面的关联递进关系，其形成了一个"金字塔"模型。模型的最底层要求运动员具备高质量的身体功能动作模式，具备基本的灵活性和核心稳定性；中间层面要求运动员具备竞技运动所需要的爆发力、力量、速度、耐力、灵敏、动态平衡等功能；最顶层要求运动员的身体运动能力符合专项比赛需求，实现专项化功能。功能性体能训练的"金字塔"模型如图2-2-1所示。

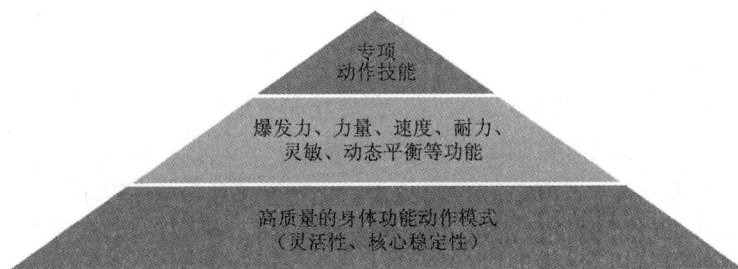

图2-2-1 功能性体能训练"金字塔"模型

根据图2-2-1可知，底层训练是整体功能性体能训练的基础，并且其对所有运动项目的作用都是一样的，因为任何项目的运动员都需要建立高质量的动作模式。底层训练既是中间训练板块的基础，又是顶层专项动作技能训练的保障。中间层面训练是底层训练的进阶，同时也是顶层训练的基础。顶层训练是最高级训练，主要突出专项化需求。一个运动项目的功能性体能训练对于另一个运动项目可能不具有任何功能性，例如花样游泳的快速挥臂动作能力训练完全符合花样游泳比赛的专项技术特点，但对足球、跳水、体操等项目则不具备功能性，但这个动作技能离不开其他两个层面的训练的支撑。

第三节 功能性竞技能力训练

一、竞技能力

竞技能力指运动员的参赛能力，是运动员参加比赛的主观条件或自身才能，由具有不同表现形式和不同作用的体能、技能、战术能力、心理能力以及知识能力构成，并综合地表现于专项竞技过程。任何运动项目、任何运动员的竞技能力都是由这五个基本要素或五种子能力构成，运动员也都应该从这五个方面去认识、发展和评价自己的竞技能力。

◆ 体能是通过力量、速度、耐力、协调性、柔韧性、灵敏性等运动素质表现出来的人体基本的运动能力，是所有项目运动员进行专项训练和参加专项竞技的必要的自身物质条件。在竞技活动中，运动员的体能水平集中表现于各基本运动素质及这些素质之间的各种组合性素质的发展水平。人体形态特征是其体能的质构性基础，人体机能特征是其体能的生物功能性基础。

◆ 技能是运动员掌握和运用运动技术的能力。合理、有效的动作技术有助于运动员在技能竞优中获胜，还能让运动员更有效地使用和发挥其体能，使运动员更合理、更积极地参与竞技战术的组合与实施。技能水平的高低可从技术的合理性及稳定性两方面予以判定，高度发展的协调能力是运动员掌握合理的运动技术的重要先决条件。

◆ 战术能力是运动员掌握和运用比赛战术的能力，表现为力求出色地发挥自身的体能、技能、心理能力及知识能力，在规则允许的范围内干扰对手竞技能力的发挥，以及对于竞赛结果的评定行为施加合法的影响。在直接对抗项目比赛中，战术能力及其发挥水平常常决定着比赛的胜负。

◆ 心理能力包括心理特征和心理过程，主要表现在训练动机、心理控制、竞技意志诸方面，是所有项目运动员进行专项训练和参加专项竞技的必要的自身精神条件。为了成功地参加比赛，首先必须以积极的手段激励参赛选手，有效地动员选手的生理、心理系统，使其积极地参与竞技活动，同时又要把运动员的情绪激励水平控制在适度的范围之内。

◆ 知识能力包括对科学知识，特别是专项竞技知识的掌握和运用，对于提高训练效益、取得竞技胜利有着重要的影响，其常常在高水平竞技活动中发挥着突出的作用。

二、竞技能力结构模型

(一)木桶模型

木桶模型是经济学界在描述经济结构时创立的，它形象地把制作木桶的各块木片比作经济结构中的各个因素，木桶里所盛的水则代表着总体经济水平。如果有一块木片短于其他木片，木桶的高沿就会出现一个缺口，桶里的水便会从这个缺口流出，直至水的高度与这一块短木片的上沿齐平。因此木桶能盛多少水，取决于那块短木片的长度，这就是"短板效应"。如果把木桶模型引入到运动训练领域，那么桶中所盛的水的高度表示运动员的总体竞技水平，各块木片的长度代表不同的子能力，即体能、技能、战术能力、心理能力、知识能力的发展状况

（图 2 - 3 - 1）。

竞技能力木桶模型表达了对平衡能力的追求，强调各要素的协调和全面发展，要求人们在训练中不断地"补短"，注意不同竞技能力的均衡性。但是竞技能力木桶模型过分专注于竞技能力构成中劣势要素的存在与发展，却在一定程度上忽视了运动员的特长，即长板的积极作用，同时，也不能准确地解释竞技能力要素之间存在的动态、可迁移的互动关系。

图 2 - 3 - 1 竞技能力木桶模型

（二）积木模型

每一个运动员的竞技能力的各个构成因素的发展大都呈不均衡状态，但某种素质或能力的缺陷可由其他高度发展的素质或能力在一定范围内予以弥补和代偿，使其总体竞技能力保持在特定的水平，这种现象称为非衡结构补偿效应。例如乒乓球冠军邓亚萍的快速灵活的步伐和凶狠快攻的技术风格对其身高条件有补偿作用。

构成竞技能力的各个子能力相互之间呈非衡结构状态，优势要素能够在一定条件下对弱势要素予以补偿，这是非衡结构补偿机制。与木桶模型相对应，竞技能力的非衡结构及其补偿效应可用竞技能力积木模型（图 2 - 3 - 2）予以表述，即用代表子能力的不同颜色的小方块堆成一个大积木来表示运动员的综合竞技能力。即使不同颜色的小方块做个别的调换，大积木的体积也不会改变，即综合竞技能力的水平保持不变。积木模型揭示了竞技能力系统的非衡状态，描述了通过训练主动地加强优势要素，在一定范围内实现对弱势要素的补给，使整体竞技能力仍然处于一个较高水平的可能。积木模型为运动员"特长"的获得或加强奠定了理论基础。

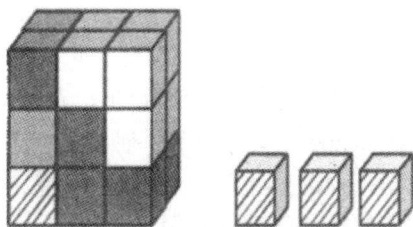

图 2 - 3 - 2 竞技能力积木模型

（三）双子模型

木桶模型与积木模型从不同的视角观察竞技能力的结构特征，用不同的图像展示竞技能力结构中各子能力之间的不同联系。两个模型在揭示这一关系时各有长短，如果将其合二为一，竞技能力结构要素关系存在的问题就可以解决，运动训练学上称之为"双子模型"（图 2 - 3 - 3）。双子模型将"短板"制约与各因素间的相互支持予以综合，使我们能更加清楚地认识竞技能力结构之间的动态关系与补偿效能，为我们准确地把握运动员竞技能力构成、科学地诊断运动员竞技能力的现实状态、合理地选择运动训练内容和训练方法、恰当地确定不同竞技能力训练安排的比例、准确地制定和实施参赛战术提供了重要的科学依据。双子模型理论可以有选择地确定训练主攻方向，决定集中时间和精力"扬长"还是"补短"。

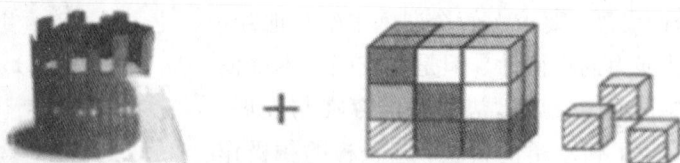

图 2 – 3 – 3　竞技能力双子模型

三、功能性竞技能力训练

（一）训练模型的构建

功能性训练理论指导下的运动员竞技能力的提高或保持是大家极为关注的热点。功能性训练理论来源于康复医疗，其不能代替竞技能力训练是不争的事实。如何实施功能性竞技能力训练呢？这里先从训练学角度予以解析，提出功能性竞技能力训练模型，再结合功能性训练理论拟建实现路径。

1.竞技能力培养的训练学解析

◆ 通过功能动作练习，建立正确的、安全的高质量动作模式，增强人体核心稳定性、灵活性、对称性，预防运动损伤，提高身体运动的整体性控制能力。

◆ 通过高质量动作模式训练促进专项运动技术动力定型。每一运动专项都有其固有的技术动作，例如周期性单一动作、混合性多元动作、固定组合动作、变异组合动作。这一系列动作并非单关节、单块肌肉的活动，而是由多关节、多块肌肉构成的多维动力链来表现的专项技术环节，通过加强技术环节的强化训练，达到运动技术动作动力定型。

◆ 专项技术动作的动力定型并不能满足竞技需要，它只是属于运动技术的均衡性结构训练，而竞技制胜规律要求的是高水平的、优势明显的运动技术链（专项运动的各种技术本身存在关联关系，一种技术的获得和使用必须以另一种技术的获得和使用为前提，相关技术环节或技术动作在时空上形成了一种链接关系，这种链接关系表现为专项运动技术环节或技术动作依据特定的时间序列和空间排列而构成的链条式结构，称为运动技术链）。这种技术链的表达需要运动员在力量、耐力、速度、爆发力等方面进行强化，形成特质专项运动技术链，确保竞技制胜的可能，并在理论上贯彻竞技能力"双子模型"训练理念。

◆ 专项运动技术链需要强化，从而形成运动员个性化特长技术系统。但是，决定运动成绩的要素主要包括对手在比赛中的表现、运动员在比赛中的表现和比赛成绩的评定行为，所以专项运动技术链强化训练的下一目标必然是追求专项运动技术的实效性（结果）、合理性、经济性（过程），使运动员专项技术能力达到比赛实战要求，并能在比赛中充分表现其体能、技能、战术能力、心理能力和知识能力。

综上所述，所谓功能性竞技能力训练就是以功能动作训练为载体，以追求专项运动技术链的实效性、合理性和经济性而专门组织的动作模式训练。这种训练模式在一个目标竞赛训练周期至少由四个层面构成一个"塔状"训练模型，我们把它称为功能性竞技能力训练模型（图 2 – 3 – 4）。

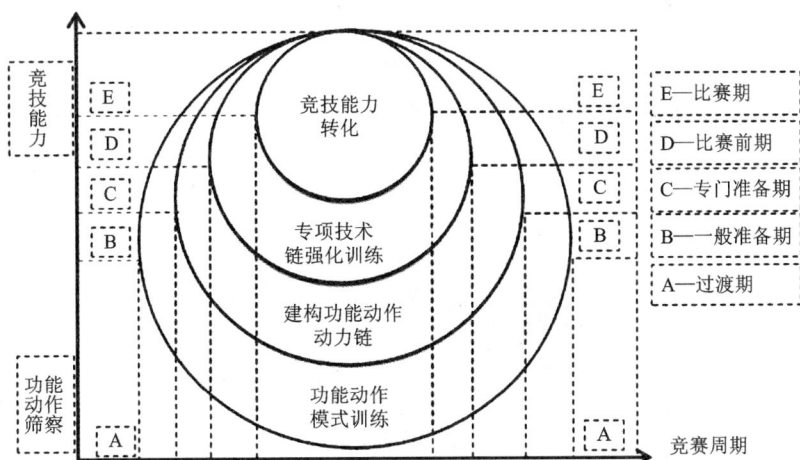

图 2-3-4 功能性竞技能力训练模型

2. 训练模型的目标与任务设置

第一个层面：功能动作模式训练。

以发展运动员的稳定性、灵活性、平衡性、对称性、加减速能力为主要目标，为专项运动动力链的建构打基础。主要任务是进行功能动作筛查和基本运动功能纠正训练。这种训练要贯彻整个竞赛训练周期，尤其是在过渡期和一般准备期，需增加训练比重。

第二个层面：建构功能动作动力链。

在功能动作训练的基础上，建构周期性单一动作、混合性多元动作、固定组合动作、变异组合动作动力链。主要任务是为专项技术链的形成与强化训练打基础。辅以选择性功能评估与纠正和核心稳定性测试。

第三个层面：专项技术链强化训练。

依据专项运动技术环节，建构专项运动技术链，进一步巩固专项技术动作动力链。主要任务包括强化力量、速度、耐力、加减速、爆发力在内的技术能力训练，促使专项技术能力向竞技实战目标转化。

第四个层面：竞技能力转化。

结合运动员的个体特征，检查和评估专项技术链的实效性(结果)和合理性、经济性(过程)，促进竞技能力转化。在训练方法上减少基本功能动作训练及负荷量，突出专项技术链的强度训练，尤其是挖掘运动员的特长。通过以赛带练、赛练结合的方式，强化专项技术链的整体功能，从而适应比赛需求，实现竞技能力的转化。

上述功能性竞技能力训练模型与美国功能性训练专家 Cook 提出的最佳运动成绩"金字塔"模型一脉相通。其始终贯彻功能动作筛查和选择性功能动作评估系统工作，以确保运动个体的最正确、最安全的动作模式训练，区别传统的竞技能力训练系统。

(二)训练模型实施路径

1. 建立功能动作训练系统

(1)功能动作训练内容

功能动作训练是为了最大限度地降低运动损伤风险、提高动作效率、建构高质量动作模式而特别设计的动作练习系统。这个动作练习系统以美国 AP 功能动作训练体系为参照,其内容可归纳为姿势准备、支柱准备、动作准备、快速伸缩复合训练、动作技能训练、力量与爆发力训练、能量系统发展、恢复与再生八个主体构件(图 2 – 3 – 5),其具体内涵将在后面章节阐述。

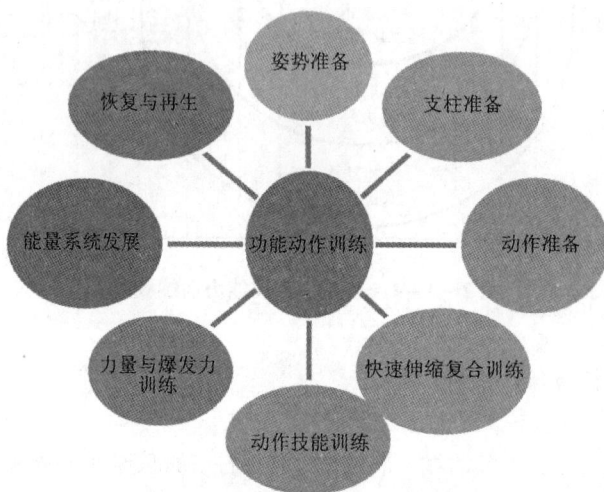

图 2 – 3 – 5　功能动作训练的主体构件

(2)功能动作训练评估

参照《动作 – 功能动作训练体系》,功能动作训练评估系统(图 2 – 3 – 6)主要由功能动作筛查(FMS)、选择性功能动作评估(SFMA)、核心稳定性测试(YBT)三部分构成。功能动作训练评估系统不仅是一套评估系统,还是一系列的训练组合,依据评估结果进行系统的功能性训练或采取纠正策略才是功能动作训练的价值体现。

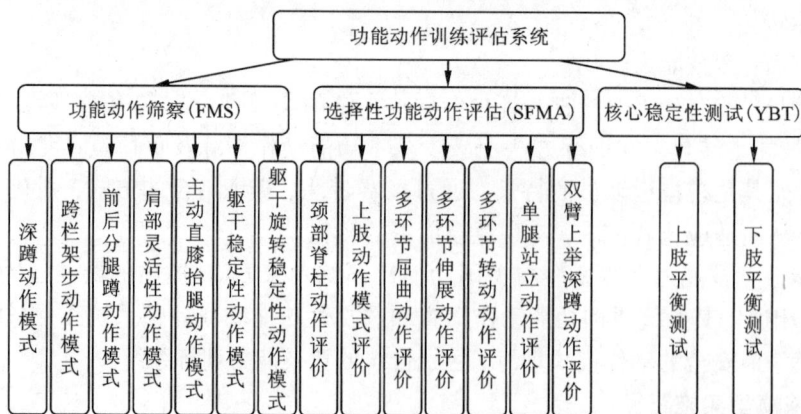

图 2 – 3 – 6　功能动作训练评估系统

◆ 功能动作筛查是以对人体基本动作模式进行稳定性、灵活性、肌肉力量对称性、关节活动度匹配能力测试为目的的模糊筛查评估。它包括深蹲、跨栏架步、前后分腿蹲、肩部灵活性、主动直膝抬腿、躯干稳定性、躯干旋转稳定性七类动作模式测试和肩部疼痛、脊柱伸展和脊柱屈曲三个疼痛排除测试与评价。

◆ 选择性功能动作评估主要用来测试与动作模式有关的疼痛和功能不良。以各种动作来激发各种症状和功能不良以及存在于某种动作模式缺陷中的信息，并以 FN、FP、DP、DN四种模式为评估标准来评定身体基本运动功能。

◆ 强调核心稳定性、对称性是功能性训练的基本要求。核心稳定性或对称性的训练程度测试通常与腹部肌肉力量测试相分离，常利用功能测角器进行身体四分之一部分测试。测试方法称为 Y－平衡测试（Y－Balance Test，YBT）。Y 平衡测试是在封闭情况下对躯干动力链进行稳定性测试，是对人身体执行相关动作时所需要的力量、核心稳定性、关节灵活性、神经控制、动作活动幅度、平衡和本体感觉等进行精确的量化。

◆ 身体上四分之一肢体 Y－平衡测试（YBT－UQ）。

◇ "YBT－UQ 测试"是当单侧肢体承受对侧肢体体重时，对与一个人用自由上肢触摸的能力相关的身体部位进行的量化分析。主要测试上部肢体和躯干稳定性。

◇ 测试过程：双手置于 Y 平衡测试平台上，拇指对准红色起始线，保持俯卧撑姿势，双脚分开与肩同宽，然后一只手尽可能地向三个方向伸展触摸，再回到起始位置，分别完成 3 次测试。注意要在人不失去平衡的情况下加大伸展距离。测试过程中，肩胛骨灵活性、胸椎旋转和核心部位稳定性受到挑战。

◆ 身体下四分之一肢体的 Y 平衡测试（YBT－LQ）。

◇ "YBT－LQ 测试"是动态性测试，对身体下四分之一的稳定性、力量、柔韧性和本体感觉提出要求。测试目的是了解在保持单腿站立姿势时，异侧腿尽最大可能向目标方向伸展之后下肢的稳定性。

◇ 测试过程：被测试者单腿站立，脚趾末梢对准标志线，然后摆动腿尽最大可能向前伸3 次，再换腿测试。依据向前、向后中部、后外侧的顺序进行。不能直立或碰到标志点或不能还原则取消测试。

◇ 伸够距离：测试前，在 3 个方向进行测试，观察腿能伸到的最远距离。

◇ 评估：以厘米为单位测量髂骨前上部到踝关节中央的腿长。取 3 个方向的最好的伸够距离除以 3 倍腿长，再乘以 100 计算最终的伸够距离。双侧腿向前伸够距离差值应不大于 4 厘米；向后中部和后外侧的双腿伸够距离差值应不大于 6 厘米。

2. 强化运动动力链训练

动力链是人体运动的核心动力系统，由肌肉链和关节链构成，其对技术动作的顺利完成、承受训练负荷、表现运动效果及训练质量起着关键作用。肌肉链是人体运动的发动机，由对抗肌、主动肌、单关节肌、协同肌、多关节肌等相关肌肉单元共同构成，并在神经系统作用下共同完成单个动作及复合动作。Phil Page 等指出，肌肉链作为肌肉环带，分散于机体不同部位呈链状对称分布。例如下肢屈伸肌肉链（图 2－3－7），肌肉链的内部功能的提高对肌肉高效率做功、促使肌肉内外系统协同的作用显著。

关节链(图2-3-8)由相关骨连结构成,通过神经肌肉系统支配关节持续调控机体姿势和动力。骨盆、脊柱与肩胛骨等共同构成关节链的基础性骨连结,是连结人体关键骨连结与多肌肉群的共同附着点,能够疏通躯体与四肢力量的传递,为肌肉发力提供稳定、持久的力学支点。

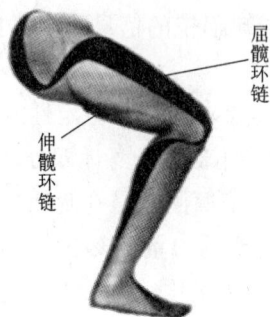

图2-3-7 下肢屈伸肌肉链   图2-3-8 关节链

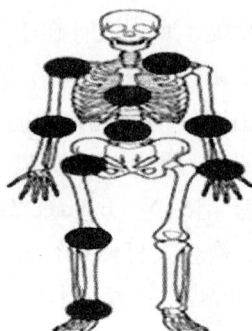

功能性训练的特征之一是强调强化运动动力链训练。抗阻力量训练中的高翻、高拉和挺举都是提高与激发人体动力链功能的常用训练方法。人体动作大多是同时发生在多个运动平面内的复合运动,大部分以旋转和斜向对角线方向进行,这与人体核心肌肉的"披肩效应"是相一致的,即核心肌肉沿斜向或水平方向工作。

3. 把握运动技术链评估体系

由于不同的专项运动有不同的技术系统,训练的方法、手段、原理各不相同,所以这里只对运动技术链评估进行简要叙述,为运动技术链训练设计提供理论参考。

(1)运动学评估

参照运动训练学,运动技术的运动学评估主要包括对技术动作的空间特征、时间特征及两者共含的时空特征的描述与评价,常用参数如表2-3-1所示。

(2)动力学评估

运动技术的动力学评估包括对人体惯性特征、动力特征及运动能量特征的描述与评价,其常用参数如表2-3-2所示。

表2-3-1 运动学评价常用参数

项目	参数
空间特征	位置坐标值(人体或某一环节的位置) 运动轨迹(动点在给定的参考系中的几何位置) 持续时间(动作过程运动时间的量度)
时间特征	运动节奏(运动中各部分时间之比) 运动频率(单位时间内动作重复的次数)
时空特征	速度(运动点位置坐标随时间变化的值) 加速度(描述人体或某一环节运动速度变化的时间量度)

表 2 - 3 - 2　动力学评估常用参数

项目	参数
人体惯性特征	质量(人体平动时惯量的量度) 转动惯量(转动时人体或转动环节惯量的量度)
动力特征	力(质量与该力引起的加速度的乘积) 力矩(力对物体转动作用的量度) 力的冲量(力对时间的积分) 动量与动量矩(人体或某一环节在平动与转动中的运动状态的动力学量度)
运动动量特征	功、功率、动能、势能等,用于描述人体由一种运动形式转化为另一种运动形式时物质运动的量度

(3)不同项目运动技术评估

不同项目运动技术各有自己的特点,因此,评价工作也有不同的要求。参照王萍(1988)对不同项目运动技术评估的研究,我们对专项运动技术链的评估要点进行了归纳(表 2 - 3 -3)。

表 2 - 3 - 3　不同运动项目技术链的评估要点

项目	项目特征	技术链评价内容
走、跑、游泳、速度滑冰、滑雪、划船、自行车	动作呈周期性重复,体能对比赛成绩起决定性作用;以竞速为目的;动作形式较单一、稳定	以评估单个周期动作技术的合理性为主;高水平运动员技术已经熟练,用经验难以找出技术问题时进行技术检测,评估运动员获得更大的前进动力和速度的能力;技术与器材、水、冰、雪、空气等介质的关系
跳、投、举重、射箭、射击	一个动作或重复若干次才能决定成绩;动作形式稳定;前三项是由体能主导的,后两项是由技能、心理能力主导的	研究技术环节的整体效应,保证瞬间动作发挥最大化效益;技术水平越高,技术检测越重要
体操、武术套路、艺术体操技巧、花样滑冰、花样游泳	表现动作技巧,追求难与美的结合;动作种类多、数量多、技术动作创新较快	技术动作个性化特征;技术动作的合理性、完美性及可观赏性;训练过程性技术特征
拳击、摔跤、柔道、散打、击剑	完成动作的目的是击中或击倒对手,使自己得分及防止对方得分;比赛时受对方制约,变化甚多	初级运动员主要评估技术的合理性;高级运动员主要评估技术的实效性及命中率,在实战对抗中评估;采用反应时、测力、测速等手段获取相应参数,弥补经验评估不足
乒乓球、排球、网球、羽毛球、藤球	完成技术的目的是打破对方防守并得分及阻止对方得分;因在比赛中受对手及同伴行为的制约,技术动作变化甚多	初级运动员主要在非对抗情况下评估技术的合理性、正确性;高级运动员主要在对抗及实战情况下评估技术的实效性,即命中率与成功率等,可用现场统计与录像技术完成;用光电技术检测等手段研究技术动作与运动员所持器械及球的飞行关系
篮球、足球、手球、冰球、水球、曲棍球、棒球、垒球	完成技术的目的是打破对方防守并得分及阻止对方进攻得分;比赛中动作受对手及同伴制约,临场变化较多,常有即兴动作表现	初级运动员主要在非对抗情况下评估技术动作的合理性、正确性;高级运动员主要在对抗及实战中评估技术动作的实效性,即命中率及成功率,可用临场统计及录像技术完成;主要依靠经验完成技术评估,并开展位置技术评估

4. 突破竞技能力转化

在功能性竞技能力训练模型中，功能动作模式是基础，动作动力链是纽带，专项技术链是关键。如果最底层能力（基本功能动作）表现差，直接原因是运动员的柔韧性、稳定性、对称性较差。这类运动员爆发力较强，个别运动技术链功能较好，但移动能力受限。需要在保持当前力量水平的同时强化功能动作模式，建立更宽阔、坚实的塔基。但随着稳定性和移动性的提升，专项运动的爆发力和专项技能会暂时维持不变或稍低于原来的水平。

如果运动员动力链的爆发力不足，但却表现出较好的运动模式及专项运动技术，那么此类运动员拥有执行多种任务、活动以及运动技能所需要的动作模式，但是在完成简单动作模式时产生爆发力的能力较低，爆发力生成能力有待提高。其训练重心应在保持动作模式能力的前提下，侧重动力链的动作效率和产生爆发力方面，高效的抗阻、超等长训练可以产生积极的效果。爆发力的储备将会为专项运动技术链提供缓冲带，提高运动效率。所以功能性竞技能力训练尤其突出专项技术链所表现的爆发力训练。

如果运动员的专项技术链表现不足，有较好的基本位移能力、竞技表现，但是专项技能却低于一般水平，那么此类运动员已经获得最优的基本运动模式以及爆发力生成的能力，但没有有效地掌握专项运动技能。训练应该通过技术训练修正或改进动作的力学特征或形成高水平技能所需要的技术稳定性，尤其突出技术动作的实效性、合理性、经济性锤炼，及时整合专项技术链的整体功能发挥，促进专项竞技能力转化。

（周振华、李忠编写）

【思考题】

1. 身体运动功能表现有哪些？谈谈你的理解。
2. 谈谈身体运动功能康复过程及其组织与实施。
3. 阐述功能性体能训练的内涵及其训练模型。谈谈传统体能训练与功能性体能训练的区别与联系。
4. 何谓竞技能力、功能性竞技能力？谈谈你对竞技能力结构模型的理解与困惑。
5. 试述功能性竞技能力训练模型。谈谈你对功能性竞技能力训练模型的理解与困惑。

第三章　人体功能性运动系统

【本章导读】　人体运动系统由骨、关节和骨骼肌构成。全身各块骨头由关节相连形成骨骼，构成人体的支架，骨骼肌附着于骨，在神经系统调控下进行收缩和舒张，牵引骨改变位置和角度，产生运动。在人体运动过程中，骨起着杠杆作用，关节是运动的枢纽，骨骼肌是运动的动力器官。功能性训练强调动作模式训练，强调动量在运动系统结构中的有效传递，强调实现运动动力链的高效运行，所以把握人体运动系统结构及其功能表达是掌握与运用功能性训练理论的必然要求。本章将分骨骼、关节、骨骼肌、肌筋膜动力链四个章节介绍功能性运动系统，为掌握功能性训练理论和实施功能性训练奠定动力学、解剖学、肌动学基础。

第一节　骨骼

作为器官的骨，由骨膜、骨质、骨髓及血管、神经等构成，具有保护、支持、负重、运动、造血及贮藏等功能。按骨的形态分类，骨可分为长骨、短骨、扁骨和不规则骨；按部位分类，成人骨共206块，分为中轴骨和四肢骨（图3-1-1）。

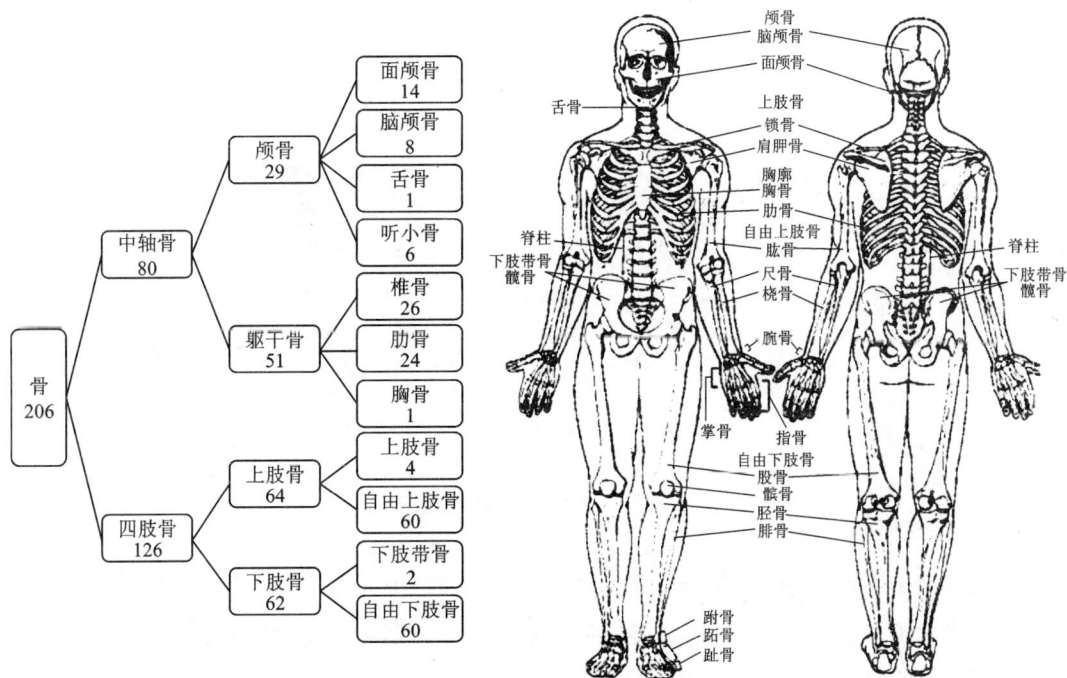

图3-1-1　人体骨骼系统

一、上肢骨

上肢骨分为上肢带骨和自由上肢骨两部分。上肢带骨（图 3 - 1 - 2）包括锁骨和肩胛骨，自由上肢骨包括上臂骨、前臂骨及手骨三部分。上臂骨只有一块，即肱骨；前臂骨包括尺骨和桡骨；手骨包括腕骨、掌骨和指骨三部分。

（一）上肢带骨

◆ 锁骨：呈"∽"形，位于胸骨与肩胛骨之间。中间部分是锁骨体，内侧 2/3 凸向前，外侧 1/3 凸向后，上面光滑，下面粗糙。靠近胸骨的一端较粗大，为胸骨端，上有胸骨关节面。锁骨外侧端形似扁平，为肩峰端，有扁平的肩峰关节面与肩峰相连结。

◆ 肩胛骨：是一个三角形扁骨，位于胸廓后方上外侧，上下平齐第二肋、第七肋，皮下可触知。三角形底部在上方，顶部（尖）在下方，分为两面、三角和三缘。

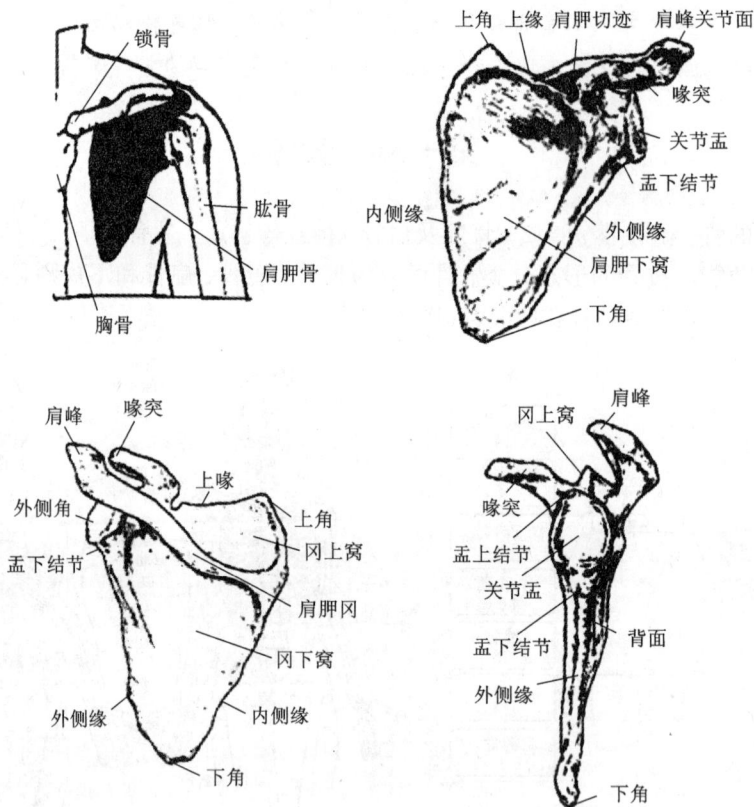

图 3 - 1 - 2　上肢带骨结构

肩胛骨的三角即外侧角、上角和下角。外侧角肥大，其上的关节面为关节盂，与肱骨头相关节构成肩关节，关节盂上、下方各有一粗糙隆起，分别称盂上结节和盂下结节。上角在上方内侧，约对着第二肋。下角对着第七肋，皮下可以触知，是测量胸围的骨性标志。三缘为内侧缘、外侧缘和上缘。内侧缘又称脊柱缘，外侧缘亦称腋缘。上缘锐薄且有一肩胛切迹，上缘近外侧角处有一曲指状的突起叫喙突。肩胛骨分两面，前面与肋相对，稍凹陷，称为肩胛下窝，后面靠上部有一嵴，称为肩胛冈，将后面分为上部的冈上窝与下部的冈下窝。肩胛冈的外侧端膨大且向上翘起，称为肩峰，肩峰是测量肩宽及上肢全长的骨性标志，上有肩峰关节面，参与构成肩锁关节。

（二）自由上肢骨

1. 上臂骨

◆ 肱骨(图3-1-3)：是典型的长骨，分为肱骨体和上、下端。

◇ 肱骨上端粗大，有半球形的肱骨头，与肩胛骨的关节盂相连，组成肩关节。肱骨头外侧有结节状的较大隆起，为肱骨大结节，肱骨头下前方有肱骨小结节，两结节之间的纵沟为结节间沟。两结节往下均有粗糙纵行的嵴，相应为大结节嵴和小结节嵴。

◇ 肱骨体上部为圆柱形，下部为三棱柱形。大结节嵴远端处有"V"形的粗面，称三角肌粗隆，为三角肌止点。肱骨体的后方有一条自上内侧向下外侧螺旋而行的浅沟，为桡神经沟，是桡神经经过之处。

◇ 肱骨下端内外侧扩大形成内上髁和外上髁，最下端是关节面，外侧部较小，呈半球状，称为肱

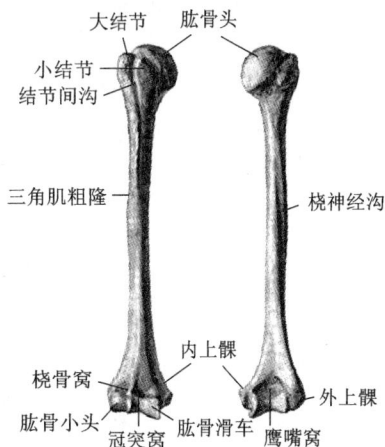

图3-1-3　肱骨(右)

骨小头，与桡骨相连；内侧中部较大，呈滑车状，称肱骨滑车，与尺骨相连。肱骨下端的前面、滑车上方有冠突窝，当前臂屈时，此处容纳尺骨冠突；肱骨小头上方有桡骨窝，当前臂屈时，此处容纳桡骨头。肱骨下端的后面，滑车上方有鹰嘴窝，当前臂伸时，此处容纳尺骨鹰嘴。肱骨滑车内侧、内上髁的背面有一沟，为尺神经沟，尺神经由此经过。

2. 手臂骨

手臂骨由尺骨和桡骨(图3-1-4)构成。

◆ 尺骨：位于前臂内侧，分为尺骨体及上、下两端，上端肥大，下端细小。上端前方有半月形凹陷关节面，称滑车切迹，与肱骨滑车相连。滑车切迹的上、下方均形成突起，上方的较大，称为鹰嘴，下方的突起称冠突。冠突下方的一粗糙隆起称尺骨粗隆。冠突外侧有一凹陷的关节面，称桡切迹，它与桡骨的环状关节面相连结。尺骨体上部呈三棱柱形，下部呈圆体形；三棱即三缘，其中外侧缘又名骨间缘，与桡骨的骨间缘相对。尺骨下端较上端小，前后及外侧有环状关节面，后内侧则有一向下的茎突。

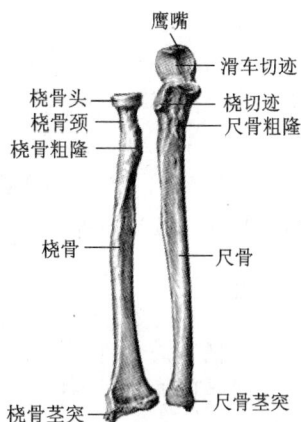

图3-1-4　尺骨和桡骨

◆ 桡骨：桡骨位于前臂外侧，分为上端、骨体和下端。它与尺骨相反，上端小而下端大。上端有圆柱状的桡骨头，圆柱的环侧面为环状关节面，上面凹陷为桡骨头凹。环状关节面与尺骨的桡切迹相连，桡骨头凹与肱骨小头相连。

桡骨头下方的扼细部为桡骨颈，其内下方为桡骨粗隆。桡骨体上端也呈三棱柱形，有较尖锐的骨间缘。下端内侧有尺切迹和尺骨头相连，外侧有向下突出的茎突。下端底部是较大的关节窝，为腕关节面，它与近侧腕骨相连。桡骨头和桡骨茎突是人体测量的主要标志之一。

3.手骨

手骨(图3-1-5)由腕骨、掌骨和指骨构成。

◆ 腕骨：是腕部8块小骨的总称。腕骨为短骨，大致呈立方形，有6个面8块骨，排成两列。近侧列4块，自外侧起顺序为：手舟骨、月骨、三角骨与豌豆骨。远侧列4块，自外侧起顺序为：大多角骨、小多角骨、头状骨与钩骨。腕骨的排列不处于一个平面，它构成一个背侧面凸隆而掌侧面凹陷的腕穹隆。手舟骨、月骨与三角骨共同组成一个椭圆形的关节头，向上与桡骨的腕关节面构成桡腕关节。

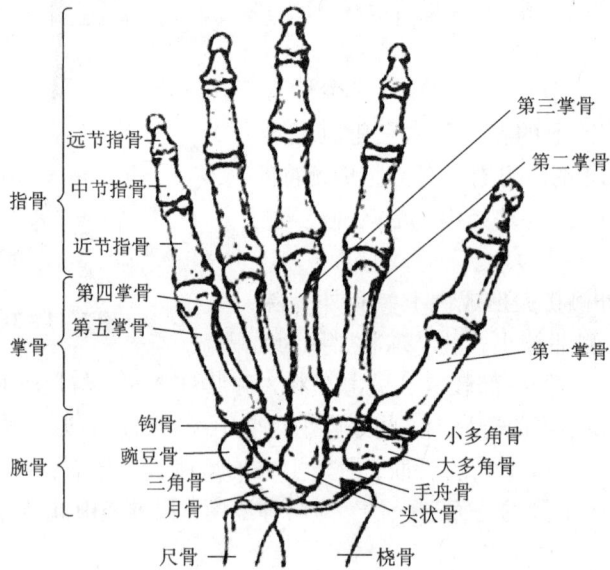

图3-1-5　手骨(右)

◆ 掌骨(图3-1-5)：包括5块小长骨，从拇指侧起依次称为第一、第二、第三、第四、第五掌骨。掌骨的近侧上端为底，关节面与腕骨相连结。第一掌骨底为鞍状关节面，其余各掌骨底为平面关节。掌骨远侧下端称掌骨头，有关节面与近侧指骨形成关节。

◆ 指骨(图3-1-5)：有14块小型长骨，除拇指只有近节、远节两节指骨外，其余四指均有近节、中节与远节指骨。

二、下肢骨

下肢骨包括下肢带骨和自由下肢骨。下肢带骨即髋骨。自由下肢骨包括大腿骨、小腿骨和足骨。大腿骨即股骨，小腿骨包括胫骨和腓骨，足骨包括跗骨、跖骨和趾骨。此外，还有参与组成膝关节的籽骨——髌骨。

(一)下肢带骨

每侧下肢带骨各有一块，即髋骨(图3-1-6)。幼年期髋骨由髂骨、坐骨和耻骨三部分通过软骨连结而成，成年后通过骨性结合而成为一块骨。结合处为一深窝，叫做髋臼，借此与股骨头相连结。髋臼前下方有一大孔叫闭孔。髋臼上半部以上为髂骨，髋臼的后下 1/4 及其相连部分为坐骨，髋臼的前下 1/4 及其相连部分为耻骨。

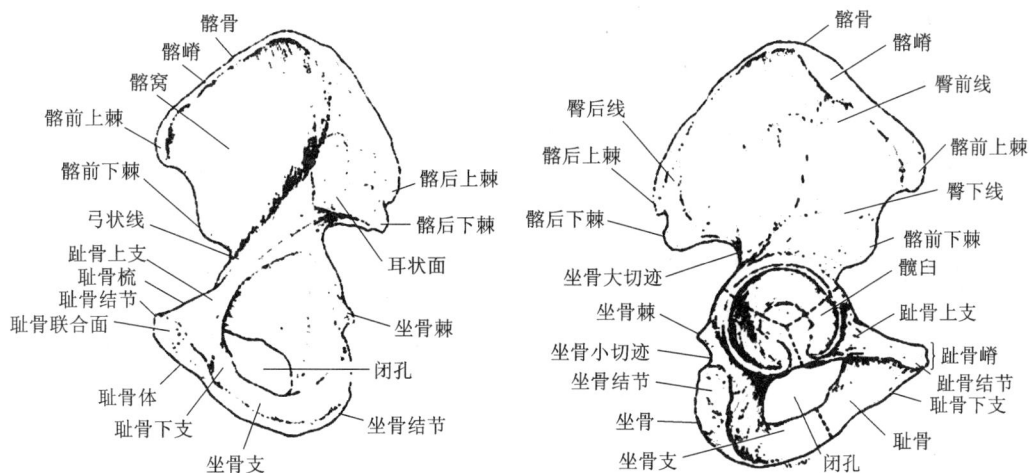

图 3-1-6　髋骨(右)

◆ 髂骨：分为髂骨体和髂骨翼两部分。髂骨体厚实，构成髋臼的上部。髂骨翼位于髋骨上部，较扁略呈扇形。其上缘呈弓形弯曲称髂嵴，两侧髂嵴最上位点连线平于第 4 腰椎棘突的高度。髂嵴前端为一突起，称髂前上棘，稍下处亦有突起称髂前下棘。髂嵴后端与前端类似，亦有两突起，称为髂后上棘、髂后下棘。

髂前上棘是骨盆宽度与下肢全长两个指标的测量标志。髂骨翼外面粗糙，称臀面，为臀肌附着处。内面光滑凹陷形成髂窝，其下界为弓状线。髂窝后有关节面，称耳状面，与骶骨的耳状面构成关节。耳状面后下方的粗糙部为髂粗隆。

◆ 坐骨：分为坐骨体与坐骨支。坐骨体构成髋臼的后下部，体的下端向前折曲部为坐骨支。体与支曲折处的标志是其外侧有肥厚粗大的坐骨结节。结节上方有坐骨棘，以坐骨棘为分界，上有坐骨大切迹，下有坐骨小切迹。

◆ 耻骨：分为体和支(上支、下支)。耻骨体构成髋臼的前下部，并向前移行成为耻骨上支。上支的上方有一锐嵴，称为耻骨梳。耻骨梳与弓状线相接续，前方终于耻骨结节。耻骨上支向下后折转处的内侧面为耻骨联合面。

(二)自由下肢骨

1. 大腿骨

◆ 股骨(图 3-1-7)：是人体最长的骨，约为身长的 1/4，分为股骨体及上端、下端。股骨体位于股骨最上端，球状关节面向内侧上方突出，与髋臼构成髋关节。股骨头下外部为较细的股骨颈，颈下为股骨体。颈体延续处有两个较大突起，外侧上方称为大转子，它是测量下肢长的骨性标志；内侧下方偏后称为小转子。两转子之间于前方有转子间线，后方有转子间嵴。股骨颈与股骨体之间形成钝角，约 130 度左右，称为颈干角，此角可增加下肢运动范围。

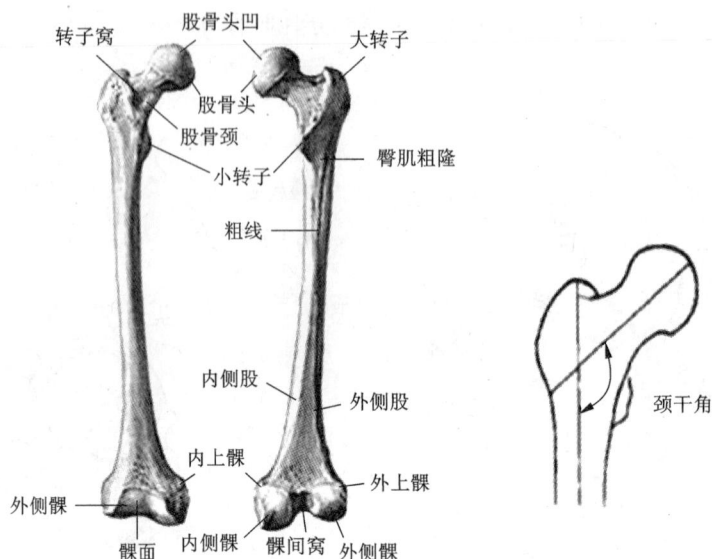

图 3 - 1 - 7　股骨(右)

　　股骨体上部呈圆柱状,下部呈三棱柱形,稍向后弯曲,后面上方有较大的粗糙部,称为臀肌粗隆,为臀大肌附着处。臀肌粗隆下方的骨体中部有纵行的股骨粗线。股骨下端膨大,两侧的粗糙隆突为内上髁和外上髁。两上髁下方各有一个向后突出的椭圆骨突,分别叫做内侧髁和外侧髁,两髁上有光滑的关节面,参与膝关节的组成。两髁前方关节面相连形成髌面,后者亦参与膝关节的组成。

　　2.膝关节籽骨

　　◆ 髌骨(图3-1-8):是人体最大的籽骨,位于股四头肌腱内,上宽、下尖、前后扁,前面粗糙,后面为光滑的关节面,与股骨、髌面相连。髌骨的存在可加大股四头肌力臂,为伸膝动作创造良好的力学条件。

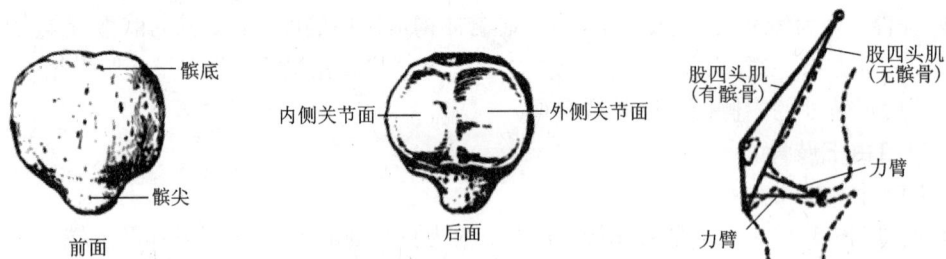

图 3 - 1 - 8　髌骨及其作用原理

　　3.小腿骨

　　小腿骨(图3-1-9)由胫骨与腓骨构成。

　　◆ 胫骨:位于小腿内侧,由骨体和上、下两端组成。胫骨上端粗大,向两侧膨大形成内侧髁与外侧髁，与股骨内、外侧髁相对应，两髁上方有关节面，内、外侧髁关节面间有髁间隆起，外侧髁后下方有腓关节面。胫骨体粗大，在支撑负重过程中承受最大负荷；承受蹬地支撑反作用力时，胫骨在所有长管状骨中首当其冲。胫骨体主要部分呈三棱柱形状，前缘锐利为胫骨前缘，上端转为胫骨粗隆，是股四头肌肌腱附着处。骨体外侧缘也较尖锐，为骨间缘。下端内侧向下突起形成内踝，内侧有内踝关节面。下端外侧有与腓骨相连结的腓切迹，胫骨下端底部有下关节面，与内踝关节面连成一体，与距骨相连结构成踝关节。

◆ 腓骨（图3-1-9）：腓骨细长，位于小腿外侧，由腓骨体、腓骨上端与腓骨下端组成。上端为腓骨头，内侧上方有腓骨头关节面，与胫骨的腓关节面相连。腓骨体内侧有骨间缘，与胫骨骨间缘相对。腓骨下端为外踝，有外踝关节面。腓骨头、内踝与外踝都为人体测量的重要标志。

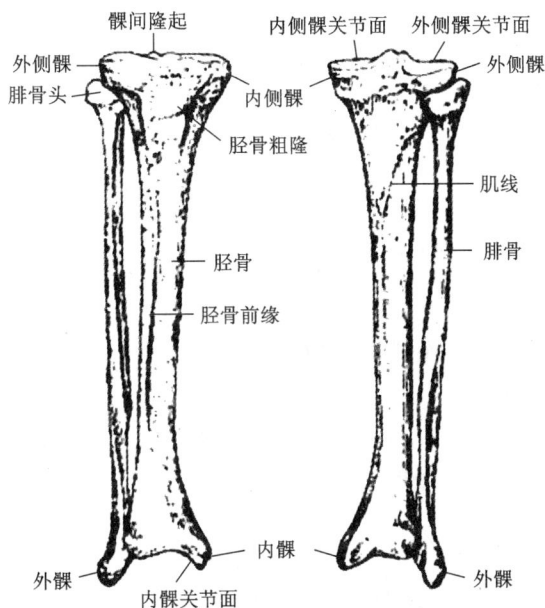

图3-1-9 小腿骨

4.足骨

足骨（图3-1-10）由跗骨、跖骨和趾骨构成。

◆ 跗骨：位于足的后半部，包括7块短骨，分别是距骨、跟骨、足舟骨、骰骨、外侧楔骨、中间楔骨与内侧楔骨。距骨位于小腿骨下方，其上面及两侧共同形成距骨滑车关节面。跟骨位于距骨的下方，是最大的跗骨，此骨向后突出部分为跟骨结节。足舟骨在足内侧部，嵌入距骨、楔骨之间，其内侧缘向下的突起为舟骨粗隆，为测量足弓高度的骨性标志。

◆ 跖骨：跖骨与掌骨相似，为5块小型长骨。

◆ 趾骨：类似于上肢的指骨，共14块。

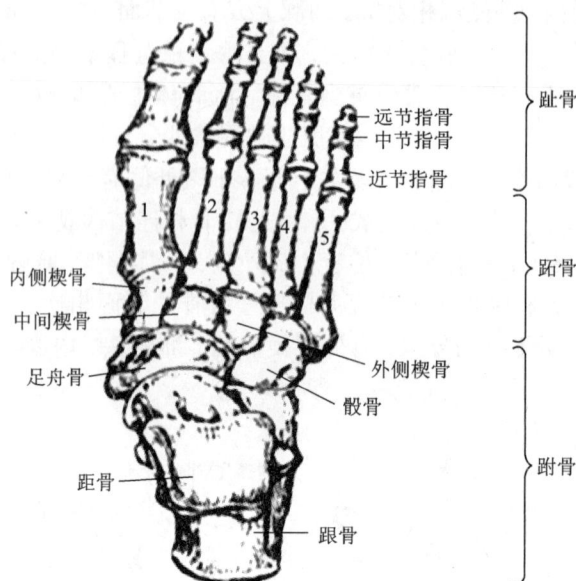

图 3 - 1 - 10　足骨

（图中标注：远节指骨、中节指骨、近节指骨、趾骨、跖骨、跗骨、内侧楔骨、中间楔骨、足舟骨、外侧楔骨、骰骨、距骨、跟骨）

三、躯干骨

躯干骨（图 3 - 1 - 11）包括 24 块椎骨、1 块骶骨、1 块尾骨、12 对肋骨及 1 块胸骨。分别为脊柱、胸廓和骨盆的构成部分。椎骨幼年时为 32 或 33 块，颈椎 7 块，胸椎 12 块，腰椎 5 块，骶椎 5 块，尾椎 3 ~ 4 块。成年后 5 块骶椎融合成骶骨，4 ~ 5 块尾椎融合成尾骨。

（一）椎骨

椎骨可分为颈椎（第一至第七颈椎）和胸椎（第一至第十二胸椎）和腰椎（第一至第五腰椎）。各部椎骨构造基本相似。除个别椎骨外，每块椎骨都有一个椎体、一个椎弓、一个椎孔和七个突起。椎体呈块状位于前部，椎体后方是呈弓状的椎弓，与椎体连结部称椎弓根，上、下缘稍凹部分别称为上切迹和下切迹，相邻椎弓根

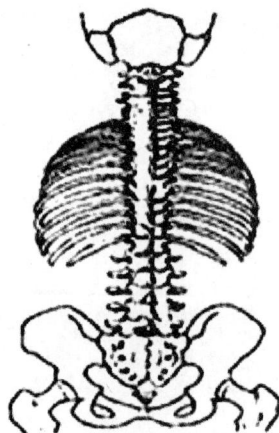

图 3 - 1 - 11　躯干骨

的上、下切迹围成椎间孔，有神经血管通过。椎弓根后方有扩大呈板状的椎板。椎体与椎弓围成的孔称椎孔。各椎骨的椎孔连结起来，构成椎管，容纳脊髓。椎板发出 7 个突起：向后的突起为棘突，向两侧的两个突起为横突，向上 1 对突起为上关节突，向下 1 对突起为下关节突。上下关节突上均有关节面。

◆ 颈椎：横突有孔，称横突孔，有椎动脉、椎静脉及神经通过。棘突末端分叉，椎体较小。第一颈椎又称寰椎，无椎体和棘突，有前、后弓及两个侧块。第二颈椎又叫枢椎，椎体上方有齿突及齿突关节面。第七颈椎叫隆椎，棘突长而不分叉，低头时可在颈根部摸到。

◆ 胸椎（图 3 - 1 - 12）：椎体较大，椎体两侧及横突末端有肋凹，棘突长且斜向后下方。

◆ 腰椎：椎体肥大，棘突粗短且呈宽板状，向后水平突出。

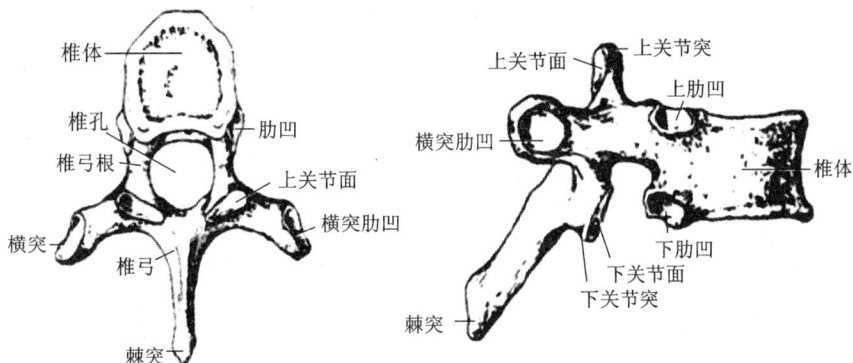

图 3 - 1 - 12　胸椎

(二)骶骨与尾骨

骶骨与尾骨(图 3 - 1 - 13)中,骶骨由 5 块骶椎融合而成,呈上宽下尖的三角形。上部为底,底的前缘中部向前突出为骶岬。骶骨前面凹而光滑,有 4 对骶前孔,后有粗糙的 4 对骶后孔。骶骨两侧有耳状面,它与髂骨耳状面构成骶髂关节。尾骨由 4~5 块尾椎融合而成。

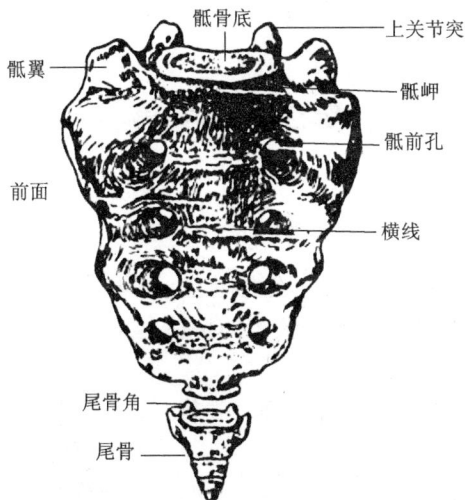

图 3 - 1 - 13　骶骨与尾骨

(三)肋骨与胸骨

肋骨(图 3 - 1 - 14)与肋软骨连结成肋,共 12 对。肋骨分为肋骨体、胸骨端及椎体端三部分。椎体端也是后端,膨大呈小头状,称肋头。其上有肋头关节面,与相应椎骨体上的肋凹相连。肋头与肋体的交界处狭细,称为肋颈,颈与体之间有肋结节,与相应胸椎横突肋凹形成关节。肋骨体内侧面下缘有肋沟,为肋间血管及神经通行处。胸骨端即前端稍宽,有粗糙的凹面与肋软骨相连结。

胸骨(图 3 - 1 - 15)位于人体胸前皮下,由胸骨柄、胸骨体与胸骨剑突三部分构成。胸骨柄上缘中部是颈静脉切迹，上缘两侧是锁切迹，柄两侧有第一肋切迹。柄体相连处稍向前突，称为胸骨角，两侧有第二肋切迹。胸骨体扁平，两侧面有第三至第七肋切迹。胸骨剑突位于下部。

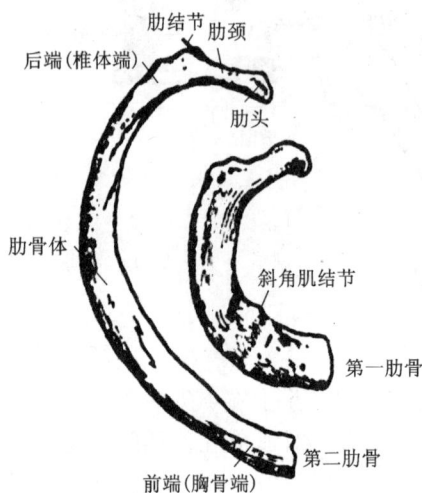

图 3 - 1 - 14　肋骨

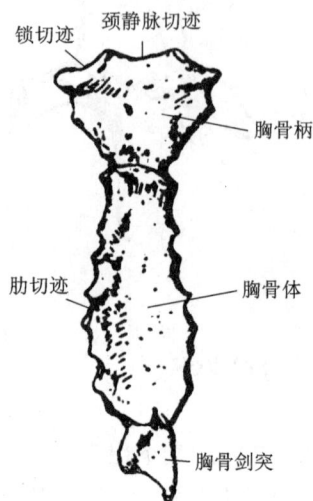

图 3 - 1 - 15　胸骨

第二节　关节

一、关节构造

全身各骨之间借纤维结缔组织、软骨组织相连，称为关节。根据骨的连结方式及活动情况，可分为不动关节、动关节和半关节。关节的构造可分为主要结构和辅助结构两部分。

（一）主要结构

关节的主要结构（图 3 - 2 - 1）有关节面、关节囊和关节腔，即关节的主要要素。

◆ 关节面：相连两关节面一般为一凹一凸，凹的为关节窝，凸的为关节头，其表面被覆一层关节软骨，关节面软骨大多数是透明软骨，少数为纤维软骨（如胸锁关节关节面软骨），终生不骨化。人走路时，髋、膝关节的关节软骨负荷为体重的 4 倍，当人从 1 米高处落下时，膝关节负荷为体重的 25 倍。关节软骨浸透在滑液中，便于关节活动。关节软骨无神经、无血管，但它是粘弹性材料，有许多孔隙，间隙充满液体，应力作用下，这些液体可以流进或流出，这是它获得营养的重要途径（与关节腔滑液进行交换）。关节软骨损伤后较难

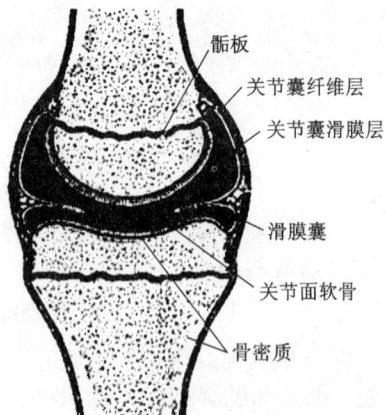

图 3 - 2 - 1　关节的主要结构

修复。

◆ 关节囊：附着在关节面周缘及其附近骨面的结缔组织囊，可分为内外两层。外层叫纤维层，由致密结缔组织构成，其厚薄及张弛随关节功能而有所不同；内层叫滑膜层，由疏松结缔组织构成，呈淡红色，滑膜层表面有许多小突起，称滑膜绒毛，它扩大了滑膜的表面积，有利于分泌滑液。有的关节滑膜层向关节腔内突出形成滑膜襞，向外突出形成滑膜囊。

◆ 关节腔：关节囊和关节面的密闭腔隙，腔内有少许滑液。关节腔内是负压，是维持关节稳定的重要因素之一。

（二）辅助结构

◆ 韧带：由致密结缔组织构成，连结相邻骨，对关节有加固作用，可分为囊韧带（关节囊局部增厚）、囊外韧带和囊内韧带三种。

◆ 滑膜囊：关节囊滑膜层向外突出形成的囊状结构，位于肌腱与骨之间，囊腔内有滑液，作用是当肌肉收缩时，减少肌腱与骨之间的摩擦。

◆ 滑膜襞：关节囊滑膜层突向关节腔内的皱襞。有的滑膜襞内含有脂肪，称为脂肪皱襞，它可填充关节腔的空隙，使关面更加适应和巩固，并可缓冲震动和减少摩擦。

◆ 关节唇：附着在关节窝周缘的环状纤维软骨板，有加深关节窝、增大关节面的作用，肩关节和髋关节均有此结构。

◆ 关节内软骨：由纤维软骨构成，位于关节腔内，多在运动频繁而相连骨关节面又不相适应的关节中，分为关节盘和半月板两种。

（三）关节分类

1.依据关节运动轴的数目，关节可分为单轴关节、双轴关节和多轴关节

◆ 单轴关节：只能绕一个运动轴在一个平面内运动，包括滑车关节和车轴关节。

◇ 滑车关节（又称屈戌关节）：关节头是滑车状，另一骨上有相应的关节窝。绕额状轴在矢状面内做屈伸运动，如肱尺关节、指间关节等。

◇ 车轴（圆柱）关节：关节头呈圆柱状，关节窝是相应的半环，可绕本身的垂直轴在水平面内进行回旋运动，如桡尺近侧和远侧关节。

◆ 双轴关节：此关节有两个运动轴，能绕两个相互垂直的轴在两个平面上运动，包括椭圆关节和鞍状关节。

◇ 椭圆关节：关节头是椭圆体的一部分，关节窝与其相适应，能进行屈伸、内收外展和环转运动，如桡腕关节。

◇ 鞍状关节：相对两骨关节面均呈鞍形。这种关节可做屈伸、外展内收和环转运动，如拇指腕掌关节。

◆ 多轴关节：能绕三个相互垂直的轴在三个平面上运动，包括球窝关节和平面关节。

◇ 球窝关节：关节头是球窝的一部分，关节窝与头相适应呈窝状，其基本运动有屈伸、外展内收、回旋及环转，如肩关节。杵臼关节也是球窝关节，只是关节窝特深，运动幅度要小得多，如髋关节。

◇ 平面关节：关节面可看做直径很长的球体的一部分。由于关节面大小相互一致，只能做微小的回旋和滑动，又称微动关节，如骶髂关节。

2.按构成关节的骨数，关节分为单关节和复关节

◆ 单关节：由两块骨组成的关节，即一个关节头和一个关节窝，如肩关节、髋关节。

◆ 复关节：由两块以上的骨构成，被一个关节囊所包裹，其中每一块骨都能独立活动的，称为复关节，如肘关节、膝关节。

3.按关节的运动方式，关节分为单动关节和联合关节

◆ 单动关节：单独进行活动的关节，如肩关节。

◆ 联合关节：两个或两个以上独立关节，在运动时需绕共同运动轴进行活动，如桡尺近侧关节和桡尺远侧关节在结构上是独立的，活动时必须共同运动，使前臂旋前和旋后。

二、关节运动

(一)关节运动类别

关节运动一般都是旋转运动，即绕关节某个轴进行。人体关节运动形式(图3-2-2)可分为四种。

◆ 屈、伸：绕额状轴在矢状面内所进行的运动。向前运动为屈，向后运动为伸(膝关节及其以下关节相反)。

◆ 水平屈、伸：上臂在肩关节或大腿在髋关节处外展90度，绕垂直轴在水平面内运动。向前运动为水平屈，向后运动为水平伸。

◆ 外展、内收：绕矢状轴在额状面内进行的运动。关节末端远离正中面为外展，靠近正中面为内收，手指则以中指为标志，远离中指为外展，靠近中指为内收。

◆ 回旋：绕其本身的垂直轴在水平面内进行运动。由前向内旋转(顺时针方向，右臂为例)为内旋；由前向外旋转(反时针方向)为外旋，在前臂则称为旋前和旋后。

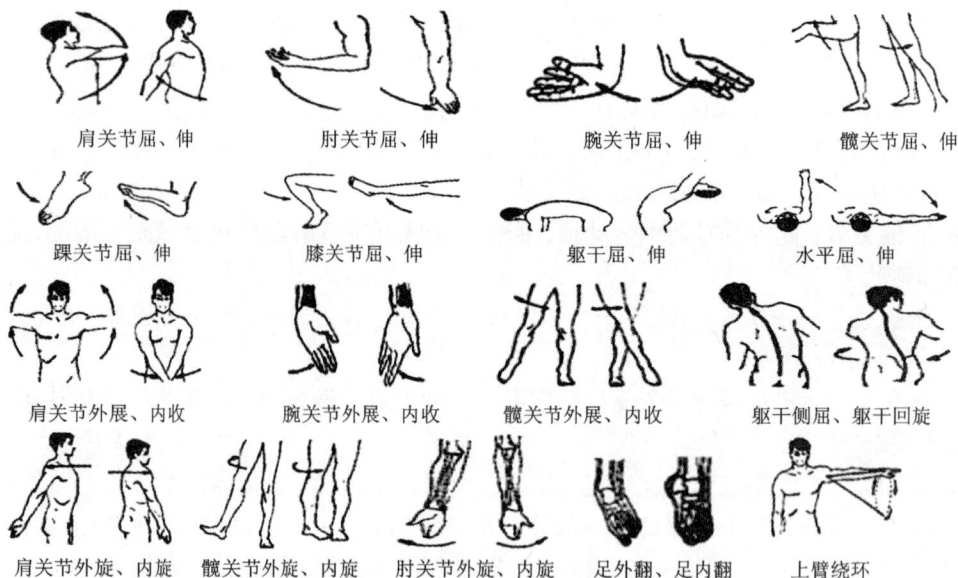

肩关节屈、伸　　肘关节屈、伸　　腕关节屈、伸　　髋关节屈、伸

踝关节屈、伸　　膝关节屈、伸　　躯干屈、伸　　水平屈、伸

肩关节外展、内收　　腕关节外展、内收　　髋关节外展、内收　　躯干侧屈、躯干回旋

肩关节外旋、内旋　　髋关节外旋、内旋　　肘关节外旋、内旋　　足外翻、足内翻　　上臂绕环

图3-2-2　人体关节运动形式

(二)关节运动幅度

关节运动幅度是指一个动作从开始到结束，该关节相邻两环节间运动范围的极限角度。

关节运动幅度在活体或照片上进行测量，先在活体或照片上点出关节中心点，然后用直线连结相邻关节中心点，再用量角器测动作开始和结束时的角度，求其差数，即得该关节运动幅度。回旋角度要用特别的量角器来测量，用 X 光片测量效果更好。运动幅度与关节灵活性和稳固性有关，受以下因素影响。

◆ 构成关节的两关节面面积大小的差别。面积差大的，灵活性大，坚固性小；面积差小的，灵活性小，坚固性大。

◆ 关节囊的厚薄及松紧度。关节囊厚而紧张的灵活性小，坚固性大；关节囊薄弱而松弛的，灵活性大，坚固性小。

◆ 关节韧带的多少与强弱。韧带多而强的，坚固性大，灵活性小；韧带少而弱的，坚固性小，灵活性大。

◆ 关节周围的肌肉状况。关节周围肌肉力量强，伸展性及弹性差的，坚固性大，灵活性小；周围肌肉弱，伸展性及弹性好的，坚固性小，灵活性大。

◆ 关节周围的骨突起。关节周围的骨突起常阻碍关节的运动，影响关节的运动幅度。另外，关节运动幅度大小还与年龄、性别、体育运动等有关，特别是体育运动，经常参加体育锻炼的人，既可使关节的灵活性提高，也可使关节的坚固性得到增强。

三、上肢关节

(一)上肢带关节

◆ 胸锁关节(图 3 - 2 - 3)：上肢与躯干间连结的唯一关节，由锁骨胸骨端关节面与胸骨柄的锁骨切迹组成。关节腔内有关节盘，右侧发育较好。关节囊坚韧，周围有韧带加固。关节面形似鞍状，因有关节盘存在，故称之为球窝状关节，绕矢状轴外端可做上下运动(约 10 厘米)；绕垂直轴外端可做前后运动(约 12 厘米)；绕额状轴可做回旋运动。

◆ 肩锁关节(图 3 - 2 - 4)：由锁骨的肩峰端关节面与肩胛骨的肩峰关节面构成。关节囊上下有韧带加强。关节面扁平，属微动关节。

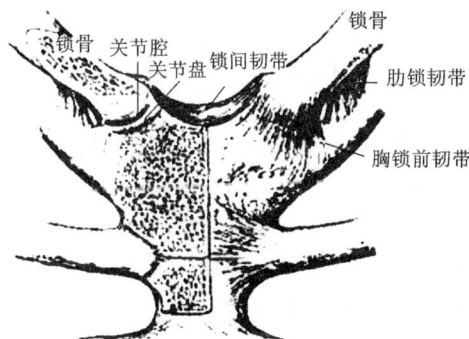

图 3 - 2 - 3　胸锁关节

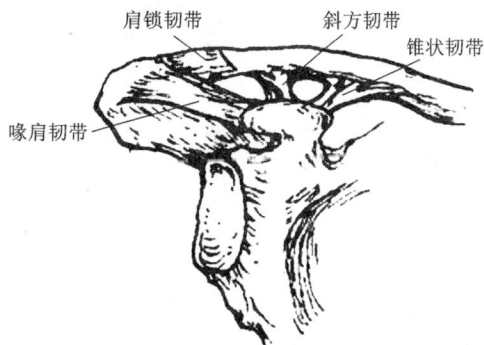

图 3 - 2 - 4　肩锁关节

◆ 上肢带运动：上肢带运动包括胸锁关节和肩锁关节两个关节运动，主要是胸锁关节运动，其对加大自由上肢灵活性有重要意义。上肢带运动在肩胛骨比较明显，故以肩胛骨运动来表示。在运动中很难划分肩胛骨运动和肩关节运动之间的界限，常总称为肩的活动。肩胛骨运动如下。

◇ 上提、下降。肩胛骨在额状面向上与向下的移动,向上为上提,向下为下降。

◇ 前伸或外展、后缩或内收。肩胛骨沿肋骨的移动,肩胛骨顺肋骨向前移动,内侧缘远离脊柱称为前伸,反之为后缩;前后移动距离可达15厘米。

◇ 上回旋、下回旋。肩胛骨在额状面内绕矢状轴旋转,肩胛骨关节盂向上、向外上方称为上回旋,反之为下回旋。

(二)自由上肢关节

1.肩关节

◆ 肩关节(图3-2-5):由肩胛骨的关节盂和肱骨头组成,相连两骨的关节面大小相差较大。关节窝周围有盂唇,使关节窝稍许加深,关节囊薄弱松弛,附着在关节盂周缘和肱骨颈之间。关节囊壁内还有由滑膜包裹的肱二头肌、长头肌腱通过,有加固肩关节的作用。

◆ 肩关节韧带(图3-2-6):包括喙肱韧带、盂肱韧带和喙肩韧带。

◇ 喙肱韧带:自喙突至肱骨大结节,部分纤维在后上部与关节囊融合,增强关节囊上部,防止肱骨头向上脱位。

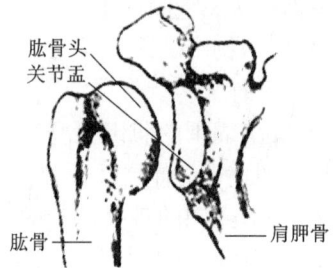

图3-2-5　肩关节

◇ 盂肱韧带:自关节盂周缘前部经关节囊前壁、肱骨小结节,加固关节囊前壁。

◇ 喙肩韧带:横架于喙突与肩峰之间,防止肱骨头向上内方脱位。

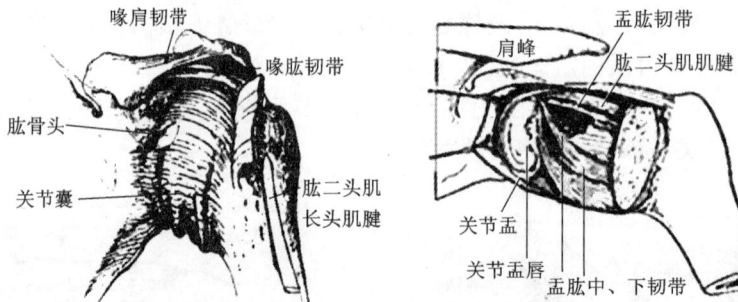

图3-2-6　肩关节韧带

◆ 肩关节运动:肩关节是典型的球窝关节,能绕三个运动轴运动,绕额状轴做屈伸运动,绕矢状轴做外展内收运动,绕垂直轴做内旋外旋运动,还可做水平屈伸和环转运动。由于肩关节是个多轴关节,相连骨的关节面大小相差较大,关节囊薄弱松弛,关节本身的韧带少而弱,因而是人体最灵活、稳固性较差的关节。

上臂在肩关节处运动,常伴有上肢带运动,后者可加大前者的运动幅度。如肩关节外展时伴有肩胛骨旋转的节律性变化,称为肩肱节律。肩关节外展至30度或前屈60度以前,肩胛骨是不旋转的,称为静止期。此后肩胛骨开始旋转,每外展15度,肩关节转10度,肩胛骨转5度,比例为2:1,外展至90度以上时,每外展15度,肩关节转5度,肩胛骨转10度,比例为1:2。

2. 肘关节

肘关节(图 3 - 2 - 7):由肱骨远侧端和桡尺骨近侧端的关节面组成,共包括三个关节。

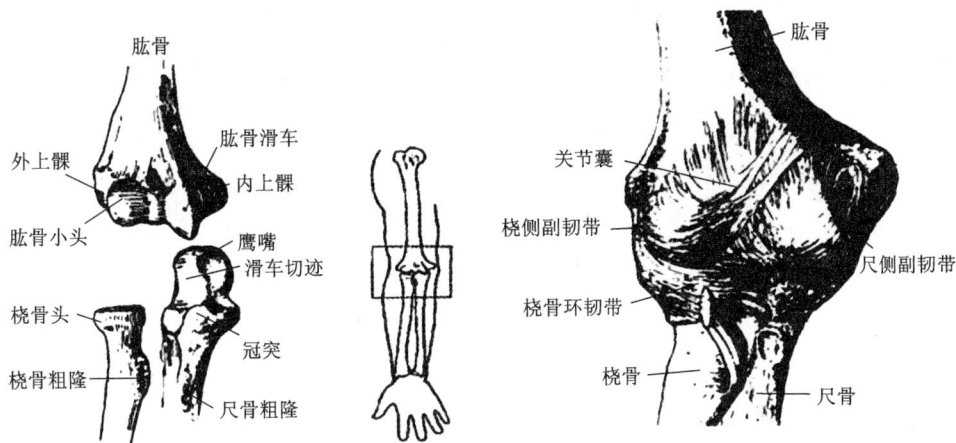

图 3 - 2 - 7 肘关节

◆ 肱尺关节:由肱骨滑车与尺骨滑车切迹构成的滑车关节。

◆ 肱桡关节:由肱骨小头与桡骨头凹构成的球窝关节,本有三个方位的运动,但由于受尺骨限制,不能绕矢状轴运动。

◆ 桡尺近侧关节:桡骨环状关节面与尺骨的桡切迹组成的圆柱关节。上述三个关节包在一共同关节囊内,彼此又可独立运动,故为典型的复关节。关节囊前后薄弱而松弛,两侧紧张。加固关节的韧带如下。

◇ 尺侧副韧带:在肘关节囊内侧呈三角形。起自肱骨内上髁,止于尺骨滑车切迹前后缘。

◇ 桡侧副韧带:位于关节囊外侧,起自肱骨外上髁,分前后两束,止于桡骨环韧带。

◇ 桡骨环状韧带:呈环形,起于尺骨桡切迹的前缘,绕过桡骨头,止于桡切迹的后缘。

肘关节的韧带皆不止于桡骨,保证了桡骨能绕垂直轴做回旋运动。肘关节运动有两个运动轴,即绕额状轴做屈伸运动,由肱尺关节和肱桡关节共同完成;绕垂直轴做旋内和旋外运动,由肱桡关节和桡尺近侧关节共同完成。

3. 手关节

◆ 手关节(图 3 - 2 - 8):由桡腕关节和腕骨间关节组成,机能上两者构成联合关节。

◇ 桡腕关节:由桡骨的腕关节面和关节盘组成关节窝,近侧列的手舟骨、月骨、三角骨组成的关节头共同构成。手舟骨、月骨、三角骨之间被坚韧的骨间韧带连结在一起,可看成一块骨。尺骨由于被三角形关节盘隔开,不参与桡腕关节的组成,从结构上看此关节属简单关节。桡腕关节的关节囊前后松弛,前后左右均有韧带增强,在外侧有腕桡侧副韧带,内侧有腕尺侧副韧带,背面有桡腕背侧韧带,前面有桡腕掌侧韧带。

◇ 腕骨间关节:由近侧列三个腕骨(手舟骨、月骨、三角骨)和远侧列四个腕骨(大多角骨、小多角骨、头状骨和钩骨)组成。远侧列的四个腕骨被坚韧的骨间韧带连结起来,可将它们看成一块骨,因此从结构上看,腕骨间关节仍是简单关节,关节的韧带分别位于掌侧和背侧。

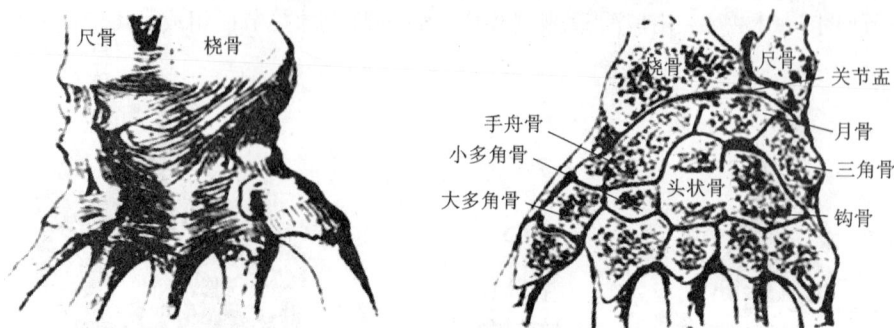

图 3 - 2 - 8　手关节

桡腕关节是一个典型的椭圆关节，可绕两轴运动。腕骨间关节可看成三个相连续的椭圆关节，亦可绕两轴运动。手关节绕额状轴做屈伸运动，前者为 60 度至 70 度，后者为 45 度；绕矢状轴做内收外展运动，前者为 35 度至 40 度，后者为 20 度。

4. 腕掌关节

◆ 腕掌关节：由远侧列腕骨和 5 个掌骨底组成。第一腕掌关节独立，又叫拇指腕掌关节，由大多角骨和第一掌骨底构成，为典型的鞍状关节，可绕额状轴做屈伸运动，绕矢状轴做内收外展运动，还可做环转运动。其屈伸通常叫做对掌运动，即拇指与其他四指相对的运动，使得手具有强有力的抓捏功能。余下的腕掌关节由小多角骨、头状骨、钩骨与 2 ~ 5 个掌骨底构成，被包在一个关节囊内，是平面关节，活动范围很小。

5. 掌指关节和指关节

◆ 掌指关节：由掌骨头和近节指骨底构成，共有 5 个。关节面近似球窝关节，但由于没有回旋活动的肌肉，加之受两侧韧带的限制，故不能做回旋运动，只能做屈伸、内收外展和环转运动。指关节共 9 个，都是滑车关节，只做屈伸运动。

四、下肢关节

(一) 下肢带关节

◆ 骶髂关节：由骶骨的耳状面与髂骨的耳状面相连而成。关节面凹凸不平，但彼此嵌合紧密，关节面是扁平的，表面有纤维软骨，关节囊甚为紧张，有韧带起加强作用，活动范围很小 (图 3 - 2 - 9)。

◆ 耻骨联合：由两侧的耻骨联合面及纤维软骨连结而成。人类 9 ~ 10 岁后，软骨板内出现纵行裂腔成为半关节。耻骨联合的上方有耻骨上韧带，下方有耻骨弓状韧带。前方和后方有耻骨前韧带和耻骨后韧带加固。耻骨下方与两耻骨支之间形成夹角，男性呈锐角，叫耻骨角，约 70 度至 75 度，女性呈钝角，叫耻骨弓，平均为 87.5 度，经常从事体育锻炼的女子此角还会增大。

◆ 骨盆：由骶骨、尾骨和两侧的髋骨及连结它们的关节、韧带构成的穹隆结构。自骶骨岬向两侧经弓状线至耻骨上缘为骨盆的分界线，上方为大骨盆，下方为小骨盆 (骨盆腔)。骨盆腔有上口 (入口) 和下口 (出口)，上口即大、小骨盆的分界线，下口则由尾骨、坐骨结节、

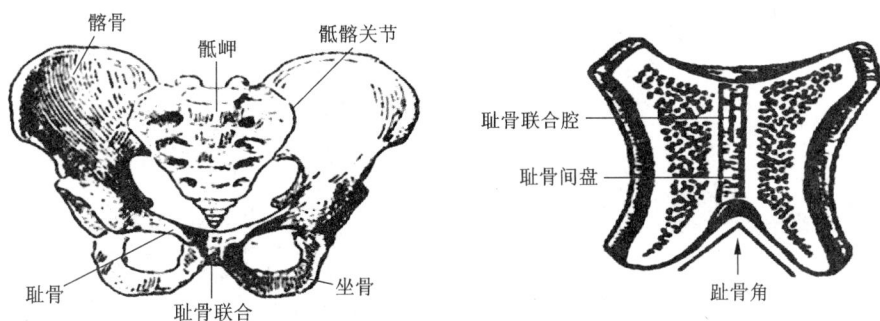

图 3 - 2 - 9　骶髂关节及耻骨联合结构

坐骨支、耻骨下支及其韧带围成。人体直立时，骨盆呈倾斜位，小骨盆入口平面与水平面形成的角度称为骨盆倾斜度（图 3 - 2 - 10），男性为 50 度至 55 度，女性为 55.6 度。

　　人体直立时，重力由腰椎经骶骨、骶髂关节、髋臼传至股骨头，形成"立弓"；坐位时，重力由骶骨向两侧传至坐骨结节，形成"坐弓"（图 3 - 2 - 11）。骨盆上借骶髂关节与脊柱相连，下借髋臼与下肢相连，骨盆以这些关节为轴，进行各种运动。绕两侧髋关节共同额状轴，做向前和向后转动，如体前屈和体后伸。绕一侧髋关节垂直轴，做

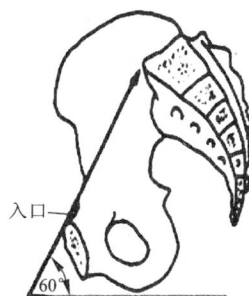

图 3 - 2 - 10　骨盆倾斜度

骨盆的侧向转动（图 3 - 2 - 12），如跑步时增大步幅的动作。绕一侧髋关节的矢状轴，做向上和向下的转动，如上下台阶动作。骨盆与下肢一起对脊柱的运动：绕额状轴做前屈（收腹举腿）、后伸（向后背腿）运动，绕矢状轴可做侧屈运动，绕垂直轴做回旋（双杠的摆转体 180度）运动。骨盆具有支持体重、缓冲震动、保护内脏、肌肉附着以及女性生殖道等功能。

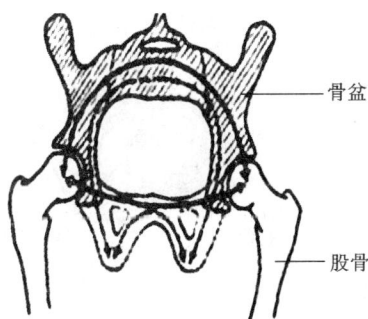

图 3 - 2 - 11　坐弓

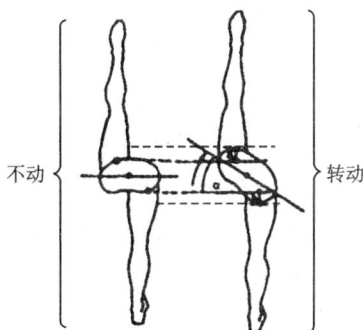

图 3 - 2 - 12　骨盆的侧向转动

（二）自由下肢关节

1. 髋关节

◆ 髋关节（图 3 - 2 - 13）：由髋骨的髋臼和股骨头组成，是典型的球窝关节。髋臼周缘有髋臼唇加深，使股骨头与髋臼更为适应。关节囊很厚，前部及上部更为明显，囊的后部和下部较为薄弱。股骨颈的绝大部分被包在关节囊内。

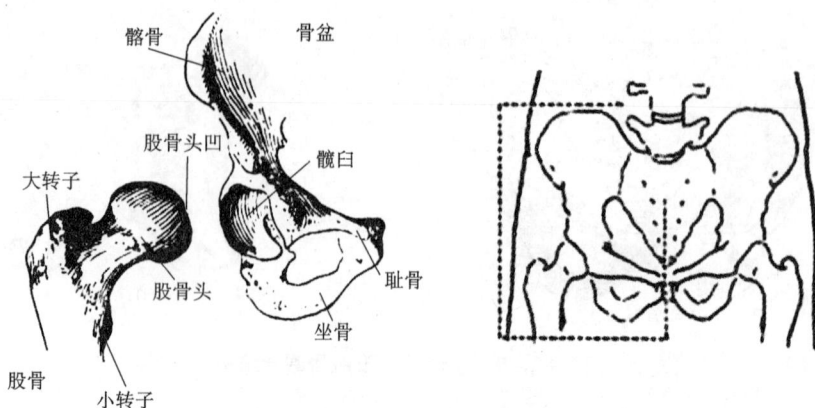

图 3-2-13　髋关节

髋关节的主要韧带(图 3-2-14)有以下几种。

◇ 髂股韧带：位于关节前面，是人体强有力的韧带之一，它起于髂前下棘，呈扇形，止于股骨转子间线，限制大腿过度后伸，对维持人体直立有重要作用。

◇ 耻股韧带：位于髋关节内侧，限制大腿外展和外旋。

◇ 坐股韧带：位于髋关节后面，限制大腿内收和内旋。

◇ 股骨头韧带：位于关节腔内，连结髋臼横韧带和股骨头凹，营养股骨头的血管从此韧带中通过。

髋关节可绕三个运动轴做屈伸、展收、回旋、水平屈伸和环转运动。由于髋关节囊较厚并紧张，关节窝深，并受到不少韧带的加固，因此，髋关节坚固性大，灵活性小。

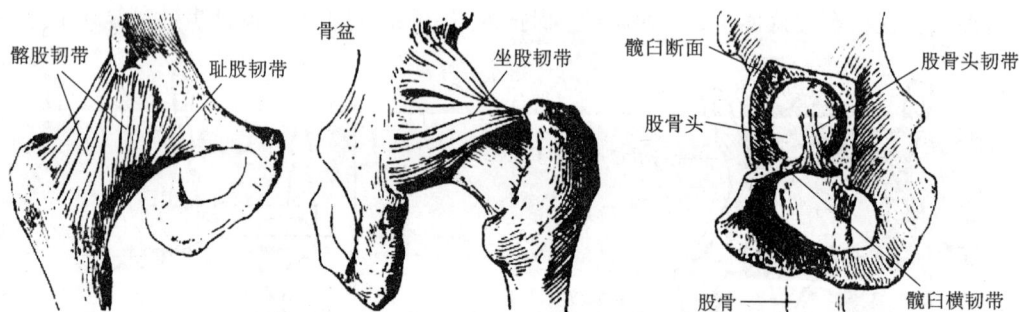

图 3-2-14　髋关节韧带

2.膝关节

膝关节(图 3-2-15)是人体结构最复杂的一个关节。

◆ 膝关节：由股骨下端关节面、胫骨上端关节面及髌骨关节面组成。股骨内外侧髁关节面呈凸椭圆形，胫骨内外侧髁关节面为平面状，它与股骨髁关节面曲率不相应，故在股骨、胫骨髁关节面间有半月板存在，使之形状吻合。股骨髌面与髌骨关节面构成滑车状关节。膝关节关节腔可分为三部分：股骨内外侧髁与内外侧半月板上面之间；内外侧半月板下面与胫骨内外侧髁之间；股骨髌面与髌骨关节面之间。由于膝关节在人体关节中所处的特殊位置，故有许多辅助结构来加固该关节。

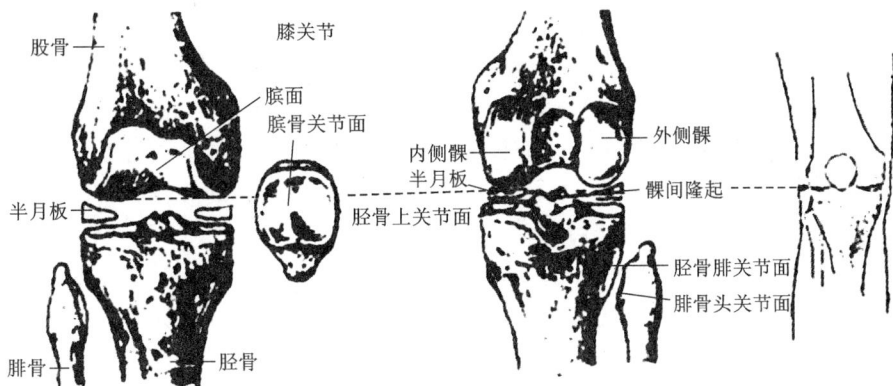

图 3 - 2 - 15 膝关节

◆ 半月板(图 3 - 2 - 16):位于胫骨内外侧髁上,包括内侧半月板和外侧半月板,均为纤维软骨。半月板外缘肥厚与关节囊愈着,内缘薄而锐利,上面凹陷,下面平坦。半月板可分为前角、体部和后角,它们借助 9 条韧带与胫骨平台相连。内侧半月板呈"C"形,外侧半月板呈"盘"状。半月板外侧 1/3 的血管较丰富,中间的 1/3 仅有很少的毛细血管,内侧 1/3 为无血管区。半月板表面覆有滑膜。半月板的功能在于使股骨髁和股骨髁关节面相吻合,传递负荷,吸收震荡,保护相连骨关节面,增强润滑,减少摩擦;维持关节的稳定以及调节关节的内压。

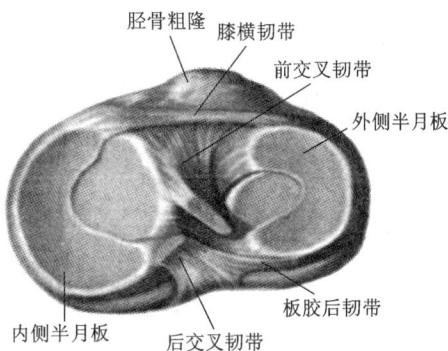

图 3 - 2 - 16 半月板

◇ 半月板损伤机制:膝关节屈曲、回旋再突然伸直时,半月板正好位于股、胫骨内外侧髁的突起部位,易受挤压而损伤。在近固定状态下,如蛙泳夹腿蹬伸小腿时及踢足球伸小腿时和远固定状态下,如排球或羽毛球运动员跳起扣球时,篮球运动员运球突然跳起投(扣)篮时,因内侧半月板与胫侧副韧带愈着,因此它的损伤较外侧半月板高 7 ~ 10 倍。预防半月板损伤的措施是做好准备活动,增强膝关节周围的肌肉力量的训练,保持正确的膝关节姿势和用力顺序。

◆ 膝关节韧带(图 3 - 2 - 17):膝关节韧带较多,有关节外韧带及关节内韧带。

◇ 髌韧带:位于髌骨的下部,关节囊

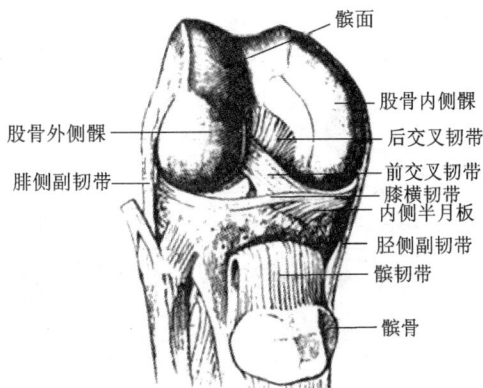

图 3 - 2 - 17 膝关节韧带

的前方，是股四头肌肌腱的延续，由髌骨尖到胫骨粗隆，它从前方加固膝关节。

◇ 胫侧副韧带：位于关节囊内侧，起自股骨内上髁，止于胫骨内侧髁，它与内侧半月板周缘相愈合，当此韧带受外伤时，常造成关节囊内侧部和内侧半月板同时损伤。

◇ 腓侧副韧带：位于膝关节外侧，呈条索状，位于股骨外上髁和腓骨头之间。

◇ 膝交叉韧带：位于关节囊内，为连结股骨与胫骨间的强有力的韧带。分为前交叉韧带、后交叉韧带、腘斜韧带。前交叉韧带起自股骨外侧髁的内侧面斜向前下方，止于胫骨髁间前窝，它限制胫骨上端向前移动。后交叉韧带起自段骨内侧髁的外侧面斜向外下方，止于胫骨髁间后窝，它限制胫骨上端向后移动。

◇ 腘斜韧带：位于关节囊后方，此韧带从后面加固膝关节。

◆ 滑膜皱襞：是关节囊滑膜层向腔内皱褶而成，最大的是位于髌骨下方、髌韧带两例的翼状襞，襞内充满脂肪组织，它起填充关节内空隙、防震和加固关节的作用。

◆ 滑膜囊：膝关节周围尚有许多滑膜囊，有的与关节腔相通，有的单独存在，如髌上囊、髌下深囊等，它起着减少摩擦的作用。膝关节属于椭圆滑车状关节，绕额状轴可做屈伸运动。在屈膝位时，还可绕垂直轴做旋内和旋外运动。髌骨在小腿屈伸运动时，可做上下滑动。

3. 小腿关节

胫腓骨的连结很牢固，活动性极小。两骨的上端构成微动的胫腓关节，骨体间为小腿骨间膜，两骨下端构成胫腓连结。

4. 足关节

足关节包括踝关节和距附关节，后者又由距跟关节和距跟舟关节组成。

◆ 踝关节（图3-2-18）：即距小腿关节，又名距上关节。由胫骨的下关节面、内踝关节面和腓骨的外髁关节面共同形成的叉状关节窝，以及距骨滑车的关节头构成。绕额状轴可做屈伸运动（足向下为屈，或称跖屈；足向上为伸，或称背屈）。由于距骨滑车关节面前宽后窄，当足跖屈时，窄的部分进入关节窝，因此，足可做侧方运动（即内收、外展）。

踝关节的关节囊前后松弛，有利于屈伸运动，两侧有韧带加固。这些韧带是内侧的三角韧带，自内踝呈扇形向下，止于舟骨、距骨和跟骨。外侧有三条，前方为距腓前韧带，中部为跟腓韧带，后方为距腓后韧带，三条韧带均起于外踝，向前、下、后分别止于距骨和跟骨。在踝关节韧带损伤中，以外侧最为常见，尤以距腓前韧带为多。

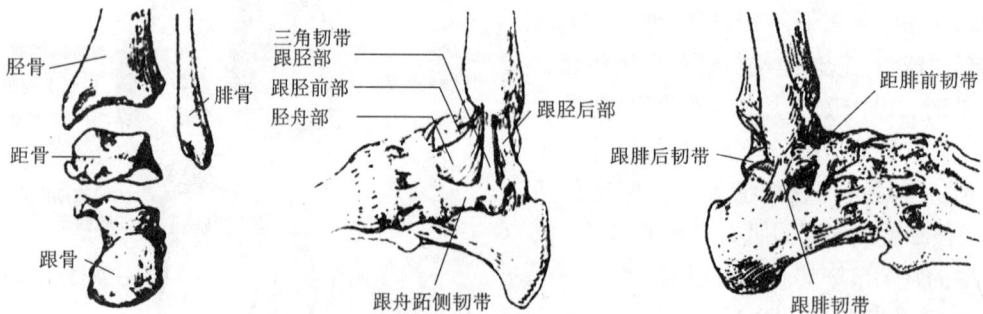

图3-2-18　踝关节

◆ 距跗关节：又名距下关节，由距跟关节和距跟舟关节组成，它被一系列韧带所加强，如距跟骨间韧带（位于跗骨窦内）、距舟背侧韧带、跟舟背侧韧带（位于足底，是维持足弓的重要装置）及跖长韧带（位于足底，有维持外侧纵弓的作用）。距跟关节和距跟舟关节在功能上是联合关节，共同在不典型的矢状轴做内翻和外翻。内翻时，足内收伴随旋外（即足内侧缘上升）；外翻时，足外展伴随旋内（即足内侧缘下降）。运动中，作为联合关节的足关节，它们联合协调活动，即足跖屈时往往伴随内翻，而足伸时往往伴随外翻。

◆ 足部其余关节：跟骰关节、跗跖关节、跖趾关节、趾关节等。

◆ 足弓（图3-2-19）：由足的跗骨、跖骨以及足部的关节、韧带、肌腱共同构成的凸向上方的弓形结构。足弓分为前后方向纵弓和左右方向横弓。纵弓由内侧纵弓和外侧纵弓组成。

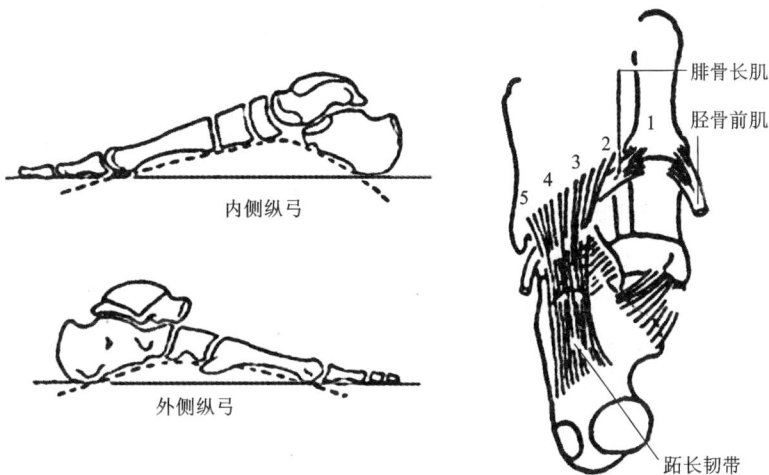

图3-2-19 足弓

◇ 内侧纵弓：由跟骨、距骨、舟骨、三块楔骨和1、2、3跖骨构成，此弓较高，有较大的弹性，有缓冲震荡的作用，又称弹性足弓。

◇ 外侧纵弓：由跟骨、骰骨和4、5跖骨构成。此弓较矮，弹性较差，与维持直立有关，又称支撑足弓。

◇ 横弓：由骰骨和三块楔骨组成。

站立时，维持足弓依靠足的韧带及有关结缔组织，走、跑、跳时则主要依靠小腿（如胫骨前肌、腓骨长肌）及足底有关肌肉。如足部先天性软组织发育不良、劳损、足部骨折等因素导致足弓塌陷，会形成扁平足。扁平足患者的足底血管神经易受压，足部易疲劳，甚至产生疼痛，走、跑、跳的功能也下降。足弓可支持负重，缓冲震荡，使足底血管神经免受压。

五、躯干骨连结

（一）椎骨间连结

椎骨间由椎间盘、韧带和关节相连。椎体与椎体间借椎间盘及前后纵韧带相连（图3-2-20）。

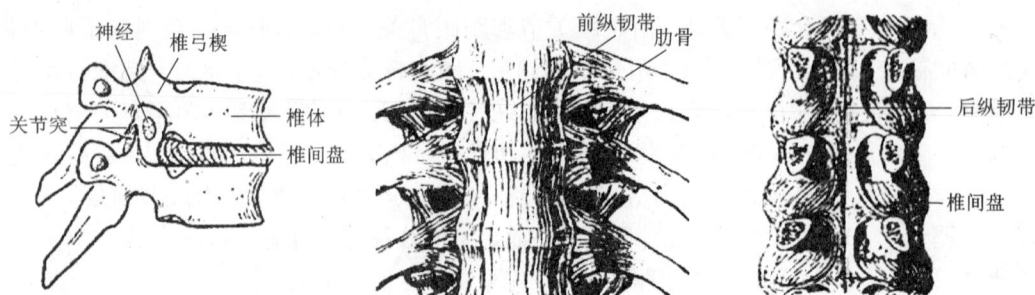

图 3 - 2 - 20　椎体连结及韧带

1. 椎间盘

位于相邻椎体间的纤维软骨盘，共 23 个(第一至第二颈椎没有)。椎间盘由上下软骨板、纤维环和髓核构成。胸中部椎间盘最薄，颈部其次，腰部最厚，椎间盘随年龄增长逐渐增厚。

◆ 软骨板：又称软骨终板。此板与上下椎体骨面相邻，是胎儿时期供应椎间盘的血管通过处，是以后椎体与椎间盘组织液彼此渗透的渠道。

◆ 纤维软骨环：为一层套一层的纤维软骨环，主要成分为胶原纤维，最外层纤维是垂直方向排列，中间部纤维是交织状(呈 30 度至 60 度交叉)排列，最内层纤维呈水平环状包裹髓核。在各层间尚有粘合样物质，将它们彼此牢固地连结在一起。

◆ 髓核：为位于纤维环中部的凝胶冻状物，富含水分，弹性及耐压性均很好。随年龄增长，血液循环变差，失水，纤维环的胶原纤维变粗、脆性加大，髓核也开始变性，失去原有的弹性。由于椎间盘本身的退行性变化，加上外因的作用，有可能发生纤维环破裂、髓核突出症，有的甚至出现压迫神经(向后外侧突出)症状。增强竖脊肌的力量，保持正确的用力姿势以及不过度负荷，都是预防椎间盘突出症的有效措施。

◆ 前纵韧带：人体中最长的韧带，很坚韧，起于枕骨大孔前线，止于第一、第二骶椎前面，紧贴椎体和椎间盘前面，从上向下逐渐变宽且增厚，其作用是限制脊柱后伸。

◆ 后纵韧带：位于椎体和椎间盘后方，构成椎管前壁，较细且薄弱，起于第二颈椎，止于骶管，其作用是限制脊柱前屈。

2. 椎弓间连结

◆ 黄韧带：填充于椎板之间，由弹性纤维构成，腰部最厚，约为 2~3 毫米。此韧带构成椎管后壁，当它增生变厚钙化时，可出现皱褶突入椎管，使椎管矢状径变小。

3. 椎骨突起间连结

◆ 关节突关节(即椎间关节，亦称后关节或小关节)：左右各一，由相邻椎骨的上、下关节突的关节面构成，在机能上形成联合关节。关节面为扁平形，活动范围不大，但多个椎间关节同时活动时，仍可产生较大的运动幅度。

◆ 韧带连结：横突间、棘突间均为韧带连结。有横突间韧带、棘间韧带、棘上韧带。这里要提一下项韧带，即颈部的棘上韧带，向后扩展成三角形膜状韧带，内含大量弹性纤维。

(二)脊柱

1. 脊柱的组成及特征

◆ 脊柱(图 3 - 2 - 21)：由 24 块独立的椎骨、1 块骶骨、1 块尾骨以及连结它们的 23 块椎间盘、关节和韧带装置构成。中央有椎孔连成的椎管，内藏脊髓，两侧各有23个椎间孔，脊神经由此通过。从前面观察脊柱，自第二颈椎至第一骶椎逐渐增大，自第二骶椎至尾椎，逐渐减小，这与脊柱受力有关。从侧面观察，可见4个生理弯曲，即颈曲、胸曲、腰曲和骶曲。颈曲和腰曲凸向前，胸曲和骶曲凸向后，这些生理弯曲是人类在漫长的进化过程中形成的。从后面观察，可见由棘突在后正中形成的纵嵴，嵴的两侧为脊柱沟。正常人因左臂或右臂用力(肌肉发达程度)的差异，会引起脊柱的轻度侧弯，如脊柱侧弯过大，则会形成脊柱畸形。

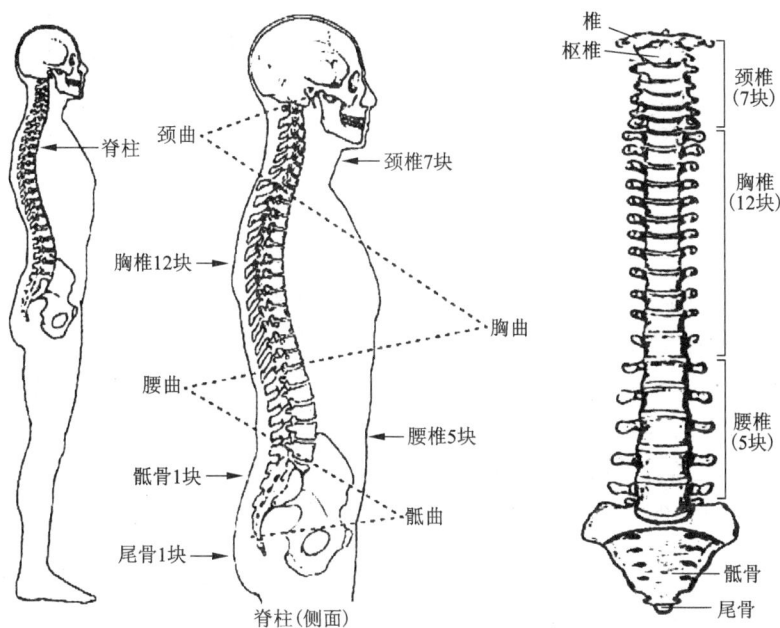

图 3 - 2 - 21　脊柱

2.脊柱的功能及运动

脊柱构成人体躯干的中轴和支柱，具有支持负重的功能，其正常弯曲可使身体总重心稍向后移，移至人体中轴的垂线上，有利于维持身体平衡、人体直立和行走。脊柱参与一些腔壁的构成，如椎管、胸腔、腹腔、盆腔，借以容纳保护脊髓和内脏器官等。脊柱是一拱形结构，有良好弹性，起着传递压力、缓冲震动的作用，脊柱可完成各种基本运动，成为运动时的杠杆，它还是许多肌肉的附着点。脊柱各椎骨间的运动幅度虽然有限，但整个脊柱的运动范围仍很大。脊柱绕额状轴可做屈伸运动，绕矢状轴可做侧屈运动，绕垂直轴可做回旋运动。此外，还可做环转运动。由于脊柱各段受椎间盘的厚薄、棘突和关节突的方位等因素的影响，其运动幅度不尽相同。一般来讲，腰部和颈部的活动性大，胸廓的活动性最小。

(三)肋与椎骨、肋骨连结

1.肋骨与椎骨的连结

◆ 肋骨与椎骨的连结(图3-2-22)：肋骨的后端与胸椎相连，构成两个关节，即肋头关节和肋横突关节，前者由肋骨的肋头关节面与相应的胸椎肋凹构成，后者由肋结节关节面与横突肋凹构成。上述两关节在功能上是联合关节，合称肋椎关节。运动时绕肋头与肋结节中心连线构成的轴做回旋运动，此时肋的前部或升或降，胸廓(图3-2-23)随之扩大或缩小。

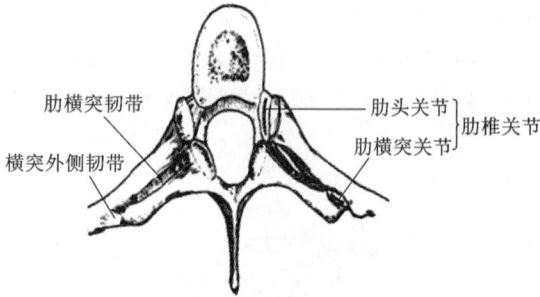

图 3 - 2 - 22　肋骨与椎骨的连结

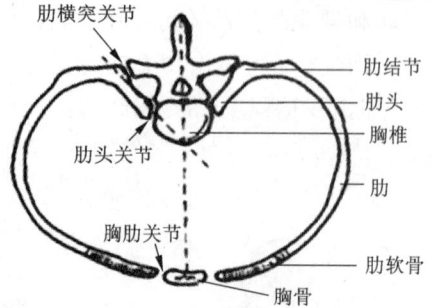

图 3 - 2 - 23　胸廓

2. 肋与胸骨的连结

◆ 肋与胸骨的连结(图3-2-24)：第一肋软骨与胸骨柄肋切迹间构成软骨结合，第二至第七肋软骨与胸骨肋切迹构成胸肋关节。第八至第十肋软骨与上位肋软骨形成肋弓，第十一和第十二肋软骨游离，不和胸骨相连。

(四)胸廓

1. 胸廓的组成及特征

◆ 胸廓(图3-2-25)：由12个胸椎、12对肋、1块胸骨以及关节和韧带等组成。胸廓可区分为两口、三径和四个壁。

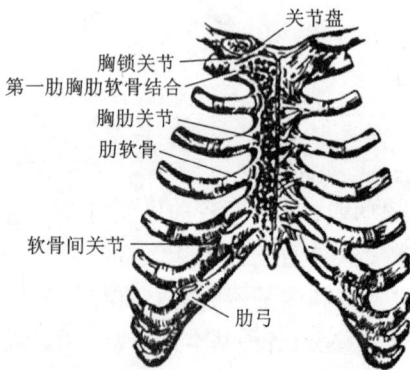

图 3 - 2 - 24　肋骨与胸骨连结

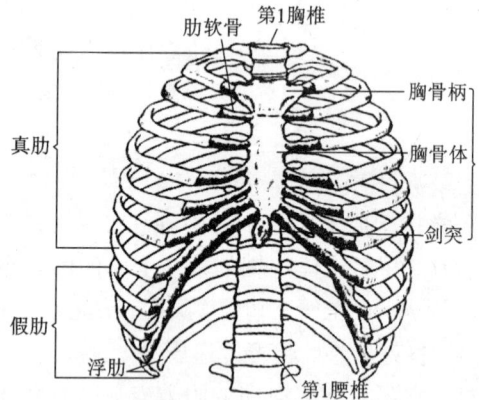

图 3 - 2 - 25　胸廓

◆ 胸廓两口：胸廓上口，由第一胸椎、第一肋和胸骨柄上缘构成，有食管、气管和重要的神经和血管通过。胸廓下口，由第十二胸椎、第十一、第十二对肋，左右肋弓和胸骨剑突构成，被膈肌封闭。

◆ 胸廓三个径：横(左右)径、矢状(前后)径、垂直(上下)径，人类胸廓的特点是横径大于矢状径，这是人直立的结果。

◆ 四壁：前壁为胸骨和肋软骨，后壁为胸椎及肋角以后的部分，两侧壁为肋骨的其余部分。胸廓形状个体差异明显，与年龄、性别、健康状况、生活条件以及劳动运动等因素有关。

2.胸廓的功能及运动

胸廓具有保护心肺及重要血管和神经的功能。胸廓还参与呼吸运动，吸气时，肋向外扩张和上提，胸骨向前上力举，同时膈肌圆顶下降，胸廓三个径增大，胸腔容积扩大，这时空气进入肺内。呼气时，肋下降，胸廓三个径减小，胸腔容积缩小，导致空气从肺内排出。

第三节　骨骼肌

人体骨骼肌约有600余块，绝大多数附着于骨骼上（图3-3-1）。

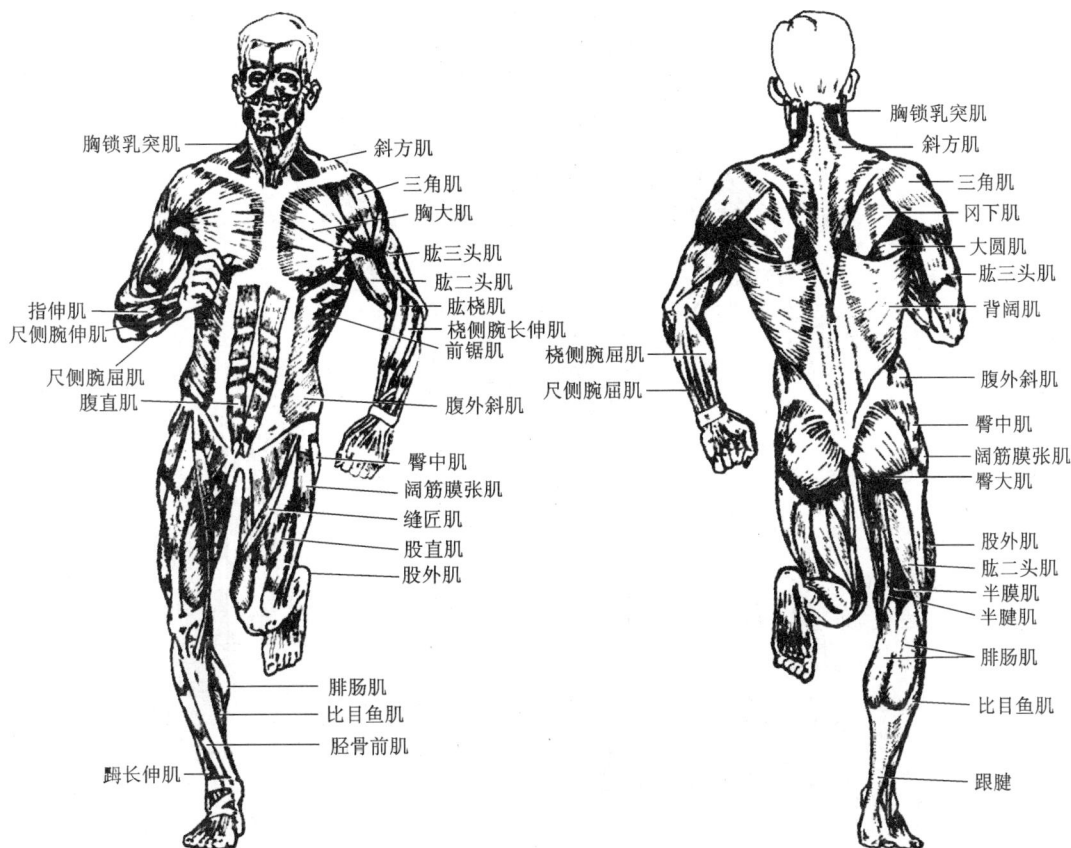

图3-3-1　全身肌肉结构

一、肌肉结构与特性

（一）肌肉的结构

1.主要结构

肌肉（图3-3-2）可分为肌腹和肌腱（阔肌的腱呈膜状，称腱膜）。肌腹由许多肌纤维

（包括红肌纤维和白肌纤维）构成。肌纤维表面包裹着丰富的毛细血管网结缔组织膜。肌纤维集合起来由结缔组织薄膜包裹构成小肌束；许多小肌束集合起来，由结缔组织薄膜包裹构成大肌束；若干大肌束集合起来，由结缔组织薄膜包裹构成整块肌肉的肌腹。包裹在每条肌纤维外面的薄膜叫肌内膜，包裹在大小肌束外的薄膜叫肌束膜，包裹在整块肌肉外面的薄膜叫肌外膜。肌肉借肌腱附着于骨或筋膜上。肌腱缺乏收缩性，但很坚韧，可抵抗较大的张力。因为肌腱由许多胶原纤维构成，且互相交织排列成辫状，这种结构使肌肉力量能均匀地作用于肌腱在骨上的附着处，不因运动时关节角度变化而使肌肉力量受到影响。

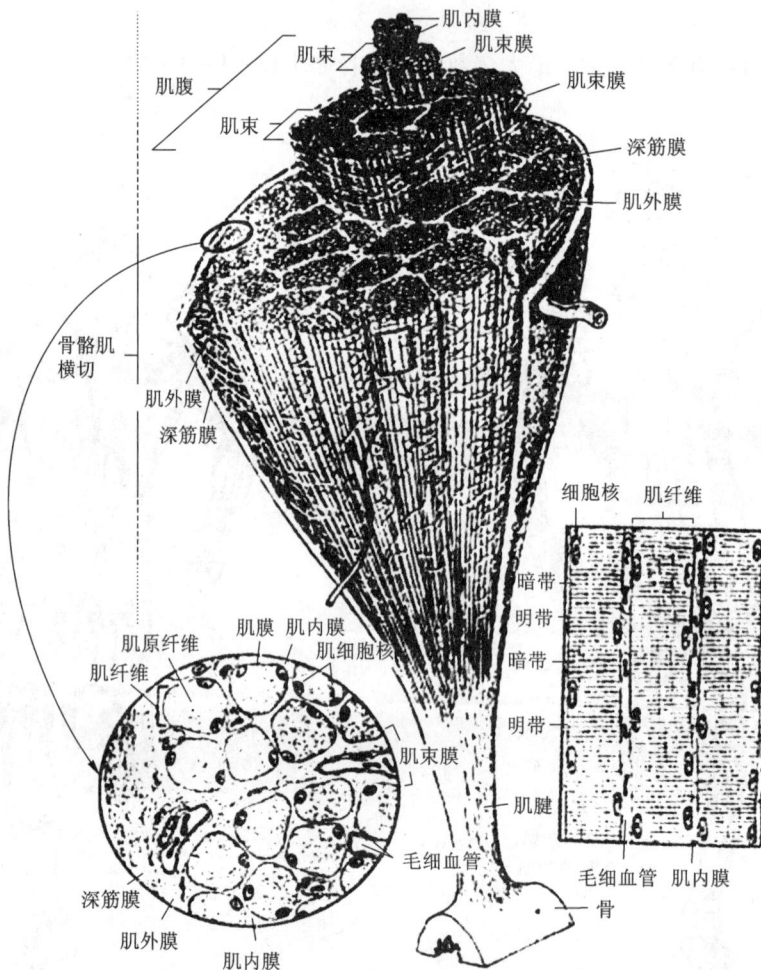

图 3-3-2 肌肉

每块骨骼肌（图 3-3-3）都是一个器官，除了肌纤维外，肌纤维上还分布有神经纤维，大小肌束间还有结缔组织、血管、淋巴管等。肌腹内有运动神经末梢，来自中枢神经系统的冲动经此传至肌肉，支配肌肉活动。肌腹和肌腱中均有感觉神经末梢，能感受肌纤维张力变化的刺激，将冲动传到中枢神经系统，实现各肌肉之间的协调运动。此外，肌肉血管还分布有交感神经纤维，它能调节骨骼肌的代谢，实现营养功能。

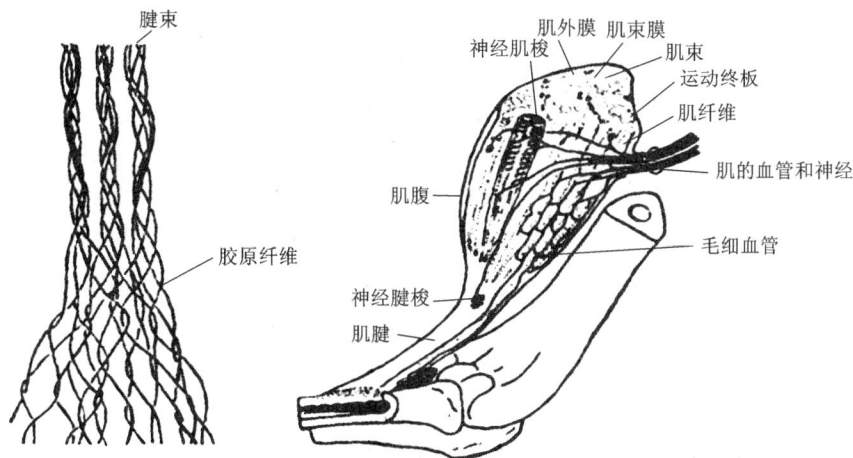

图 3 - 3 - 3 骨骼肌

2. 辅助结构

肌肉周围有一些利于肌肉活动的结构，称为肌肉的辅助结构（图 3 - 3 - 4）。包括筋膜、腱鞘、滑膜囊、籽骨和滑车等。

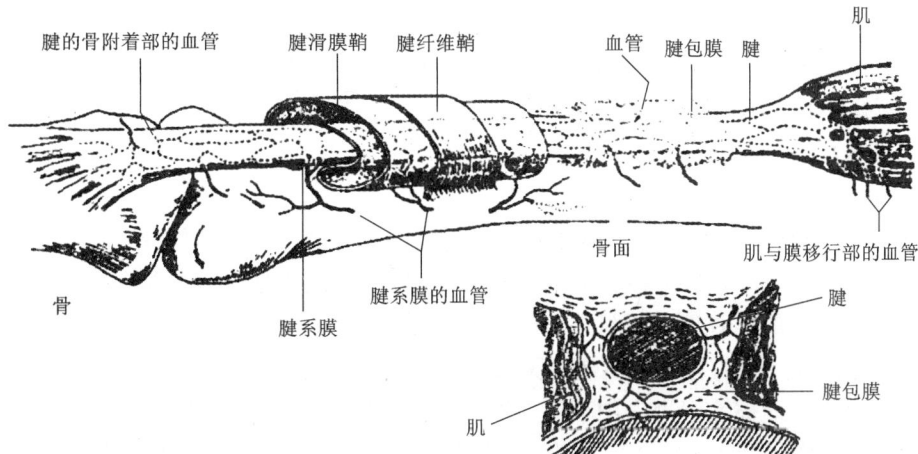

图 3 - 3 - 4 肌肉的辅助结构

◆ 筋膜：是包在肌肉外面的结缔组织，分为浅筋膜和深筋膜两种。浅筋膜又叫皮下筋膜，由含脂肪成分的疏松结缔组织构成，对深层的肌肉、血管、神经具有保护功能。深筋膜位于浅筋膜深层，由致密结缔组织构成，在骨突之间增厚形成假韧带，包被肌肉成肌鞘，插入肌群之间，形成肌间隔，以约束肌肉牵引方向，保证肌肉或肌群单独活动。筋膜还可为肌肉附着，增大肌肉附着面积，利于肌肉收缩时更好地发挥力量。

◆ 腱鞘：是套在活动性较大的腕、踝、手指和足趾肌腱周围的密封双层筒状长管，外为纤维鞘，内为滑膜鞘。滑膜鞘又分为两层，紧贴肌腱的叫脏层，脏层反折衬于纤维鞘内面的叫壁层。脏、壁两层之间为一裂隙，内有少量滑液，可减小运动时肌腱与骨面之间的摩擦。有的一个腱鞘包绕一条肌腱，有的包有两条或多条肌腱。

◆ 结缔组织囊：由关节囊的滑膜层向关节外突出所形成的扁形组织囊，内有少许滑液，存在于肌腱与骨、软骨、韧带、肌肉与坚硬组织之间，以减少运动时肌腱与骨之间的摩擦。

◆ 籽骨：是由肌腱骨化而成的小骨。通常位于肌腱与骨的附着处，它可以改变肌腱附着于骨处的角度，增大肌肉的拉力臂，提高力的作用效果。髌骨为人体中最大的籽骨。

◆ 滑车：有两种类型，一种是覆盖有软骨的槽，另一种是通过肌腱的结缔组织环。肌腱通常在滑车处改变方向。由于滑车的存在，肌腱不会向旁边移位。

（二）肌肉的物理特性

骨骼肌的主要物理特性为伸展性、弹性和粘滞性。

1. 弹性、伸展性

肌肉在外力作用下，可被拉长的这种特性叫做伸展性。当外力解除后，被拉长的肌肉又可恢复原状，这种特性叫做弹性。肌肉的伸展性与弹性同柔韧性密切相关。体育运动中，有目的、有计划地发展肌肉的伸展性和弹性，对于加大运动幅度、增强关节柔韧性和预防肌肉受伤有着重要意义。

2. 粘滞性

肌肉的粘滞性是肌肉收缩或被拉长时，肌纤维之间、肌肉之间或肌群之间发生摩擦的外在表现。这是原生质的普遍特性，是由其内所有胶体物质造成的。它使肌肉在收缩或被拉长时产生阻力，并额外消耗一定的能量。肌肉粘滞性的大小与温度有关，温度低时粘滞性大，反之则小。因此，在气温低的季节进行训练或比赛，首先必须做好充分的准备活动，以提高体温，从而减小肌肉的粘滞性，提高肌肉收缩和放松的速度，避免肌肉拉伤。

（三）肌肉的工作属性

1. 动力性工作

肌纤维收缩和放松不断交替，改变着拉力角度、方向及骨杠杆的位置，这种工作称为动力性工作。动力性工作分为向心工作（克制工作）和离心工作（退让工作）两种。

◆ 向心工作：肌肉收缩克服阻力，肌力大于阻力，使运动环节朝肌肉拉力方向运动的工作叫向心工作。如三角肌和冈上肌使肩关节外展的工作性质就是向心工作。

◆ 离心工作：肌肉在阻力作用下逐渐被拉长，阻力大于肌力，使运动环节朝肌肉拉力相反方向运动的工作叫做离心工作。如落地屈膝缓冲时，股四头肌的工作性质就是离心工作。

2. 静力性工作

肌纤维收缩和放松不交替，使运动环节固定、维持一定身体姿势的肌肉工作称为静力性工作。它分为支持工作、加固工作和固定工作三种。

◆ 支持工作：肌肉收缩或拉长到一定程度后，长度不再变更，肌拉力矩与阻力矩相等，使运动环节保持一定姿势的工作称为支持工作。如双杠直角支撑时，髋关节屈肌和腹肌就是做支持工作。

◆ 加固工作：肌肉以一定的紧张状态防止关节在外力作用下而断裂的工作为加固工作。如悬垂动作中，肘关节周围的肌肉是做加固工作。又如拔河过程中两队相持时，肘关节周围的肌肉也是做加固工作。

◆ 固定工作：肌肉收缩使相邻环节在关节处互相靠紧的工作叫固定工作。如双杠直角支撑时，肘关节周围肌肉的工作就是固定工作。又如站立时，膝关节周围肌肉的工作也是固定工作。

3. 多关节工作

跨过一个关节的肌肉叫做单关节肌，如肱肌。跨过两个或两个以上关节的肌肉叫做多关节肌，如股直肌。多关节肌由于跨过的关节多，工作时会出现多关节肌"主动不足"和多关节肌"被动不足"。

（1）主动不足

多关节肌作为原动肌工作时，其肌力充分作用于一个关节后，就不能再充分作用于其他关节，这种现象叫多关节肌"主动不足"（实质是肌力不足）。如充分屈指后，再屈腕，则会感到屈指无力（握紧的物体有松脱感），这就是前臂屈肌群发生了多关节肌"主动不足"现象。体育运动中出现多关节肌"主动不足"时，应注意发展该群肌肉的力量。

（2）被动不足

多关节肌作为对抗肌出现时，是已在一个关节处被拉长，且在其他的关节处再不能被拉长的现象，叫多关节肌"被动不足"（实质是肌肉伸展不足）。如伸膝后再屈髋，即直腿前摆，腿摆得不高，这是由于股后肌群发生了多关节肌"被动不足"。体育运动中针对容易出现多关节肌"被动不足"的肌肉，要注意发展其伸展性。

（四）肌肉的协同性

一个动作往往不是靠一块肌肉就能完成的，复杂的动作更要在数块或数群肌肉的协调工作下才能产生各种各样的运动，或使人体维持某种姿势。根据肌肉在运动中所起的作用，可分为原动肌、主动肌、次动肌（副动肌）、对抗肌、固定肌及中和肌等。

1. 原动肌、主动肌和次动肌

直接完成某动作的肌肉叫做原动肌。如肱肌、肱二头肌、肱桡肌和旋前圆肌4块肌肉是屈肘关节的原动肌。前两块在原动肌中起主要作用，叫主动肌；后两块起次要作用，叫次动肌（或副动肌）。

2. 对抗肌

与原动肌功能相反的肌肉叫对抗肌。如肱三头肌就是屈肘关节肌的对抗肌。当肘关节做伸的动作时，则相反。

3. 固定肌

将原动肌定点所附着的骨固定起来的肌肉叫固定肌。如做前臂弯举动作时，肩关节周围的肌肉必须固定肱骨才能更好地完成这一动作，这时肩关节周围的肌肉就是固定肌。

4. 中和肌

有的原动肌具有数种功能，如斜方肌除了可使肩胛骨后缩外，还能使它上回旋。做扩胸运动时，只要求肩胛骨后缩，不要求上回旋，这时有另一些肌肉（如菱形肌和胸小肌）参与工作以抵消斜方肌上回旋的作用，使斜方肌充分发挥肩胛骨后缩的功能。这些限制或抵消原动肌发挥其他功能的肌肉就叫做中和肌。

有时两块原动肌都具有多种功能，一种（或两种）功能是共同的，其他则是互相对抗的。如胸大肌可使上臂屈、内收和内旋，背阔肌可使上臂伸、内收和内旋，因此胸大肌和背阔肌在上臂内收和内旋方面为原动肌，在屈、伸方面的功能则相互限制或抵消，因此互为中和肌。

二、肌力解剖学分析

（一）肌力影响要素

1.生理横断面

横切一块肌肉的断面叫解剖横断面，而横切一块肌肉所有肌纤维的断面的总和则叫生理横断面。生理横断面的面积的大小为横切所有肌纤维线段的总和与肌肉平均厚度相乘的积。肌肉生理横断面愈大，肌肉的绝对力量就愈大。

2.肌肉的初长度

肌肉在收缩之前的长度叫做肌肉初长度。肌肉预先稍许拉长或拉长到最大限度时，肌肉收缩所产生的力量都不大，只有肌肉处于适宜（感到便于用力）初长度，肌肉收缩才能产生最大的力量。所以在投掷运动中，要做好身体超越器械的动作，以便使肌肉更好地发挥力量。

（二）肌力解剖学分析

1.肌肉固定端

肌肉一般以两端固定于相应的骨上，靠近身体正中面或颅侧的一端为起点，另一端为止点。肌肉的起点与止点是固定不变的。肌肉工作时，一端运动明显，称为动点，另一端称为定点（或肌肉工作时，活动骨上的附着点为动点，相对固定骨的附着点为定点）。肌肉的定点与动点可随肌肉工作条件变化而发生改变。如前臂弯举时，肱肌的起点为定点，止点为动点，前臂向上臂靠拢；引体向上时，肱肌的止点为定点，起点为动点，上臂向前臂靠拢。

肌肉收缩时，定点在近侧端叫近固定，定点在远侧端叫远固定，主要用于四肢肌。躯干与头颅的肌肉一般用上固定、下固定和无固定来区分。定点在上的称上固定，定点在下的称下固定，若肌肉收缩时两端都不固定，称无固定。分析肌肉工作时，一般先分析近固定或上固定时的肌肉功能，而后分析远固定或下固定时的肌肉功能。

2.跨过关节轴

◆ 肌肉拉力线（即肌肉合力作用线）从额状轴前方跨过，肌肉收缩可使关节屈，反之则伸（膝关节及其以下关节相反）。

◆ 肌肉拉力线从矢状轴上方或上外侧跨过，肌肉收缩时可使关节外展，反之则内收（头颅和躯干叫左侧屈或右侧屈）。

◆ 肌肉拉力线由前向外跨过垂直轴，肌肉收缩时可使关节内旋（旋前），由后向外跨过则使关节外旋（旋后），头颈和躯干叫做左回旋或右回旋。

◆ 肌肉拉力线与环节纵轴线平行，肌肉收缩时不能使环节回旋。若要使环节回旋，则肌肉拉力线必须与环节纵轴线成角度，这个角度必须大于0度，小于180度，其中90度是最佳角度。

三、运动对肌肉的影响

（一）肌肉体积的增大

通过体育锻炼和训练的明显变化是肌肉体积增大，主要表现在各种围度的增加上。不同专项运动对不同部位肌肉体积增大的影响不同。肌肉体积的增大是因为肌纤维增粗还是肌纤维数目增加尚有争议。肌纤维数量或直径增加，与训练时间密切相关。肌纤维的增粗包含细胞内含物的增多和增大。

(二)线粒体数目增多

线粒体是细胞的供能中心,参与细胞内物质氧化和形成 ATP。在耐力性练习如长跑、自行车运动中,快缩肌纤维和慢缩肌纤维线粒体数量都有所增加,其中前者尤为明显。线粒体的增加可为肌肉提供更多的能量,以适应耐力的需要。运动训练性质不同,对线粒体的影响也不同,耐力训练对线粒体的影响最为明显,而力量训练对线粒体的影响甚微。经过长时间的耐力训练后,线粒体绝对数量、外膜面积、膜蛋白及膜磷脂含量均会显著增加,以适应训练需要。

(三)毛细血管增多

体力活动可以使骨骼肌内毛细血管不论在数量上还是形态上都有所改变,肌纤维间的毛细血管平均分配数量在系统训练后增多,静力负荷组比动力负荷组增加的毛细血管数量多。静力负荷组毛细血管迂曲的行程明显。动力负荷的跑步和游泳训练主要促使毛细血管分支吻合,对毛细血管的形态影响不明显,单位体积肌纤维毛细血管表面积增大。

(四)化学成分变化

长期坚持体育锻炼,肌肉组织内的化学成分可发生变化,如肌糖元、肌球蛋白、肌动蛋白、肌红蛋白、水分的含量等均会增加。这有利于提高肌肉的收缩能力,使 ATP 酶的活性加强,与氧的结合力提高,肌肉内氧化反应也得以改善。

四、骨骼肌群

(一)上肢肌

上肢肌包括肩带肌、上臂肌、前臂肌和手肌。

1.肩带肌

肩带肌(图 3 - 3 - 5)起自锁骨和肩胛骨,止于肱骨。包括三角肌、冈上肌、冈下肌、小圆肌、肩胛下肌和大圆肌。

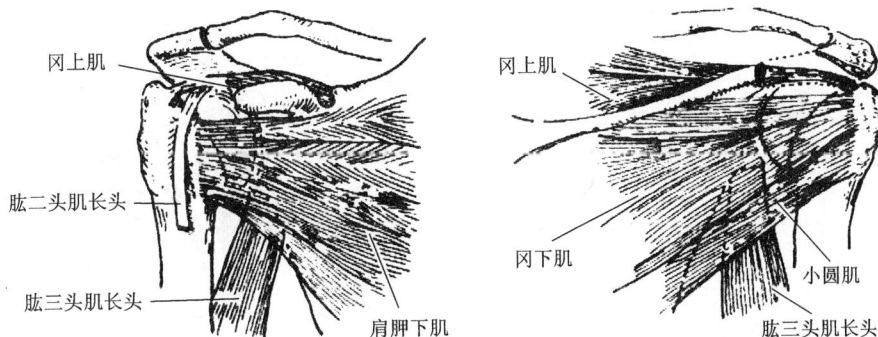

图 3 - 3 - 5 肩带肌

◆ 三角肌(图 3 - 3 - 6)。

◇ 位置:肩关节前、外、后方,呈倒三角形,中部为多羽肌,前后部为单羽肌。起于锁骨外侧半、肩峰和肩胛冈。止于肱骨体三角肌粗隆。

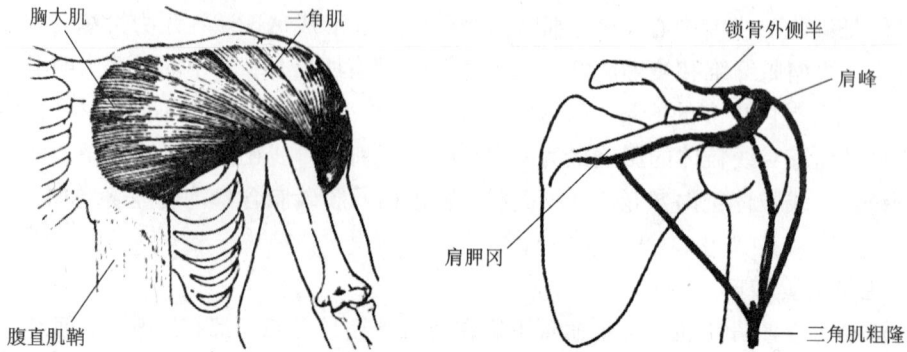

图 3 - 3 - 6　三角肌

◇ 功能：近固定时，前部纤维收缩使上臂屈、水平屈和内旋。后部纤维收缩使上臂伸、水平伸和外旋。中部或整块肌肉收缩使上臂外展，外展 90 度至 180 度时，具有最大的收缩力。当臂上举过头时，前、后部纤维还有使上臂内收的作用。因此，三角肌在肩关节处有使上臂屈、伸、收展、内旋、外旋和环转等运动功能。

◆ 冈上肌(图 3 - 3 - 7)。

◇ 位置：位于冈上窝内，在斜方肌深面，为羽状肌。起于肩胛骨冈上窝。止于肱骨大结节。

◇ 功能：近固定时，使上臂外展。

◆ 冈下肌和小圆肌(图 3 - 3 - 8)。

◇ 位置：位于冈下窝。冈下肌近似三角形，小圆肌为圆柱形。

◇ 起止点：冈下肌起自肩胛骨冈下窝内侧 2/3，小圆肌起自肩胛骨外侧缘背面。两肌均止于肱骨大结节。

◇ 功能：近固定时，两肌均使上臂伸、内收和外旋。

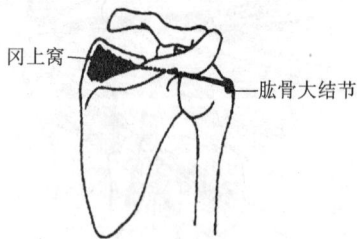

图 3 - 3 - 7　冈上肌

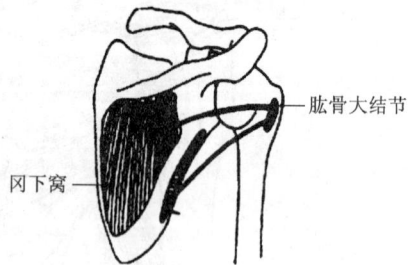

图 3 - 3 - 8　冈下肌与小圆肌

◆ 肩胛下肌和大圆肌(图 3 - 3 - 9)。

◇ 位置：肩胛下肌位于肩胛骨肩胛下窝，大圆肌位于小圆肌下外方。肩胛下肌为多羽肌，大圆肌呈圆形。肩胛下肌起于肩胛下窝，大圆肌起于肩胛骨下角背面。肩胛下肌止于肱骨小结节，大圆肌止于肱骨小结节嵴。

◇ 功能：近固定时，两肌均使上臂内收和内旋，大圆肌还使上臂伸。冈上肌、冈下肌、小圆肌和肩胛下肌，都从肩关节上方、后方和前方跨过肩关节，与肩关节囊紧贴，它们的腱共同形成"肌腱袖"，即肩袖，来加固和保护肩关节。

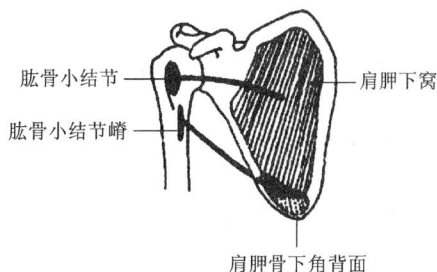

图 3 - 3 - 9 肩胛下肌和大圆肌

2. 上臂肌

◆ 肱二头肌(图 3 - 3 - 10)。

◇ 位置：位于上臂前面浅层，为梭形肌，有长、短二头。长头起自肩胛骨盂上结节，短头起自肩胛骨喙突。止于桡骨粗隆和前臂筋膜。

◇ 功能：肱二头肌跨过肩关节、肘关节和桡尺近侧关节而对上述三个关节起作用。近固定时，使上臂在肩关节处屈，使前臂在肘关节处屈，并使前臂在内旋的情况在桡尺关节处外旋。远固定时，使肘关节屈(即上臂向前臂靠拢)，如引体向上动作。

◆ 喙肱肌(图 3 - 3 - 10)。

◇ 位置：位于肱二头肌上并部内侧，起于肩胛骨喙突，止于肱骨中部内侧(与三角肌粗隆相对应)。

◇ 功能：近固定时，使上臂屈、内收和外旋。

◆ 肱肌(图 3 - 3 - 10)。

◇ 位置：位于肱二头肌深层，肱骨前面下半部，为梭形肌。起于肱骨前面下半部，止于尺骨粗隆和冠突。

◇ 功能：近固定时，屈前臂。远固定时，使上臂靠拢前臂。肱肌是肘关节屈负荷最大的屈肌。前臂弯举、引体向上、爬绳、爬竿、提拉杠铃等可以发展肱肌、肱二头肌的力量。

◆ 肱三头肌(图 3 - 3 - 11)。

◇ 位置：位于上臂后面，有长头、外侧头和内侧头三个头。长头起于肩胛骨盂下结节，外侧头起于肱骨体后面桡神经沟外上方，内侧头起于肱骨体后面桡神经沟内下方。三个头合成一个肌腹，以其腱止于尺骨鹰嘴。

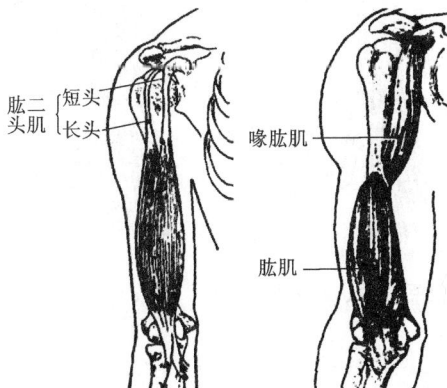

图 3 - 3 - 10 肱二头肌、肱肌、喙肱肌

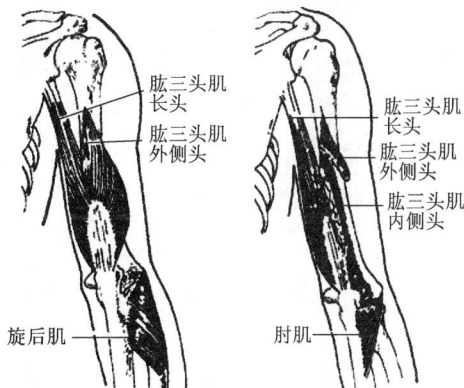

图 3 - 3 - 11 肱三头肌、肘肌和旋后肌

◇ 功能：近固定时，使上臂和前臂伸；远固定时，使肘关节伸。如俯卧撑的撑起动作。

◆ 肘肌(图 3 - 3 - 11)。

◇ 位置：位于肘关节后面，呈三角形。起于肱骨外上髁，止于尺骨背面上部。

◇ 功能：使肘关节伸，并加固肘关节，可发展肘关节伸肌群的力量。

3. 前臂肌

前臂肌分化程度高，多为具有长膜的长肌，分为前后两群，每群又分为浅、深两层。前群肌位于前臂前面及内侧，主要有屈腕、屈指和使前臂内旋的功能；后群肌位于前臂后面及外侧，主要有伸腕、伸指和使前臂外旋的功能。

(1)前群肌

前群肌分为浅层和深层(图 3 - 3 - 12)。浅层肌由桡侧向尺侧依次排列有肱桡肌、旋前圆肌、桡侧腕屈肌、掌长肌、指浅屈肌、尺侧腕屈肌。浅层肌除肱桡肌起于肱骨外上髁外，其他均起于肱骨内上髁。深层肌有拇长屈肌、指深屈肌、旋前方肌，深层肌均起于桡骨、尺骨前面。

上述肌肉大多数向下跨过桡腕关节、腕中关节(腕骨间关节)、腕掌关节、掌指关节和手指关节，分别止于有关掌骨、指骨。近固定有屈腕、屈指的功能，对抓握器械有重要作用，但以下三块肌肉例外。

◆ 肱桡肌起于肱骨外上髁，止于桡骨茎突，功能是屈前臂，使前臂内旋、外旋和保持正中。

◆ 旋前圆肌起于肱骨内上髁、尺骨冠突，止于桡骨中部前面。功能是屈前臂，使前臂内旋。

◆ 旋前方肌起于尺骨前下 1/4 处，止于桡骨前下 1/4 处，其功能是使前臂内旋。

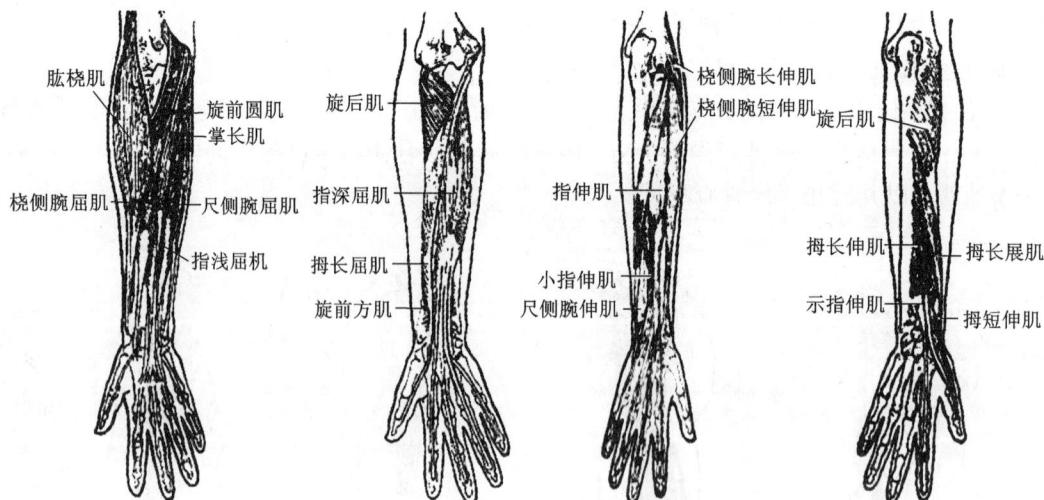

图 3 - 3 - 12   前群浅、深层肌及后群浅、深层肌

(2)后群肌

后群肌分浅层和深层(图 3 - 3 - 12)，浅层肌由桡侧向尺侧依次排列有：桡侧腕长伸肌、桡侧腕短伸肌、指伸肌、小指伸肌和尺侧腕伸肌，浅层肌多起于肱骨外上髁。深层肌有旋后

肌、拇长展肌、拇短伸肌、拇长伸肌和食指伸肌，深层肌多起于桡骨、尺骨的后面。

上述肌群绝大多数向下跨过桡腕关节、腕骨间关节、腕掌关节、掌指关节和手指间的关节，分别止于有关掌骨、指骨的背面。近固定时，有伸腕、伸指的功能。只有旋后肌起于肱骨外上髁和尺骨上部背面，止于桡骨背面上 1/3 处时，会使前臂后旋。此外，桡侧腕屈肌和桡侧腕伸肌同时收缩时，会使手外展。尺侧腕屈肌和尺侧腕伸肌同时收缩时，会使手内收。

4.手肌

手肌(图 3 - 3 - 13)主要位于手的掌侧面，分为外侧群、中间群和内侧群。外侧群在拇指侧形成的隆起叫大鱼际，这群肌肉能使拇指屈、内收、外展和进行对掌运动。中间群在手掌中部凹陷处形成掌心，这群肌肉能使手指屈伸及向中指靠拢和分开。内侧群在小指侧形成隆起，叫小鱼际，这群肌肉能使小指屈、外展和进行对掌运动。

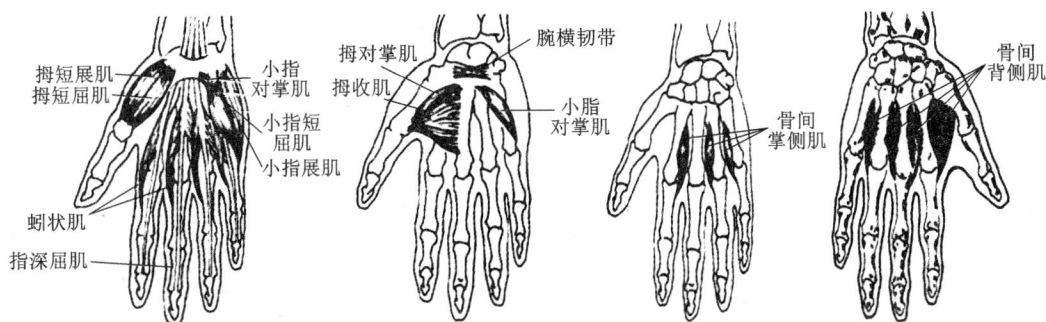

图 3 - 3 - 13 手肌

5.上肢功能运动

◆ 肩胛骨运动。

◇ 上提肩胛骨：斜方肌上部、菱形肌、肩胛提肌和胸锁乳突肌。

◇ 下降肩胛骨：斜方肌下部、胸小肌和前锯肌下部肌纤维。

◇ 前伸肩胛骨：前锯肌、胸大肌和胸小肌。

◇ 后缩肩胛骨：斜方肌和菱形肌。

◇ 上回旋肩胛骨：斜方肌上、下部肌纤维和前锯肌下部肌纤维。

◇ 下回旋肩胛骨：菱形肌、胸小肌和肩胛提肌。

◆ 肩关节运动。

◇ 屈肩关节：胸大肌、三角肌前部肌纤维、肱二头肌和喙肱肌。

◇ 伸肩关节：三角肌后部肌纤维、肱三头肌长头、背阔肌、冈下肌、小圆肌和大圆肌。
此外，在上臂屈后做伸的动作时，有胸大肌下部纤维参与。

◇ 外展肩关节：三角肌和冈上肌。

◇ 内收肩关节：肩脚下肌、胸大肌、背阔肌、冈下肌、小圆肌、大圆肌和喙肱肌。

◇ 外旋肩关节：三角肌后部、冈下肌和小圆肌。

◇ 内旋肩关节：三角肌前部、胸大肌、背阔肌、肩胛下肌和大圆肌。

◆ 肘关节运动。

◇ 屈肘关节：肱肌、肱二头肌、肱桡肌和旋前圆肌。

◇ 伸肘关节：肱三头肌和肘肌。

◇ 内旋肘关节：旋前圆肌、旋前方肌和肱桡肌。

◇ 外旋肘关节：旋后肌、肱二头肌和肱桡肌(后两块肌肉是在内旋前臂时外旋)。

◆ 手关节运动。

◇ 屈手关节：桡侧腕屈肌、掌长肌、尺侧腕屈肌、指浅屈肌和指深屈肌等。

◇ 伸手关节：桡侧腕长伸肌、桡侧腕短伸肌、尺侧腕伸肌、指伸肌和示指伸肌等。

◇ 外展手关节：位于手关节矢状轴外侧屈腕、伸腕的诸肌(即桡侧腕屈肌、桡侧腕长伸肌、桡侧腕短伸肌和示指伸肌等)。

◇ 内收手关节：手关节矢状轴内侧屈腕、伸腕肌(尺侧腕屈肌和尺侧腕伸肌等)。

(二)下肢肌

下肢肌包括盆带肌、大腿肌、小腿肌和足肌。

1. 盆带肌

盆带肌分前后两群，前群起自骨盆内面，后群起自骨盆外面。

(1)前群(内侧群)

◆ 髂腰肌(图3-3-14)。

◇ 位置：腰椎两侧及髂窝内，由腰大肌和髂肌组成。腰大肌起自第十二胸椎和第一至第五腰椎体侧面和横突，髂肌起自髂窝。两肌相合经髋关节前内侧腹股沟韧带深面，止于股骨小转子。

◇ 功能：近固定时，使大腿屈和外旋。远固定时，单腿站立，一侧收缩使脊柱向同侧屈和旋转，两侧收缩使脊柱前屈和骨盆前倾(直腿体前屈和仰卧起坐)。

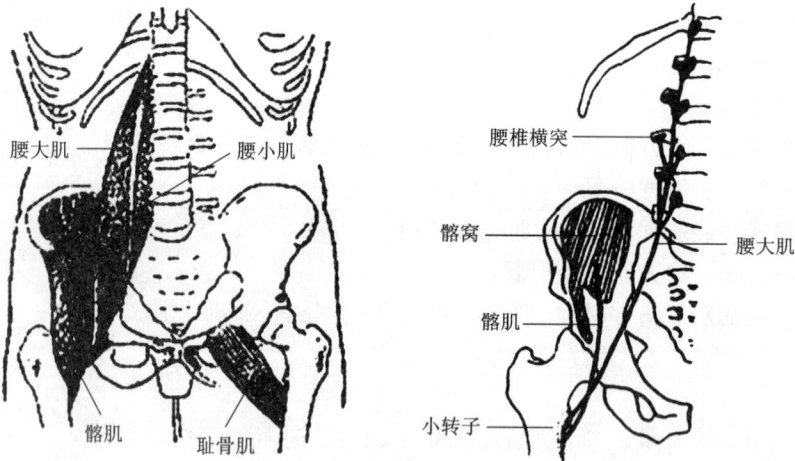

图3-3-14 髂腰肌

◆ 梨状肌(图3-3-15)。

◇ 位置：骶骨前面，经坐骨大孔穿出，将坐骨大孔分为上、下两部分，分别称为梨状肌上孔和梨状肌下孔，两孔中均有血管、神经通过。坐骨神经从梨状肌下孔出骨盆到下肢肌肉、皮肤。起于第二至第五骶椎前侧面，止于股骨大转子尖端。

◇ 功能：近固定时，大腿外展和外旋，一侧伸缩，骨盆转向对侧，同侧伸缩，骨盆后倾。

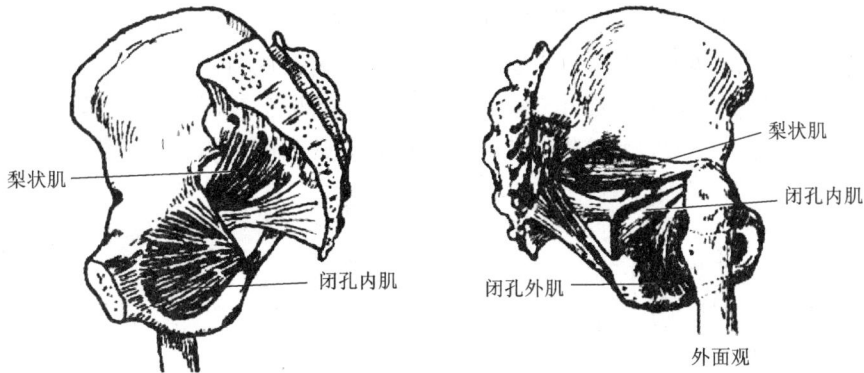

图 3 - 3 - 15 梨状肌

腿总神经从梨状肌中部穿出，如果梨状肌损伤，会压迫坐骨神经而引起腰腿痛，运动医学中称之为"梨状肌损伤综合症"。

（2）后群（外侧群）

◆ 臀大肌（图 3 - 3 - 16）。

◇ 位置：位于骨盆后外侧，臀部皮下。呈宽厚的四方形，肌纤维很粗。起于髂骨翼外面及骶、尾骨背面，止于臀肌粗隆和髂胫束。

◇ 功能：近固定时，使大腿伸和外旋，上部肌纤维收缩使大腿外展，下部使大腿内收。远固定时，一侧肌肉收缩使骨盆转向对侧，两侧同时收缩使骨盆后倾。平地上行走时，臀大肌作用不大，但在攀登、斜坡跑和上楼梯时起着较大作用。

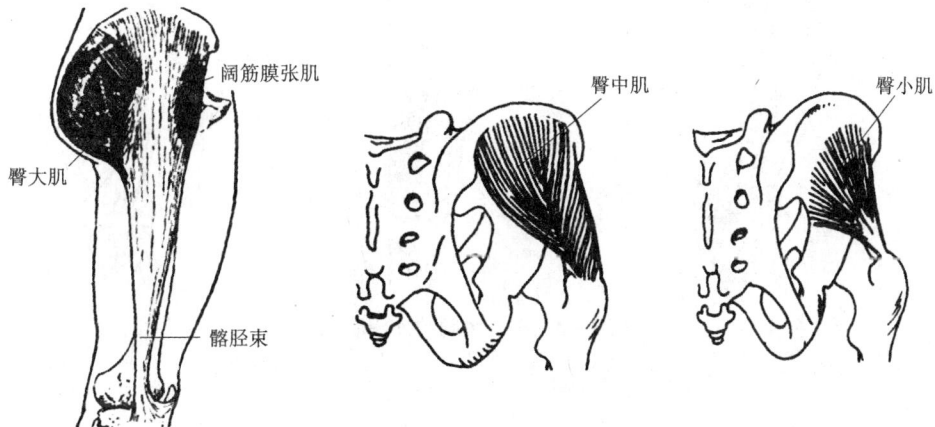

图 3 - 3 - 16 臀大肌、臀中肌和臀小肌

◆ 臀中肌和臀小肌（图 3 - 3 - 16）。

◇ 位置：位于髂骨翼外面。臀中肌后部位于臀大肌深层，臀小肌位于臀中肌深层。均为羽状肌状肌。起于髂骨翼外面，止于股骨大转子。

◇ 功能：近固定时，使大腿外展，前部使大腿屈和内旋，后部使大腿伸和外旋。远固定时，侧肌肉收缩使骨盆向同侧倾，两侧前部纤维使骨盆前倾，后部肌纤维使骨盆后倾。这两块臀肌是走步和站立时保持良好姿势的重要肌肉。正常人走路时，躯干基本保持正直，髋相对固定，提腿跨步侧的髋由于臀中、小肌收缩稍抬高。这两块肌肉无力时，髋不能固定也无力提起、外展和旋转大腿，走路时每跨一步，身体向对侧侧屈，以升高对侧髋，以搬动该侧下肢提步跨腿，这种步态称为鸭步式臀肌失效步态。侧踢腿和侧控腿等辅助练习可以发展梨状肌、臀中肌、臀小肌的力量。

2. 大腿肌

大腿肌可分为前外侧肌群、后肌群和内侧肌群。

（1）大腿前外侧肌群（图3－3－17）

◆ 股四头肌。

◇ 位置：位于大腿前面，是人体中最大的肌肉。此肌有股直肌、股中肌、股外侧肌和股内侧肌四个头。股直肌起自髂前下棘，股中肌起自股骨体前面，股外侧肌起自股骨粗线外侧唇，股内侧肌起自股骨粗线内侧唇。四个头相合成一条强有力的健，由前面及两侧包绕髌骨，并在髌骨下方形成髌韧带，止于胫骨粗隆。

◇ 功能：近固定时，使小腿伸，股直肌还能使大腿屈。远固定时，使大腿膝关节处伸。是维持人体直立的重要肌肉。髌骨的存在，增大了股四头肌的力矩和旋转力矩。立定跳远、多级跨跳、纵跳摸高、负重深蹲起、壶铃蹲跳等辅助练习，都可以发展股四头肌的力量。

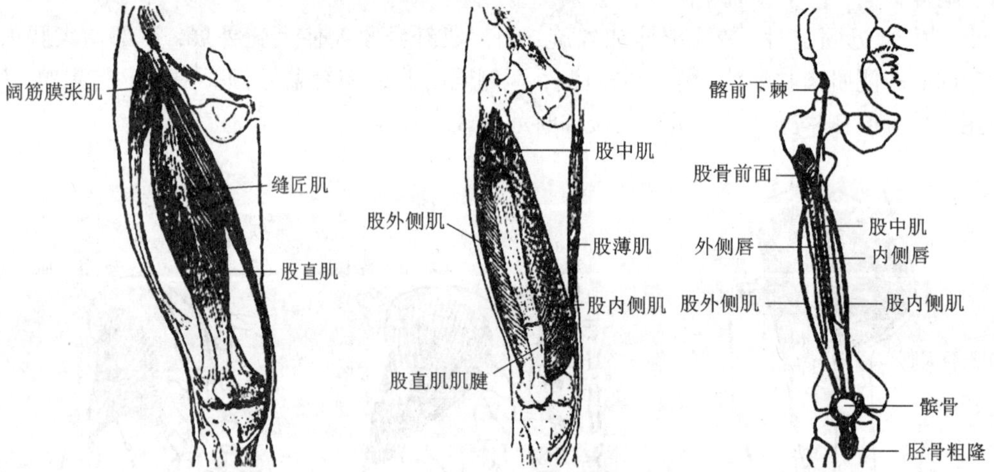

图3－3－17　大腿前外侧肌群

◆ 缝匠肌。

◇ 位置：位于大腿前内侧浅层，肌纤维从大腿外上方向内下斜行。人体中最长肌肉，呈梭形。它和股直肌都跨过了髋关节和膝关节，为双关节肌，在体育运动中容易发生"主动不足"和"被动不足"现象。起于髂前上棘，止于胫骨粗隆内侧面。

◇ 功能：近固定时，大腿屈和外旋，使小腿屈和内旋。远固定时，两侧收缩，骨盆前倾。

◆ 阔筋膜张肌。

◇ 位置：位于大腿前外侧，被股阔筋膜所包裹，为梭形肌。起于髂前上棘，该肌在大腿外侧移行于髂胫束，止于胫骨外侧髁。

◇功能：近固定时，使大腿屈、外展和内旋。

（2）大腿后肌群（图3-3-18）

◆股二头肌。

◇位置：大腿后外侧浅层，梭形肌，有长、短两个头。长头起自坐骨结节，短头起自股骨粗线外侧唇下半部，止于腓骨头。

◇功能：近固定时，长头使大腿伸，并使小腿屈和外旋。远固定时（下蹲动作），当小腿伸直时，使骨盆后倾。

◆半腱肌和半膜肌。

◇位置：大腿后内侧，半膜肌在半健肌深层。半腱肌下半部分为腱，半膜肌上半部分为腱膜，均为羽状肌。起于坐骨结节，半腱肌止于胫骨粗隆内侧面，半膜肌止于胫骨内侧髁内侧面。

◇功能：近固定时，大腿伸，小腿屈和内旋。远固定时，与股二头肌相同。股二头肌、半腱肌和半膜肌合称股后肌群（或股三弦肌或腘绳肌），都是双关节肌，在体育运动中应注意发展它们的力量和伸展性，克服"主动不足"和"被动不足"现象。

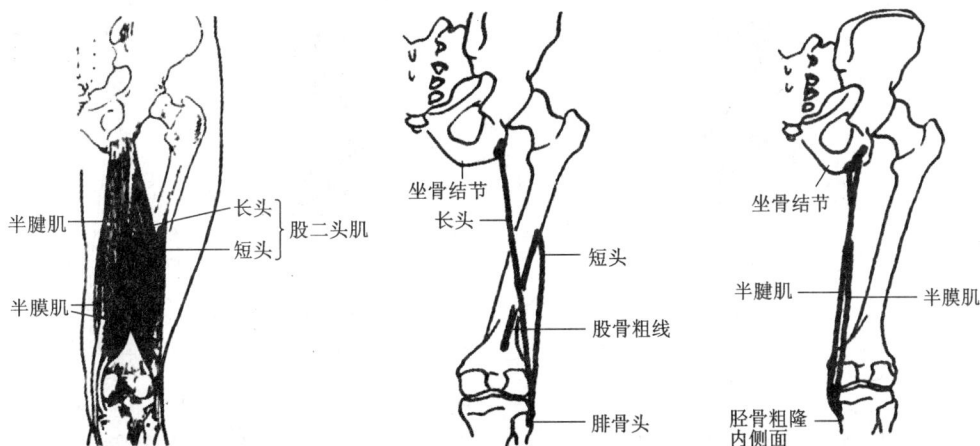

图3-3-18　大腿后肌群

（3）大腿内侧肌群（图3-3-19）

◆耻骨肌、长收肌和短收肌。

◇位置：耻骨肌位于大腿上部内侧（髂腰肌内侧）。长收肌位于耻骨肌内侧；短收肌位于耻骨肌和长收肌深层。长收肌和短收肌均为三角形扁肌。耻骨肌和长收肌起于耻骨上支外面，短收肌起于耻骨下支外面。耻骨肌止于股骨粗线内侧唇上部，长收肌止于股骨粗线内侧唇中部，短收肌止于股骨粗线上部。

◇功能：近固定时，使大腿屈，远固定时，使骨盆前倾。

◆大收肌。

◇位置：大腿内侧深层，呈扁阔倒三角形。起于坐骨结节、坐骨支和耻骨下支，止于股骨粗线内侧唇上2/3及股骨内上髁。

◇功能：近固定时，使大腿内收、伸和外旋。远固定时，使骨盆后倾。

◆ 股薄肌。

◇ 位置：位于大腿内侧浅层。

◇ 起止点：起于耻骨下支，止于胫骨粗隆内侧面。

◇ 功能：近固定时，使大腿内收，小腿屈和内旋。远固定时，使骨盆前倾。

3. 小腿肌

小腿肌分前群、后群和外侧群。

（1）小腿前肌群（图3-3-20）

◆ 胫骨前肌。

◇ 位置：小腿前外侧浅层，为梭形肌。起于胫骨体外侧的上2/3。肌腱从内踝前方通过，止于内侧第一楔骨和第一跖骨底。与腓骨长肌腱形成肌腱襻维持足弓。

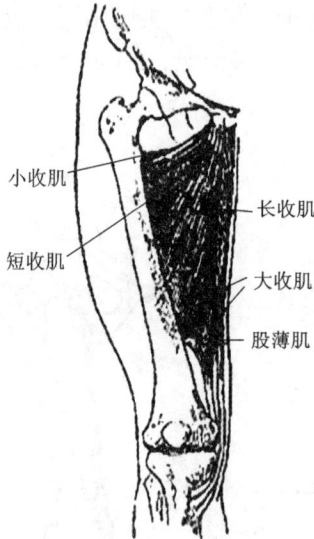

图3-3-19　大腿内侧肌群

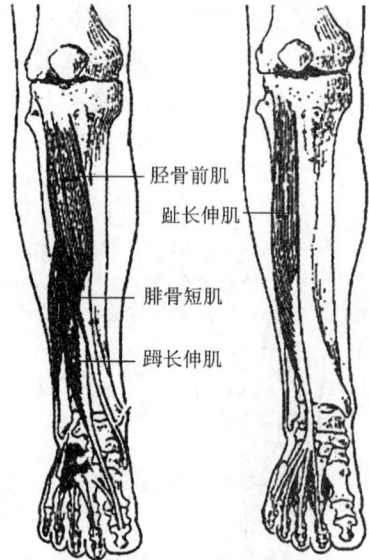

图3-3-20　小腿前肌群

◆ 趾长伸肌。

◇ 位置：胫骨前肌外侧，为半羽肌。起于胫骨外侧髁、腓骨前上3/4和相邻骨间膜。共有五条腱，四腱止于第二至第五趾远节趾骨；另一腱止于第五跖骨底，称第三腓骨肌。

◇ 功能：近固定时，使足伸和外翻，使第二至第五趾伸。

◆ 踇长伸肌。

◇ 位置：胫骨前肌外侧与趾长伸肌之间，单羽状肌。起于胫骨内下半和小腿骨间膜，止于踇趾远节底。

◇ 功能：近固定时，使踇趾伸，足内翻。负重勾脚等练习可以发展上述肌肉力量。

（2）小腿后肌群（图3-3-21）

◆ 小腿三头肌。

◇ 位置：小腿后部浅层，由腓肠肌和比目鱼肌合成。腓肠肌有内、外侧两个头，呈梭形。比目鱼肌一个头，形似比目鱼。腓肠肌内、外侧头分别起自股骨内、外上髁，比目鱼肌起自胫骨和腓骨后上部，止于跟结节。

◇ 功能：近固定时，使足跖屈，腓肠肌还能在膝关节处屈小腿。远固定时，在膝关节处拉大腿向后，协助伸膝，维持人体直立。

◆ 趾长屈肌。

◇ 位置：小腿三头肌深层内侧，羽状肌。起于胫骨体后面中部，有四条腱分别止于第二至第五趾远节趾骨底的跖侧面。

◇ 功能：近固定时屈趾，并协助足跖屈和内翻。

◆ 踇长屈肌。

◇ 位置：小腿三头肌深层外侧。起于腓骨后下 2/3 处，止于踇趾远节趾骨底跖侧面。

◇ 功能：近固定时为屈踇趾原动肌，并协助足跖屈和内翻。

◆ 胫骨后肌。

◇ 位置：位于小腿三头肌深层，拇长屈肌和趾长屈肌之间，半羽肌。起于胫骨、腓骨后面及小腿骨间膜，止于舟骨粗隆、楔骨和骰骨底。

◇ 功能：近固定时，为足内翻的原动肌，并协助足跖屈。

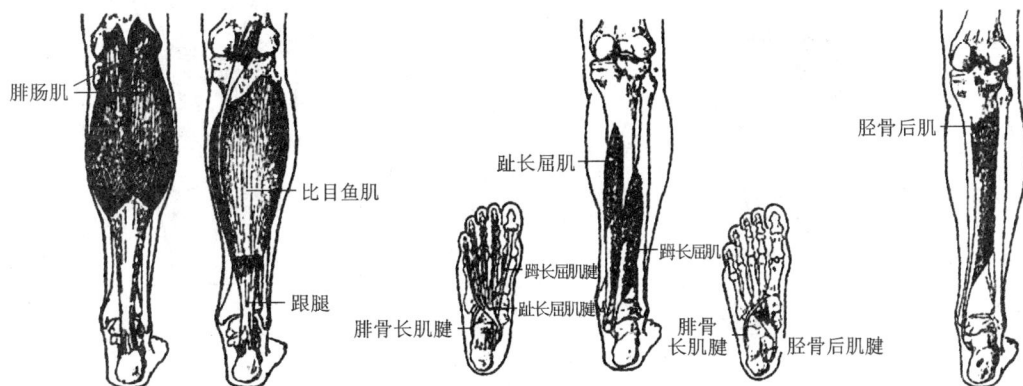

图 3 - 3 - 21　小腿后肌群

（3）小腿外侧肌群（图 3 - 3 - 22）

◆ 腓骨长肌和腓骨短肌。

◇ 位置：小腿外侧，腓骨短肌在腓骨长肌深层，羽状肌均起于腓骨外侧，腓骨长肌在上 2/3，腓骨短肌在下 1/3。两肌腱从外踝后面回转至足底，腓骨长肌腱经足底止于第一楔骨和第一跖骨底。腓骨短肌止于第五跖骨底。

4.足肌

◆ 足肌分为足背肌和足底肌。

足背肌只有两块伸趾的短肌。足底肌（图 3 - 3 - 23 ~ 图 3 - 3 - 25）分为内侧、外侧和中间三群。足背、足底与踝关节两侧有许多腱滑膜鞘，从小腿下行到足背和足底，肌肉肌腱从腱滑膜鞘通过。

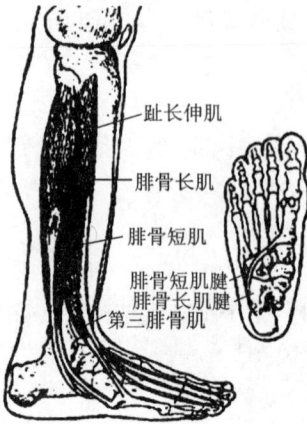

图 3 - 3 - 22　小腿外侧肌群

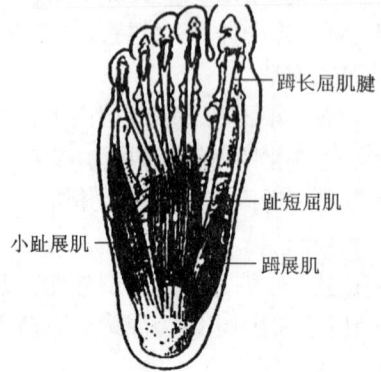

图 3 - 3 - 23　足底肌浅层

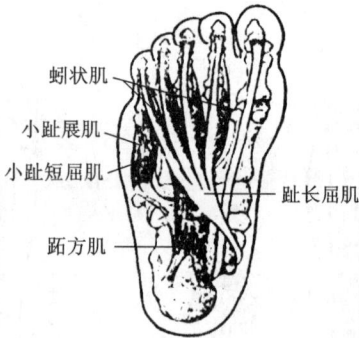

图 3 - 3 - 24　足底肌中层

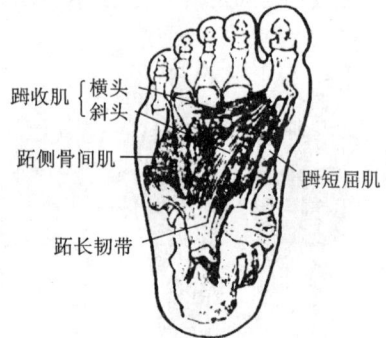

图 3 - 3 - 25　足底肌深层

5. 下肢功能运动

◆ 髋关节运动。

◇ 屈髋关节：髂腰肌、股直肌、缝匠肌、阔筋膜张肌和耻骨肌等。

◇ 伸髋关节：臀大肌、大收肌、股二头肌、半腱肌和半膜肌等。

◇ 外展髋关节：臀中肌、臀小肌、臀大肌上部和梨状肌等。

◇ 内收髋关节：大收肌、长收肌、短收肌、臀大肌下部、股薄肌和耻骨肌等。

◇ 外旋髋关节：髂腰肌、臀大肌、梨状肌、臀中、小肌后部和缝匠肌等。

◇ 内旋髋关节：臀中、小肌前部和阔筋膜张肌等。

◆ 膝关节运动。

◇ 屈膝关节：腓肠肌、股二头肌、半腱肌、半膜肌和股薄肌等。

◇ 伸膝关节：股四头肌等。

◇ 内旋膝关节：缝匠肌、半腱肌、半膜肌、股薄肌和腓肠肌内侧头等。

◇ 外旋膝关节：股二头肌和腓肠肌外侧头等。

◆ 足关节运动。

◇ 屈足关节；小腿三头肌、跶长屈肌、趾长屈肌、胫骨后肌、腓骨长肌和腓骨短肌等。

◇ 伸足关节：胫骨前肌、蹞长伸肌和趾长伸肌等。

◇ 内翻足关节：蹞长屈肌、趾长屈肌、胫骨前肌和胫骨后肌等。

◇ 外翻足关节：腓骨长肌、腓骨短肌和趾长伸肌等。

◇ 维持人体直立：臀大肌、股四头肌和小腿三头肌等。

（三）躯干肌

躯干肌包括背肌、胸肌、膈肌、腹肌和会阴肌。

1. 背肌

（1）背部浅层肌（图 3 - 3 - 26）：位于背面浅层，包括斜方肌、背阔肌、肩胛提肌和菱形肌。

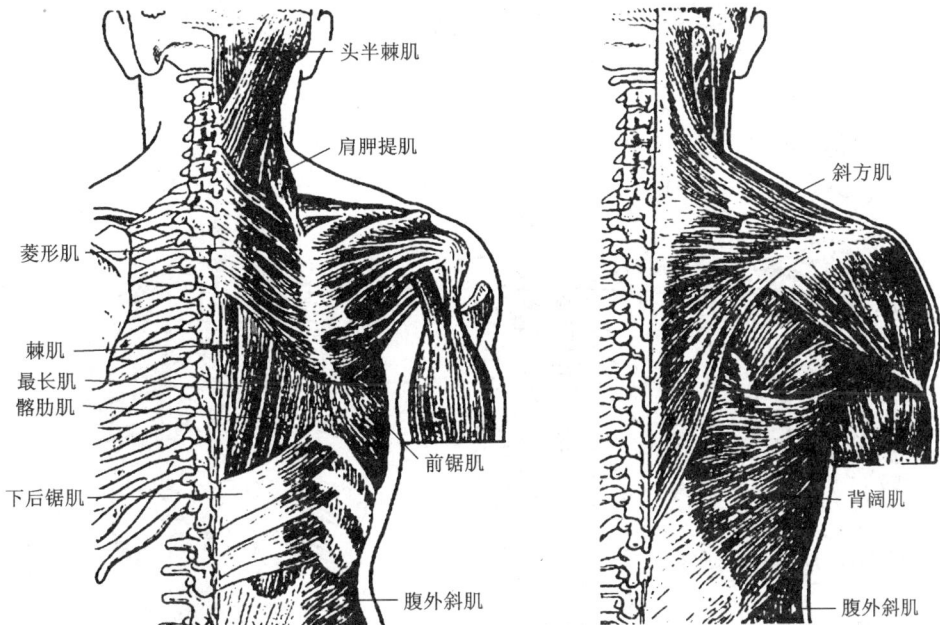

图 3 - 3 - 26　背部浅层肌

◆ 斜方肌。

◇ 位置：项部及背上部皮下，一侧为三角形扁肌，两侧合为斜方形。起于枕外隆凸、项韧带及全部胸椎棘突，止于锁骨外 1/3 处、肩峰和肩胛冈。

◇ 功能：近固定时，上部肌纤维收缩使肩胛骨上提、上回旋和后缩，下部肌纤维收缩使肩胛骨下降、上回旋和后缩，中部肌纤维收缩使肩胛骨后缩。远固定时，一侧肌纤维收缩使头向同侧屈并向对侧回旋，两侧上部同时收缩，头后仰。一侧肌肉收缩使脊柱向对侧回旋，两侧肌肉收缩使脊柱伸。少儿时期，注意发展斜方肌和伸脊柱肌肉的力量，预防和矫正驼背。

◆ 背阔肌。

◇ 位置：腰背部皮下，上部被斜方肌遮盖，是三角形扁肌，为最大扁阔肌。起于下第六胸椎和全部腰椎棘突、骶正中嵴、髂嵴后部及下第三肋骨外侧面，止于肱骨小结节嵴。

◇ 功能：近固定时，使上臂伸、内收和内旋。远固定时，拉躯干向上，协助吸气。

◆ 肩胛提肌。

◇ 位置：位于斜方肌上部深层。起于上位第四颈椎横突，止于肩胛骨上角。

◇ 功能：近固定时，使肩胛骨上提和下回旋。远固定时，一侧收缩使头和脊柱向同侧屈和回旋，两侧收缩使脊柱颈段伸。

◆ 菱形肌。

◇ 位置：斜方肌深层，肩胛骨内侧缘和脊柱之间，肌纤维由内上向外下斜行。起于下第二颈椎和上第四胸椎的棘突，止于肩胛骨内侧线。

◇ 功能：近固定时，使肩胛骨上提、后缩和下回旋。远固定时，两侧收缩使脊柱伸。

（2）背部深层肌（图3-3-27）

背深层肌分布于脊柱两侧，分为背长肌和背短肌。背长肌包括竖脊肌和夹肌。

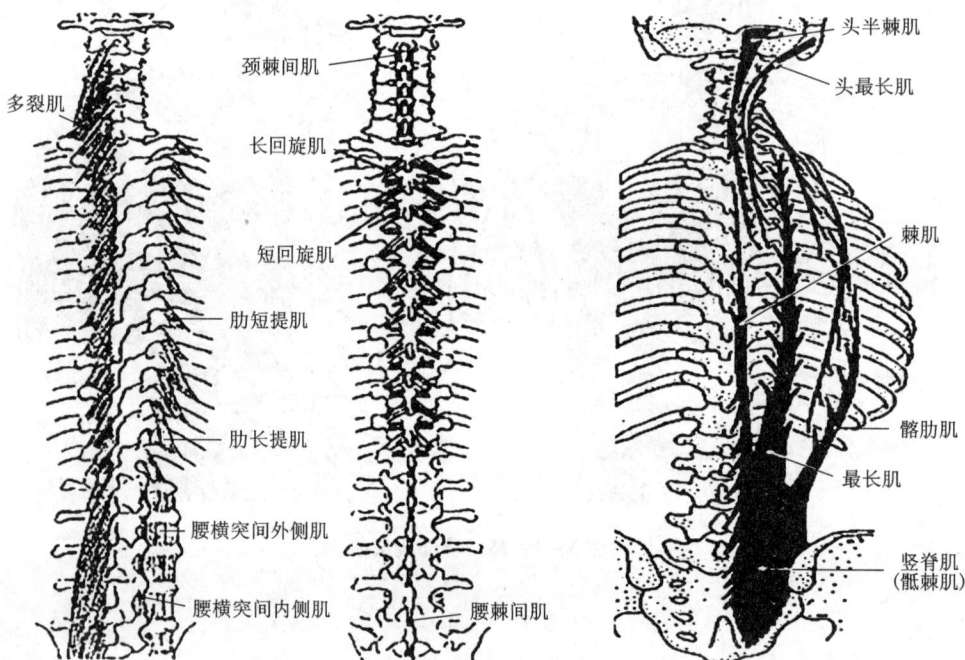

图3-3-27 背部深层肌

◆ 竖脊肌。

◇ 位置：纵列于背部正中线（棘突连线）两侧，充填于棘突和横突之间的槽沟内。呈长索状，由棘肌、最长肌和髂肋肌三部分组成，是脊柱强大伸肌。起于骶骨背面、髂嵴后部、腰椎棘突和胸腰筋膜，止于颈、胸椎的棘突与横突、颞骨乳突和肋角。

◇ 功能：下固定时，一侧收缩使脊柱向同侧屈，两侧收缩，使头和脊柱伸，协助呼气。

◆ 夹肌（图3-3-28）。

◇ 位置：位于斜方肌和菱形肌深层。分为头夹肌和颈夹肌两部分。平齐第三至第六颈椎的项韧带、第七颈椎和第一至第六胸椎棘突。颈夹肌止于第一至第三颈椎横突，头夹肌止于颞骨乳突。

◇ 功能：下固定时，一侧收缩使头颈向同侧屈和回旋。两侧收缩，使头颈伸直。

◆ 背短肌。

包括横突棘肌、棘间肌和横突间肌（横突棘肌包括半棘肌、回旋肌和多裂肌三部分）。其功能是：一侧收缩使脊柱向同侧屈和向对侧回旋，两侧收缩使脊柱伸。相邻椎骨之间的短小肌肉的作用主要是加强椎骨之间的稳固性，使脊柱成为一个整体，并协助伸脊柱，如棘间肌和横突间肌。

2. 胸肌

胸肌分为胸上肢肌和胸固有肌。胸上肢肌（图3-3-29）包括胸大肌、胸小肌、前锯肌等。

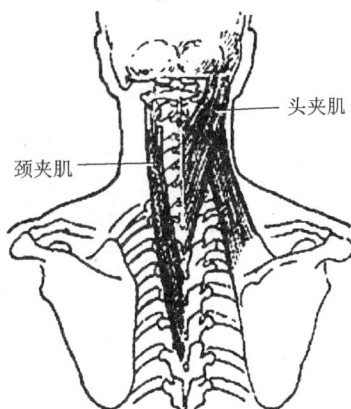

图3-3-28 夹肌

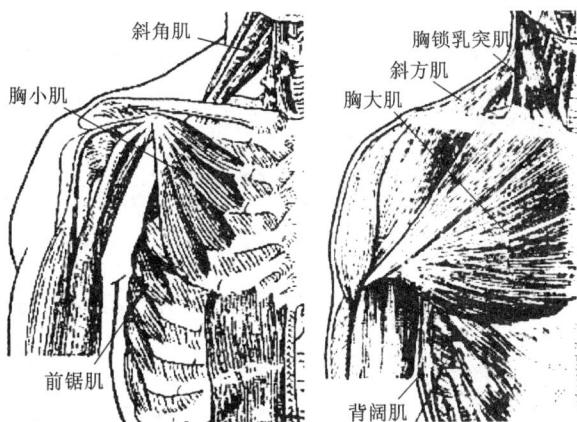

图3-3-29 胸上肢肌

（1）胸上肢肌

◆ 胸小肌。

◇ 位置：胸大肌深层，为三角形扁肌。起于第三至第五肋骨前面，止于肩胛骨喙突。

◇ 功能：近固定时，使肩胛骨下降、前伸和下回旋。

◆ 胸大肌（图3-3-30）。

◇ 位置：位于胸前皮下，为多羽状扇形扁肌。起于锁骨内侧、胸骨和上第六肋骨前面及腹直肌鞘前壁上部，止于肱骨大结节嵴。

◇ 功能：近固定时，使上臂屈、内收和内旋，如投掷的鞭打动作。远固定时，拉躯干向上臂靠拢，如引体向上，可提肋助吸气。

◆ 前锯肌（图3-3-30）。

◇ 位置：胸廓侧面浅层，前上部被胸大肌、胸小肌遮盖。为锯齿状宽大扁肌。其以9～

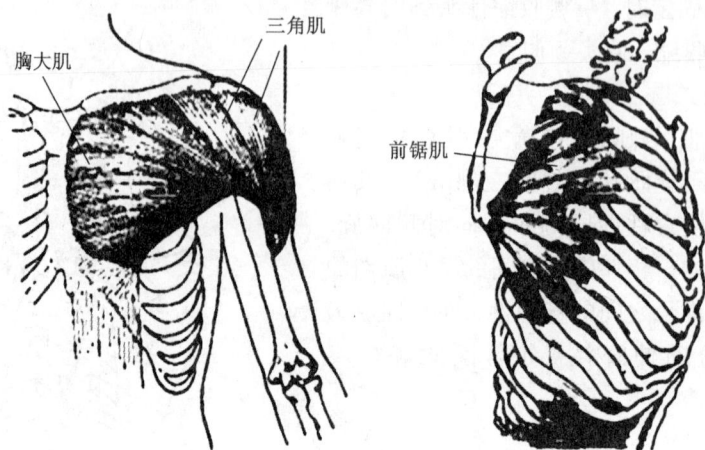

图 3 - 3 - 30　胸大肌与前锯肌结构

10 个肌齿起于上位第八至第九肋骨外侧面(第二肋有两个肌齿),止于肩胛骨内侧缘和下角前面。

◇ 功能:近固定时,使肩胛骨前伸,下部纤维收缩使肩胛骨下降与上回旋。远固定时,提肋助吸气。俯卧撑、马步冲拳、卧推和推铅球等练习,都可发展前锯肌的力量。

(2)胸固有肌

胸固有肌(图 3 - 3 - 31)包括肋间外肌、肋间内肌和胸横肌等。

◆ 肋间外肌。

◇ 位置:上位肋骨下缘,下位肋骨上缘。肋骨间浅层,扁肌,共 11 对。

◇ 功能:上提肋,吸气。

◆ 肋间内肌。

◇ 位置:下位肋骨上缘,上位肋骨下缘。肋间外肌深层,扁肌,共 11 对。

◇ 功能:降肋,呼气。

◆ 胸横肌。

◇ 位置:胸前壁内面。起于胸骨体后面下部,肌纤维放射式向上外方,止于第二至第六肋骨内面。

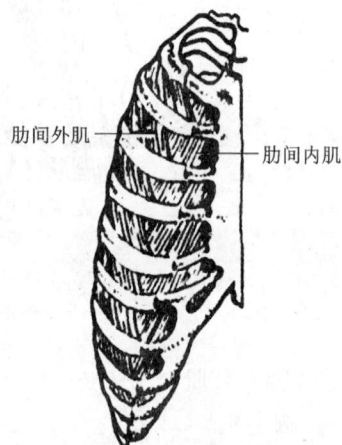

图 3 - 3 - 31　胸固有肌

◇ 功能:拉肋骨向下,呼气。

3.膈肌

◇ 位置:胸腹腔之间。穹隆形的扁肌,肌纤维由周围向中部汇集成为腱腱,叫中心腱。膈肌上有食管裂孔、主动脉裂孔和腔静脉孔,相应血管和器官从中通过。起于上位第三腰椎体前面、下位第六肋内面及胸骨剑突后面,止于中心腱。

◇ 功能:膈肌收缩时,膈穹隆下降,使胸腔容积增大,压力减小时,吸气。膈穹隆上升,呼气。此外还参与维持腹压。深呼吸运动和练气功等均可增强胸固有肌和膈肌的力量。

4.腹肌

腹肌位于胸廓下缘与骨盆之间，是形成腹腔壁的肌肉，包括腹前壁肌肉（腹直肌、腹外斜肌、腹内斜肌和腹横肌）和腹后壁的肌肉（腰方肌）。

（1）腹前壁肌

◆　腹直肌（图3-3-32）。

◇　位置：位于腹前壁正中线两侧，鞘包裹，为扁长带状肌，肌纤维被3～4条横行的腱划分隔。腱划与腹直肌鞘前壁相连，防止腹直肌收缩时移位。起于耻骨上缘，止于第五至第七肋软骨前面及胸骨剑突。

◇　功能：腹直肌有较大的生理横断面，因此有相当大的肌力。杠杆臂较长，是脊柱强有力的屈肌。上固定时，两侧收缩使骨盆后倾。下固定时，一侧收缩使脊柱向同侧屈，两侧收缩使脊柱前屈，降肋拉胸廓向下，协助呼气。

◆　腹外斜肌（图3-3-33）。

◇　位置：位于腹前外侧壁浅层，为扁阔肌。肌纤维由外上向内下斜行。此肌腱膜下缘形成腹股沟韧带，架于髂前上棘和耻骨结节之间。起于下第八肋骨外侧面，止于髂嵴、耻骨结节及白线（即胸骨剑突与耻骨联合之间的连线）。其腹膜参与腹直肌鞘前壁的组成。

◇　功能：上固定时，两侧收缩使骨盆后倾。下固定时，一侧收缩使脊柱向同侧屈，并向对侧回旋，两侧收缩下拉胸廓，呼气，并使脊柱屈。

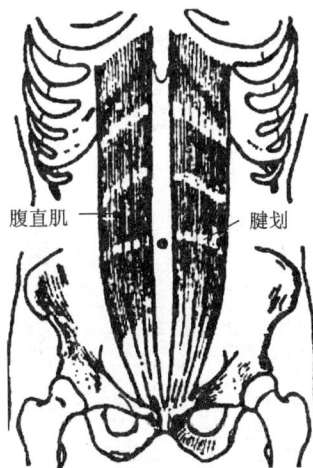

图3-3-32　腹直肌

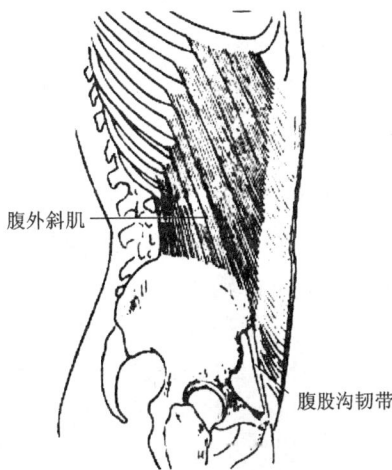

图3-3-33　腹外斜肌

◆　腹内斜肌（图3-3-34）。

◇　位置：腹外斜肌深层，扁阔肌。起于胸腰筋膜、髂嵴及腹股沟韧带外侧2/3，止于下第三肋及白线。其腱膜参与腹直肌鞘前、后壁的组成。

◇　功能：上固定时，两侧收缩使骨盆后倾。下固定时，一侧收缩使脊柱向同侧屈和同侧回旋，两侧收缩使脊柱前屈。仰卧起坐、仰卧举腿、仰卧两头起和悬垂举腿等练习，均可发展上述肌肉的力量。俯卧两头起、向后下腰、下"桥"等练习，均可发展上述肌肉的伸展性。

◆　腹横肌（图3-3-35）。

◇ 位置：腹内斜肌深层，扁阔肌。起于下第六肋骨内面、胸腰筋膜、髂嵴和腹股沟韧带外侧，止于白线。腱膜参与组成腹直肌鞘后壁。

◇ 功能：维持腹压。

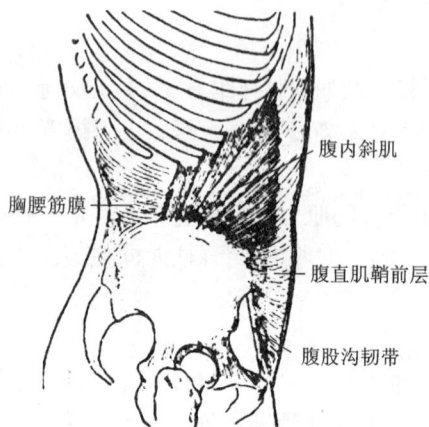

图3-3-34　腹内斜肌

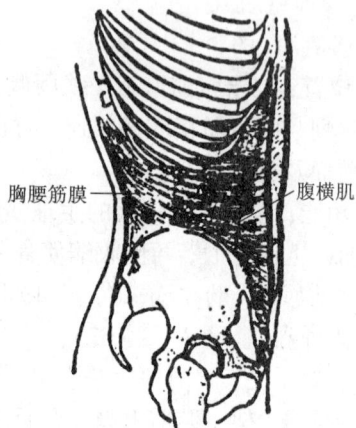

图3-3-35　腹横肌

（2）腹后壁肌

◆ 腰方肌。

◇ 位置：腹腔后壁、脊柱两侧，长方扁肌。起于髂嵴后部第二至第五腰椎横突，止于第十二肋骨、第十二胸椎体和第一至第四腰椎横突。

◇ 功能：下固定时，一侧收缩，使脊柱向同侧屈。两侧收缩，使第十二肋骨下降，助呼气，并参与维持腹压。

（3）腹前壁结构

◆ 腹直肌鞘：包裹腹直肌的鞘状结构，叫腹直肌鞘。分为前后两壁，由腹外斜肌、腹内斜肌和腹横肌的肌腱膜构成。

◆ 白线：位于腹前壁正中线上，连结胸骨剑突与耻骨的一条线状结构，由两侧的腹外斜肌、腹内斜肌和腹横肌的腱膜纤维交织而成，且坚韧而少血管。

◆ 腹股沟管：腹股沟管是腹前壁下部各层腹肌与腹股沟韧带内侧半上方之间的一个斜行裂隙。管内男性有精索，女性有子宫圆韧带通过。爆发用力时，由于腹压增大，腹腔内脏器官可能由于腹壁薄弱部位突出而形成疝气。白线、腹股沟管均为薄弱部位。因此，对体弱者、产妇、重病后恢复期及儿童少年应少安排腹压过大的练习。经常参加体育锻炼可以增强腹壁薄弱部位的弹性，增强对腹内压对抗的能力，从而防止疝气的发生。

5.躯干功能运动

◆ 脊柱运动。

◇ 屈脊柱：腹直肌、腹外斜肌、腹内斜肌、髂腰肌和胸锁乳突肌等。

◇ 伸脊柱：竖脊肌、斜方肌、胸锁乳突肌和臀大肌等。

◇ 回旋脊柱：同侧的腹内斜肌和对侧的腹外斜肌，对侧胸锁乳突肌、斜方肌和菱形肌等。

◆ 呼吸运动：固有呼吸肌（膈肌、肋间外肌、肋间内肌、腹横肌）和辅助呼吸肌（如胸大肌、胸小肌、脑锁乳突肌等为助吸气肌；如腹直肌、腰方肌、髂肋肌等为助呼气肌）。

◆ 维持腹压：膈肌、腹直肌、腹外斜肌、腹内斜肌、腹横肌、腰方肌和会阴肌等。

（四）头颈肌

头肌可分为表情肌和咀嚼肌。头颈肌肌群（图3-3-36）分浅、中、深三群。

1. 头肌

◆ 表情肌：有颅顶的额肌、眼周围的眼轮匝肌、口周围的口轮匝肌、鼻周围的鼻肌及耳廓周围的耳廓肌。表情肌起自颅骨，止于皮肤。收缩时可改变眼裂、口裂的形状，皮肤出现相应的皱褶，形成喜、怒、哀、乐的表情。

◆ 咀嚼肌：咀嚼肌主要有咬肌和颞肌等，它们都止于下颌骨，收缩时参与咀嚼运动。

2. 颈肌

（1）颈浅肌群

◆ 颈阔肌：是颈部皮下最浅的一块薄而阔的肌肉，收缩时，牵拉口角向下，如短跑运动员终点撞线时可见，这时颈部皮肤起皱褶。

◆ 胸锁乳突肌。

◇ 位置：颈阔肌深层，颈部两侧。起于胸骨柄和锁骨胸骨端，止于颞骨乳突。

◇ 功能：下固定时，一侧收缩，使头颈向同侧屈，头面部转向对侧。两侧收缩时，使头和颈部脊柱屈或伸。上固定时，上提胸廓，助吸气。

（2）颈中肌群

有舌骨上肌群和舌骨下肌群，分别位于舌骨上方和下方。作用是使舌骨和下颌骨活动，配合吞咽与发音。

（3）颈深肌群

位于脊柱颈段的前外侧，分为外侧和内侧两群。作用是使颈段脊柱和头前屈。

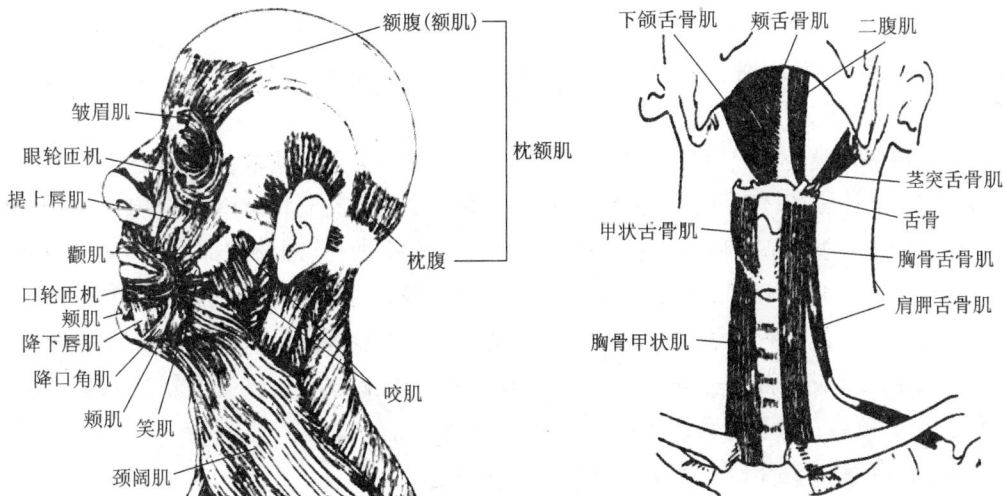

图3-3-36　头颈肌肌群

第四节　肌筋膜动力链

肌筋膜链理论是美国著名物理治疗师 Ida Rolf 提出的。肌筋膜链康复技术在国际上已经得到普遍推广，并成为了物理治疗师、手法治疗师、按摩师、整骨医师、私人教练、体能教练等必备的进阶课程。国内毕义明博士融合多年的经验和康复理论，提出了"评估诊断－手法治疗－功能训练"三维一体的治疗与康复模式，并在国内医疗界、健身界和运动界得到广泛传播。

筋膜是从头到脚包裹着体内各种组织器官的结缔组织，主要分为浅筋膜、内脏筋膜、深筋膜。浅筋膜包裹着面部、颈部、胸骨等区域，内脏筋膜悬挂着腹腔内脏器，深筋膜是包裹着肌肉的坚韧的纤维性结缔组织。它包含很多感受器，能够将疼痛、本体感受等各种反馈信号传递给脑。深筋膜和肌肉一样也能收缩与放松。筋膜、骨骼、肌肉及其相关组织共同构成肌筋膜功能动力链，传递运动能量，维持人体运动。

一、运行原理

肌筋膜自脚底一直延伸到头顶。当筋膜的任何一个区域受到刺激，出现功能不良时，身体必然做出补偿。通常受刺激的筋膜会变得僵硬，使其他部位产生拉力补偿，就像手指按压一下充气的气球一样，按压区域会变得僵硬，其他部位将被迫拉长，被拉向手指陷入的方向，以补偿手指按压的坑。有研究显示，当你做直体体前屈时，如果在脚底用网球进行滚动挤压，手伸展的距离比事前不做足底滚动挤压伸展的距离要远，这是因为足底结蹄组织与腘绳肌是相连的，并且并非止于腘绳肌，它会一直向上延伸，经过头顶，止于眉骨。这种补偿机制就是肌筋膜功能动力链运行原理。依据这个原理，人体筋膜逐步分化为一条条固有的功能链来表达人体运动功能。这些功能链为人体康复治疗和运动训练奠定了解剖学、动力学基础。

例如有足底筋膜炎和足过度外翻时，踝关节上方的膝关节必须对其进行补偿，膝关节将会被向内拉，以补偿足过度外翻。由于膝关节位置改变，髋关节将会受到影响，离开原本位置。在筋膜链上，髋关节与肩部是相连的，于是髋关节移动了，对侧肩部也会移动作为补偿，肩部移动使得肩胛骨离开理想位置，导致肩部出现问题。这就是一条筋膜链，在临床上为肩关节问题提供了康复治疗的思路，同时也为运动训练、体能训练手段设计提供了线路图。我们认为一条条肌筋膜链就是一条条运动动力链。参照康复医学，人体筋膜分为 5 条主链：

◆ 浅层后侧线：起于脚底，向上延伸，绕过头顶，止于眉骨。

◆ 浅层前侧线：起于脚尖上部，止于耳后乳突。

◆ 体侧线：沿着下肢、髋和腹外斜肌侧面延伸。

◆ 螺旋线：从一侧向另一侧，沿着身体环绕。

◆ 深层前侧线：沿着脊柱和下颌，在深层延伸。

这 5 条筋膜链还可以细分为七条躯干功能动力链和四对手臂动力链。

二、基本结构

(一)躯干浅层前侧链

◆ 路线：连结人体前表面，上至头颅两侧，下至脚背，可分为脚部到骨盆，骨盆到头颅。

◆ 结构（参见图3-4-1）：①足趾背面→②趾长伸肌/趾短伸肌→③胫骨粗隆→④髌骨韧带→⑤髌骨→⑥骨直肌/股四头肌→⑦髂前下棘→⑧耻骨结节→⑨腹直肌→⑩第五肋骨→⑪胸骨肌/胸骨筋膜→⑫胸骨柄→⑬胸锁乳突肌→⑭乳突→⑮头皮筋膜。

(二)躯干浅层后侧链

◆ 路线：起于脚底，向上延伸，绕过头顶，止于眉骨。

◆ 结构（参见图3-4-2）：①趾骨跖面→②足底筋膜/跖屈短肌→③跟骨→④腓肠肌/跟腱→⑤股骨髁→⑥腘绳肌→⑦坐骨粗隆→⑧骶结节韧带→⑨骶骨→⑩腰骶筋膜/竖直肌→⑪枕嵴→⑫帽状筋膜/颅骨→⑬额骨/眼眶上嵴。

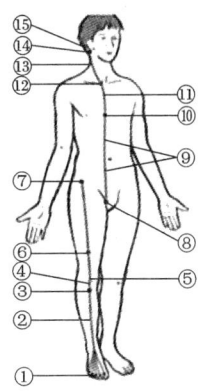

图3-4-1 躯干浅层前侧链结构

(三)躯干体侧链

◆ 路线：沿着下肢、髋和腹外斜肌侧面延伸

◆ 结构（参见图3-4-3）：①跖骨底→②腓骨肌/小腿外侧肌→③腓骨头→④腓骨头前侧韧带→⑤胫骨外侧髁→⑥髂胫束/外展肌群→⑦阔筋膜张肌→⑧臀大肌→⑨髂后上棘→⑩髂嵴/髂前上棘→⑪腹外斜肌→⑫腹内斜肌→⑬肋骨→⑭肋间外肌→⑮肋间内肌→⑯第一肋、第二肋→⑰头夹肌→⑱胸锁乳突肌→⑲枕骨嵴/乳突。

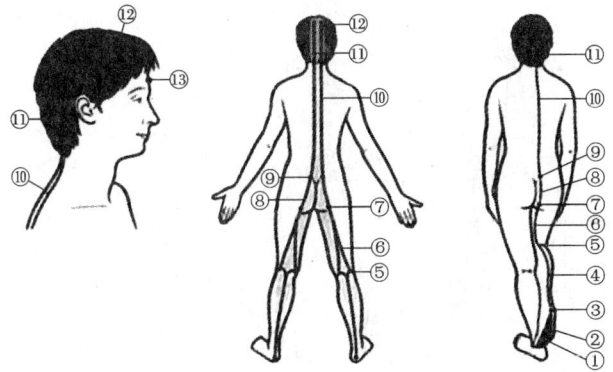

图3-4-2 躯干浅层后侧链结构

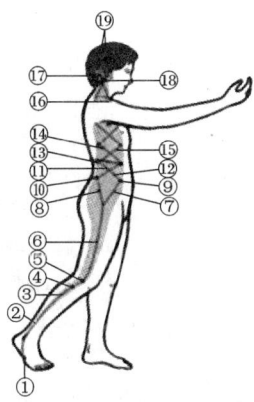

图3-4-3 躯干体侧链结构

(四)躯干螺旋链

◆ 路线：从一侧向另一侧沿着身体环绕。

◆ 结构（参见图3-4-4）：①枕骨嵴/乳突→②头夹肌和颈部→③颈椎/胸椎→④菱形肌→⑤肩胛内缘→⑥前锯肌→⑦外侧肋骨→⑧腹外斜肌/腹外斜肌肌腱→⑨白线→⑩腹内斜肌

→⑪髂骨/髂前上棘→⑫阔筋膜张肌→⑬胫骨外上髁→⑭胫骨前肌→⑮第一跖骨底部→⑯腓肠肌→⑰腓骨头→⑱股二头肌→⑲坐骨粗隆→⑳骶结节韧带→㉑骶骨→㉒腰骶筋膜→㉓枕骨嵴。

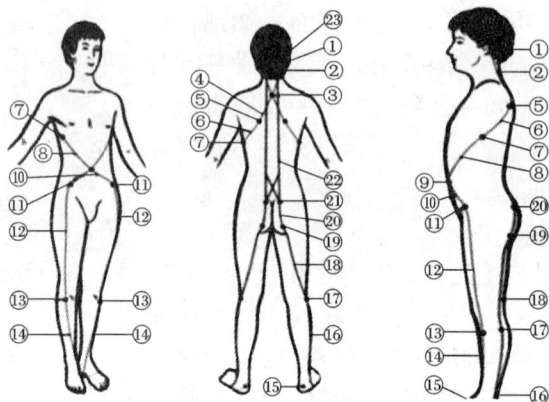

图 3 - 4 - 4   躯干螺旋结构

（五）躯干深层前侧链（参见图 3 - 4 - 5）

◆ 路线：沿着脊柱和下颌在深层延伸，对身体支撑功能极为重要，表现为支持足内侧弓、稳定下肢，对腰椎提供前方支撑，稳定胸腔，维持颈、头部的力学平衡。

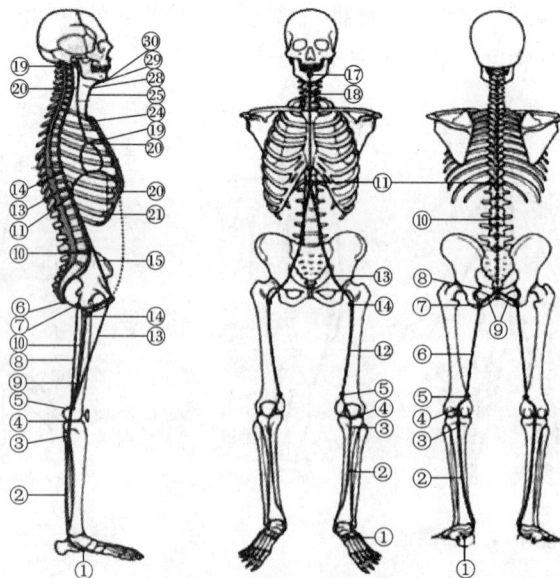

图 3 - 4 - 5   躯干深层前侧链结构

1. 最下方链（小腿功能动力链）

◆ 结构：①趾侧跗骨/趾侧趾骨→②胫骨后肌/拇长伸肌/趾长屈肌→③胫骨腓骨上侧/

后侧→④腘绳肌筋膜/膝关节囊→⑤股骨内上髁。

2. 后下方链(腰腿后侧动力链)

◆ 结构：⑥大收肌/收肌/腘绳肌间隔→⑦近坐骨结节坐骨支→⑧闭孔内肌/提纲肌→⑨尾骨→⑩骶前筋膜/前纵韧带→⑪腰椎椎体。

3. 前下方链(腰腿前侧动力链)

◆ 结构：⑫股骨粗线→⑬长短收肌/内收肌/股四头肌间隔→⑭股骨小转子→⑮髂腰肌/趾骨肌/股三角返回至⑪。

4. 最上方链(背部直体功能动力链)

◆ 结构：⑯从⑩至颈长肌/头长肌枕骨→⑰基底部/寰枕椎体。

5. 中上方链(腰部功能动力链)

◆ 结构：⑱从⑪至后侧横隔/隔脚/中心腱→⑲心包膜/壁层胸膜→⑳斜角肌及筋膜返回⑰。

6. 前上方链(胸部功能动力链)

◆ 结构：㉑从⑪—⑱至前侧横隔→㉒后侧肋下软骨/剑突→㉓胸内膜/胸膈膜→㉔胸骨柄后侧→㉕舌骨下肌/气管筋膜→㉖舌骨→㉗舌骨上肌肉→㉘上颌骨。

(六)躯干对角功能链(参见图3-4-6)

◆ 路线：上肢线通过对角延伸至对侧骨盆，连结身体两侧。

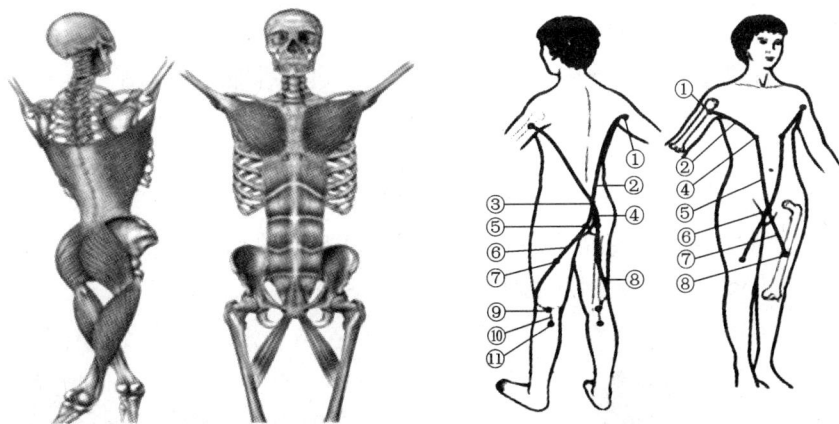

图3-4-6 躯干对角功能链

1. 前对角功能线

◆ 结构：①肱骨干→②胸大肌下缘→③第五、第六肋间软骨→④腹直肌外鞘→⑤耻骨联合→⑥内收长肌→⑦股骨嵴。

2. 后对角功能线

◆ 结构：①肱骨干→②背阔肌→③腰背筋膜→④骶骨筋膜→⑤骶骨→⑥臀大肌→⑦股骨嵴→⑧股外侧肌→⑨髌骨→⑩髌骨下肌腱→⑪胫骨粗隆。

(七)手臂功能链

◆ 路线：沿着躯干、肩关节、肘关节、手指关节协调作用。肘关节影响中背部，肩关节位置影响肋骨，躯干影响手臂的灵活性。

1. 手臂浅层前侧功能动力链（参见图3-4-7）

◆ 结构：①锁骨内侧肋软骨→②胸腰筋膜→③髂嵴→④胸大肌/背阔肌→⑤内侧股骨线→⑥内侧肌间隔→⑦肱骨内上髁→⑧屈肌群→⑨腕管→⑩手指掌面。

2. 手臂深层前侧功能动力链（参见图3-4-8）

◆ 结构：①第三、第四、第五肋骨→②胸小肌/胸锁筋膜→③喙突→④肱二头肌→⑤桡骨粗隆→⑥桡骨骨膜→⑦桡骨茎突→⑧桡侧副韧带/大鱼际肌群→⑨舟状骨/大多角骨→⑩大拇指外侧。

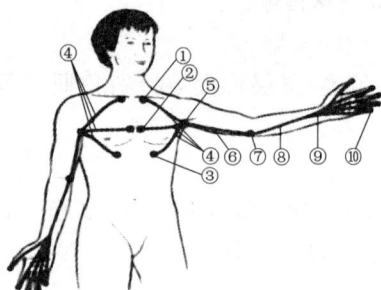

图3-4-7　手臂浅层前侧功能动力链　　　图3-4-8　手臂深层前侧功能动力链

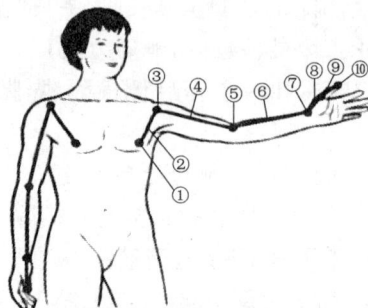

3. 手臂浅层后侧功能动力链（参见图3-4-9）

◆ 结构：①枕骨隆突→②项韧带→③胸椎棘突→④斜方肌→⑤肩胛冈/肩峰/锁骨外侧→⑥三角肌→⑦肱骨三角肌粗隆→⑧外侧肌间隔→⑨肱骨外上髁→⑩伸肌群→⑪手指背侧面。

4. 手臂深层后侧功能动力链（参见图3-4-10）

◆ 结构：①棘突/横突→②菱形肌/肩胛提肌→③肩胛骨内缘→④肩袖肌群→⑤肱骨头→⑥肱三头肌→⑦鹰嘴→⑧尺骨骨膜筋膜→⑨尺骨茎突→⑩尺侧副韧带→⑪三角骨/钩骨→⑫小鱼际。

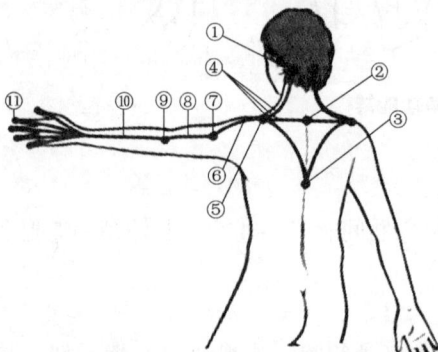

图3-4-9　手臂浅层后侧功能动力链　　　图3-4-10　手臂深层后侧功能动力链

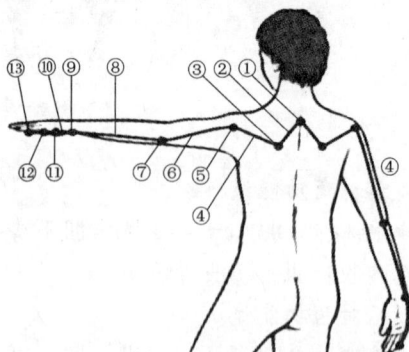

（李志宏、汪小莹编写）

【思考题】

1. 何谓功能动力链？谈谈你的理解。
2. 如何理解人体脊柱的生理学结构及其运动学特征。
3. 根据关节的基本结构和分类，举例说明关节的功能表现。
4. 根据肌肉的解剖学结构特征和骨骼肌工作原理，举例说明肌肉的功能表现。

第四章　功能性训练内容体系

【本章导读】　身体运动功能是人体运动系统适应运动环境的能力。人体运动是在主观目标驱动下，由神经编码驱使骨骼支撑和关节传动，在全身相关肌群收缩、舒张和协同作用下产生的时空变化过程。因此身体运动功能训练就是不断改善、优化运动系统结构功能的过程。传统运动训练强调肌肉"实力"训练，重视运动员单关节运动能力训练，而功能性训练强调多关节、多维度动作训练，重视肌肉"能力"训练，强调动力链的高效运行。所以现代运动训练的训练内容及课程结构也发生了相应变化，软组织激活、功能动作准备、动作技能整合、快速伸缩复合训练、力量与爆发力训练、能量系统发展、恢复与再生训练七个板块已经成为现代运动训练的基本要素。本章将从这七个方面介绍功能性训练内容板块，为现代运动训练的内容设计和训练过程组织奠定理论基础。

第一节　软组织激活

一、积极作用

软组织是指人体的皮肤、皮下组织、肌肉、肌腱、韧带、关节囊、滑膜囊、神经、血管，等等。如果对软组织施加过多的力，损伤就会发生。施加在软组织上的力可分为压力、张力、剪力。张力是指牵拉及伸长组织的一种力量。剪力是指从旁边及平行地切断连结组织的纤维的一种力量。虽然腱和韧带能够对张力进行抵抗，但是对剪力、压力等就不能做充分的抵抗。强烈的压力可导致挫伤的产生，强大的张力及剪力可引起各种程度的韧带扭伤、肌肉肌腱拉伤，所以运动训练前需要激活与唤醒软组织来预防损伤，训练后需要梳理软组织，促进恢复。

（一）消除痛点

关于痛点，我们应有切身体会，比如训练后的按摩过程中肌肉的某一点或区域会对外力产生非常敏感的痛觉反应。所以痛点是指肌肉受到按压时对压力产生痛觉或灼热感反应的区域，同时还会导致整块肌肉肌张力增加，引起身体其他部位的疼痛。

痛点的牵张性反应可能导致肌肉邻近区域或临近关节的疼痛，最终导致肌肉做功效率的下降或产生力量的能力变弱。因此，有必要在训练前后，通过对肌肉软组织按摩刺激，发现痛点，通过特殊手法或工具反复刺激痛点，梳理或唤醒该组织直至痛点敏感性消退。

（二）机能唤醒与恢复

筋膜跨越骨与骨之间的狭小空间将彼此独立的关节有机地联系到一起，从头到脚趾，形成遍布全身的筋膜网络。筋膜网络在运动中有助于不同肌肉之间的自动化协同工作，肌肉收缩可将局部的筋膜拉得很紧，筋膜网络能够敏锐感受到局部肌肉张力的变化，进而有效地影响机体其他部位的活动，最终实现对全身动作的控制和影响。筋膜网络与肌肉密切合作，控制着全身运动。在通过按摩棒、泡沫滚筒、镇痛球刺激肌肉时，给予了筋膜网络良性刺激，可调节肌肉张力，促使血液循环和淋巴回流，唤醒或恢复机体机能。

软组织激活的直接效果即是运动员全身有明显放松感，有利于训练前的准备和运动后的放松恢复。另外，与医生或按摩师的操作相比，运动员自我操作有利于直接感受肌肉张力的变化，并发现疼痛，控制力度。

二、练习原理

(一)发现痛点

剧烈训练通常会给机体带来非常深刻的刺激，最直接的表现是肌细胞结构遭到细微程度的破坏，如肌细胞膜的破裂、肌纤维的紊乱等。这些破坏多数时候并不表现为明显的疼痛，可能首先表现为疲劳，多数时候训练后自然休息并不足以使肌肉组织获得完全的恢复。在下一次训练前，虽然肌肉没有表现出明显的疲劳或疼痛，但可能会存在不自觉的紧张或僵硬，如果直接就进行慢跑或拉伸，可能会导致肌肉更加紧张或僵硬。所以有必要在慢跑或拉伸前，预先给肌肉系统一种刺激，以使其更加顺利地从日常活动状态过渡到训练状态。

通过按摩棒、泡沫滚筒、镇痛球持续对肌肉进行外力刺激，可引起肌肉张力产生相应的变化，使肌肉自己调节紧张或放松程度，同时大小适宜的外力可有效刺激肌肉中的本体感受器(肌梭、腱梭)，有助于发现因为剧烈训练而造成的痛点。

(二)保护肌腱

运动训练实践中很少有直接针对肌腱部位进行训练的方法手段，一般只有拉伸时可能会刺激到该部位。但是肌腱相对于肌肉其他部位来说有其特殊性，机体并不能敏锐地感觉到肌腱部位的疲劳，所以容易造成对它的忽视。实际上肌腱也会疲劳，只是不容易被轻易觉察到而已，与肌腹相比，肌腱远没有肌腹从疲劳刺激中恢复的速率快。所以通过按摩棒、泡沫滚筒、镇痛球顶压之类的外在手段能够在每次训练前予以一定的刺激，能更加有利于肌腱损伤的防护。

(三)梳理筋膜

人体内有一个高速协调沟通的系统，但这个系统不是神经系统，而是遍布全身的活跃的联络系统，包括神经、循环以及免疫系统等，这个联系众多系统的系统被称为特定的筋膜。无论是人体作为整体的运动还是最小环节运动，都是因为由这个联络系统的组织纤维带来的拉力产生的。正因为这种联络组织(筋膜)的存在，所以由运动所带来的疼痛经常被诊断为肌腱炎或关节问题，实际上疼痛是由不恰当的运动方式造成筋膜处于不良状态所引起的。

肌筋膜是包在肌肉外边的结缔组织，浅筋膜对深面的肌肉、血管、神经具有保护功能。深筋膜位于浅筋膜深面形成肌间隔，约束肌肉牵引方向，保证肌肉或肌群的单独活动。筋膜可增大肌肉附着面积，有利于肌肉收缩时更好地发挥力量，筋膜还具有限制炎症的扩散、保护健康的功能。通过按摩棒、泡沫滚筒、镇痛球顶压之类的外在手段，可以梳理肌筋膜，激活与恢复筋膜功能。

三、方法手段

运动前或运动后梳理和唤醒肌肉软组织的方法与手段，主要有通过按摩棒、泡沫滚筒、镇痛球来回滚动刺激全身各部位肌肉或肌腱，如小腿、跟腱、大腿、背部与前臂等各部位肌肉或肌腱，用镇痛球（网球等）顶压痛点发生部位，如足底，臀部、肩部，背部、髋前等。

第二节　功能动作准备

一、姿势准备

（一）解剖姿势（图4-2-1）

1. 运动轴

◆ 垂直轴：指上自头侧，下至尾侧，人体轴与地平面相垂直的轴。

◆ 矢状轴：指从前至后，同时与垂直轴成直角交叉的轴。

◆ 冠状轴或额状轴：指左右方向与水平相平行、与前两个轴相垂直的轴。

2. 运动面

◆ 矢状面：指前后方向，将人体分成左、右两部分的纵切面，该切面与地平面垂直。经过人体正中的矢状面为正中矢状面，该面将人体分成左右相等的两部分。

◆ 冠状面：指左右方向，将人体分为前后两部分的纵切面，该切面与矢状面及水平面相互垂直。

◆ 水平面：也称横切面，是与地平面平行将人体分为上、下两部的平面，该平面与冠状面和矢状面相互垂直。

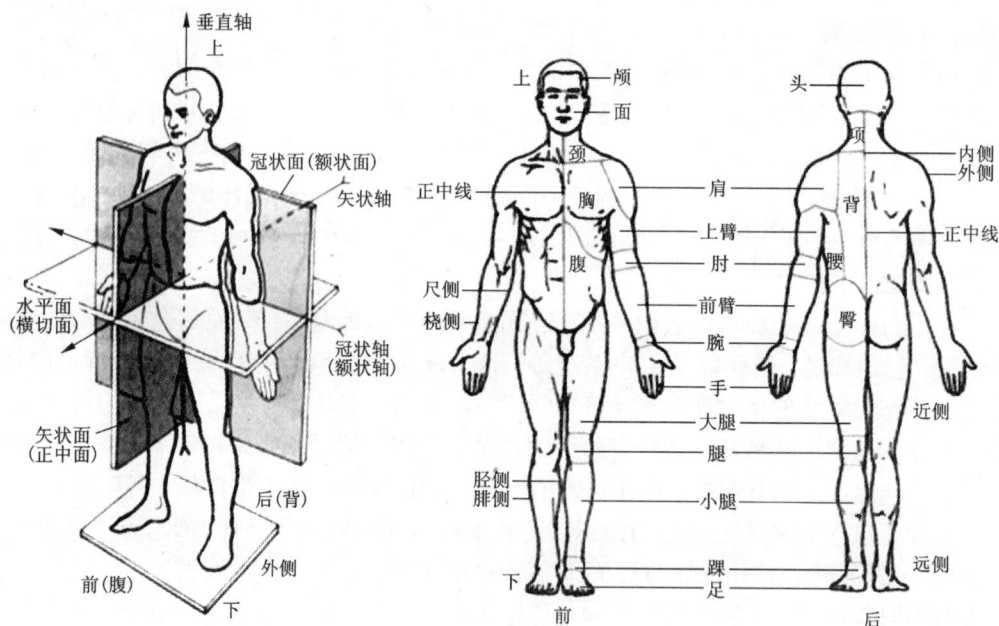

图4-2-1　人体解剖学姿势轴与面

（二）运动姿势

1. 开始姿势

开始姿势是指运动前身体及身体各部分所处的准备状态，要为做后续动作创造有利条件。开始姿势有静力性的,如起跑姿势、足球守门员的等球姿势、游泳入水姿势;有动力性的,如推铅球的滑步、掷标枪或跳高的助跑等。

2. 过程姿势

运动过程姿势可分为相对静止的、比较稳定的和不断变化的身体姿势。在周期性运动项目中,前者表现得较为明显,如速滑身体姿势、游泳水平姿势、自行车运动的低骑乘姿势,采用这类姿势可以减少外界阻力。

3. 结束姿势

结束姿势是指动作结束时身体各部分的状态。在连续动作中,前一动作的结束姿势也是后一动作的开始姿势,直接影响下一个动作的完成。良好的结束姿势可以保持身体的平衡稳定,防止犯规和受伤,提高动作质量和效果。

(三) 动作姿势

动作姿势是指运动前身体及身体各部分所处的动作状态,要为做后续动作创造有利条件。

1. 握法

◆ 基本握法1(图4-2-2)。

◇ 正握:双手掌心向下,指关节朝上。

◇ 反握:双手掌心向上,指关节朝下。

◇ 正反握:一手正握,一手反握。

图4-2-2　基本握法1

◆ 基本握法2(图4-2-3)。

◇ 闭式握:食指和中指叠于拇指之上,适应于爆发力练习。

◇ 开式握:拇指叠于食指和中指之上,适应于大部分力量练习。

◇ 相对握:双手掌心相对,指关节朝外。

图4-2-3　基本握法2

◆ 基本握法3(图4-2-4)。

◇ 正常握：双手握距与肩同宽。
◇ 窄径握：双手握距小于肩宽。
◇ 宽径握：双手握距大于肩宽。

图4-2-4　基本握法3

◆ 基本握法4(图4-2-5)。
◇ 旋内握：双手掌心朝斜下，指关节斜上。
◇ 旋外握：双手掌心朝斜上，指关节斜下。

图4-2-5　基本握法4

2. 卧姿

◆ 俯卧姿：动作要领(表4-2-1)。
◇ 俯卧-肘脚撑(图4-2-6)。

双肘双脚撑(正桥/俯桥)　　双肘单脚撑

单肘双脚撑　　单肘单脚撑

图4-2-6　俯卧-肘脚撑

◇ 俯卧－手脚撑（图4－2－7）。

双手双脚撑(平板支撑)

双手单脚撑

单手双脚撑

单手单脚撑

图4－2－7 俯卧－手脚撑

◇ 俯卧－肘膝撑（图4－2－8）。

双肘双膝撑(平板支撑)

单肘双膝撑

图4－2－8 俯卧－肘膝撑

◇ 俯卧－手膝撑（图4－2－9）。

双手双膝撑

单手双膝撑

图4－2－9 俯卧－手膝撑

表 4 - 2 - 1   俯卧姿动作要领

双肘双脚撑	双肘单脚撑	单肘双脚撑	单肘单脚撑
1.四点支撑，腹臀收紧，保持背部平直，身体呈一条直线。 2.肘部在肩关节正下方，前臂贴紧地面，肘关节成直角。 3.双腿伸直，双脚分开支撑于地面	1.三点支撑，腹臀收紧，背部平直，身体呈直线。 2.肘部在肩关节正下方，前臂贴紧地面，肘关节呈直角。 3.双腿伸直，一脚支撑地面，另一脚抬离地面。 4.重心在中线，身体不能侧倾	1.三点支撑，腹臀收紧，保持背部平直，身体呈一条直线。 2.一侧肘部在肩关节正下方，前臂贴紧地面，肘关节呈直角。 3.双腿伸直，双脚分开支撑于地面。 4.另一手臂抬离地面，与背部呈一条直线。 5.重心在身体中线，身体不能侧倾	1.两点支撑，腹臀收紧，背部平直，身体呈一条直线。 2.一侧肘部在肩关节正下方，前臂贴紧地面，肘关节呈直角。 3.双腿伸直，支撑臂的同侧脚抬离地面，另一只脚支撑于地面。 4.一臂抬离地面，与背部呈直线。 5.重心在身体中线，身体不能侧倾
双手双脚撑 （平板支撑）	双手单脚撑	单手双脚撑	单手单脚撑
1.四点支撑，腹臀收紧，保持背部平直，身体呈一条直线。 2.手部在肩关节的正下方，肘关节伸直且不锁死。 3.双腿伸直，双脚分开支撑于地面	1.三点支撑，腹臀收紧，背部平直，身体呈直线。 2.手部在肩关节正下方，肘关节伸直不锁死。 3.双腿伸直，一脚支撑地面，另一脚抬离地面。 4.重心在身体中线，身体不能侧倾	1.三点支撑，腹臀收紧，保持背部平直，身体呈一条直线。 2.一侧手在肩关节正下方，肘关节伸直不锁死。 3.双腿伸直，双脚分开支撑于地面。 4.另一手臂抬离地面，伸直与背部在同一平面。 5.重心在身体中线，身体不能侧倾	1.两点支撑，腹臀收紧，背部平直，身体呈一条直线。 2.一侧手在肩关节正下方，肘关节伸直不锁死。 3.双腿伸直，支撑臂同则脚抬离地面，另一脚支撑于地面，另一手臂抬离地面，伸直与背部在同一平面。 4.重心在身体中线，身体不能侧倾
双肘双膝撑 （平板支撑）	双手双膝撑	单肘双膝撑	单手双膝撑
1.四点支撑，腹臀收紧，保持背部平直，身体呈一条直线。 2.肘部在肩关节正下方，前臂贴紧地面，肘关节成直角。 3.双膝支撑，小腿后屈与大腿呈直角	1.俯卧四点支撑，腹臀收紧，保持背部平直，身体呈一条直线。 2.手部在肩关节正下方，肘关节伸直且不锁死。 3.双膝支撑地面，小腿后屈，与大腿呈直角	1.俯卧三点支撑，腹臀收紧，保持背部平直，身体呈一条直线。 2.一侧肘部在肩关节的正下方，前臂贴紧地面，肘关节呈直角，双膝支撑地面，小腿后屈，与大腿呈直角。 3.另一手臂抬离地面，伸直与背部同一平面。重心在身体中线，身体不能侧倾	1.俯卧三点支撑，腹臀收紧，保持背部平直，身体呈一条直线。 2.一侧手在肩关节正下方，肘关节伸直不锁死。 3.双膝支撑地面，小腿后屈，与大腿呈直角，另一手臂抬离地面，伸直与背部在同一平面。 4.重心在身体中线，身体不能侧倾

◆ 仰卧姿：动作要领（表4-2-2）。

◇ 仰卧-肩脚撑（图4-2-10）。

肩双脚撑(仰桥/臀桥)　　　肩单脚撑(单腿军步式)　　　肩单脚撑(单腿直膝式)

图4-2-10　仰卧-肩脚撑

◇ 仰卧-肘脚撑（图4-2-11）。

仰卧-双肘双脚撑　　　　　仰卧-双肘单脚撑

图4-2-11　仰卧-肘脚撑

表4-2-2　仰卧姿动作要领

动作名称	动作要领
肩双脚撑(仰桥/臀桥)	1.仰卧支撑，头部与肩部着地，腹部收紧，与大腿呈一条直线；2.脚后跟着地，脚尖勾起，臀部收紧，屈膝成直角
肩单脚撑(单腿军步式)	1.仰卧支撑，头部与肩部着地，腹部收紧，与大腿呈一条直线；2.一侧脚后跟着地，脚尖勾起，臀部收紧，屈膝成直角；3.另一侧脚抬离地面，屈膝屈髋成直角，脚尖勾起；4.重心在身体中线，身体不能侧倾
肩单脚撑(单腿直膝式)	1.仰卧支撑，头部与肩部着地，腹部收紧，与大腿呈一条直线；2.一侧脚后跟着地，脚尖勾起，臀部收紧，屈膝成直角；3.另一侧脚抬离地面，与腹部呈一条直线，脚尖勾起；4.重心在身体中线，身体不能侧倾
仰卧-双肘双脚撑	1.仰卧四点支撑，腹部收紧，保持腹部与大腿呈一条直线；2.肘部在肩关节正下方，前臂贴紧地面，肘关节成直角；3.双腿伸直，脚后跟着地，脚尖勾起，臀收紧
仰卧-双肘单脚撑	1.仰卧三点支撑，腹臀收紧，保持腹部与大腿呈一条直线；2.肘部在肩关节正下方，前臂贴紧地面，肘关节成直角；3.双腿伸直，脚尖勾起，一侧脚后跟着地，臀收紧，另一侧脚抬离地面；4.重心在身体中线，身体不能侧倾

◆ 侧卧姿(图4 - 2 - 12，表4 - 2 - 3)。

单肘单脚撑(侧桥-并脚)　　　　单肘双脚撑(侧桥-分脚)　　　　单肘单膝撑

单手双脚撑(侧桥-分脚)　　　　单手单脚撑(侧桥-并脚)　　　　单手单膝撑

图4 - 2 - 12　侧卧姿

表4 - 2 - 3　侧卧姿动作要领

动作名称	动作要领
单肘单脚撑(侧桥 - 并脚)	1.侧卧两点支撑，腹臀收紧，保持背部平直，身体呈一条直线；2.一侧肘部在肩关节的正下方，前臂贴紧地面，肘关节呈直角，另一侧臂伸直与支撑臂呈一条直线，且垂直于地面；3.双腿伸直，双脚并拢支撑于地面
单肘双脚撑(侧桥 - 分脚)	1.侧卧两点支撑，腹臀收紧，保持背部平直，身体呈一条直线；2.一侧肘部在肩关节的正下方，前臂贴紧地面，肘关节呈直角，另一侧臂伸直与支撑臂呈一条直线，且垂直于地面；3.双腿伸直，双脚前后分开支撑于地面
单手单脚撑(侧桥 - 并脚)	1.侧卧两点支撑，腹臀收紧，背部平直，身体呈一条直线；2.一侧手在肩关节的正下方，肘关节伸直且不锁死，另一侧臂伸直且垂直于地面；3.双腿伸直，双脚并拢支撑
单手双脚撑(侧桥 - 分脚)	1.侧卧两点支撑，腹臀收紧，背部平直，身体呈一条直线；2.一侧手在肩关节的正下方，肘关节伸直不锁死，另一侧臂伸直且垂直于地面；3.双腿伸直，双脚前后分开支撑
单肘单膝撑	1.侧卧两点支撑，腹臀收紧，保持背部平直，身体呈一条直线；2.一侧肘部在肩关节的正下方，前臂贴紧地面，肘关节呈直角，另一侧臂伸直与支撑臂呈一条直线，且垂直于地面；3.双腿屈膝成直角，双膝并拢支撑于地面
单手单膝撑	1.侧卧两点支撑，腹臀收紧，保持背部平直，身体呈一条直线；2.一侧手在肩关节正下方，肘关节伸直且不锁死，另一侧臂伸直，垂直于地面；3.双腿伸直，双膝并拢支撑

3.跪姿动作要领(表4 - 2 - 4)

◆ 双膝跪姿(图4 - 2 - 13)。

直立伸髋双膝跪姿　　　直立屈髋双膝跪姿　　　俯身双手双膝跪姿　　　俯身单手双膝跪姿

图 4 - 2 - 13　双膝跪姿

◆ 单膝跪姿（图 4 - 2 - 14）。

前后分腿单膝跪姿　　　侧弓步单膝跪姿　　　俯身双手单膝跪姿　　　俯身单手单膝跪姿

图 4 - 2 - 14　单膝跪姿

表 4 - 2 - 4　跪姿动作要领

动作名称	动作要领
直立伸髋跪姿	1.双膝直立跪于地面，抬头挺胸，目视前方，腹臀收紧，保持背部平直，两臂自然下垂至体侧；2.屈膝约呈直角，脚尖勾起，双脚尖支撑地面
直立屈髋双膝跪姿	1.双膝屈髋跪于地面，抬头挺胸，目视前方，腹臀收紧，保持背部平直，两臂自然下垂至体侧；2.臀部坐于小腿上，大腿紧贴小腿，脚尖勾起，双脚尖支撑地面
俯身双手双膝跪姿	1.双手双膝俯身屈髋跪于地面，腹臀收紧，保持背部平直；2.手在肩部的正下方，肘关节伸直且不锁死；3.屈髋屈膝呈直角，双脚分开与肩同宽，脚尖勾起支撑地面
俯身单手双膝跪姿	1.单手双膝俯身屈髋跪于地面，腹臀收紧，保持背部平直；2.一侧手在肩部正下方，肘关节伸直且不锁死，另一侧臂伸直并抬离地面，与背部在同一平面；3.屈髋屈膝呈直角，双脚分开与肩同宽，脚尖勾起支撑地面
前后分腿单膝跪姿	1.单脚单膝分腿跪于地面，抬头挺胸，目视前方，保持背部平直，腹部收紧，两臂自然下垂至体侧；2.前侧腿屈髋屈膝呈直角，全脚掌着地；3.后侧腿屈膝跪地，大腿垂直于地面，与小腿约成直角，勾脚尖支撑地面
侧弓步单膝跪姿	1.单脚单膝分腿侧跪于地面，抬头挺胸，目视前方，保持背部平直，腹部收紧，两臂自然下垂至体侧；2.一侧腿伸髋屈膝，臀部收紧，大腿与地面垂直，与小腿约成直角，勾脚尖支撑地面；3.另一侧髋外展，腿伸直，脚内侧支撑地面
俯身双手单膝跪姿	1.双手单膝俯身屈髋跪于地面，腹部收紧，保持背部平直；2.手在肩部正下方，肘关节伸直且不锁死；3.一侧腿单膝跪于地面，屈髋屈膝约呈直角，勾脚尖支撑地面；4.另一侧腿伸直抬离地面，并与地面平行，臀部收紧，脚尖勾起
俯身单手单膝跪姿	1.单手单膝俯身屈髋跪于地面，腹部收紧，保持背部平直；2.一侧手在肩部正下方，肘关节伸直且不锁死；3.另一侧臂伸直并抬离地面，与背部在同一平面；4.一侧腿单膝跪于地面，屈髋屈膝约呈直角，勾脚尖支撑地面；5.另一侧腿伸直抬离地面，并与地面平行，臀部收紧，脚尖勾起

4.站姿

◆ 直立姿（图 4 - 2 - 15，表 4 - 2 - 5）。

正常站位　窄站位　宽站位　单腿军步式　单腿直立式

图 4 – 2 – 15　直立姿

表 4 – 2 – 5　直立站姿动作要领

动作名称	动作要领
正常站位	双脚平行站立,与肩同宽,髋部、膝部伸直,臀部收紧,抬头挺胸,目视前方,下颌微收,两臂自然下垂至体侧
窄站位	双脚平行站立,距离小于肩宽,髋部、膝部伸直,臀部收紧,抬头挺胸,目视前方,下颌微收,两臂自然下垂至体侧
宽站位	双脚平行站立,距离大于肩宽,髋部、膝部伸直,臀部收紧,抬头挺胸,目视前方,下颌微收,两臂自然下垂至体侧
单腿军步式	1.单腿站立,一侧腿髋部、膝部伸直,臀部收紧,抬头挺胸,目视前方,下颌微收,两臂自然下垂至体侧;2.另一侧腿抬离地面,屈髋屈膝约成直角,脚尖勾起
单腿直立式	1.单腿站立,一侧腿髋部、膝部伸直,臀部收紧,抬头挺胸,目视前方,下颌微收,两臂自然下垂至体侧;2.另一侧腿微微抬离地面,脚尖勾起

◆ 运动姿(图 4 – 2 – 16,表 4 – 2 – 6)。

基本姿(双脚站)　基本姿(单脚站)　基本姿(前后分腿站)　俯身姿(左右分腿站)

图 4 – 2 – 16　运动姿

表 4 – 2 – 6　运动姿动作要领

动作名称	动作要领
基本姿(双脚站)	1.俯身呈半蹲姿势,保持背部平直,腹部收紧,髋关节指向后下方,双脚平行站立,比肩稍宽;2.胸部向地面方向倾斜,屈髋屈膝,大腿与躯干约成90度夹角;3.膝盖不要超过脚尖,身体重心略向脚的前部移,脚后跟略微离开地面
基本姿(单脚站)	1.俯身呈单腿半蹲姿势,保持背部平直,腹部收紧,髋关节指向后下方,单脚站立;2.胸部向地面方向倾斜,屈髋屈膝,大腿与躯干约成90度夹角;3.支撑腿膝盖不要超过脚尖,身体重心略向脚的前部移,脚后跟略微离开地面,另一侧腿屈髋屈膝抬离地面

续表 4 - 2 - 6

动作名称	动作要领
基本姿(前后分腿站)	1.俯身呈半蹲姿势,保持背部平直,腹部收紧,髋关节指向后下方,双脚前后分开站立;2.躯干前倾,双臂呈跑步摆臂姿势,屈肘约成90度角;3.屈髋屈膝,膝盖不要超过脚尖
俯身姿(左右分腿站)	1.俯身呈半蹲姿势,保持背部平直,腹部收紧,髋关节指向后下方,双脚平行站立,与肩同宽,双臂放于体侧;2.屈髋屈膝,躯干与地面平行,膝盖不要超过脚尖

◆ 分腿姿(图 4 - 2 - 17,表 4 - 2 - 7)。

低分腿姿　　　　　高分腿姿　　　　　弓步姿　　　　　侧弓步姿

图 4 - 2 - 17　分腿姿

表 4 - 2 - 7　分腿姿动作要领

动作名称	动作要领
低分腿姿	1.前后分腿站立,抬头挺胸,目视前方,保持背部平直,腹部收紧,两臂自然下垂至体侧;2.前腿屈髋屈膝成90度夹角,全脚掌着地;3.后侧腿屈膝,离地一拳距离,臀部收紧,大腿垂直于地面,与小腿成90度夹角,勾脚尖支撑地面
高分腿姿	1.前后分腿站立,抬头挺胸,目视前方,保持背部平直,腹部收紧,两臂自然下垂至体侧;2.前腿屈髋屈膝成135度夹角,全脚掌着地;3.后侧腿屈膝,离地3~5个拳头的距离,臀部收紧,大腿垂直于地面,与小腿成90度夹角,勾脚尖支撑地面
弓步姿	1.前后分腿站立,抬头挺胸,目视前方,保持背部平直,腹部收紧,两臂自然下垂至体侧;2.前腿屈髋屈膝成90度夹角,全脚掌着地;3.后侧腿伸直,臀部收紧,脚尖支撑地面
侧弓步姿	1.左右分腿站立,抬头挺胸,目视前方,保持背部平直,腹部收紧,两臂自然下垂至体侧;2.一侧腿屈髋屈膝,大腿与小腿约成90度夹角,全脚掌着地;3.另一侧腿向外侧伸直,全脚掌着地

二、支柱准备

(一)练习原理

支柱准备是为了尽可能降低运动员的损伤风险,在训练前对运动员安排躯干、肩部、脊柱和髋部预康复练习。原理是由于肌肉力量下降、关节稳定性降低,引发相邻关节动作代偿或运动功能障碍,因此需要改善动作模式,预防运动损伤,提高能量传递效率。所以支柱准备也称躯干支柱力量练习。

(二)练习内容

躯干支柱准备的练习内容可分为三个部分:肩部训练、脊柱训练和髋部训练。每个部分可以根据不同的身体状态对动作模式进行划分,如卧姿动作、跪姿动作、立姿动作等。每个动作模式还可以根据对稳定性要求的高低来划分难易程度,如基本难度的四点支撑、中等难度的双脚站立支撑和高难度的单脚站立支撑。最后在动作模式训练的基础上根据运动员项目特点选择不同的练习器材,如瑞士球、弹力带、迷你带等。

1.肩部训练

◆ 动作模式:肩部训练的基本动作模式有 I、T、Y、W、L 五种字形,也可两两搭配组合。根据身体姿势和稳定性的不同要求,这些动作分为三个难度等级。全支撑或俯卧姿势为初级难度,站姿为中级难度,瑞士球等非稳定性器械支撑练习为高级难度,如肩部 I 字动作模式练习(图 4 - 2 - 18)。

◆ 动作功能:激活肩胛骨周围肌群,提高肩部稳定性,预防肩部运动损伤。

图 4 - 2 - 18　肩部 I 字动作模式练习

2.腰部训练

◆ 动作模式:根据用力方式分为动力性与静力性练习两类,如四点支撑类动作(静力性动作)。通过静力等长收缩练习,有效激活身体一侧动力链肌群,提高神经肌肉兴奋性、身体姿态和关节稳定性,为即将开始的动态练习建立稳定的基础。即在进行动力性练习之前,进行静力练习。三点支撑和两点支撑练习动作既可作为静力性练习,也可作为动力性练习(图 4 - 2 - 19)。

◆ 动作功能:激活腰壁深层肌群,提高脊柱腰段稳定性,预防脊柱腰段运动损伤。

图 4 - 2 - 19　腰部不同支撑点稳定/非稳定动作练习模式

3.髋部训练

◆ 动作模式:髋部训练以激活臀大肌、内旋与外旋髋关节肌群为主。仰卧练习主要可激活臀大肌;侧卧练习以激活髋关节内旋、外旋肌群为主;进行跪姿练习时要增加侧卧腰段稳定性练习,在激活多裂肌及竖脊肌的同时,激活髋关节内旋、外旋、伸髋肌群。通常把跪姿或非稳定器械练习看作髋部训练的高级练习(图 4 - 2 - 20)。

◆ 动作功能：激活臀大肌兴奋性，提高髋关节稳定性，预防下肢运动损伤。

图 4－2－20 髋部不同姿势运动的动作练习模式

(三) 积极作用

1. 改善身体姿势

有过损伤的运动员，同类或同专项运动员往往有相似的身体形态，如乒乓球运动员脊柱侧弯、肩胛骨位置异常和驼背等。物理治疗师从身体姿态评估角度分析，认为周期性肌肉力量练习或者长期固定维度或固定关节练习不仅会增加其动态肌肉张力和肌肉体积，还会增加静态肌肉张力。如果动态肌肉张力发展不均衡，会出现关节面移位，关节面软骨磨损增加。如果静态肌肉张力发展不均衡，会导致身体姿态出现异常，如驼背、脊柱侧弯、骨盆倾斜等。在通常情况下，身体不平衡、劳损或疼痛在训练中不易出现，但此时身体已承担一定损伤风险，如果继续恶化，会加重不平衡或导致劳损和疼痛。躯干支柱准备正是通过激活关节弱侧肌肉，改善关节异常位置，纠正全身骨性排列顺序，从而保持良好动、静态肌张力，改善身体姿势。

2. 提高能量传递效率

机体进行能量传递的物质结构就是肌筋膜及肌筋膜动力链结构。肌筋膜是肌肉组织外层表皮包裹的一层结蹄组织膜状结构，相邻肌筋膜可以把整块肌肉隔开，减少同一肌肉在不同收缩状态下各条肌束间的相互影响。一整块肌肉的肌筋膜在肌肉与骨连结处相互交织构成肌腱，肌腱连结肌肉与骨骼起到传递肌肉收缩力、带动骨骼运动的作用。人体运动表现出来的速度、力量和耐力，其实就是身体在一定的空间、时间内的做功多少和功率大小，它们与两个因素有关：能量产生与能量传递。通常情况下，为了获得更大的力量、更快的速度、更好的耐力，人们总是着重发展不同肌肉的做功能力（肌肉工作实力），而忽视身体内部能量传递的效率问题，导致很多能量在下肢传递到上肢、躯干传递到四肢时被"泄露"。这种泄露现象往往被运动员描述为有力使不出的感觉。那么如何减少能量泄露，提高能量传递效率呢？

从功能解剖学分析肌筋膜链式结构，如果把全身的肌筋膜首尾相连，可分为12条肌筋膜链，它们把身体分割成若干区域并形成一种网状结构，肌肉包裹在每一个网格内。单关节运动是靠单一肌肉收缩来牵拉肌腱和骨，通过关节杠杆原理产生运动。而多关节、全身性运动则是相邻肌肉群收缩，通过某一区域的肌筋膜网状结构及其包裹的骨性结构把能量从一个环节快速有效地传递到另一个环节，这就是身体的动力链及身体的能量传递过程。

肩带（肩胛骨）、脊柱和骨盆（髋关节）作为各动力链的主要支点，在上下肢运动能量传递过程中起着十分重要的作用。如果肩带、脊柱、骨盆的运动功能下降（如稳定性下降），就会导致动力链出现能量泄露，导致肌肉收缩效果下降，使得运动整体效能下降。所以，良好的身体姿势和正确的关节位置可以为相邻关节的肌肉用力提供稳定的支点，有利于提高上下肢通过躯干传递能量的效率。

3. 改善动作模式，预防运动损伤

动作模式是机体已经掌握的运动技术通过神经支配肌肉收缩的共同作用表现为有效动作的一种程序化过程。例如，正常的肩关节动作模式是肩关节外展 30 度或前屈至 60 度时，肩胛骨不旋转。自此以后肩胛骨开始旋转，手臂每外展 15 度，肩关节就转 10 度，而肩胛骨则转 5 度，两者比例为 2:1。当手臂外展至 90 度以上时，每外展 15 度，肩关节就转 5 度，肩胛骨则转 10 度，两者比例为 1:2。异常动作模式时，在肩关节的外展过程中，盂肱关节、盂肩胛骨外展比例失调，关节生理位置改变，肩锁关节与肱骨头间空间减少，会挤压肩下滑膜囊及其附属关节组织从而造成撞击性疼痛，即肩峰撞击综合症。因此，正常动作模式能够使身体完成既定动作的最优化过程，而不良动作模式会降低动作完成的效率，甚至导致运动损伤。

导致不良动作模式的原因大致分为两种：动作代偿和运动功能障碍。动作代偿是指在同一条动力链上首尾相连的关节中，某一关节由于运动功能异常，如稳定性、灵活性下降，导致与之相邻关节为继续达到预定动作目标而出现的运动功能代偿。如胸椎活动度下降会导致颈椎、肩胛骨或腰椎活动度增加，出现动作代偿，导致胸锁关节、肩锁关节和肩关节的动作模式失调，降低动力链能量传递效率，甚至引发肩峰撞击综合症。所以，躯干支柱准备可以改善动作模式，预防运动损伤。目前主要通过放松强侧肌群、激活弱侧肌群来重建肩关节正确解剖学位置及其动作模式，例如激活菱形肌、斜方肌下部、胸小肌、前锯肌等深层肌群，把肩胛骨向内、向下拉回到自然位置。

三、动作准备

（一）练习原理

动作准备是为满足运动员对日常训练和比赛的特殊要求而准备的有效的、系统的和个性化的动作练习方法。动作准备是有效预防运动损伤和提高竞技能力的训练手段之一，与躯干支柱准备同属准备活动范畴。与传统的准备活动或热身活动相比，传统的准备活动虽然也有多种方法或模式，是训练中必不可少的部分，但在一些方法和安排上，比如过度强调静态拉伸和跑步练习，存在与专项结合不够紧密、神经兴奋动员不够等问题，而动作准备可以较好地解决这些问题。动作准备强调通过动态方式进行强度递增的动作练习，可以增加身体体温、有效伸展肌肉、增加关节活动度、激活肌肉本体感觉功能、提高神经系统的兴奋性，强调通过整合和强化动作模式，满足专项运动技术需求，提高动作的经济性、实效性。

（二）练习内容

动作准备练习内容：臀部激活、动态拉伸、动作技能整合、神经激活或快速反应。

1. 臀部激活

◆ 动作功能：加强臀大肌的主动发力，减轻因臀部肌肉薄弱而带来的膝关节伤痛。

◆ 练习模式：运动员较少或比较难动员臀部肌肉参与运动，大部分运动员会过度使用大腿前群肌肉，这样在反复的起跳落地过程中容易造成膝关节损伤。臀大肌作为人体最大的单块肌肉，可以提供强大的力量与爆发力，臀大肌像发动机一样的动力源。同时臀部肌肉是维持脊柱功能的基础，也是连结上肢运动链和下肢运动链的中间枢纽。激活臀肌能够使臀部肌肉主动参与到运动中去：首先保持运动基本姿，再通过在膝关节上部及踝关节上部套上迷你带，进行髋关节主导动作练习，使臀部肌肉得到动员和激活。例如迷你带 – 深蹲（图 4 – 2 –

21）、迷你带－单腿外旋（图4－2－22）。

图4－2－21　迷你带－深蹲　　　　　图4－2－22　迷你带－单腿外旋

2.动态拉伸

◆ 动作功能：通过动态拉伸，实现对肌肉、关节的拉伸并实现体温的升高，同时预演各种基本动作模式，在神经系统中留下有效痕迹，减少代偿性动作，提高动作质量。动态拉伸中，使用较大拉伸幅度保持动作时，运动环节周围的拮抗肌之间存在交互抑制关系，会使得肌肉产生收缩与舒张的交替变化，激活关节周围的小肌肉群参与到稳定支持关节的工作中去。小肌肉的持续有效工作将有助于改善运动姿势，减小发生损伤风险。

◆ 练习模式：静态拉伸方式是使身体到达一定肌肉拉长的位置并保持一定时间，而动态拉伸是以动态的方式进行拉伸练习，强调多个基本动作模式的组成。通常选择4~8个动作，每个动作在拉伸范围处仅保持1~2秒，有顺序地对全身各主要肌肉群进行拉伸。先进行髋部肌群的拉伸练习，再进行多关节参与的拉伸练习，最后根据不同运动员及不同运动专项的需求，增加有针对性的动态拉伸动作练习，例如抱膝前进（图4－2－23）、斜抱腿（图4－2－24）。

图4－2－23　抱膝前进　　　　　　　图4－2－24　斜抱腿

3.动作技能整合

◆ 动作功能：动作技能整合是强调髋、膝、踝协调发力的动作模式。一方面通过军步走和垫步跳的形式强化行进间的运动姿势和动作模式，为接下来的动作技能训练做好准备；另一方面通过一些起跳落地的动作练习，激活肌肉中的本体感受器，强化与起跳落地相关的运动姿势和动作模式，为接下来的快速伸缩复合训练做好准备。

◆ 练习模式：在竞技即动作理念下，忽视动作质量而拘泥于力量、速度、耐力等素质的外在绩效是没有多大意义的。优质的动作模式才是强大动作效能的本源和动作安全的最佳保障。动作技能整合是基于优质的动作模式练习，是强调在身体整体动力链参与下，建立起神经支配下各运动系统之间的联系，使得身体各环节有序地组合运动。整合并强化正确的动作模式可以增加动作的经济性，减少不必要的能量损耗，例如纵向军步走（图4－2－25）、纵向垫步跳(图4-2-26)。

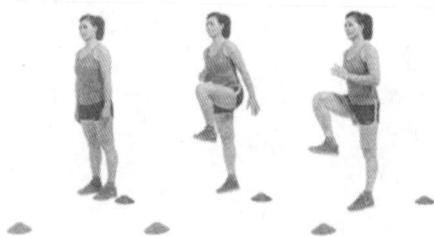

图4-2-25　纵向军步走

图4-2-26　纵向垫步跳

4.神经激活

◆ 动作功能:神经激活练习可以很好地提高运动员神经系统的专注度与参与度,使大脑反应速度加快,提高中枢神经系统的兴奋性。神经系统兴奋性的提升能够加强运动中枢间的相互协调,使躯体有序、准确、协调地完成动作,提高运动能力与运动效率,为正式训练或比赛做好准备。

◆ 练习模式:神经激活练习模式一般以运动基本姿为起始动作,进行快速移动或反应性练习,力求在短时间内完成尽可能多的动作重复次数,或者依据口令做出相应的反应性练习。例如双腿前后跳(图4-2-27)、上下肢非一致性速度的2英寸碎步跑(图4-2-28)。需要注意的是,针对神经激活的练习并没有标准的范式,只要是能使神经兴奋性提高的练习,都是行之有效的练习,例如灵敏性绳梯练习。

图4-2-27　双腿前后跳

图4-2-28　2英寸碎步跑

第三节　快速伸缩复合练习

一、积极作用

快速伸缩复合练习是指能够使肌肉在最短时间内发挥最大力量的练习。主要是通过预先拉长肌肉、反向运动、助力运动等方式,利用肌肉和肌腱的牵张反射原理,实现更加快速有力的向心运动。

功能动作的高效运行或竞技能力的发挥,都要依赖相关肌肉充分发挥功能以及肌肉发力的速度，这种力与速度的关系即功率，有效的快速伸缩复合练习将对肌肉发力和功率输出起到促进作用。快速伸缩复合练习被视为专项运动的基础，其积极作用表现为：通过提高产生力的速度来增强爆发力；通过提高储存和释放弹性势能来增强反应力量；通过增强关节和身体连结处的力量，减少能量泄露和增加力的传递效果。

二、练习原理

(一)拉长伸缩

快速伸缩练习的核心是肌肉拉长 - 收缩周期(Stretch-Shortening Cycle, SSC)。SSC 模型结合力学和神经学机制，展示的是快速的肌肉离心收缩不仅可以激活牵张反射，还可以储存弹性势能，使随后进行的向心收缩更加有力的肌肉动作原理。拉长 - 伸缩周期包含短时间内增加肌肉募集的反射刺激以及串联组分的能量储存。它表现为三个阶段：第一阶段是离心收缩；第二阶段是离心阶段和向心阶段之间的过渡阶段；第三阶段是向心收缩。

◆ 第一阶段是主动肌的前负荷阶段：肌肉发生离心收缩，串联弹性组分储存能量。当肌肉的肌梭受到刺激后，通过 I_α 型神经纤维将冲动传至脊髓前根。例如立定跳远时由站立到半蹲位的过程。

◆ 第二阶段也叫藕联期，即由肌肉的离心阶段结束至向心阶段开始的一段时间：I_α 型传入神经纤维与 α - 运动神经元在脊髓前根发生突触传递，然后 α - 运动神经元将冲动传递给主动肌。这一阶段是肌肉能否获得更强收缩力的关键，时间很短，如果时间拖得过长，储存的弹性势能便以热能的形式释放出去，肌肉的牵张反射能量也不可能在肌肉工作的向心阶段发挥。在立定跳远中原地预摆成半蹲姿势，停顿的一刹那就是过渡阶段的开始，一旦停顿结束、运动开始就是过渡阶段的结束。

◆ 第三阶段是前两个阶段的延续：在这个阶段中，α - 运动神经元刺激主动肌，引起反射性向心收缩。离心收缩储存的弹性势能释放出来增加肌肉力量并转化成热能。肌肉的向心收缩如果有弹性势能的参与，所产生的力就会超过没有弹性势能参与时肌肉所产生的力。立定跳远时，一旦向前、向上的运动开始，向心收缩阶段就开始。主动肌之一的腓肠肌，在身体向下运动时被快速牵拉(离心收缩阶段)，在一个短暂的延迟(过渡阶段)之后，肌肉向心收缩，使运动员蹬离地面(向心收缩阶段)。

(二)弹性势能

肌腱的弹性势能在受到快速牵拉时增加，并被储存起来，在紧接着的向心收缩中，储存的弹性势能被释放出来，增加产生的力。当肌肉离心收缩结束，立即转入向心收缩时，储存起来的弹性势能就被释放出来，增加向心收缩的力量，肌肉、肌腱回到被拉长前的长度。如果离心工作之后没有紧接着进行向心收缩，或者拉长时间太长，或者关节活动的幅度太大，那么弹性势能将以热能的形式释放出来。肌腱拉长的速度对弹性势能的储存至关重要。拉长速度越快，肌肉募集程度越高，向心收缩阶段的力量就越强。比较半蹲位起跳、下蹲后立即起跳和助跑跳可知，随着牵拉速度的加快，跳跃成绩会提高。

◇ 半蹲位起跳中，先做好半蹲位姿势，然后纵跳，这种纵跳没有利用储存的弹性势能，也因太慢而没有利用牵张反射来提高肌肉收缩力，因为没有离心收缩阶段。

◇ 下蹲后立即起跳，具有一个快速的离心收缩阶段，紧接着是一个向心收缩(起跳)，快速的离心收缩阶段使肌腱储存了弹性势能，激发牵张反射，可以增加弹跳力。

◇ 助跑跳中，由于离心收缩阶段更加快速、有力，因而使得纵跳更加有力、跳得更高。

（三）牵张反射

牵张反射是肌肉受到外部刺激后身体的非自主反应。快速伸缩复合练习中参与这种反射的成分主要是肌梭，肌梭是对牵拉的速度和幅度敏感的本体感受器，当感受到快速牵拉时，肌肉活动的反射性增强。离心收缩中，肌梭受到快速牵拉的刺激，引起反射性肌肉活动，增加肌肉产生力。如果在牵拉之后没有立即进行向心收缩（或者拉长时间太长，或者关节活动的幅度太大），这样因牵拉而产生的增效作用将大大降低或消失。

三、练习内容

快速伸缩复合练习按照身体部位可以分为上肢快速伸缩复合练习、下肢快速伸缩复合练习和躯干快速伸缩复合练习。

（一）上肢练习

◆ 动作功能：提高上肢动作的力量与爆发力，增强肩关节的稳定性，强化胸大肌和肱三头肌的弹性力量，提升力的产生速率，发展人体的稳定性。例如跪姿－胸前推球练习模式（图4－3－1）。

离心退让   收缩发力

图4－3－1　跪姿－胸前推球练习模式

（二）下肢练习

◆ 动作功能：提高下肢动作的力量与爆发力，强化下肢肌肉的弹性力量，提升力的产生速率，发展身体稳定性。

◆ 练习类型：按练习方式分类，分为双脚跳、交换跳、单脚跳三种方式。三种运动方式从稳定的站立基础逐渐过渡到不稳定的过程，形成一种难易进阶序列。按跳跃方向分类，分为纵向、横向和旋转三类，难易程度逐级增加。按跳跃形式分类，分为无反向式、有反向式和双接触式。无反向式是肌肉收缩前无拉长动作，如无反向式双脚跳（图4－3－2）。有反向式是肌肉收缩前有拉长动作，如有反向式单脚跳（图4－3－3）。双接触式在拉长环节之后有一次地面接触，然后紧接着一个收缩环节，如垫步起跳、助跑起跳、双接触式双脚跳（图4－3－4）。

（三）躯干练习

◆ 动作功能：提高躯干动作的力量与爆发力，强化腹部肌力及发展核心力量。提高力的产生速率，发展人体的稳定性，例如药球－仰卧起坐推球（图4－3－5）。

图 4 - 3 - 2 无反向式双脚跳   图 4 - 3 - 3 有反向式单脚跳   图 4 - 3 - 4 双接触式双脚跳

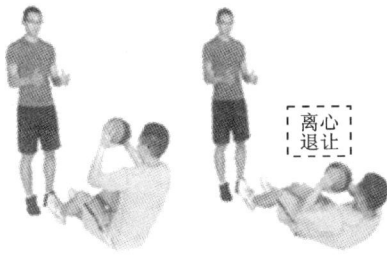

图 4 - 3 - 5 药球 - 仰卧起坐推球

四、训练安排

快速伸缩复合训练本质上是无氧运动，利用磷酸盐系统供能，肌肉在一次爆发性运动前储存最大的能量，发挥最大的爆发力。在提高无氧功率的快速伸缩复合训练中，需要运动员以最大努力去完成练习，因而在练习中次与次间、组与组间、课与课间，都要达到完全、充分恢复。如果没有足够恢复，接下来练习可能会变为有氧运动，动作质量和爆发力必定降低。例如跳深练习中，次与次间恢复时间为 5 ~ 20 秒，组与组间恢复时间为 2 ~ 3 分钟。组与组的间歇时间由练习 - 休息比值决定（1∶5 至 1∶10），也会因项目不同、练习方式不同而有较大差别。

训练的频率根据运动专项不同、训练量及训练强度不同、所处的周期不同而异。周期长度一般为 6 ~ 10 周。针对同一块肌肉或同一肌群的练习需要 48 ~ 72 小时恢复，所以每周适宜安排 2 ~ 4 次练习。快速伸缩复合训练负荷控制情况如表 4 - 3 - 1 所示，快速伸缩复合训练计划案例如表 4 - 3 - 2 所示。

表 4 - 3 - 1 快速伸缩复合训练负荷控制参照表

参数	方案
训练频率/时间	2 ~ 4 次/周，每次 10 ~ 15 分钟
动作数目	2 ~ 3 个动作
组数/次数	小于等于 5 ~ 8 组/3 ~ 6 次
组间间歇	1 ~ 3 分钟
每天/每周次数	25 ~ 50 次/小于等于 120 次

表 4 - 3 - 2   快速伸缩复合训练计划案例

天数	第一天	第二天	第三天	第四天
方向 动作1	直线 跳箱双脚跳	多方向 横向交换跳	直线 栏架双脚跳	多方向 横向交换跳
组数/次数	无反向式：1组×5次	有反向式：1组×5次	有反向式：1组×5次	有反向式：1组×5次
	有反向式：2组×5次	连续跳：3组×5次	双接触式：2组×5次	连续跳：3组×5次
动作2	栏架单脚跳	内外跳	垂直跳	内外跳
组数/次数	双接触式：2组×5次	双接触式：2组×5次	连续跳：2组×5次	双接触式：2组×5次
次数总计	25次	30次	25次	30次

第四节 动作技能整合练习

一、积极作用

动作精确性和熟练性是运动员提高竞技能力的基本目标，两者密切相关，反映运动员的动作技能。在传统训练中，人们以分解的方式认识运动要素，将速度与灵敏按运动素质区分进行分割，认为速度仅是指获得高速度的能力，而灵敏是完成急停、变向和再加速的能力。动作技能整合则将传统意义上的速度、灵敏及速度耐力等方面有机地整合，用完整的概念描述动作能力。所以动作技能整合就是指人体在运动过程中有效控制身体重心变化并快速正确地完成各种动作的能力，包括人体运动加速 - 减速耦合能力、离心 - 向心耦合能力、正确、合理动作的保持能力等。动作技能整合练习的积极作用表现为将速度、力量、耐力和灵敏等要素整合，强化髋膝踝等多关节协调发力的动作模式练习。其强调不同运动项目及运动员个体需要，有针对性地发展运动员的动作效率和功率，不仅包括纵向动作的质量，还包括横向动作及多方向的动作质量及持久性。

二、练习原理

(一)反应时的改变

反应时是指从感受器接受刺激产生兴奋并沿反射弧传递开始，到引起效应器发生反应所需要的时间。在构成反射弧的五个环节中，传入神经和传出神经的传导速度基本是固定的，反应时的长短主要取决于感受器的敏感度、中枢延搁和效应器的兴奋性，尤其是中枢延搁最为重要，动作越复杂，兴奋经历的突触越多，反射活动越复杂，反应时也就越长。动作技能整合训练效益就是通过训练刺激的痕迹效应，增强感受器的敏感度和效应器的兴奋性，减少中枢延搁时间，从而获得更快的反应时。

(二)中枢神经系统状态调整

动作技能与中枢神经系统的机能状态有着密切关系。理想的兴奋状态能够加速机体对动作刺激的反应，使肌组织(效应器)由相对安静状态或抑制状态迅速转入活动状态。所以如果运动员中枢神经系统处于理想的机能状态，其相应的反应时会大大缩短，相反，如果运动员大脑皮层的兴奋性降低，则反应时将明显延长，不利于完成高效的技能动作。

(三)肌肉功能的最优化

快肌纤维越粗,且所占比例越高,肌肉收缩速度就越快。肌肉力量越大,越能克服内部及外部阻力,从而完成更多和更高强度的动作。肌肉组织兴奋性越高,刺激强度越低,且作用时间越短,就越能引起肌组织兴奋。动作技能整合训练的效应就是要发展快肌纤维和肌肉力量,以及调整肌肉组织的机能状态,促使肌肉整体功能最优化。

(四)运动条件反射的巩固

随着技能动作的日益娴熟,运动条件反射越巩固,其动作反应速度与动作速度本身也相应加快。因此,通过动作技能整合训练有利于帮助运动员建立正确合理的运动条件反射并加以巩固,学习并掌握相应的动作技能,为完善专项运动技术动作奠定基础。

(五)神经肌肉的协调发展

神经调节过程的灵活性越好,兴奋与抑制转换速度越快,越有利于机体在内外环境交换条件发生变化时迅速地做出判断和反应,并可根据实际情况及时做出调整与修复动作,这也是肢体动作能够迅速交替的前提。而神经肌肉间良好的协调性,可以减少在完成动作过程中由于拮抗肌的紧张而产生的阻力,并有助于机体神经系统对主动肌、协同肌和拮抗肌相互之间的协调神经过程的灵活性及神经肌肉间的协调发展,有利于动作技能整合。

(六)快速力量工作

许多运动项目要求在完成技能动作过程中有很高的速率。例如跑步运动的脚接触地面到离开地面的发力时间约为0.1~0.2秒,但如果要获得最大力量,则需要0.6~0.8秒。显然,良好的动作技能需要由快速力量决定,而不是由最大力量决定。

动作技能训练中,提高人体或某部位快速移动的基本目标就是通过在运动的方向上增加冲量(规定的时间内产生更大的力)来提高发力的速率。冲量在力的方向、大小以及发力的速率上相互关联。冲量等于动量改变量,所以动作技能整合训练的一个重要目标是获得动量的有效传递,促使肌肉力量快速、有效工作。

(七)爆发力做功

动作技能整合训练要求人体无论在静止还是运动状态中都能熟练地掌控力的作用,尤其是通过爆发力做功的方式来实现动作起动、制动或转换过程。基于此,动作技能训练需要包括一系列高负荷与低负荷、加速和减速、肌肉向心与离心等动作的快速转换,以达到发展瞬时爆发力的目的。尤其在人体运动过程中肌肉离心阶段所承载的力与功率往往大于肌肉向心阶段产生的力与功率,那么动作技能整合训练能够通过发展制动动作的离心力量以承受人体所承载的反作用力,以及通过发展动作的向心力量与传递人体发出的作用力来达到相应的目标。

三、练习内容

动作技能整合训练内容可分为纵向向前、纵向向后、横向左右和多方向旋转四类。例如田径运动员向正前方加速跑30米是纵向向前的动作技能练习;篮球运动员向正后方后退跑是纵向向后的动作技能练习;网球运动员向身体左侧滑步是横向左右的动作技能练习;羽毛球运动员向身体右前方采用开放步移动则是多方向旋转的动作技能练习。

(一)纵向向前

1.绝对速度

绝对速度以高步频、大步幅和重心稳定为主要特征,其任务是发挥和保持人体在跑动过程中的最高速度。每一单步由支撑阶段和腾空阶段构成,一个动作周期分为着地缓冲、后蹬、折叠前摆、下压着地四个时期,在时间与空间上相互交叉形成一个整体。

2. 加速

加速是以躯干前倾、摆臂幅度大、摆动腿着地点接近身体重心投影点、两脚积极蹬地为主要技术特征,其任务是使人体迅速加速到接近最大速度。每一单步总时间相对稳定,但起跑后几步支撑时间明显大于腾空时间,随跑速增加,腾空时间逐渐增大,支撑时间逐渐缩短。

3. 减速

纵向向前的减速是人体在向前纵向运动过程中,以前脚掌率先着地、步幅减小、步频减慢、摆臂幅度减小、控制身体重心并向身体后方移动为主要技术特征的动作,其任务是使人体在向前纵向运动过程中降低速度,甚至制动。

(二)纵向向后

1. 后退步

后退步是人体在向后纵向运动过程中,以双腿向后依次蹬出、前脚掌率先着地、步幅减小、步频减慢、向后方加速摆臂、控制身体重心并向后方移动为主要技术特征的动作,其任务是使人体向后纵向移动。

2. 减速

纵向向后的减速是人体在向后纵向运动过程中,以双腿向后依次蹬出、前脚掌率先着地、步幅减小、步频减慢、摆臂幅度减小、控制身体重心并向身体后方移动为主要技术特征的动作,其任务是使人体在向后纵向运动过程中降低速度,甚至制动。

(三)横向运动

1. 滑步

横向滑步可分为左滑步、右滑步。以人体向右移动为例,其动作过程是人体右脚向右贴地跨出时,左脚侧蹬地用力及时向右跟进,右脚着地时,左脚自然地向右靠近,但需要避免两脚间距离过大或过小。

2. 切步

切步可分为左切步和右切步。以人体向右移动为例,其动作过程是人体左脚向地面充分蹬地,推动人体向右侧快速移动,同时右脚向右跨出,左腿几乎蹬直,左脚及时向右跟进,右脚落地时,左脚自然地向右靠近,但需要避免两脚距离过大或过小。

(四)多方向旋转

1. 交叉步

以向右移动交叉步为例,人体在向右侧转向过程中,以左侧腿从体前方向、右侧方向跨出为主要特征,其任务是使人体向体侧快速移动,一般普遍适用于向后的加速跑。

2. 开放步

以人体向右移动的开放步为例,人体在向右前侧转向过程中,以左腿向左后方快速蹬出、右腿向右前侧跨出为主要技术特征,其任务是使人体向体前侧快速变向移动,一般适用于向体前侧变向的加速跑。

3. 后撤步

以人体向右移动的后撤步为例,人体在向右后方转向过程中,以右腿向右后方摆出后迅速蹬地为主要技术特征,其任务是使人体向体后方快速移动,一般普遍适用于向后转向的加速跑。

第五节　力量与爆发力练习

一、积极作用

力量是人体身体素质的一种表现形式，是克服阻力的能力。力量训练是通过一定次数或组数有节奏的练习达到改善单块肌肉和肌肉群的力量、耐力和形状的运动形式。爆发力是在最短的时间内，人体克服阻力移动尽可能远的距离的能力。爆发力训练以增大肌肉的收缩力量和缩短工作时间为原则，在训练初始阶段，以小负荷的快速运动为主，且在不降低速度的前提下，逐步增大负荷提高肌肉收缩力量。

功能性训练强调躯干脊柱力量和关节周围小肌肉群的稳定作用，以提高全身肌肉整体工作和效率为目的，这也就是所说的功能性力量训练。或者说功能性训练所指的力量训练主要是指整块肌肉群的爆发力训练。所以功能性力量训练的积极作用表现为通过练习动作而不是单一肌肉来发展快速力量，通过核心稳定性力量训练强化运动动力链、双侧对称性和预防运动损伤，通过多关节、多维度动作模式练习强化练习质量来发展身体运动能力。

值得注意的是，尽管功能性力量训练对人体运动能力和预防运动损伤有独特的作用，但不能否认传统力量训练的价值，它们互为补充，都是现代体能训练方法，并且针对运动员的个体差异，选择最合适的训练方法才能使运动员达到训练目标。

二、练习原理

肌肉收缩产生力量的过程主要与运动单位的募集数量、被激活的运动单位类型、肌肉横截面面积、肌纤维收缩初长度和收缩速度等因素有关。

(一) 运动单位募集与激活

运动单位由一个运动神经元及其所支配的肌纤维构成。参与收缩的运动单位越多，即运动过程中运动单位募集的数量越多，那么肌肉收缩的力量就越大，这就是为什么体积越大的肌肉比小块肌肉产生的力量大。所以募集与激活运动单位是力量练习的基本原理之一。

(二) 横截面增加与快慢单位动员

肌肉的生理横断面是垂直横切肌肉(肌纤维)所得的横断面的面积。众所皆知，人越高大，肌肉所产生的力量就越大。同时，快速运动单位与慢速运动单位相比能产生更大的力量。所以力量练习的另一个练习原理是增加肌肉横断面面积与动员快慢运动单位。

(三) 预拉长度与收缩速度

肌肉在收缩前，如果预先被一定程度地拉长则能产生更大的力量，即先离心收缩后向心收缩产生的力量效果更加。如果肌肉以较慢的速度收缩，则会比快速收缩产生更大的力量，即如果发展最大相对力量则应选择肌肉慢速练习形式，如果发展最大快速力量则应选择肌肉快速练习形式。所以预拉肌肉初长度和肌肉的收缩速度是力量练习的一条基本原理之一。

三、练习内容

(一) 增肌训练

增肌训练可以使肌肉的体积增加，主要表现为肌纤维肥大(体积或横断面募集增大)和肌纤维增生(数量的增加)。增加肌纤维直径和肌纤维密度,可以增加肌肉横断面面积,增加肌肉横断面面积可以达到直接增加力量和功率输出的效果。

肌肉肥大练习是发展最大力量的训练基础,机体对这一训练产生的适应即表现为肌肉弹性的增加,同时,肌肉肥大训练能够降低大强度力量训练或者运动带来伤病的可能性,刺激肌肉生长,增加肌肉张力。通常在力量训练的最初几周,会出现力量增长但肌肉体积并未明显变化的情况,这主要是由于神经系统对训练产生了适应。8~10周后,肌肉体积明显增加,此时力量的增长则是神经系统和肌肉体积变化共同作用的结果。增肌训练负荷控制如表4-5-1所示。

表4-5-1 增肌训练负荷控制

指标	参数	备注
重复次数	9~12次	1RM 可以理解为最大力量或最大负荷重量。例如运动员卧推最多能举起100千克,并且只能举起1次,那么他的1RM就是100千克。
1RM 百分百强度	70~80 1RM	
练习组数	3~6组	
完成时间	40~70秒	
间隔时间	小于1分钟	

(二)一般力量训练

一般力量训练强调神经系统的适应性,可以促进肌肉横断面面积增加和肌肉力量增加的平衡。在这一训练过程中应该多注意正确的基础动作技术的建立、灵活性、稳定性和整体代谢容积的训练。一般力量训练会使肌肉横断面面积增大,同时增加肌肉张力,是日后进行大力量与爆发力训练的基础。较大的训练负荷和强度会增加肌肉弹性,并且为将来更大的负荷强度做准备。动作技术的建立以及灵活性、稳定性的需求将会在未来的训练中获得更有效的力量训练技术。训练负荷控制如表(表4-5-2)。

表4-5-2 一般力量训练负荷控制

指标	参数	备注
重复次数	6~8次	1RM 可以理解为最大力量或最大负荷重量。例如运动员卧推最多能举起100千克,并且只能举起1次,那么他的1RM就是100千克。
1RM 百分百强度	80~85 1RM	
练习组数	4~8组	
完成时间	20~40秒	
间隔时间	1~2分钟	

(三)最大(相对)力量训练

最大力量是人体或人体某一部分肌肉工作时克服最大内外阻力的能力,亦是指参与工作的肌群或一块肌肉在克服最大内外阻力时,所能动员出的全部肌纤维发挥的最大能力。最大力量是通过不断增加训练负荷来提高的,高于80%1RM 最大力量训练负荷可以增加肌肉的张力,同时募集更多的运动单位。最大力量训练能有效地增加肌肉做功能力,同时也能提高人体在动态、静态、负重等情况下的减速能力。有些项目要求运动员具有较轻的体重但同时又要具有较大克服自身体重的能力，所以要具有较好的最大相对力量，最大相对力量即单位体重所具有的最大力量。

离心收缩或等张向心收缩能使肌肉产生更大的张力，而且更大的肌肉张力等同于更大的力量提高，所以离心训练是一个更理想的最大力量训练方法。在最大力量训练过程中，组间间歇时必须给予肌肉充分的休息与恢复，由于在此过程中，中枢神经系统可以达到最大的兴奋性，以及高度的专注和积极性，所以最大力量训练增强了中枢神经系统的连结，从而提高肌肉的协调性和同步性。最大（相对）力量训练负荷控制如表4-5-3所示。

表4-5-3 最大（相对）力量训练负荷控制

指标	参数	备注
重复次数	≤5次	1RM可以理解为最大力量或最大负荷重量。例如运动员卧推最多能举起100千克，并且只能举起1次，那么他的1RM就是100千克。
1RM百分百强度	85~100 1RM	
练习组数	6~12组	
完成时间	<20秒	
间隔时间	3~5分钟	

（四）最大（相对）爆发力训练

最大爆发力是指在最短的时间内克服阻力的能力。爆发力由两个参数确定，即速度与力量，即爆发力水平取决于肌肉的收缩速度和最大力量。同时，肌肉工作方式和阻力的大小也会影响爆发力的训练。发展肌肉爆发力的主要工作方式是向心收缩。发展相对爆发力的负荷应该是50%~60%1RM，发展最大爆发力的练习负荷应该是70%~80%1RM。负荷控制如表4-5-4所示。

表4-5-4 最大（相对）爆发力训练负荷控制

指标	参数	备注
重复次数	≤5次	1RM可以理解为最大力量或最大负荷重量。例如运动员卧推最多能举起100千克，并且只能举起1次，那么他的1RM就是100千克。
1RM百分百强度	45~65 1RM	
练习组数	6~12组	
完成时间	<10秒	
间隔时间	3~5分钟	

（五）力量耐力与爆发力耐力训练

力量耐力是指肌肉在静力性或动力性工作中保持肌肉紧张用力而不降低工作效果的能力。力量耐力既有力量又有耐力的素质。爆发力耐力是指肌肉从事多次连续短时快速工作的能力。根据肌肉工作的方式，力量耐力分为动力性耐力和静力性耐力。动力性力量耐力又可细分为最大力量耐力（重复发挥最大力量的能力，即力量耐力）和快速力量耐力（重复发挥快速力量的能力，即爆发力耐力）。无论动力性力量耐力或者静力性力量耐力均与最大力量有关，不同运动员在完成同一负荷重量时的重复次数主要取决于最大力量。最大力量大、重复次数多，则力量耐力好。负荷控制如表 4 - 5 - 5 所示。

表 4 - 5 - 5   力量耐力与爆发力耐力训练负荷控制

指标	参数		备注
	力量耐力	爆发力耐力	
重复次数	>12 次	10 ~ 20	1RM 可以理解为最大力量或最大负荷重量。例如运动员卧推最多能举起 100 千克，并且只能举起 1 次，那么他的 1RM 就是 100 千克。
1RM 百分百强度	≤70 1RM	30 ~ 40	
练习组数	2 ~ 4 组	2 ~ 4	
完成时间	>70 秒	短时快速	
间隔时间	≤30 ~ 45 秒	≤60 ~ 90 秒	

（六）混合训练

混合训练是为了满足运动员在专项运动中多种力量和爆发力的需求，通过整合上述多种训练形式而进行的综合力量训练。根据不同项目的专项需求，可以把多种训练手段进行组合，比如可以设计以最大力量和肌肉肥大为最终目标的混合训练，或者以最大力量和最大爆发力为目标的混合训练。混合训练可以使运动员在训练过程中同时提升力量水平、爆发力水平以及耐力水平等，并且可以更快适应复杂多变的竞技环境，换句话说，混合训练能够提高运动员的综合素质。负荷控制如表 4 - 5 - 6 所示。

表 4 - 5 - 6   混合力量训练负荷控制

力量类型	重复次数	平均%1RM	练习组数	完成时间	间歇时间
最大（相对）力量	<5	85 - 100	6 - 12	<20 秒	3 ~ 5 分钟
最大（相对）爆发力	≤5	45 ~ 65	6 ~ 12	<10 秒	3 ~ 5 分钟
一般力量	6 ~ 8	79 ~ 85	4 ~ 8	20 ~ 40 秒	1 ~ 2 分钟
增肌训练	9 ~ 12	70 ~ 80	3 ~ 6	40 ~ 70 秒	<1 分钟
力量耐力	>12	≤70	2 ~ 4	>70 秒	≤30 ~ 45 秒
爆发力耐力	10 ~ 20	30 ~ 45	2 ~ 4	短时快速	≤60 ~ 90 秒

四、注意事项

（一）训练内容的有序性

训练内容安排应该把握一定的顺序，可先进行爆发力练习，然后是核心练习，最后是辅助练习。因为爆发力练习需要更多的力量、技巧和精神，因此应该安排在训练的开始阶段。如果训练计划中没有爆发力练习，那么训练顺序可以首先安排核心训练，然后是辅助练习

（康复与预防练习）。

注意：

◆ 训练身体部位的顺序是从上肢或下肢开始，止于腰腹部练习。

◆ 力量练习应先进行大肌肉群的训练，然后再进行小肌肉群的训练。

◆ 先训练屈肌群，再训练伸肌群。

（二）推、拉练习交替

推、拉练习交替是交替进行"推"（垂直推胸和伸肘下推）和"拉"（坐位后拉和哑铃屈臂练习）练习。该练习既能为身体提供必须的休息时间，又维持了运动强度和技巧，保证了相同肌肉不会连续进行两次运动。对于没有时间训练的人或者刚刚受过损伤的人来说，是一种较为合适的安排。

（三）上、下肢练习交替

如果没有接受过系统训练的练习者难以承受上肢或下肢同一日的连续训练，或者具有一定训练水平的练习者由于时间不够，希望减少休息间隔提高效率，那么可以采用上肢和下肢交替运动的方式。如果练习者适应这一顺序，可以首先进行下肢运动，然后立刻进行上肢运动，从而缩短间歇时间。

（四）肌群训练的组合性

通常力量训练要求相邻练习避开相同肌群工作，并且练习之间要安排一定的间歇时间。但为了强化训练效应也会安排运动员连续完成一组练习，组间没有时间间隔，甚至让同一肌群工作。如果两种练习训练的是相同的肌群，那么这个组叫做组合组。如果两种练习训练的是对抗肌群，那么这个组叫做超级组。这种训练控制方法具有较高的时间效率和鲜明的目的性，较适合接受过系统训练的练习者。

（五）训练负荷的渐进性

一个力量训练周期中，负荷控制应大、中、小相结合，循序渐进地提高负荷量度，以避免过度训练。在小周期训练中，应让各种不同性质的力量训练交替进行。如星期一、星期三、星期五可安排发展爆发力或最大力量训练。在训练频率上，隔日安排同一肌群的力量训练比天天训练效果更好，并应多采用机体不同部位的交替训练，以利于肌肉的恢复。力量训练后会产生肌肉酸胀感，这是肌纤维增粗的反应，也是力量增长的必然现象。应采取积极措施消除肌肉的酸胀感，减少能量消耗，以更好地保持肌肉弹性。

（六）训练手段的专项性

1. 力量需求的特殊性

运动专项需求的力量类型是实现力量训练专项性的重要前提。只有明确专项所需的力量类型，力量训练才能适应专项的特点。如要克服较大的阻力，最大力量起决定性作用。而对要求几分之一秒就要产生最大力量的快速力量项目，力量的提高率是这类运动项目获取成功的关键因素。如跳台滑雪运动员下肢伸展的最大力量与未经训练者之间差别虽不大，但跳台滑雪运动员能做到更快地达到最高力值。

2. 运动方式的特殊性

力量提高的幅度取决于力量与实际训练相吻合的程度，专门性适应的运动机理与技术学习过程中肌肉力量的提高密切相关。也就是说，力量训练的运动方式与专项动作的吻合程度是衡量力量训练专项化程度的重要标志。

3. 力量发挥的方向性

肌肉的运动形式可以分为远端固定、近端固定和无固定。肌肉力量的提高和三种肌肉的固定形式存在着密切关系。如运动属于近端固定运动，训练时在提高主动肌力量的同时，应侧重提高近侧点固定肌群的协同力量。而这对于远端固定发力的运动来讲作用就不明显。像游泳、皮划艇等远端固定用力的运动项目，力量训练应采用远端固定形式的力量练习方法。

4. 负荷强度的规定性

运动单位的动员存在着选择性适应，不同训练强度动员募集的肌纤维是不同的。相对小的慢肌有氧运动单位，较低的力量水平就可以被动员。对于最大的快速收缩，只有糖酵解运动单位超过90%时才能实现。这要求力量训练负荷强度与专项需要的负荷强度保持一致，只有这样才能有效地完成肌肉力量的专项性改造。

（七）动作技术的规范性

力量训练的动作技术规范程度直接影响着训练质量与受伤的潜在可能。进行力量练习时都要保持正确的身体姿势、肢体姿势、呼吸方法，力量练习对关节的活动范围、运动速度也有严格的要求。例如胸大肌（器械）力量训练的操作技术。

◆ 动作名称：器械推胸。
◆ 器械名称：器械推胸训练器。
◆ 设计原理：阻力向后对抗阻力向前，做肩关节水平屈动作，因胸大肌近固定向心收缩时有使肩关节水平屈的功能，动作和功能相吻合，所以这个动作可以训练到胸大肌。
◆ 身体位置、姿态与稳定：调整合适的重量和座椅的高度，坐下来时让手与肩同高。臀部坐满座椅，两脚分开放在地面上，腰部背部头部紧贴椅背。收腹挺胸，沉肩，下颌微收，双手正握闭握把手，手腕保持中立位。
◆ 动作轨迹：由后向前发力。
◆ 动作幅度：向心收缩向前推至肘关节微屈不锁死，让胸大肌最大收缩。还原离心收缩时，肘关节向后不超过肩的额状面、不高于肩的水平面，使胸大肌保持持续紧张。
◆ 动作速度：向前推时略快2~3秒，还原时略慢2~4秒。
◆ 动作呼吸：向前推时呼气，还原时吸气。
◆ 损伤防护：肘关节不锁死，避免损伤，肩关节外展不超过水平面，避免肩关节损伤。

（八）力量训练的整体性

◆ 上下肢与腰腹部肌肉之间的关系：由于上肢力量的增加有助于下肢力量的发挥，下肢力量的提高也可以促进上肢力量的发挥，而腰腹又是上下肢力量传递的枢纽，因此，训练时应全面考虑力量发展的平衡性。
◆ 发力肌群与稳定肌群的关系：大肌肉群是主要发力源，是影响最大力量的主要因素。机体深层小肌肉群则具有稳定的功能，可以有效提高肌肉用力的效率。远端的小肌肉群既可以协同大肌肉群发力，又可以对技术动作进行精细调节。
◆ 力量、柔韧性与技术的关系：力量的发挥受到柔韧性的影响，良好的柔韧性可以有助于力量素质的发挥与提高，而技术的熟练性、实效性是保障力量发挥的重要因素。
◆ 单关节力量与多关节力量的关系：虽然局部肌肉力量与相对薄弱的肌肉力量可以通过单关节力量训练得到显著提高，但由于实际运动是通过多关节协同完成的，且肌肉力量存在着运动方式的适应性，因此采用单关节力量训练的同时，应辅以多关节力量训练来提高不同肌肉间的协同能力。

第六节　能量系统发展

一、能源系统

(一)能源系统特征

人体内各种能源物质分解代谢过程中所伴随的能量释放、转移和利用被称为能量代谢。单位时间内所消耗的能量称为能量代谢率。人体运动所需要的能量由三种不同能源系统供给，它们是磷酸原系统、酵解能系统和氧化能系统。三个能源系统的基本特征如表4-6-1所示，训练负荷与能量供应特征如表4-6-2所示。

表4-6-1　三种能源系统的基本特征

能源系统	底物	贮量 毫摩尔/千克 干肌	ATP合成量 毫摩尔/(千克·秒) 干肌	运动时间	ATP恢复的物质和代谢产物
磷酸原系统	ATP	24.6	—	6~8秒 (<10秒)	CP
	CP	76.8	100		$CP + ADP \rightarrow C + ATP$
酵解能系统	肌糖原	365	250	2~3分钟	肌糖原→乳酸
氧化能系统	肌糖原	365	13000	1.5~2小时	糖 $+ O_2 \rightarrow CO_2 + H_2O$
	脂肪	48.6	不受限制	不限时间	脂肪 $+ O_2 \rightarrow CO_2 + H_2O$
	蛋白质	—	—	—	蛋白质 $+ O_2 \rightarrow CO_2 + H_2O +$ 尿素

表4-6-2　训练负荷与能量供应特征

运动时间*	类别	能源	供能系统	备注
1.5秒	无氧非乳酸	ATP	磷酸原系统	—
6~8秒	无氧非乳酸	ATP, CP	磷酸原系统	—
9~45秒	无氧非乳酸+无氧乳酸	ATP/CP+肌糖原	酵解能系统	高浓度乳酸
46~120秒	无氧乳酸	肌糖原	酵解能系统	随时间递增，乳酸减少
121~240秒	有氧+无氧乳酸	肌糖原	酵解能系统	混氧训练
241~600秒	有氧系统	肌糖原+脂肪酸	氧化能系统	随时间递增，动用脂肪增加

*最大负荷持续运动时间

(二)能量连续统一体

一个运动项目的能量供应不存在绝对单一能源系统供能，而是各种能量供应系统紧密相连，表现为一个连续的统一体，即"能量连续统一体"。例如百米跑是典型的速度性项目，要求快速高输出功率的供能，磷酸原系统为首选能源，酵解能系统在运动中占有一定比例。

能性训练强调功能动作的高效运行，表现为动力链的最大功率输出，训练方法手段设计也遵循"能量连续统一体"原则。运动时间与最大功率及能源系统动用关系如图 4 - 6 - 1 所示。

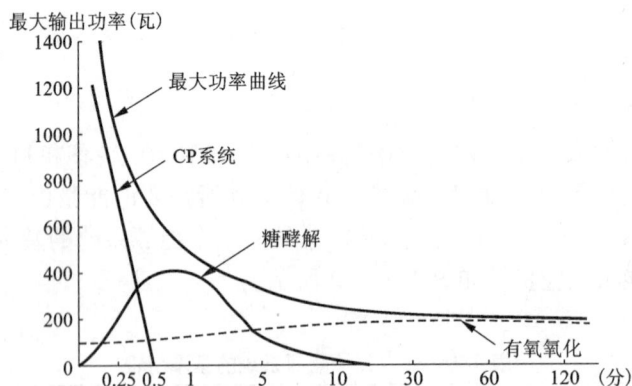

图 4 - 6 - 1　运动时间与最大功率及能源系统关系图（**Billeter** 等，**1992**）

二、直接能源

人体运动时能量消耗明显增加，能耗的增加受制于运动强度、运动持续时间等因素。肌肉活动的直接能量来源是三磷酸腺苷（ATP），ATP 来源于糖、脂肪、蛋白质的氧化分解。

（一）ATP 贮备与输出

细胞内 ATP 的浓度很低，通过肌肉活检测定，安静肌肉 ATP 含量约为每千克 6 毫摩尔。ATP 最大输出功率达每千克每秒 11.2 毫摩尔，启动极为迅速。由于 ATP 贮量有限，运动中 ATP 消耗后的补充速度成为影响运动能力的重要因素。

（二）ATP 分解与补充

ATP 在酶的催化下，迅速分解为二磷酸腺苷（ADP）和无机磷酸（Pi），并释放出能量，供运动消耗。ATP 一旦被分解，便迅速由肌肉中另一高能磷酸化合物磷酸肌酸（CP）释放能量来补充。肌肉中 CP 的再合成则靠三大能源物质的分解来实现。

三、运动与能源

（一）能量供应的项目特征

不同运动项目需要不同能量，能量供应呈一定比例特征，比例大小取决于运动项目的性质和特点（表 4 - 6 - 3）。所以不同能量系统的发展水平直接关系专项运动能力的高低。功能性竞技能力训练遵循这一能量供应特征来组织专项动作模式训练，促进能量系统的发展。

（二）运动能源物质的动员

糖、脂肪和蛋白质三大能源物质在运动中的利用速率不同。糖的利用速率最快，是一种非常经济的能源。能源物质利用与运动强度密切相关，运动强度在 90% ~ 95% O_{2max} 以上时，肌糖原利用速率最大。在 65% - 85% O_{2max} 强度运动时，肌糖原利用情况随运动持续时间的延长而降低。在 30% O_{2max} 运动强度时，主要由脂肪酸氧化供能，很少利用肌糖原。

表4-6-3 不同运动项目的能量供能特点

运动项目	ATP-CP 和酵解能系统(%)	酵解能系统 和氧化能(%)	氧化能状态(%)
棒球	80	20	—
篮球	85	15	—
击剑	90	10	—
草地曲棍球	60	20	20
足球	90	10	—
高尔夫球	95	5	—
体操	90	10	—
冰球前锋后卫	80	20	—
冰球守门员	95	5	—
曲棍球守门员、后卫、攻手	80	20	—
娱乐性运动	—	95	5
划船	20	30	50
障碍滑雪	80	20	—
越野滑雪	—	5	95
垒球	80	20	—
50米游泳	98	2	—
100米游泳	80	15	5
200米游泳	30	65	5
400米游泳	20	55	25
1500米游泳	10	20	70
100~200米跑	98	2	—
400米跑	80	15	5
800米跑	35	65	5
1500米跑	20	55	25
5000米跑	10	20	70
10000米跑	5	15	85
马拉松	—	5	95
田赛项目	90	10	—
网球	70	20	10
排球	90	10	—
摔跤	90	10	—
100公里-团体(自)	—	5~15	85~95
25英里团体(自)	—	15	85
10英里场地(自)	10	20	70
400米追逐(自)	20	55	25
1000米(自)	80	15	5
冲刺(自)	98	2	—

(引自:Fox,1979;Burke.1986)

运动开始时骨骼肌首先分解肌糖原,约 3~5 秒后肌肉通过糖醇解方式参与供能,持续运动 5~10 分钟后,血糖开始参与供能,当运动强度达到最大摄氧量强度时,可达安静时供能速率的 50 倍。运动时间继续延长,骨骼肌、大脑等组织大量氧化分解血糖,血糖水平降低,由肝糖原分解补充血糖。脂肪在安静时即为主要供能物质,运动达 30 分钟左右时,其输出功率最大。脂肪的分解对氧的供应有严格要求,因而在长时间运动中,当肌糖原大量消耗或接近耗竭且氧供充足时才大量动用。在持续 30 分钟以上的耐力运动中,蛋白质作为能源供能,随着运动员耐力水平的提高,可以产生肌糖原、蛋白质的节省化现象。

(三)运动健身的能量供应

健身运动的形式多种多样,且运动强度均比较低,运动持续时间比较长,动用的能源物质亦与运动的特点相适应。运动强度低于 50% VO_{2max} 时,脂肪会氧化分解成为主要能源。当运动强度超过 50% VO_{2max} 时,糖的分解供能显著加强。健身运动强度一般在 50%~70% 5VO_{2max},运动时间应在 30 分钟至 1 小时。由于运动时人体可大量分解脂肪作为能源,因此健身运动在增强体质的同时亦能产生减肥效果。

四、能量系统发展

(一)磷酸原系统

磷酸原系统又称 ATP - CP 系统。磷酸原系统作为极量运动的能源,虽然其维持运动的时间仅 6~8 秒,但却是不可替代的快速能源。在训练或恢复过程中,既要提高肌肉内的磷酸原贮备量,又要重视提高 ATP 再合成的速率。磷酸原系统供能不需要氧气,也不会产生乳酸,每项运动的开始都由它来直接供能,对于爆发性、时间短、速度快、力量性的运动是非常重要,比如短跑运动员的起跑、足球、跳跃项目、掷铁饼、拳击和网球。ATP/CP 再合成非常迅速,人体可以在几分钟内得到补充,30 秒内可以完成 70%,3~5 分钟之后可以达到 100%(图 4-6-2)。所以在间歇时间充足的情况下,通过剧烈、爆发性、间歇性运动可以对磷酸原系统进行训练,促使 ATP 和 CP 得到充分的再合成。据研究,一周进行三次高强度耐力性练习,ATP 和 CP 的储量可提高 25%~50%,储量提高可以提高运动员的有氧能力,八周的疾速训练可以增加分解和合成 ATP 的酶,有助于 ATP 启动和能量快速释放。

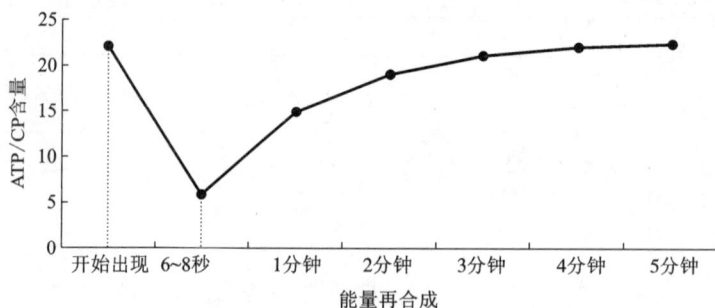

图 4-6-2   磷酸原系统能量再合成速率示意图

对于功能性训练来说,一周 2~3 次高强度、短时间的爆发力耐力动作模式训练,有利于发展磷酸原系统、提高机体无氧非乳酸供能能力。

(二)酵解能系统

酵解能系统是运动中骨骼肌糖原或葡萄糖在无氧条件下酵解,生成乳酸并释放能量供肌肉利用的能源系统。该系统在极量运动的能量供应中具有特殊的重要性。在开始阶段,该系统即可参与供能,运动30秒左右供能速率达最大,维持运动时间2~4分钟。所以,运动持续时间在2分钟左右的项目,主要由酵解能系统供能。篮球、足球等非周期性项目在运动中加速、冲刺时的能量亦由磷酸原及酵解能系统提供。就功能性训练而言,可以采取高强度、大于等于30秒的动作模式进行持续时间为2~4分钟的无氧训练来发展酵解能系统,提高无氧能力。

1. 酸中毒

在剧烈运动中,机体氧化能系统不能继续维持供能,乳酸能系统开始产生乳酸。乳酸在工作肌中的积累逐步增加,高乳酸值可能引起周围肌细胞酸中毒,使运动员失去运动节奏或协调能力下降。肌细胞中的酶系统可以看作是一个产生有氧能的工厂,酸中毒会影响酶系统,降低有氧耐力水平。酸中毒后,酶系统需要几天才能完全恢复有氧工作能力。高乳酸值下,CP合成被推迟,脂肪消耗减少,当葡萄糖储备用尽时,能量供应受到威胁(脂肪未动用),大约需要24~96个小时才能使这些物质恢复到正常水平。通常认为乳酸值超过6~8毫摩尔/升时不能进行运动技术链训练,因为协调力会受到严重影响。

2. 乳酸消耗

在极量运动后的恢复阶段,如果进行轻微活动,可以更快地消除肌肉和血液中的乳酸。积极性恢复(如慢跑)可以非常快地消除乳酸,并且最好的恢复方式是进行持续性的活动,而不是间隔性的(图4-6-3)。

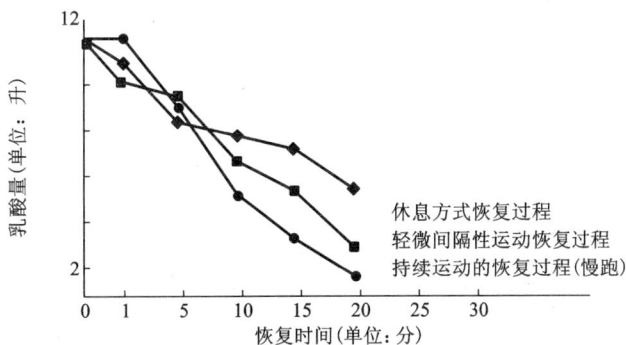

图4-6-3 运动后乳酸消耗的恢复性训练手段

(三)氧化能系统

氧化能系统又称有氧系统,氧供充分时,由糖类、脂肪和蛋白质氧化分解提供能量,其事实上以糖和脂肪为主。其最大输出功率仅酵解能系统的二分之一,但其贮备量丰富,能维持运动的时间较长(糖类可达1~2小时,脂肪可达更长时间),成为长时间运动的主要能源系统。ATP再合成所需的能量由碳水化合物和脂肪与氧气发生连续反应来供给。

◆ 第一个过程:葡萄糖 + ADP→乳酸 + ATP。

◆ 第二个过程:乳酸 + 氧气 + ADP→二氧化碳 + ATP + 水。

第一个过程不需要氧气,第二个过程需要氧气。当运动强度比较小时,副产品乳酸在第二个过程中直接被利用,所以最终结果为:葡萄糖 + 氧气 + ADP→二氧化碳 + ATP + 水。

碳水化合物的储备有限，而脂肪的储存几乎是无限的。虽然它们的工作同步，但是它们对能量供给的贡献不同，脂肪在强度较小的运动中消耗供能，随着强度增加，碳水化合物的氧化成为更加重要的能量供给来源。经过一段时间的训练，能量的利用会更加经济化，这意味着具有良好训练水平的运动员消耗脂肪的时间会更长，因此节省了碳水化合物。

综上所述，通过功能性训练发展有氧能系统，可以采取低强度、持续 2~4 分钟以上的各种有氧动作模式训练，持续 30~90 分钟，并且随着持续运动时间的增加，运动强度要适当降低，以动员脂肪氧化供能为主。这样，一方面有利于提高有氧能力，另一方面有利于控制体重。

第七节　恢复与再生

一、恢复

恢复是指人体在运动过程中和运动结束后，各种生理机能和运动中消耗的能源物质逐渐恢复到运动前的水平的变化过程。运动过程与恢复过程的合理安排及有效组合是机体对运动负荷产生适应性变化的前提条件，充分恢复是取得良好运动效果的基本保障。

（一）恢复规律

没有负荷的训练不是训练，没有恢复的训练是危险的训练。一次高质有效的运动训练过程通常经历运动消耗、疲劳、恢复、超量恢复、超量恢复消失五个基本阶段（图 4-7-1）。

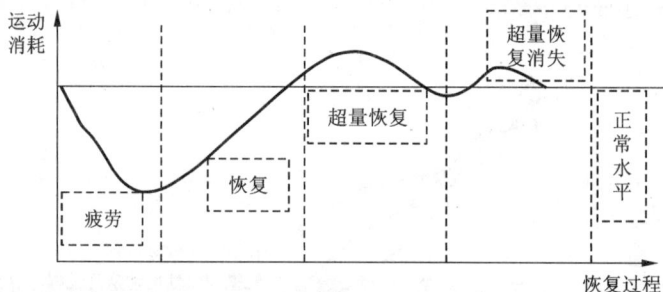

图 4-7-1　运动消耗与恢复过程

1. 消耗与疲劳

运动时能源物质的消耗占优势，恢复过程虽也在同时进行，但是消耗大于恢复。总的表现是能源物质逐渐减少，各器官系统工作能力下降，出现疲劳状态，但均在可控范围。教练员通常会动用一些生理生化手段监测运动员的机能变化，并结合经验进行判断。

2. 过程恢复

由于运动消耗、机体疲劳及恢复同时存在，有经验的教练员通常会根据经验，采用过程心率或过程乳酸对运动过程进行监测，但由于操作上的不便，人们较为关注运动停止后的恢复状态。运动停止后消耗过程减少，恢复过程占优势，能源物质和器官系统功能逐渐恢复到原来水平。

3. 超量恢复

运动消耗的能源物质及各器官系统机能状态在这段时间内不仅恢复到原来水平，甚至可以超过原来的水平, 这种现象称为"超量恢复"。超量恢复保持一段时间后又会回到原来水平, 即超量恢复的消失。超量恢复的程度及出现的时间与所进行的运动量(或消耗程度)有密切的关系。肌肉活动量越大, 消耗过程越剧烈, 超量恢复越明显, 但出现的时间会延迟。如果活动量过大, 超过了生理范围, 恢复过程就会延长。有经验的教练员通常会及时把握超量恢复的过程, 从而施加下一次训练负荷刺激。

◆ 运动后物质恢复的异时性

由于运动强度、时间及运动量大小不同, 能源物质超量恢复的速度也不同, 这就是运动后物质恢复的异时性。例如剧烈运动后, CP 在 20 ~ 30 秒内可恢复一半, 待 3 ~ 5 分钟时能出现超量恢复。在短时间、大强度运动后, 肌糖原约在运动后 15 小时出现超量恢复, 而蛋白质出现超量恢复相对较晚。在马拉松运动后, 脂肪出现恢复的时间发生在第三天。游泳运动员在进行大运动量训练后的第 1 ~ 3 天, 身体机能明显下降, 到第 3 ~ 5 天恢复到原来水平, 第 5 ~ 8 天才出现超量恢复(图 4 – 7 – 2)。

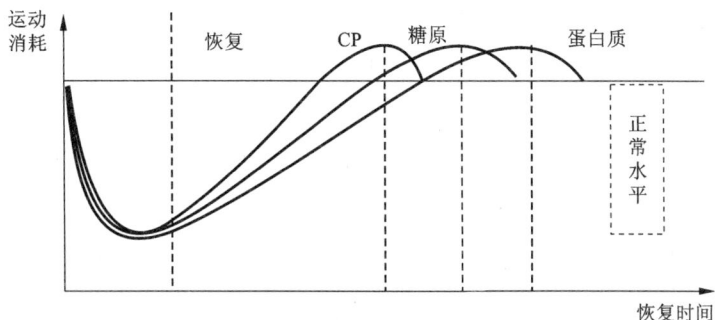

图 4 – 7 – 2　超量恢复的异时性

◆ 力竭性运动恢复时间

高强度训练要求训练到力竭, 这样才能挖掘运动员潜能, 刺激运动员的超量恢复发生, 但力竭性训练效果与风险共存, 需要把握高强度或长时间的力竭性运动恢复时间, 切实应用超量恢复原理。力竭性运动所需的恢复时间如表 4 – 7 – 1 所示。

表 4 – 7 – 1　力竭性运动所需的恢复时间

恢复过程		最短恢复时间	最长恢复时间
磷酸原恢复		2 分钟	5 分钟
非乳酸性氧债偿还		3 分钟	5 分钟
乳酸性氧债偿还		30 分钟	1 小时
氧合血红蛋白恢复		1 分钟	2 分钟
肌糖原的恢复	长时间运动	10 小时	46 小时
	间歇运动	5 小时	24 小时
乳酸消除	运动性恢复	30 分钟	1 小时
	休息性恢复	1 小时	2 小时

摘自《运动生理学》, 2012

(二)能源恢复

1.磷酸原的恢复

磷酸原是体内恢复速度最快的能源物质，恢复一半的时间为20~30秒，基本恢复的时间为2~5分钟。剧烈运动后，当磷酸原恢复至一半以上时，机体即可维持原有的运动强度，因此两次剧烈运动的时间间隔不能短于30秒。组间休息时间间歇应控制为4~5分钟为宜，以保证磷酸原完全恢复。磷酸原的恢复主要由有氧氧化系统提供能量(糖酵解系统也可能参与供能)。运动过程中磷酸原消耗得越多，其恢复过程需要的氧气也越多。

2.肌糖原的恢复

肌糖原储备可减少运动肌对血糖的利用，延迟血糖水平下降，延缓运动性疲劳出现，因此运动后肌糖原储量的恢复状况对维持和提高机体的运动能力具有非常重要的意义。肌糖原的恢复速度主要取决于运动模式(运动强度和运动持续时间)和膳食。

◆ 进行2小时耐力性运动至力竭后，补充高糖膳食，肌糖原完全恢复大约需要48小时。运动结束后前10小时恢复速度最快，这可能与体内糖异生作用、肌糖原合成酶活性等因素有关。因此，在耐力性运动后应特别注意运动后恢复初期10小时的高糖膳食的补充，尤其要注意在运动后2小时内增加食物中的糖量。

◆ 短时间、大强度间歇性运动后，肌糖原恢复速度受膳食影响较小。大强度间歇性运动至力竭后，无论食用普通膳食还是高糖膳食，肌糖原在24小时内都能完全恢复，而且在运动后前5小时恢复最快。这可能是因为较高水平的血乳酸通过糖异生作用转变成葡萄糖后被肌肉利用，血糖直接用于合成肌糖原。

3.氧合肌红蛋白的恢复

肌红蛋白是存在于肌肉中的一种结合蛋白，具有和氧气结合的特点，能够接受从血红蛋白运来的氧气，并贮存于肌细胞内，为肌肉组织提供氧气。运动过程中，氧合肌红蛋白大量释放氧气被肌组织所利用。氧合肌红蛋白恢复速度很快，运动后仅需要几秒钟即可完全恢复。氧合肌红蛋白的恢复对运动性疲劳的消除很重要。

4.乳酸再利用

乳酸是糖酵解供能系统代谢的终端产物，它蕴藏了大量的能量，因而又是有氧氧化供能系统的重要氧化基质，每分子乳酸彻底氧化可生成18个分子的ATP。乳酸作为重要的氧化基质，为肌肉的活动提供了一定的能量。与此同时，乳酸又可通过糖异生途径转变成葡萄糖而被人体有效地再利用。骨骼肌不仅是乳酸生成的主要场所，也是乳酸再利用的主要场所。

(三)恢复措施

1.积极性休息

积极性休息是运动结束后采用变换运动部位和运动类型，以及调整运动强度的方式来消除疲劳的方法。积极性休息生理学机理可用相互诱导理论来解释。谢切诺夫实验发现，右手进行测力描记工作，疲劳后，用左手继续工作来代替右手，能使右手恢复得更快更完全。认为休息时来自于左手肌肉收缩的传入冲动，能加深支配右手的神经中枢的抑制过程，并使右手的血流量增加。脑力劳动较多的人，换以肌肉运动作为活动性休息，消除疲劳的效果更显著。

在训练课中，教练员经常采用调整训练内容、转换练习环境和变换肢体活动部位等方式，其目的在于采用积极性休息的方式，达到提高训练效果的目的。

2. 整理活动

整理活动是指运动后进行的各种较为轻松的身体练习，其目的是消除疲劳，促进体力恢复。运动结束后，通过整理活动使参与运动的肌肉做一些伸展或牵拉运动，可减少肌肉的延迟性酸痛和硬度，加速肌肉机能的恢复。有研究显示，剧烈运动后进行 3~5 分钟的整理活动能促进血液循环、加速乳酸的消除。力竭性运动后，如果机体处于完全休息状态，乳酸的半时反应为 25 分钟，但进行整理活动时，乳酸的半时反应可缩短为 11 分钟。

3. 充足睡眠

睡眠对身体机能的恢复非常重要，在睡眠状态下，人体内的代谢以同化作用为主，异化作用减弱，从而使人的精力和体力均得到恢复。静卧可减少身体的能量消耗，也可加速身体机能的恢复，而良好的睡眠是消除疲劳的重要措施之一。平时训练期间，每天睡眠时间不应少于 8~9 个小时，并应安排 1~2 小时的午睡时间。在大运动量训练或比赛期间，睡眠时间也应适当延长。

4. 营养补充

运动消耗的物质需要饮食中的营养物质来补充。合理安排营养是消除疲劳、促进恢复以及提高运动能力的重要手段。长时间运动后，运动员如果食用高糖膳食，肌糖原可在 48 小时内完全恢复。即使食用高脂肪和高蛋白膳食，运动结束后第 5 天也不能完全恢复。以力量为主的运动，由于运动的目的是增加肌肉力量，所以运动后应多增加蛋白质的补充（如举重运动员每日的膳食中蛋白质的含量应为 150 克），以及补充一定量的无机盐和维生素。以速度为主的运动，应适当补充糖、蛋白质、维生素 B 和维生素 C 等营养物质。热环境下的运动，由于机体的水分和电解质丢失较多，故可采取少量多次的方法补充适量的液体（淡盐水）。

大多数项目运动员的膳食中的蛋白质、脂肪、糖三种营养素的重量之比应为 1∶1∶7，能量百分比应为 9.5∶22∶68.5。运动后应多食用碱性食物，如奶类、动物血液、水果、蔬菜、豆制品等。

5. 心理调节

过度训练可引起与躯体性疲劳相联系的心理疲劳，使运动员表现出主观感觉乏力、兴趣减退、意志减弱、厌倦、动机水平下降、抑郁等不良心理症状。过度训练易导致积累性疲劳，甚至出现下丘脑-垂体-性腺轴功能紊乱、免疫抑制、慢性感染及运动损伤等现象，直接影响运动员的身体健康、正常训练和比赛。大多数学者认为，神经系统功能降低、神经细胞抑制过程加强是引起不良心理反应的主要因素，与训练负荷安排不当、恢复措施不足等因素有密切关系。因此，采用合理的心理调节是促进疲劳消除、提高训练效果的重要手段。可常用的心理恢复手段有心理暗示法、意念放松法、肌肉放松法、呼吸调整法、音乐放松、心理调整训练法，以及赏识、激励和人文关怀等。

二、再生

（一）再生训练

再生是一个多领域词汇，生物学意义上指生物体对失去的结构重新进行自我修复和替代的过程，指生物的器官损伤后，由剩余的部分长出与原来形态功能相同结构的现象。病理学意义上的再生是指组织损伤后由损伤周围的同种细胞来修复。这里的再生是指运动训练上的再生训练单元。

再生训练是指训练或比赛后有计划地通过变换运动方式、按摩、拉伸、软组织放松等积极性的恢复练习，并配合营养补充、水疗等方法来加快机体恢复的一种训练模式，目的是通过一些训练手段帮助机体修复或维持其应有的结构功能。不完全病理性再生（即非正常的组织结构磨损，如肌肉韧带严重拉伤、骨折或断裂等）属于运动损伤后的治疗和恢复，不包含在再生训练里面。

（二）再生和恢复

再生训练是帮助机体从激烈训练中恢复的有计划的训练单元，而恢复是指伤病或疲劳之后机体的复原。二者的共同点是目的相同，都是为了让组织结构的功能继续保持，甚至增强和提高，区别是再生更加细化到细胞分子结构，再生的一部分属于恢复过程，但还有一部分是区别于恢复而独立存在的。再生训练可以分为主动再生和被动再生，主动再生一般安排在赛季中和赛季后的非训练日或减量调整训练日，训练内容以中小强度的有氧练习为主，比如有氧慢跑、功率自行车、踢足球和打篮球等非专项项目。被动再生主要包括软组织放松、牵拉放松、水疗放松、盐浴和冷热水交替浴等方式。

（三）软组织再生

软组织再生是指运用泡沫轴、按摩棒、扳机点、双球等工具对筋膜、肌腱和韧带等软组织进行梳理，有效缓解肌肉紧张的不适感和疼痛感的放松方法。通过软组织放松，可以有效提高人体内组织的可塑性和关节活动幅度，降低组织纤维的粘连及主动和被动的僵硬度，降低神经肌肉的兴奋性、减轻疼痛。

软组织放松不像传统的恢复放松练习那样被安排在训练或比赛结束后的整理活动中。功能性训练中的软组织放松包括两个部分：训练前的软组织唤醒、激活和训练后的梳理、放松。前者的主要作用是在训练前帮助练习者激活肌肉和唤醒软组织，后者的主要作用是帮助练习者梳理肌筋膜，促进血液、淋巴回流，重新恢复肌肉的正常形态。按使用的器材划分可主要分为泡沫轴放松、按摩棒放松、扳机点放松等方式。

三、拉伸术

根据拉伸施力方式，拉伸技术可分为主动拉伸、被动拉伸和辅助拉伸；根据拉伸动作特征，可分为动态拉伸、静态拉伸。随着体育科学的快速发展，为适应竞技运动或身体活动的需求，许多运用不同技术的拉伸方法孕育而生，例如本体感受神经肌肉促进法、主动分离式拉伸。

（一）静态拉伸

静态拉伸是通过缓慢的动作将肌肉、韧带等软组织拉长到一定程度，并保持静止不动的练习方法。其对改善关节活动范围、缓解机体疲劳和减少运动损伤等均有良好的作用。由于静态拉伸动作匀速、缓慢且运动幅度小，牵张反射会受到抑制，拉伸时间足够长时，会激活高尔基腱器导致肌肉放松。但静态拉伸会降低肌肉的力量、爆发力、速度、反应时间和动作时间，以及力量耐力。因此，只有适当掌握静态拉伸和动态拉伸的比例和前后顺序，才能达到既增大训练与比赛所需的关节活动范围又提高肌肉工作效率的目的。

◆ 自下而上的拉伸顺序：运动后，由于血液受重力影响，大量积聚在下肢扩张的静脉与毛细血管内，因此静态拉伸要尽可能按由下肢到躯干再到上肢的顺序进行，这样有助于静脉回流。

◆ 从大肌肉到小肌肉的拉伸顺序：先拉伸大肌肉群，后拉伸小肌肉群的顺序除了因为血液太多集中在大肌肉群，需要率先回流外，同时也考虑到了运动后大肌肉群的紧张度会直接影响关节的活动范围，先进行大肌肉群的静态拉伸练习有利于更好地放松。

◆ 拉伸时间：在拉伸位置保持 10~60 秒为最佳，时间过长并不能达到预期的效果。

(二) 动态拉伸

动态拉伸是有控制节奏、速度略快地多次重复同一动作的练习方法。其常被运用于功能性训练的动作准备，整合多关节参与到单个动态拉伸中，模仿或接近专项动作的复合运动形式，并严格要求肌肉用力和收缩速度，做好专项运动准备。动态拉伸能够引起肌肉的牵张反射，提高肌肉的伸展性与收缩性，促进血液循环，提高动作效果。

◆ 动态拉伸也常用于动作纠正练习。一组力量练习后，针对力量所涉及的主要目标肌群采用动态拉伸的纠正练习来增加"动作关节活动范围(DROM)"，这类练习有助于目标肌肉群的肌纤维恢复原长度，保持或增加接下来的力量练习的动作速度。

◆ 动作准备的动态拉伸练习，一般每个动作持续 1~2 秒，重复 4~6 次，完成 2~3 组；纠正动作的动态拉伸练习，一般每个动作保持 2 秒，重复 4~6 次，完成 1~2 组。

(三) 主动分离式拉伸

主动分离式拉伸是 Mattes 提出的一种拉伸方式，其机理是根据主动肌与拮抗肌交互抑制的原理，通过主动收缩拮抗肌使其张力变大，从而使拉伸的目标肌肉实现反射性放松。其练习过程可以由牵拉者辅助被牵拉者完成，也可以在没有辅助牵拉者的情况下，自己徒手或借助牵拉绳独立完成拉伸动作。

◆ 动作过程：在牵拉目标肌肉前先主动收缩其拮抗肌，然后单独对目标肌肉进行助力式牵拉，在助力牵拉的过程中要注意缓慢用力，在每 1.5~2 秒的持续时间内增加的阻力不得超过 1 磅，然后回到起始位置，重复 8~10 次。在整个牵拉过程中，全身肌肉要放松，不应出现疼痛。注意拉伸动作前要吸气，牵拉中缓缓吐气，注意整个过程的流畅。

◆ 动作功能：运动前后进行主动分离式拉伸，能够改善局部的血液循环，加快氧气与营养向机体转运的速率，有效增加肌肉的柔韧性、关节的灵活性以及筋膜的弹性，有助于恢复浅层和深层筋膜的生理机能。同时使神经肌肉协调性得到改善，可预防大负荷运动引起的外周神经疲劳，从而延缓运动性疲劳。

(四) PNF 拉伸

本体感受神经肌肉促进法拉伸(PNF)是通过刺激人体本体感觉器，激活与募集最大量的运动肌纤维参与活动，促进主动肌与拮抗肌的交互收缩与放松，从而增强神经兴奋 - 抑制的转化能力以及肌肉的张力和关节活动范围。PNF 拉伸既适用热身准备，也适用恢复再生。

PNF 拉伸的生理学依据是利用逆牵张反射而达到肌肉放松的目的。肌肉等长收缩时，会对肌肉产生强烈的刺激，肌肉中的腱梭会将信号传入中枢神经，反射性地使肌肉放松，导致逆牵张反射产生。也就是说，被牵拉肌肉的主动收缩能抵消所产生的牵张反射，其收缩后放松加大，再者就是拮抗肌的收缩也可以加大主动肌的放松。PNF 拉伸技术分为静力 - 放松、收缩 - 放松、静力 - 放松加主动肌收缩三种。三种技术类型的肌肉活动方式都能在被动拉伸之前，通过等长收缩和向心收缩，引起本体感受性抑制。下面以腘绳肌为例进行分析。

1. 静力 - 放松

首先进行被动静力拉伸，保持 10 秒，使被牵张者有中等程度的牵拉感。而后，牵拉者施加使被牵拉者髋关节屈的外力，被牵拉者在保持腿的位置不变的同时，尽可能对抗被施加的外力，保持腘绳肌等长收缩6秒，重复动作至规定次数。最后，被拉伸者腿部放松，继续进行被动静力拉伸，保持30秒。

2. 收缩 – 放松

首先进行被动静力拉伸，保持10秒，使被牵拉者有中等强度的牵拉感。而后，牵拉者施加使被牵拉者髋关节屈的外力，这时被牵拉者用力伸髋，尽可能大于施加者施加的外力，腘绳肌进行全范围的向心收缩，并重复动作至规定的次数。最后，被拉伸者腿部放松，继续进行被动静力拉伸，保持30秒。

3. 静力 – 放松加主动肌收缩

首先进行被动静力式拉伸，保持10秒，使被牵张者有中等程度的牵拉感。而后，牵拉者施加使被牵拉者髋关节屈的阻力，这时被牵拉者在保持腿的位置不变的同时，尽可能对抗其施加的外力，保持腘绳肌等长收缩6秒。最后，被拉伸者腿部放松后，在继续进行被动静力拉伸的同时，股四头肌主动收缩，通过髋关节主动弯屈来增加牵张的力量，使髋关节活动范围进一步增加，保持30秒。

（周振华、郭智编写）

【思考题】

1. 功能性训练内容板块有哪些？比较分析传统运动训练的基本结构及相互关系。
2. 简述功能性训练板块在竞技运动训练中的应用，并举例分析。
3. 简述功能性训练板块在体育教学中的应用，并举例分析。
4. 简述功能性训练板块在大众健身中的应用，并举例分析。

第五章　功能性训练基本原理

【本章导读】　物质世界是普遍联系的，身体内部的肌肉、关节、系统也是普遍联系的。功能性训练强调动作模式练习的质，在训练实际中遵循量变、质变规律，只有通过一定训练量的积累才能达到质的飞跃。这种质的飞跃表现在动力链的优化和能量系统的发展，以及运动能力的表现方面；这种质的飞跃表现在运动者自身功能结构的改变或升级，遵循自组织原理。训练计划或训练安排只是他组织过程，他组织必须通过自组织而实现其价值，因为训练的主体是运动者本身。功能动作模式来源于人的基本动作的发生、发展，符合自组织理论，有其顺序性和标准化模式特征，既是执行功能性训练的基本原理，也是设计功能性训练手段的动作标准。

第一节　哲学原理

一、普遍联系

物质世界是普遍联系的，身体内部的肌肉、关节、系统也是普遍联系的，只有相互联系的部分组成一个整体，才能实现 $1+1>2$ 的功能。运动员在赛场上的能力展现，其实并不是通过单关节、单块肌肉连续或累积发力实现，而是在神经中枢的参与下，通过身体各个关节、肌肉等协调发力来实现。功能性训练以多关节、多肌肉联系在一起的动作模式为载体，强调运动动力链的能量传递方式训练，毋庸置疑，功能性训练强调贯彻普遍联系的哲学原理。例如功能性训练强调核心区域的力量和稳定性训练，需上下肢协调完成技术动作，而躯干腰段作为传递动力的核心部位，它们共同构成一个整体运动动力链。当人体处于站立姿势时，力量从下向上传递；当人以坐姿完成动作时，力由腰腹开始传递。当核心区不稳定时，力传递就会衰减、能量也会泄露，出现运动补偿，导致运动链输出功率降低，容易造成运动损伤。

二、量变质变

量变质变规律揭示了事物、现象发展过程中量变和质变的内在联系及其相互转化。量变表现为事物及其特性在数量上的增加或减少，是一种连续的、不显著的变化。质变是事物根本性质的变化，是渐进过程的中断，是由一种质的形态向另一种质的形态的突变。

功能性训练强调动作模式练习的质，这种质不仅仅指动作的经济有效性，而且包括动作模式转化为专项技术链的专项性，在训练实际中遵循量变质变规律。首先是动作练习量的问题，例如训练的次数与组数、持续时间的长短、跑步距离的长短、负重的大小等。其次兼顾专项动作的质量，即考虑训练多方向、多关节、多维度的专项性特点。功能动作筛查(FMS)

表明运动员在具备一定灵活性、稳定性能力的基础上，开始循环往复的训练，经过量的积累引起质的飞跃，形成正确、安全、稳定的动作模式。

功能性竞技能力训练模型同样遵循量变质变规律，以基本动作的灵活性、稳定性、对称性动作训练量的积累，达到稳定的动作模式。这个动作模式通过强化动量有效传递的训练积累，达到动作动力定型，形成自动化、节省化动力链，在功能上实现第一次质的飞跃。依据专项技术结构系统强化专项运动动力链训练，建构稳定的运动技术链，在功能上实现第二次质的飞跃。根据运动项目特征、运动个性特征及比赛环境的特殊性，强化专项技术链的训练积累，培养运动员竞技能力表现的个性化特质或技术风格与技术特长，完成竞技能力转化，在功能上实现第三次质的飞跃。

三、系统论

系统是由两个或两个以上相互区别并相互联系的要素，为了达到一定目的，以一定方式结合起来而形成的整体。其表现出组成性、层次性、目的性、相关性、整体性特征。功能性训练作一个训练方法体系，可以视作一个相对独立的功能系统。这个训练系统以运动防护与运动训练为核心功能系统，构成运动功能评估、运动损伤预康复、功能性体能训练、功能性竞技能力训练四个子系统。

在操作程序上，分为功能动作筛查与评估、选择性功能动作评价与突破、功能动作训练和功能性动作技能训练四个基本步骤，前两个步骤以运动防护为主要目的，属于预康复训练系统，后两个步骤以动作技能训练为主要目的，属于运动能力训练系统。在训练结构上，分为软组织激活、功能动作准备、动作技能整合、快速伸缩复合训练、力量与爆发力训练、能量系统发展、恢复与再生训练七个主体要素，这七个主体要素既相互独立又相辅相成，构成一个统一的整体。

第二节　生物学原理

一、运动功能链

20世纪90年代Cook提出的人体运动链理论指出，人体借助关节使若干环节(链条)按特定顺序连结起来。"链条"通过对参与人体运动的肌肉与关节的关联和功能整合控制人体的运动姿态及发力路径。运动损伤源于协调性差、肌肉紧张、运动链存在薄弱环节(弱链)及代偿性动作、动作不稳定与不对称。人体通过动量在各个链条间传递实现各环节功能的整合。竞技体育动作绝大多数由一个完整的运动链结构构成。功能链是人体结构和功能长期进化及组合的体系，运动功能链是为满足人体运动实践需要和提高运动外在表现，由相互关联作用的功能与结构单元组合成的机体系统，主要包括动力链、神经链、能量链等。

(一)动力链

动力链是人体重要的动力系统，是训练实践活动中发挥核心作用的链结构，由肌肉链和关节链构成，对运动项目的技术动作顺利完成、负荷安排、运动效果及训练质量起着重要的支持作用。肌肉链是人体运动的发动机，其由肌肉群和肌肉单位构成。关节链由相关骨连结有机构成，其作用表现为利用神经肌肉系统支配关节的机制，持续调控机体姿势和动力。

(二)神经链

神经链是以人体神经活动反射弧为基础的神经肌肉活动结构,包括传入传出神经纤维、运动效应器、神经中枢与感应器等主要构件。在人体运动中,通过神经系统协同相关组织、器官、系统共同完成训练任务及动作过程。本体感受器可训练性的理论与实践也得到了业内人士的研究验证,其在提高人体的本体感受能力以及改善肌肉组织收缩能力等方面发挥了重要作用。拉伸训练的迅速拓展与应用是该原理的经典典范。

1. 牵张反射

牵张反射是指肌肉在外力或者自身其他肌肉收缩的作用下而受到牵拉时,由于本身的感受器受到刺激,诱发同一肌肉产生收缩的一类反射。这类反射能够避免一块肌肉被过快、过长地牵拉,从而保护关节,避免损伤。牵张反射类型分为腱反射和肌紧张,其中腱反射是快速牵拉肌腱时发生的牵张反射,主要是快肌纤维收缩。肌紧张是指缓慢持续牵拉肌腱时发生的牵张反射,主要是慢肌纤维收缩。牵张反射的出现取决于许多因素,包括肌肉被拉伸的速度和长度、拮抗肌收缩时是否引起其牵伸、拮抗肌是否被激活等。

2. 逆牵张反射

逆牵张反射(即自主抑制)是由位于肌腹、肌腱移行处和肌腱的腱梭等张力感受器引起的。当肌肉收缩达到一定强度时,张力作用于腱器官使之兴奋,通过 Ib 类传入纤维,反射性地抑制同一肌肉,使肌肉收缩停止,出现舒张。PNF 拉伸的生理学依据就是利用逆牵张反射而达到使肌肉放松的目的。当肌肉做等长收缩时,其会对肌肉产生强烈的刺激,肌肉中的腱梭会将信号传入中枢神经,反射性地使肌肉放松,导致逆牵张反射的产生。

3. 交互抑制

当支配肌肉的运动神经元收到传入冲动的兴奋时,支配其拮抗肌的神经元则会受到这种冲动的抑制,此生理活动现象称为交互抑制。当某一肢体的屈肌收缩时,同肢的伸肌则松弛,这是由于同一刺激所引起的传入冲动一方面使屈肌中枢发生兴奋,另一方面却使伸肌中枢发生抑制。主动分离式拉伸就是根据主动肌与拮抗肌交互抑制原理,通过主动收缩拮抗肌使其张力变大,从而使拉伸的目标肌肉实现反射性放松。

(三)能量链

机体运动的能量供应由磷酸原系统、酵解能系统、氧化能系统构成。三个供能系统的运行基础是有氧氧化反应,三者之间在整体上以链式作用机理保证其功能的连续性,在此基础上三个能量供能系统才能各自独立发挥其作用方式与特征。一个运动项目的能量供应系统不存在绝对的由某一个单一能源系统供能,而是各种能量供应系统之间紧密相连,表现为一个连续的统一体,即"能量连续统一体"。

能量链的理论研究与实践应用不仅可以有效地提高机体运动工作效率,为运动性疲劳的减轻与恢复提供新的手段及方法,同时也为运动补剂的研发提供新的理论思路和启发。

二、弱链优化

人体运动是由构成运动链的一个个关节相互作用引发的,结构与功能相对薄弱运动链或运动环节被称为"弱链"。弱链的本质可能是其相邻及相对结构功能过度发展(异化)造成的,也可能是其结构没有得到相对应的发展,从而导致不充分发展(弱化)而造成的。

（一）优化功能障碍

弱链表现出运动功能弱化和结构异化，其主要机制是运动功能障碍（动作模式受限或功能不良和疼痛）。例如上肢持续固定前屈导致髋关节长时间处于屈曲姿态，使其臀部、背部及腿部后侧等肌肉群都呈长时间牵张反射，同时髋关节部位肌肉、腹部肌肉及臀部前肌肉都会相应呈现某种程度的紧张状态，颈部前后肌肉呈相反方向的收缩状态，引发颈部、腰部、背部等肌肉疼痛，而经常性疼痛将引起机体局部运动功能链生理结构缺失或功能作用失衡。这种运动功能弱链优化的合理训练方法是通过放松持续紧张的肌肉群或改善弱部肌肉群的功能结构，强化正确的动作模式训练。

（二）力量高效传递

神经控制、关节与肌肉工作、能量供应及内分泌激素释放与调节等功能链之间是相互依存、功能互补的，任何弱链副作用的引发都不是孤立的、局部的，其产生的累积及放大效应对相关组织结构和功能的影响也是难以预测的。人体运动大多是多关节、多维度、多肌群协同作用及神经参与的运动，运动过程中针对不同关节与肌肉的运动如何全面协调和控制功能作用，形成具有运动专项特征的动力学与运动学规律的肌肉"运动链"系统，为机体核心力量的产生、传递与控制营造理想状态条件，是现代训练理论及实践中不可回避的棘手问题。

人们对核心力量或核心稳定性训练作用的认知不断增强，是因为传统训练观念对人体运动链的结构和功能认识不清或不足，忽视在机体上下肢运动过程中起承上启下作用的腰髋部功能性训练，导致逐步形成肌肉链和关节链的弱链环节。从而制约稳定机体重心、控制身体姿态及运动技术稳定支持功能的发挥，切断了上下肢力量在机体核心区域力量的高效传递与控制，继而引发了运动伤病与运动技术提高停滞不前，使运动训练工作半途而废或事倍功半。所以，弱链优化的一个重要举措是强化人体腰髋部核心区域力量高效传递的动作模式训练。

（三）预防运动损伤

结构与功能完整的动力链在保证肌肉间合理传递肌肉能量的同时，会不同程度地协调相关组织、韧带或肌群的同步、高效、秩序与协同用力。有研究显示，机体某部位运动链环节功能下降时，会引发相邻相关组织结构与功能下降，最终导致运动损伤。下肢力量的非平衡发展不但会产生运动损伤及慢性疲劳，而且还会制约强侧有力腿（优势腿）在正常发挥其潜在功能的作用。此外，肌肉链内部肌腱与肌肉组织在血管分布、组织特点、神经控制等方面有着质的差别。虽相对于肌肉组织，肌腱可以承担大强度牵拉负荷，但其弹性势能低，神经末梢突触和毛细血管少，对负荷刺激的疲劳敏感性较差。腱–骨接点与肌腱接点是弱链结构的基本生理功能单元，长期大负荷、不科学的超量训练会导致受牵拉部位组织结构的形变、炎症、纤维化及钙化等急慢性运动损伤的发生，严重时甚至会引发肌肉链断裂，如跟腱断裂及撕裂。所以，弱链优化的另一途径是预防运动损伤，确保肌组织功能的协同发展。

三、自组织原理

（一）他组织

没有负荷的训练不能被称为训练，没有恢复的训练将是危险的训练。毋庸置疑，负荷是竞技运动训练活动的主要因素，并且训练负荷需要严格控制，既不能无穷大，也不能无穷小，既不能无止境的大，也不能无止境的小，必须张弛相济，否则，不但取不到良好的训练效果，而且有可能损害身体健康。如果把每一个训练或比赛周期的训练负荷安排定性为一个完整的训练负荷控制过程,那么教练员将常根据赛事级别预测竞技水平,提出参赛目标,诊断运动员竞技水平,构建负荷结构模型,对照目标成绩,制定与执行训练负荷方案。整个训练组织工作将井井有条,有的放矢,由无序到有序。根据系统科学,这一系列训练负荷控制的组织活动,组织力来自系统外部,即控制主体(教练员团队)对被控客体(运动员)练习过程的人工组织与干预,属于他组织。

虽然这种负荷控制活动的初端属于他组织,但这些方案制定都来自成功经验的总结,各种训练手段及其要素之间有其关联、关系可寻,属于训练负荷控制过程的他组织运行机理。然而,就整个训练过程而言,他组织属于必要而非充分,因为机能转化是在身体运动下发生自组织。

(二)自组织

运动训练作为改造人体形态、结构及提高特殊性机能的过程,即通过施加训练负荷等方法,打破机体内环境的相对平衡,使之向较高机能水平转化,在相应运动负荷水平上获得新的平衡,这个过程被称为训练适应。给予运动主体一次负荷刺激,产生一次反应;给予多次负荷刺激,产生适应性;长时间多次给予重复刺激,产生适应性结构;给予适应性结构强化,形成稳定性运动功能。这种负荷作用下机体的专门性功能转化被称为机体适应性演化(图5-2-1)。根据系统科学,这种机体的适应性演化,其组织力来自系统内部,从无序到有序,属于自组织。其演化过程被称为负荷效应控制的自组织运行机理。

图5-2-1 机体适应性演化

在竞技运动训练中,依靠单纯自组织难以达到理想的训练效果。因为单纯自组织没有外部特定干预,那只能是天生的天赋运动员。要克服单纯自组织的缺陷,必须施加适当的他组织干预。一是施加运动营养补剂;二是在训练过程中,依生理、生化指标变化,调整运动强度,促使机体反应发生预计性变化。这种负荷效应控制模式如图5-2-2所示(最高心率195次/分,心率拐点170次/分)。

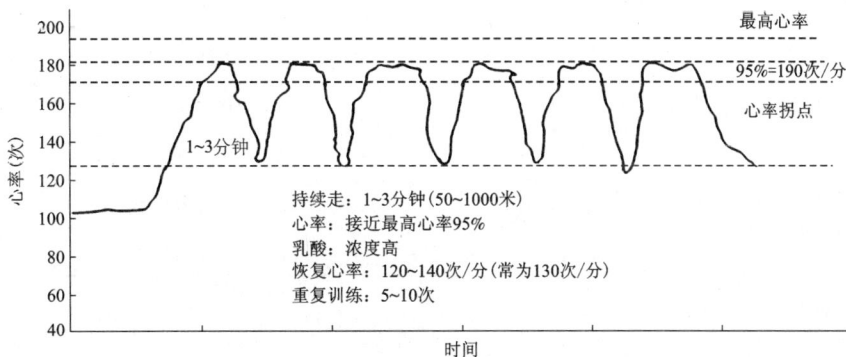

图5-2-2 无氧速度能力负荷效应控制模式

这种控制模式以发展速度能力为目的，以 1~3 分钟的持续走时间或 50~1000 米的持续走距离为手段，根据个体速度能力、最高心率的 95%、高于个体乳酸阈值控制练习强度。每次练习以心率恢复到 120~140 次/分钟开始下一练习。值得一提的是，运动毕竟是运动员运动，最有话语权的是运动员本身及其身体机能状态。就整个训练负荷控制过程而言，他组织因自组织而发生发展，自组织离不开他组织而起主导作用，自组织充分而非充要。

第三节　人体运动学原理

一、运动动作发展顺序

动作特指人体在自身动力作用下身体改变姿势与运动轨迹所产生的肢体移动。人体运动动作发展顺序是基于婴儿生长发育过程的基本动作形成顺序而提出来的。

◆ 新生儿仰卧躺在床上，腿强有力地向空中踢动，时不时地挥动手臂去抓一些他们感兴趣的东西（幼小婴儿的腿和手臂同步发展或者比手臂要早），基于此就出现了直膝抬腿动作和肩部灵活性动作，且前者优先于后者。

◆ 当婴儿发现身体附近有某些新奇的东西时，就会尝试着翻转身体去触摸这个令他产生浓厚兴趣的事物，这样转动稳定性动作就诞生了。

◆ 随着婴儿生长发育的持续进行，他会在翻转的基础上，尝试着用手把躯干撑起来，慢慢爬行以便更好地抬头观察这个奇妙的世界，这样躯干稳定性俯撑动作出现了。

◆ 婴儿随后的动作过程就更加清楚了，他们尝试着站起来行走，由此形成过栏架步动作和前后分腿蹲动作，并在行走的基础上学会深蹲动作，自由地观察这个五彩缤纷的世界。

综上所述，人体运动动作发展顺序（表 5-3-1）可以概括为以下七类。既说明了功能动作的来源，也说明了功能动作形成的先后顺序，愈早形成的动作排序愈靠前，也是最简易的动作。

表 5-3-1　人体运动动作发展顺序

顺序	功能动作
1	直膝抬腿动作
2	肩部灵活性动作
3	转动稳定性动作
4	躯干稳定性俯撑动作
5	过栏架步动作
6	前后分腿蹲动作
7	深蹲动作

二、人体运动动作模式

正常动作不一定是合理的动作，动作需要控制及训练，如平衡性、稳定性、姿势控制、感知、协调等。美国以 Cook 为代表的功能性训练专家依据人体动作发育顺序归纳了上述七类动作作为人体基本动作模式（动作模式是在中枢神经系统的调控下，关节、肌肉及筋膜等组织对预先存储在大脑中的相应动作程序的执行过程）。这七类基本动作模式在实践应用中逐步发展成为功能性训练理论强调动作训练的基本原理和评定身体运动功能的基本标准。

（一）深蹲动作模式

◆ 动作过程：双脚开立与肩同宽，脚尖指向正前方。双手持木杆标尺于头顶上方，肘关节充分伸展。缓慢下蹲至最低位，脚跟紧贴地面，抬头挺胸，眼睛正视前方。

◆ 动作标准：躯干与胫骨平行或垂直于地面。大腿低于水平线。膝关节与脚在一条垂直线上。横杆在脚的正上方。

◆ 动作功能：需将肢体灵活性、身体核心部位稳定性以及双髋和双肩在对称姿势下所具有的功能充分整合到一起，该动作才能顺利完成，该动作是众多技术动作的基本模式。虽然完全深蹲动作在训练中不经常用到，却是健康人群从事体育活动必不可少的基本动作。

（二）过栏架步动作模式

◆ 动作过程：双脚自然并拢站立，以胫骨粗隆的位置确定栏杆的高度。双脚脚尖触及栏架底部，木杆放颈后肩部。缓慢抬腿跨过栏杆，跨步腿脚后跟接触地面，足背屈，重心在支撑腿上（脊柱处于正常位，不出现弯腰等代偿动作）。收腿恢复至起始姿势，换另一侧腿进行。

◆ 动作标准：髋、膝、踝关节在矢状面上成一条直线。腰部几乎没有明显的移动和晃动。横杆与栏板保持平行。

◆ 动作功能：过栏架步动作是反映单腿运动的动作模式。良好的灵活性、稳定性和姿势控制能力，能够避免人体在基本迈步动作中出现代偿现象。

（三）前后分腿蹲动作模式

◆ 动作过程：前后分腿站立在测试板上，左脚拇指放在测试板的后标识线上，使用胫骨长度（地面至胫骨粗隆距离）确定右脚脚跟应放的前标识线位置。双手在颈曲和腰曲位持木杆标尺，木杆与头、腰背和骶骨部位相接触。双脚处于同一直线慢慢下蹲，左膝触及测试板，然后恢复至起始姿势，换另一侧腿进行。

◆ 动作标准：躯干几乎没有移动。两脚在木板上处于同一矢状面。膝关节在前脚后跟后面，并且接触到木板。两侧无明显差异。

◆ 动作功能：前后分腿蹲是产生各种减速或改变方向的动作模式。其反映身体运动三个方面的能力：转动、减速和侧向动作时身体各部位对压力的承受能力；不对称髋部姿势条件下身体承担负荷的能力；不稳定支撑条件下身体稳定性和持续动态控制能力。

（四）肩部灵活性动作模式

◆ 动作过程：双手握拳，拇指置于拳心，右手从肩上绕过和左手在背部相向靠拢（握拳背靠动作）。动作过程一次性完成，不能出现两手多次移动来缩短间距。然后附带肩部疼痛排除动作：将一侧手放在对侧肩上，手臂和地面平行，判断疼痛与否。

◆ 动作标准：疼痛排除状态下，两拳之间的距离为一个拳头。两侧无明显差异。

◆ 动作功能：握拳背靠动作反映双肩灵活性，是上肢完成精细运动技术的动作模式。由于肩关节结构复杂，一旦有疼痛将会发生动作代偿，所以该动作模式要求在无痛状态下进行。

（五）主动直膝抬腿动作模式

◆ 动作过程：仰卧，双臂置于体侧，掌心向上，双膝下放置测试板，双脚背屈。将一腿直膝抬起，不出现代偿动作（膝关节弯曲等）。控制踝关节投影点和腿位置关系。

◆ 动作标准：髂骨前侧结节上缘、膝关节、踝关节线为一直线。两侧无明显差异。

◆ 动作功能：直膝抬腿动作不仅反映屈髋幅度，还反映对侧腿伸髋幅度，整体反映髋关节灵活性。在人体核心部位稳定和下肢无负荷状态下，表现分腿能力和对侧腿的伸髋能力，当下肢跨多关节肌群的柔韧性出现损伤时，常常会丧失该动作能力。

（六）躯干稳定性俯卧撑动作模式

◆ 动作过程：俯卧，掌心向下，双腿伸直，足背屈。俯卧位开始，上肢尽可能地撑起躯干，髋和下肢保持俯卧位时的姿势。附带疼痛排除动作：俯卧撑姿势开始，撑起上体，脊柱充分伸展。

◆ 动作标准：疼痛排除状态下，男运动员拇指与头顶在同一直线上；女运动员拇指与下颌在同一直线上。动作过程不出现躯干和髋关节代偿动作。

◆ 动作功能：躯干稳定性俯撑动作主要反映人体核心部位稳定性，并不是测量上肢力量。

（七）躯干转动稳定性动作模式

◆ 动作过程：六点跪撑（双手、双膝和双脚着地），双手和双膝之间放置测试木板。木板和脊柱平行，双脚背屈。双手拇指、双膝和双脚均对称置于测试板两边并触及木板边缘。同侧上肢在肩关节处屈，下肢在髋关节处伸，接着同侧肘关节触及膝关节。附带疼痛排除动作：六点跪撑开始（足部由背屈变跖屈），臀部后移，接近双脚脚跟，胸部接近大腿，手臂前伸。

◆ 动作标准：疼痛排除状态下，同侧肘关节和膝关节在同一直线上，躯干与木板平行。

◆ 动作功能：转动稳定性动作在上、下肢联合动作过程中反映骨盆、身体核心部位和肩带在多个平面上的稳定性。该动作需要一定的神经肌肉协调能力和躯干力量传导能力作为支撑。

（李忠、肖强编写）

【思考题】

1. 简述功能性训练应遵循的哲学原理，结合实践举例说明。
2. 简述功能性训练的生物学原理，结合实践举例说明功能链应用。
3. 简述功能性训练过程控制原理，举例分析训练手段的负荷过程控制。
4. 简述功能动作的发生发展过程和标准动作模式的功能性。

第六章　功能性训练评估实施

【本章导读】　功能性训练的基本程序以执行动作模式的无痛训练为基础，通过"功能动作筛查"测试系统，发现疼痛，评估诊断动作模式，提出纠正方案，实施多关节、多肌肉、多维度纠正练习；根据功能动作筛查结果强化功能性体能训练；根据运动项目特征及运动个体特质，进阶实施专项技术链训练，突破功能性竞技能力。针对功能动作不良或疼痛，功能性训练理论提出了"选择性功能动作评价与突破"评估系统，通过测试和评估，为运动员重返运动场建立了健康运动底线和重返运动赛场的动作模式标准。本章主要介绍功能性训练的功能动作筛查预测系统和选择性功能动作评价与突破系统，探讨功能性训练的组织预实施以及功能性训练理论的研究应用。

第一节　功能动作筛查

功能动作筛查(Fuctional Movement Screen，FMS)是一个用于检查健康人群动作质量的工具，是通过对正常人七类基本动作模式进行测试，诊断和评价其动作稳定性、灵活性、对称性，以及是否存在动作代偿、动作受限或功能不良的预测系统。

一、积极作用

(一)建立健康运动底线

功能动作筛查为运动训练组织与实施建立了一个健康运动底线。如果运动员在赛季前的筛查中发现疼痛，那么这名运动员就需要医学帮助，需要临床检查，需要动作模式评价和纠正训练，减小或排除运动损伤危险。运动损伤风险的存在必然会影响动作效率，离开动作效率，运动员的力量和功率是不能被发现的，即没有流畅和高效的动作，运动员身体再强壮也没有多大意义。功能性训练强调，不管是体能训练还是专项动作技能训练，都应该建立在最安全、合理的功能动作模式上，但是长期以来或许因为我们在训练中缺乏耐心、缺乏责任心，或是缺乏理解，很多运动员不仅没有科学、系统地完成这一步，反而被挤占本应发展基本动作模式的空间来发展体能和专项动作技能，急性非接触损伤和慢性劳损就常常不期而遇。

(二)识别运动薄弱环节

运动损伤通常分为急性接触损伤、急性非接触损伤和慢性劳损。所谓急性接触损伤是指运动过程中因和他人发生冲撞所造成的损伤；急性非接触损伤是指运动过程中因自身基本动作功能受限所造成的损伤；慢性劳损是指人体某一部位因长时间的代偿性工作，导致肌肉、筋膜韧带、骨质与关节等组织的损伤。

我们虽无法预测和阻止急性接触损伤，但却可以预防急性非接触损伤和慢性劳损。功能动作筛查的一个积极作用便体现于此。通过功能动作筛查，可以识别出使运动员处于较高受伤风险可能的危险信号和代偿动作，从而预测与确认运动员的身体运动薄弱环节。

（三）建构重返赛场标准

七个基本功能动作模式组成的功能动作筛查系统，严格要求每一个练习动作高效、无痛、对称、平衡，因为它们是承受大负荷运动的基本"资格证"。通过筛查确认运动员的运动薄弱环节，提出纠正策略，强化稳定性控制能力、动作灵活性与对称性训练，构筑专项运动需要的专门性动力链和技术链，临近比赛再进行一次"筛查"和"选择性功能评价"，建构重返赛场标准。通常这种标准的建构分为一般准备期、赛前期、比赛期三个阶段。对应健身运动训练周期可以分为起始期、冲刺期、结束期三个功能动作筛查阶段。

二、动作模式测试

（一）测试准备

进行功能动作筛查前记录运动员什么时间、什么部位受过什么样的伤害，以便在筛查过程中进行综合分析；确认运动员筛查前没有进行热身活动，否则筛查出的结果就不能反映测试者真实的动作模式状态。功能动作筛查测试积分表见附表。

（二）测试过程

1. 深蹲动作

◆ 测试目的：评估髋、膝、踝关节的双向性、对称性和关节功能的灵活性。通过举横杆过头评估肩和胸椎的双向性、对称性和关节功能的灵活性。

◆ 测试要求：两脚分开，间距略宽于肩，肘部与横杆成90度。肩部肌肉弯曲并外展，使肘部伸展，然后身体缓慢下降成深蹲姿势并且脚跟着地，头与胸同时向前并且将横杆最大限度地举过头顶。测试3次。如果没有得到3分，在脚后跟下垫一块木板完成测试。

◆ 测试评分：（表6－1－1）。

表6－1－1　深蹲动作模式筛查

标准	说　　明
3分	1. 躯干与胫骨平行或垂直于地面；2. 膝关节与脚在一条垂直线上；3. 横杆在脚的正上方
2分	1. 躯干上部与胫骨平行或垂直于地面；2. 膝关节与脚不在一条垂直线上；3. 横杆位于脚的正上方。（脚下垫一木板）
1分	1. 胫骨与地面不平行；2. 膝关节与脚在一条垂直线上；3. 腰部明显弯曲。（脚下垫一块木板）
0分	测试过程中身体任何部位出现疼痛

2. 过栏架步动作

◆ 测试目的：评估髋、膝、踝关节的稳定性和两侧肢体功能的灵活性。

◆ 测试要求：双脚并拢，脚趾处于栏架正下方。调整栏架使其与胫骨结节同高，横杆放于肩上，双手握住横杆。缓慢跨过栏架，脚跟接触地面，同时支撑腿保持伸展姿势，重心放在支撑腿上。缓慢还原到起始姿势。测试3次后换一侧进行测试，得分以较低一侧腿为准。

◆ 测试评分：（表6-1-2）。

表6-1-2 单腿过栏架动作模式筛查

标准	说 明
3分	1.髋、膝、踝关节在矢状面上成一条直线；2.腰部几乎没有明显的移动和晃动；3.横杆与栏板保持平行
2分	1.髋、膝、踝关节不成一条直线；2.腰部有明显的移动和晃动；3.横杆与栏板没有保持平行
1分	1.脚碰到栏板；2.身体失衡
0分	身体任何部位出现疼痛

3. 前后分腿蹲动作

◆ 测试目的：评估运动员脊柱稳定性，髋关节灵活性，股四头肌的柔韧性以及踝关节和膝关节的稳定性与灵活性。

◆ 测试要求：先用标尺测量受试者的胫骨长度，受试者一只脚放在一块长木板的末端，双手握横杆于背后，右臂在上，左臂在下，确保横杆接触到头、腰椎和骶骨。测试者把标尺放在受试者脚趾末端，在木板上做出与胫骨长度相同的标记。受试者左腿在木板上跨出一步，脚跟放在标记处，然后降低后腿的膝盖直至接触木板，两只脚应该在同一条直线上，脚尖指向运动方向。测试3次后交换手臂和腿再进行测试，得分以较低的一侧为准。

◆ 测试评分：（表6-1-3）。

表6-1-3 前后分腿蹲动作模式筛查

标准	说 明
3分	1.躯干几乎没有移动；2.两脚在木板上处于同一矢状面；3.膝关节在前脚后跟后面，并且接触到木板
2分	1.躯干有明显移动；2.两脚没有处于同一矢状面；3.膝关节在前脚后跟后面，但不能接触到木板
1分	身体失衡
0分	身体任何部位出现疼痛

4. 肩部灵活性动作

◆ 测试目的：评估双肩的活动范围、内收肌的内旋与外展肌外旋的综合能力；评估肩胛骨的灵活性和胸椎的伸展能力。

◆ 测试要求：测定受试者手腕末端到中指的长度。受试者双手握拳，拇指内扣，假定一侧肩做到最大程度的内旋并保持内旋姿势，另一肩做最大程度的外旋且保持外旋姿态，双手放在背后并且双手牢牢握紧横杆。接下来测试者测出受试者双拳之间的距离。交换双臂进行测试，以得分低的一侧为准。

◆ 测试评分：（表6-1-4）。

表6-1-4　肩部灵活性动作模式筛查

标准	说　明
3分	两拳间距小于一只手的宽度
2分	两拳间距小于一个半手掌的宽度但大于一只手宽度
1分	两拳之间距离大于一个半手掌宽度
0分	身体任何部位出现疼痛(测试手放对侧肩上抬肘,判断疼痛)

5.主动直膝抬腿动作

◆ 测试目的:评估腘绳肌与比目鱼肌的柔韧性,保持骨盆稳定性和异侧腿的主动伸展能力。

◆ 测试要求:双手置于体侧,仰卧,掌心向上,头平躺在地上,膝盖下垫一块木板。测定前侧髂骨结节上缘到膝关节的关节线。被测腿上抬,踝背屈,膝关节伸直,异侧腿的膝关节应与木板接触并且人平躺在地面上。当受试者身体达到正确的姿势时,测试者把尺放在被测腿的踝关节中央,且与地面垂直。换腿测试,以得分低的一侧为准。

◆ 测试评分:(表6-1-5)。

表6-1-5　主动直膝抬腿动作筛查

标准	说　明
3分	前侧髂骨结节上缘、膝关节、踝关节线为一直线
2分	钢尺一端置于前侧髂骨上缘
1分	横杆位于大腿中央与关节线之间
0分	1.横杆位置低于关节线;2.身体任何部位出现疼痛。

6.躯干稳定性动作

◆ 测试目的:对完成对称的上肢运动所表现出来的躯干在矢状面内的稳定性做出评估,间接评价肩胛骨、躯干稳定性。

◆ 测试要求:俯卧,双手分开与肩同宽。拇指与头顶在一条直线上,膝关节充分伸展,女性手位置略低,拇指与下颌成一条直线。向上撑起,整个身体包括腰骶部同时抬起。如果男性不能按照标准姿势完成,可以降低手的位置直至拇指与下颌在同一直线上完成俯卧撑;如果女性不能按照标准完成,可以降低手的位置,直至拇指与锁骨在同一直线上完成俯卧撑。

◆ 测试评分:(表6-1-6)。

表6-1-6　躯干稳定性动作筛查

标准	说　明
3分	男运动员测试时，拇指与头顶在同一直线上；女运动员测试时，拇指与下颌在同一直线上
2分	男运动员测试时，拇指与下颌在同一直线上；女运动员测试时，拇指与锁骨在同一直线上
1分	运动员不能按规定的姿势完成动作
0分	身体任何部位出现疼痛(附加疼痛排除性动作测试)

7. 躯干转动稳定性动作

◆ 测试目的：对上肢和下肢同时运动时，躯干多方位的稳定性做出评价。

◆ 测试要求：四肢六点撑地姿势，一侧肩与躯干上方和髋关节成90度，膝关节和躯干成90度，踝关节背屈。放置一个木板，双手和双膝都触及木板。弯曲肩部，同时伸展同一侧髋关节和膝关节，抬起一侧手和腿，手、肘、膝与木板呈一条直线，躯干与木板保持在同一水平面。随后弯曲同一侧肩和膝关节，肘关节触及膝关节。测试3次后如果得分低于3分，将采用对角式测试，即使用相反方向的肩和髋关节。换另一侧测试，以得分较低一侧为准。

◆ 测试评分：(表6-1-7)。

表6-1-7　躯干转动稳定性动作筛查

标准	说　明
3分	1.运动员进行同侧动作时躯干与木板保持平行；2.肘关节和膝关节在同一直线上
2分	1.正确完成一次异侧动作；2.肘关节和膝关节在板上相碰
1分	运动员不能完成异侧动作
0分	身体任何部位出现疼痛(附加疼痛排除测试)

三、动作模式评估

动作模式测试中，只有深蹲和躯干稳定性动作是对称性动作，只有一个筛查分数，而其他动作模式则是非对称性动作，每一个完整动作筛查分数有两个得分与之相对应，取最低分作为最后得分。每个动作模式只可能出现4种得分结果：0分、1分、2分、3分。功能动作筛查结果对七个动作模式按照从最弱到最强的顺序进行排列，找到受试者最薄弱的环节，为纠正或突破训练提供依据。

(一)排序原则

1. 按筛查分数排序

◆ 如果有0分动作，就将其排在第一位。

◆ 如果有1分动作，就将其排在0分动作之后。

◇ 分析该动作是对称性还是非对称性动作，非对称性动作的1分动作应排在对称性动作的1分动作之前。

◇ 非对称性的1分动作中，左右两侧分差较大的动作排在分差较小的动作之前。

◆ 如果有 2 分动作, 就将其排在 1 分动作之后。

◇ 非对称性动作的 2 分动作排在对称性动作的 2 分动作之前。

◇ 非对称性动作的 2 分动作中, 左右两侧分差较大的动作排在分差较小的动作之前。

◆ 如果有 3 分动作, 不管其是对称性动作的 3 分动作还是非对称性动作的 3 分动作, 均将其排在最后, 二者没有顺序可言, 因为 3 分动作说明受试者在该功能上表现优秀, 需要做的就是在后续重复筛查时继续保持良好的得分 (表 6 - 1 - 8)。

表 6 - 1 - 8　功能动作筛查得分排序原则

顺序	得分		备注
	测试值	差值	
1	0 分	—	疼痛
2	1 分	3 分	非对称性动作; 两侧差值大
3	1 分	2 分	对称性动作; 两侧差值小
4	1 分	1 分	非对称性动作
5	1 分	—	对称性动作
6	2 分	3 分	非对称性动作; 两侧差值大
7	2 分	2 分	对称性动作; 两侧差值小
8	2 分	—	对称性动作
9	3 分	—	对称性动作和非对称性动作

2. 按动作发展顺序排序

动作发展顺序原则是基于婴儿生长发育过程中基本动作形成顺序 (参见表 6 - 1 - 9) 而提出的。它既说明了功能动作的来源, 也说明了功能动作形成的先后顺序, 愈早形成的动作排序愈靠前。

表 6 - 1 - 9　人体运动动作发展顺序

顺序	功能动作
1	直膝抬腿动作
2	肩部灵活性动作
3	转动稳定性动作
4	躯干稳定性俯撑动作
5	过栏架步动作
6	前后分腿蹲动作
7	深蹲动作

在按照分数排序原则对功能动作得分进行排序的过程中, 假设过栏架步动作得分为左边 1 分, 右边 3 分, 直膝抬腿动作得分为左边 1 分, 右边 3 分, 按照分数排序原则就无法确定这两个功能动作的先后顺序, 如果采用动作发展顺序原则进行相应的调整, 则直膝抬腿动作应

排在过栏架步动作之前。相对于动作发展顺序原则，分数排序原则较易理解，筛查得分愈低，说明受试者在某一功能动作模式中存在着较高的损伤风险。

（二）综合评定

通过功能动作筛查过程获得的信息，可以做以下评定。

1. 筛查得分信息

如果运动员的筛查得分≤14分，那么他受伤的概率将会从15%提升到50%。所以，如果某运动员功能动作筛查得分低于14分，就应建议他进行医学检查。

2. 动作排序信息

通过筛查可以得到受试对象七个功能动作模式完成结果的排序，排序愈靠前，说明该功能动作的完成情况愈差，该功能动作是后续进行纠正练习与突破训练时所应关注的重点。

3. 疼痛排除性信息

根据FMS测试的七个基本动作在运动实践中的重要性排序，源于动作疼痛体征，反映身体灵活性动作最重要，源于动作非对称性反映稳定性的动作次之。

4. 动作功能性问题

主动直腿抬起和肩部灵活性测试反映躯体的灵活性问题；躯干旋转稳定性、直线分腿蹲及跨栏步测试反映躯体的稳定性问题；俯卧撑和深蹲起反映的是身体的稳定性与核心力量问题。

四、动作模式纠正

（一）基本规则

如果某动作模式测试得0分，首先解决软组织问题。如果得1分，重点解决柔韧性问题，兼顾软组织问题，避免动作得分下降到0分。如果得2分或3分，考虑矫正性强化练习，平时训练中进行的灵活性练习和稳定性练习等都属于矫正性练习（图6-1-1）。

◆ 测试得0分，意味着不能做动作，没有足够的灵活性、稳定性去做矫正性练习。比如肩部灵活性测试得0分，进行力量训练时就不宜进行卧推的练习，而应从软组织开始进行练习；过栏架步测试得1分，说明没有疼痛，可以做动作，但若由于灵活性、稳定性不够而不能完成动作，则应该多发展柔韧性。

◆ 直膝抬起测试得0分，问题在于腘绳肌紧张，需要做膝关节周围的软组织练习。例如将泡沫轴或者治疗球放置于膝盖后方，来回滚动，直到坐骨结节处（图6-1-2）。这样练习可以增加腘绳肌软组织的长度。进行软组织练习后再拉伸，会感觉到明显的改善。

图6-1-1 躯干灵活性矫正性练习

图6-1-2 泡沫轴滚动矫正练习

◆ 直膝抬腿测试得 1 分，主要是柔韧性问题，需要对腘绳肌进行拉伸。例如仰卧屈膝收紧股四头肌，再伸膝拉伸腘绳肌。如果直膝抬腿测试得 2~3 分，就要做腘绳肌拉伸矫正性练习（图 6 - 1 - 3），如仰卧交替举腿、单腿罗马尼亚硬拉等动作。

图 6 - 1 - 3　腘绳肌拉伸矫正性练习

图 6 - 1 - 4　肩部灵活性矫正练习 1

◆ 肩部灵活性测试得 0 分，可能是胸部肌肉太紧引起的，可用治疗球放在胸部，俯卧，手臂上举、外旋，牵拉胸大肌和胸小肌，做肩部灵活性矫正练习（图 6 - 1 - 4）。如果测试得 1 分，就要做肩外展练习，拉伸胸肌的同时，挤压肩胛骨。如果是肩部内旋肌肉紧张引起的，可以牵拉或者舒缓肩部内旋肌群（图 6 - 1 - 5）。如果得 2~3 分，可以在训练器械上做后上挑动作纠正练习。

◆ 躯干旋转稳定性测试不存在软组织和柔韧性问题，可以做矫正性动作练习来提高动作质量（图 6 - 1 - 6）。

图 6 - 1 - 5　肩部灵活性矫正练习 2

图 6 - 1 - 6　躯干旋转稳定性矫正练习

（二）按摩纠正

传统训练中的按摩总是用于训练课后的放松练习，这里的按摩既适用于训练前的准备活动，也适用于训练后的放松练习，其是为了预防伤病、放松肌肉和增加关节灵活性。例如扳机点按摩，它是纠正练习的第一步，是对限制完成筛查动作的肌肉进行按摩。

（三）动作纠正

动作纠正包括基础动作纠正和高阶动作纠正。基础动作是由一些相对比较简单的动作组成；高阶动作纠正是建立在基础动作纠正之上，更加接近于筛查动作的动作组合。例如对直膝抬腿动作模式进行纠正时，采用如图 6 - 1 - 7 所示的基础动作练习，整个动作过程只需小腿在膝关节处做屈伸运动。图 6 - 1 - 8 所示的动作练习就是高阶动作，相比基础动作，更加接近于直膝抬腿动作，左是起始姿势，右是结束姿势，整个动作过程是两腿伸直位交替上举。

纠正练习计划一般包含按摩纠正、基础动作纠正和高阶动作纠正。三者之间的比重应根据功能动作筛查得分来确定。

◆ 如果纠正练习针对的是 0 分动作，练习计划就应以按摩纠正练习为主。

◆ 如果纠正练习针对的是 1 分动作，练习计划就应以基础动作纠正练习为主。

图 6-1-7　仰卧腘绳肌牵拉　　　　　　　　　图 6-1-8　仰卧交替举腿

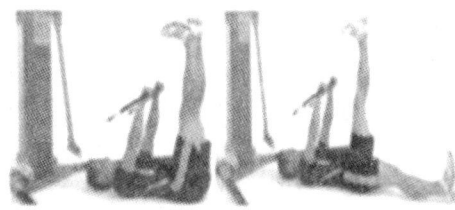

◆ 如果纠正练习针对的是 2 分动作，练习计划就应包含基础动作纠正练习和高阶动作纠正练习，并以后者为主。

◆ 针对得 3 分的动作，只需保持目前动作练习状态，确保后续筛查中依然可以得 3 分即可。

第二节　选择性功能动作评估

选择性功能动作评估(SFMA)主要用来测试与动作模式有关的疼痛和功能不良。通过以各种动作来激发并获得各种症状和功能不良以及存在于某种动作模式缺陷中的信息，以 FN、FP、DP、DN 四种模式为评价标准来评定身体基本运动功能。

一、理论基础

选择性功能动作评估的理论依据源自区域依赖原理。区域依赖(Regional Interdependence，RI)即病人的主诉可能是由貌似不相关的远处解剖区域的损伤所致。

如果由于身体运动不当而产生了损伤，大部分情况下损伤会引起某部位产生疼痛，人体出于自我保护，会通过一些代偿动作去弥补和缓解该部位的疼痛，但是这种代偿仅仅是短时间的，如果不进行治疗，疼痛就会延续下去，日久天长这种不良的动作就会改变人体正常的动作模式，导致其他损伤和病症出现。所以在伤病诊断时不仅仅要关注疼痛点，而且要把眼光放远，把疼痛区域放射到与之相关的一片区域进行诊断评估。SFMA 作为针对动作模式出现疼痛和动作不良的综合性评估，属于功能运动的诊断系统，功能动作筛查是用来预测基本运动动作模式的正确、安全状态的，属于功能运动的预测系统。

二、临床意义

◆ 正确处理 SFMA 与纠正性训练的关系。

◇ SFMA 是准确实施纠正训练的指南针，可以通过发现异常动作模式找到纠正性训练实施的切入点。SFMA 更强调对人体神经控制肌肉能力的调适，纠正性训练更强调对肌肉本身张力、长度、功能强弱的调适，二者缺一不可。

◆ 纠正异常动作模式。

◇ 采用传统隔离式、分区方法进行评估或治疗不能有效恢复人体功能动作，如果不纠正这些异常动作模式，那么可能会导致疼痛再次发生。所以 SFMA 评估结束后，可以对人体进行全方位整合功能动作恢复，从根源上消除引发疼痛产生的异常功能动作模式。

◆ 制定个性化治疗方案。SFMA 依据区域依赖原理，可以针对患者定制个性化的治疗方案及进行治疗方案升级。通过手法治疗与治疗性训练手段，可以纠正功能障碍且实现无痛的动作模式，同时有效避免疼痛在动作控制中产生的副作用。

三、评估方法

选择性功能动作评估由七个动作模式组成，即颈部动作模式、上肢动作模式、多环节屈曲、多环节伸展、多环节旋转、单腿站立、高举深蹲。

（一）颈部动作模式

◆ 评估目的：根据人体在做屈曲、伸展、侧屈时的屈伸的角度评价颈椎的活动度，以及颈部肌肉是否存在紧张及损伤的情况。

◆ 动作方法：被测试者自然站立，头屈曲，尽量用下颌碰触锁骨窝，保持 2 秒。然后头部尽量后仰保持 2 秒。最后尽量让头部向两侧侧屈，保持 2 秒。注意疼痛是否产生。

（二）上肢动作模式

◆ 评估目的：依据肩关节做屈伸、外展、内收、旋转等动作的情况来评估肩关节的活动度，以及肩部涉及这些动作的肌群情况。

◆ 动作方法：被测试者自然站立，左手从肩的上部去尽力碰触右侧肩胛骨下沿，保持 2 秒，以便观察手与肩胛骨的距离。然后用左手从肩的下部去碰触右侧肩胛骨的上沿，保持 2 秒以便观察，然后换手进行同样的动作。

（三）上肢疼痛激发动作模式

◆ 评估目的：第一个上肢疼痛激发动作模式是确认肩旋转轴的冲击（约卡姆冲击测试）。第二个上肢疼痛激发动作模式是确认肩锁关节的病理状态（肩部交叉法）。

◆ 动作方法：第一模式要求患者直立，双脚并拢，形成开始姿势，脚尖向前，然后右手手掌放在左肩上。测试者稳定患者的手贴在肩上，让患者向上方缓慢抬起肘部，左侧重复。第二模式要求患者直立，双脚并拢，形成开始姿势，脚尖向前。患者右臂经胸前向左斜上方伸出，让患者使用左手被动地提供帮助，尽可能远地水平内收右臂，左侧重复。

（四）多环节屈曲

◆ 评估目的：评估髋部以及脊柱的正常屈曲能力。

◆ 动作方法：被测试者双脚并拢，脚趾朝前，直立。从髋部开始向前弯曲，不要弯曲膝关节，用手指碰触脚趾，保持 2 秒以便观察。注意双髋后移状态。

（五）多环节伸展

◆ 评估目的：评估肩部、髋部和脊柱的正常伸展能力。

◆ 动作方法：被测试者双脚并拢，脚趾朝前，直立。手举过头顶，手臂向上尽量伸展，手肘和耳朵在一条直线，尽量向后弯曲，同时髋部向前顶，手臂向后伸。注意手部应该落到肩之后，肩胛骨落在脚后跟之后，髂前上棘落在脚尖之前。

（六）多环节旋转

◆ 评估目的：评估颈部、躯干、骨盆、髋部、膝关节和脚踝的转动灵活性。

◆ 动作方法：被测试者双脚并拢，脚趾朝前，直立。手臂在身体两侧伸展到腰部，然后开始旋转整个身体，颈部、躯干、骨盆、膝部尽量向左侧旋转，同时脚踝保持固定位置不变，保持 2 秒以便观察，然后向右转动。注意：相邻环节的各种限制可能导致某部位活动过度。

（七）单腿站立

◆ 评估目的：评估单腿站立时人的稳定性，闭眼情况下人体的本体感觉能力。

◆ 动作方法：被测试者直立，双脚并拢，脚趾朝前，形成开始姿势。双臂自然放于体侧，然后抬起右腿，使髋关节和膝关节呈 90 度，保持 10 秒，尽量保持身体稳定，闭上双眼再保持 10 秒，尽量保持身体稳定，可以尝试腿的摆动，评估动态稳定性。左侧重复相同动作。注意：单腿支撑时重心姿势或高度的丧失。

（八）高举深蹲

◆ 评估目的：评估髋关节、膝关节以及脚踝的双侧对称灵活性。双手举过头顶时评价双肩双侧灵活性和胸部脊柱的伸展性。

◆ 动作方法：被测试者直立，双脚与肩同宽，双脚内侧和双肩外侧呈垂直线，双脚在矢状面平行，双手举过头顶，形成开始动作，然后缓慢做深蹲动作，尽量向下蹲。脚跟不离地，头、胸朝前，双膝在双脚的上方，不出现外翻下沉。重复做 2～3 次。

四、评估结果分级

颈部功能不良和无痛必须在肩部功能不良和无痛之前处理；肩部功能不良和无痛必须在体前屈体后伸的功能不良和无痛之前处理；体前屈体后伸的功能不良和无痛必须在转动功能不良和无痛之前处理；转动功能不良和无痛必须在单腿功能不良和无痛之前处理；所有功能不良和无痛必须在下蹲功能不良和无痛之前处理。

第三节　选择性功能动作突破

选择性功能动作突破是用来系统地分析前述动作模式的功能不良问题的，层级结构可分为功能正常和无痛、功能不良和无痛、功能正常和疼痛、功能不良和疼痛。之所以要先突破所有的功能不良和无痛情况，最后评估功能不良和疼痛，是因为它们会导致进一步的组织发炎和各种症状的加剧，突破功能不良和疼痛会使进一步测试无法进行或使患者极其不适。

一、突破问题

（一）灵活性问题

灵活性问题分为两个类别：组织延展性功能不良和关节灵活性功能不良。

1. 组织延展性功能不良

组织延展性功能不良表现为主动或被动肌机能不全、神经紧张、筋膜紧张、肌肉缩短、过度肥大、触发点活动、疤痕与纤维变性等。

2. 关节灵活性功能不良

关节灵活性功能不良是指各个关节面和连结它们的各种收缩性和非收缩性组织在环节性测试和观察中表现出的灵活性降低。例如骨关节炎、骨关节病、单关节痉挛与僵硬、关节融合、关节半脱位、粘连性关节囊炎、脱臼等。

（二）稳定性问题

稳定性问题可能包括一个孤立的肌肉无力因素，但一般情况下更为复杂，它们涉及多系统的动作控制，所以稳定性问题的复杂性可以用稳定性或动作控制功能不良来描述。传统稳定性功能不良问题的解决，常采用强化识别出的稳定肌群向心收缩力量的方法，但这种方法忽视了真正的稳定性是由反射来驱动的，并且依赖本体感觉和时机，而不是孤立的总体肌肉力量。所以我们必须考虑中枢神经系统、周围神经系统、动作程序、动作组织、时机、协调性、本体感觉、关节和姿势定位、结构不稳定性、肌肉抑制以及稳定肌群的绝对力量。例如：动作控制功能不良，力学性呼吸功能不良，疼痛高阈策略，原动肌或全局性的肌肉补偿行为或不对称，局部肌肉功能不良或不对称，不良静态稳定性、身体环节定位、姿势控制、不对称和结构完整性，不良动态稳定性、身体环节定位、姿势控制、不对称和结构完整性。

二、突破行动

（一）颈部脊柱动作模式突破

1. 仰卧主动颈部屈曲

◆ 评估目的：在不降低身体姿势的情况下，评价颈部脊柱的灵活性或稳定性。

◆ 动作过程：患者呈仰卧姿势，双臂和双手放在双腿的大腿旁边，下颌接触胸骨。注意：肩胛骨不得上提或前伸。

◆ 功能评估：功能正常和无痛，站立颈部屈曲受限，存在姿势和动作控制功能不良。包括颈部脊柱、胸部脊柱和肩带姿势功能不良。如果出现功能不良或疼痛，就进展到"仰卧被动颈部屈曲"。

2. 仰卧被动颈部屈曲

◆ 动作过程：患者呈仰卧姿势，双臂和双手放在双腿的大腿旁边，指导者移动患者头部使下颌接触胸骨。注意：肩胛骨不得上提或前伸。

◆ 功能评估：如果出现功能不良或疼痛，就进展到"仰卧主动颈部枕寰屈曲"。

3. 仰卧主动颈部枕寰屈曲

◆ 评估目的：在不承担负荷姿势下，评价颈部枕寰关节的灵活性或稳定性。

◆ 动作过程：患者仰卧姿势，双臂和双手放在大腿旁边，头部尽可能远地转动，然后收拢，然后换侧重复动作。注意：肩胛骨不得上提或前伸。

◆ 功能评估：功能正常和无痛，能够在双侧达到20度角。站立颈部屈曲受限，就存在一种姿势和动作控制功能不良或稳定性和动作控制功能不良，从而影响颈部屈曲。如果功能不良和无痛，就存在枕寰关节的灵活性功能不良或组织延展性功能不良，并出现了可能的颈部脊柱屈曲灵活性问题。如果有疼痛，则停止测试。

4. 仰卧主动颈部转动

◆ 评估目的：测试颈部脊柱的能力。

◆ 动作过程：患者仰卧姿势，双臂和双手放在双腿的大腿旁边，患者尽可能远地转动头部，然后重复另一侧动作。注意：肩胛骨不得上提或前伸。

◆ 功能评估：功能正常和无痛，能够在双侧实现至少80度角转动。站立时头部转动受限，就存在主动颈部脊柱转动稳定性功能不良或动作控制功能不良。如果出现功能不良或疼痛，就进展到"仰卧被动颈部转动"。

5.仰卧被动颈部转动

◆ 动作过程：患者呈仰卧姿势，双臂和双手放在双腿的大腿旁边，指导者尽可能远地转动患者头部，然后重复另一侧动作。注意：肩胛骨不得上提或前伸。

◆ 功能评估：功能正常和无痛，能够在双侧实现至少80度角转动。站立时头部转动受限，就存在主动颈部脊柱转动稳定性功能不良或一种动作控制功能不良。如果出现功能不良或疼痛，就进展到"第一至第二颈椎颈部转动"。

6.第一至第二颈椎颈部转动

◆ 评估目的：测试颈部脊柱在第一至第二颈椎颈部的转动能力。

◆ 动作过程：患者呈仰卧姿，双臂和双手放在双腿的大腿旁边，患者颈部屈曲，下颌向胸骨移动，接近胸骨时，尽可能远地转动颈部，然后重复另一侧动作。注意：肩胛骨不得上提或前伸。

◆ 功能评估：功能正常和无痛，能够在双侧实现至少40度角转动。站立时若头部转动受限，就存在一种下颈部脊柱(第三至第七颈椎)转动关节灵活性功能不良或下颈部脊柱转动组织延展性功能不良。如果功能不良和无痛，则患者存在第一至第二颈椎关节灵活性不良或组织延展性功能不良，并可能存在下颈部脊柱转动灵活性问题。如果出现疼痛，停止测试。

7.仰卧颈部伸展

◆ 评估目的：测试颈部脊柱在不承担负荷姿势下的伸展能力。

◆ 动作过程：患者在长凳呈仰卧姿势，头部伸展超过长凳的末端，尽可能远地伸展颈部。

◆ 功能评估：功能正常和无痛，患者的面部与地面垂直。站立伸展能力差，患者存在姿势或动作控制功能不良或稳定性和动作控制功能不良，从而影响颈部伸展。如果功能不良和无痛，则患者存在颈部伸展关节灵活性功能不良或颈部伸展组织延展性功能不良。若出现疼痛，则停止测试，针对问题进行治疗。

(二)上肢动作模式突破

1.俯卧主动上肢动作模式

◆ 评估目的：不承担负荷姿势下，测试肩部的灵活性或稳定性。

◆ 动作过程：患者呈俯卧姿势，双臂和双手放在双腿的大腿旁边，重复各种最高级上肢动作模式。注意胸部脊柱、肩带和颈部脊柱的稳定性要求。

◆ 功能评估：功能正常和无痛，能够执行每一个最高级上肢测试。受限时，存在姿势和动作控制功能不良或肩带稳定性和动作控制功能不良，从而影响有问题的上肢的功能动作模式。若疼痛出现，则进展到"俯卧被动上肢动作模式"。

2.俯卧被动上肢动作模式

◆ 动作过程：患者呈俯卧姿势，双臂和双手放在双腿的大腿旁边，帮助患者重复各种最高级上肢动作模式。注意胸部脊柱、肩带和颈部脊柱的稳定性要求。

◆ 功能评估：功能正常和无痛，能够执行每一个最高级肩部测试，进展到"仰卧交互上肢动作模式"。如果功能不良且无痛，就存在肩带关节灵活性功能不良或组织延展性功能不良，推进到局部生物力学测试。如果出现疼痛，则停止测试并针对问题进行治疗。

3.仰卧交互上肢动作模式

◆ 评估目的：在不承担负荷姿势的情况下测试肩带灵活性或稳定性。

◆ 动作过程：患者呈仰卧姿势，一只手臂放在体侧，另一只手臂向头上方伸展。患者前臂对抗指导者的用力。注意胸部脊柱、肩带和颈部脊柱的稳定性要求。

◆ 功能评估：功能正常和无痛，每只手臂能够对抗动作。功能不良和无痛，有一只手臂能够对抗动作。如果功能正常和无痛，就可以假定患者存在与中部动作范围的孤立的盂肱或肩胛骨稳定性问题或动作控制功能不良。如果功能不良和无痛，可以假定患者存在肩部稳定性或动作控制功能不良。如果出现疼痛，就停止测试，进行针对性治疗。

（三）多环节屈曲动作模式突破

1. 单腿站立体前屈

◆ 评估目的：确定体前屈是否对称或是否存在不对称功能不良或激发疼痛。

◆ 动作过程：患者提起左腿放在一个台阶上，右腿伸直，双手合掌，双肘伸直。双手接触右脚趾，右膝不得屈曲，然后换侧重复相同动作。

◆ 功能评估：双侧功能正常和无痛，双侧功能不良或疼痛，单侧功能不良或疼痛，推进到"长距离坐立触摸脚趾"。

2. 长距离坐立触摸脚趾

◆ 评估目的：在不承担负荷姿势的情况下，区分大腿后部肌群紧张和各种脊柱屈曲限制。

◆ 动作过程：患者双腿伸展呈长距离站立姿势，然后做体前屈上体双手触摸脚趾。注意：触摸结束时骶骨的角度为80度。

◆ 功能评估：功能正常和无痛，骶骨角度至少呈80度角触摸脚趾，指出了一种负重髋部稳定性问题，协调性不良或触摸脚趾的动作不良。功能正常和疼痛，骶骨角度小于80度角触摸脚趾，指出髋部屈曲受限或脊柱屈曲过度。能够或不能触摸脚趾，具有至少80度角的骶骨角度，指出负重脊柱稳定性功能不良或只是脊柱灵活性受限。不能触摸脚趾，具有小于80度角的骶骨角度（骶骨角度受限），指出髋部屈曲受限或脊柱屈曲受限或二者兼顾。

如果功能正常和无痛，推进到"滚动的突破行动"。如果骶骨角度正常，结果属于功能不良和无痛、功能不良和疼痛或功能正常和疼痛，推进到"俯卧身体后摆"。如果骶骨角度受限，结果属于功能不良和无痛、功能不良和疼痛或功能正常和疼痛，推进到"主动直膝抬腿"。

3. 主动直膝抬腿

◆ 评估目的：测试膝部伸直情况下髋部的主动屈曲能力。

◆ 动作过程：患者仰卧，双手掌心向上放在身体两侧，头部平放于测试台，双脚保持正常姿势。患者抬起被测试肢体，保持最初的踝部姿势，脚尖指向上方，对侧膝保持接触台面。

◆ 功能评估：如果不存在功能不良，被抬起的腿对于另一条腿的角度应大于70度，与被动测试结果之间的差异应在10度角以内。如果功能正常和无痛，主动抬腿达到大于70度角。如果功能不良和无痛、功能不良和疼痛或功能正常和疼痛，则主动抬腿不能达到大于70度角或感到疼痛。如果结果属于功能正常和无痛，推进到"俯卧身体后摆"。如果功能不良和无痛、功能不良和疼痛或功能正常和疼痛，推进到"被动直膝抬腿"。

4. 被动直膝抬腿

◆ 评估目的：区分后链组织延展性功能不良或髋部关节灵活性功能不良，与髋部主动动作稳定性或力量的差别。确认非负重姿势下由对称性和不对称性功能不良所造成的限制。

◆ 动作过程：患者仰卧，双手掌心向上放在身体两侧，头部平放于测试台上，双脚保持正常姿势。缓慢提起患者左腿，尽可能向高远处提起，左膝不得屈曲或改变骨盆姿势，然后测量直腿提起的动作范围。角度应该大于80度，然后换腿重复相同的动作。

◆ 功能评估：如果被动直膝提腿测试结果小于80度角，但超过主动直膝抬腿10度角，可能存在潜在的核心部位稳定性或髋部屈曲力量问题以及存在大腿后肌群高度紧张限制、僵硬或髋部灵活性功能不良。如果被动直膝提腿测试结果大于80度角，可能存在身体核心部位稳定性或髋部屈曲力量问题。如果被动直膝提腿测试结果小于或与主动直膝抬腿测试结果相同，就推进到"仰卧双膝触胸"。存在大腿后肌群高度紧张限制、僵硬或髋部灵活性功能不良。

如果功能正常和无痛，被抬起的腿与另一条腿之间的角度大于80度角。如果能够提腿超过"主动直膝抬腿"10度角，但总的角度小于80度角，则应检查身体核心部位的稳定性和动作控制功能不良，然后推进到"仰卧双膝触胸测试"。如果出现疼痛，就属于功能正常和疼痛或功能不良和疼痛。如果不能执行动作，测试结果的角度小于或等于主动直膝提腿的角度，就属于功能不良和无痛。如果测试结果属于功能正常和无痛，就推进到"滚动的突破行动"。如果功能正常和疼痛、功能不良和疼痛或功能不良和无痛，就推进到"仰卧双膝触胸"。

5. 俯卧身体后摆

◆ 评估目的：确认非负重情况下脊柱屈曲的各种限制。

◆ 动作过程：患者呈四点支撑姿势开始动作。让患者将臀部下沉到双脚的脚跟上，向后摆动身体，髋部完全屈曲。结束时，肋廓下部应该容易推动到双腿大腿上。如果膝部不适，就推进到"仰卧双膝触胸"。

◆ 功能评估：能够充分向后摆动身体，即功能正常和无痛。如果出现脊柱屈曲受限，即功能不良和无痛。如果不能向后摆动身体，出现疼痛，即功能不良和疼痛或功能正常和疼痛。如果结果属于功能正常和无痛，则存在负重脊柱稳定性问题或动作控制功能不良。如果结果属于功能不良和无痛，则存在脊柱关节灵活性或组织延展性功能不良。如果结果属于功能不良和疼痛或功能正常和疼痛，就停止测试并针对问题进行治疗。

6. 仰卧双膝触胸

◆ 评估目的：检查在非负重或不承担负荷情况下双髋的灵活性。

◆ 动作过程：患者仰卧收起双膝，然后抱住大腿将双膝拉向胸部。注意区分髋部和大腿后部肌群的各种灵活性问题。

◆ 功能评估：能够达到要求的动作姿势，即功能正常和无痛。不能达到要求的动作姿势或在疼痛姿势完成动作要求，即功能动作不良和疼痛或功能正常和疼痛。不能达到，即功能不良和无痛。如果结果是功能正常和无痛，则患者存在后链组织延展性功能不良或主动屈髋稳定性和动作控制功能不良。如果结果是功能不良和无痛，则患者存在后链组织延展性功能不良或髋关节灵活性。如果结果是功能不良和疼痛或功能正常和疼痛，则应该停止测试并针对问题进行治疗。

(四) 多环节伸展动作模式突破

1. 上肢不参与的体后屈

◆ 评估目的：排除肩部关节和肌群的不参与，在体后屈过程激活疼痛。

◆ 动作过程：患者高重心姿势站立，双手放在双髋上，上体尽可能远地进行体后屈。要求肩超过双髋，髂前上棘超过脚趾，再回复到起始动作姿势。注意：膝关节不弯曲。

◆ 功能评估：能够执行动作，即功能正常和无痛。能够或不能执行，出现疼痛，即功能正常和疼痛或功能不良和疼痛。不能执行动作，不出现疼痛，即功能不良和无痛。如果功能正常和无痛，就推进到"上体伸展动作模式突破"。如果功能正常和疼痛、功能不良和疼痛或功能不良和无痛，就推进到"单腿站立体后屈"。

2. 单腿站立体后屈

◆ 评估目的：减少对称或不对称问题的影响，或用作激活疼痛的手段。

◆ 动作过程：抬起一条腿放台阶上，双手放在双髋。做上述体后屈动作。关注髋部动作。

◆ 功能评估：能够执行动作，即功能正常和无痛；不能执行动作，即功能正常和疼痛或功能不良和疼痛或功能不良和无痛。如果结果是功能正常和无痛，则检查另一条腿的对称性；如果双侧均正常无痛，患者即存在核心稳定性和动作控制问题，就推进到"上体伸展"。如果结果是功能正常和疼痛或功能不良和疼痛或功能不良和无痛，就推进到"俯撑动作模式"。

3. 俯撑动作模式

◆ 评估目的：观察不承担负荷姿势下的体后屈。

◆ 动作过程：患者俯卧于平台上，双臂放置体侧，双肘屈曲，双手掌心向下放置于腋窝下方，然后患者双手和身体帮助支撑，尽可能高地伸展躯干。结束时双肘充分伸展，髂前上棘保持与检查台的接触，如果在髂前上棘垫上一块 2.5 厘米海绵垫能完成动作，也可称为正常动作。

◆ 功能评估：如果是功能正常和无痛，患者可能存在脊柱伸展稳定性或动作控制功能不良，可能存在髋部伸展或肩部屈曲问题，推进到"下体和上体伸展"。如果结果是功能正常和疼痛或功能不良和疼痛或功能不良和无痛，推进到"腰部锁定内旋单侧伸展"。

4. 腰部锁定内旋主动转动/伸展

◆ 评估目的：观察不承担负荷姿势的情况下胸部脊柱结合肩部内旋的伸展和转动联合动作。

◆ 动作过程：患者呈跪姿，臀部接触双脚跟，右手和前臂放在背后，而左臂的前臂放在双膝前部的中央位置。然后尽可能远地向上转动右肩和背部，同时保持俯卧地滚动姿势。比较两侧的测试结果。注意抬起一侧肩的角度至少要达到 50 度角，俯卧滚动姿势控制腰部伸展。

◆ 功能评估：如果是功能正常和无痛，推进到"俯卧肘部支撑单侧转动/伸展"。如果功能正常和疼痛或功能不良和疼痛或功能不良和无痛，则推进到"腰部锁定内旋被动转动/伸展"。

5. 腰部锁定内旋被动转动/伸展

◆ 评估目的：观察不承担负荷姿势的情况下胸部脊柱结合肩部内旋的伸展和转动联合动作。

◆ 动作过程：患者呈跪姿，臀部接触双脚跟，右手和前臂放在背后，左臂前臂放在双膝前部的中央位置。然后尽可能远地向上转动患者右肩和背部，同时保持俯卧地滚动姿势，最后比较两侧的测试结果。注意：抬起一侧肩的角度至少应达到 50 度角，俯卧滚动姿势控制腰部伸展。

◆ 功能评估：能够执行动作，即功能正常和无痛。不能够执行动作，出现疼痛，即功能正常和疼痛或功能不良和疼痛。不能在一侧执行动作，不出现疼痛，即单侧功能不良和无痛。不能在双侧执行动作，不出现疼痛，即双侧功能不良和无痛。如果是功能正常和疼痛或功能不良和疼痛，就停止测试，针对问题进行治疗。如果单侧/双侧功能不良和无痛，可能存在单侧/双侧胸部伸展组织延展性或关节灵活性功能不良或二者兼顾。

6. 俯卧肘部支撑转动/伸展

◆ 评估目的：作为腰部脊柱的排除性测试和激发疼痛手段来执行。

◆ 动作过程：俯卧，右手放在背后，左前臂放在检查台上支撑，然后尽可能远地向上转动右侧肩部和背部。对侧动作亦然。正常转动角的范围至少达到30度。如果动作受限或诱发加剧疼痛，认为腰部脊柱是功能不良的根源。

◆ 功能评估：能够双侧执行动作，即功能正常和无痛。不能够执行动作，出现疼痛，即功能正常和疼痛或功能不良和疼痛。不能在一侧执行动作，不出现疼痛，即单侧功能不良和无痛。不能在双侧执行动作，不出现疼痛，即双侧功能不良和无痛，如果是功能正常和无痛，就可能存在双侧脊柱伸展性和动作控制功能不良，推进到"上体和下体伸展动作模式突破"。如果单侧/双侧功能不良和无痛，可能存在单侧/双侧腰部伸展组织延展性或关节灵活性功能不良或稳定性和动作控制功能不良或三者兼顾，推进到"上体和下体伸展动作模式突破"。如果功能不良和疼痛或功能正常和疼痛，就停止测试，针对问题进行治疗。

（五）下体伸展动作模式突破

1. 站立髋部伸展

◆ 评估目的：将问题减少到一种对称或不对称功能不良或作为激发疼痛手段，观察臀部不支撑情况下的伸展。

◆ 动作过程：患者双手放在体侧，尽可能远地缓慢向后伸展右腿。还原至起始位置，重复另一侧相同动作。注意：伸展动作来自髋部而不是膝关节屈曲，且头部真正稳定。

◆ 功能评估：能够伸展双腿，与相对静止一条腿的夹角大于10度，即功能正常和无痛。能够伸展一条或两条腿，出现疼痛，即功能正常和疼痛。不能够伸展，不出现疼痛，即单侧功能不良和无痛。如果是功能正常和无痛，可能存在负重四分之一身体稳定性和动作控制功能不良或踝关节背屈受限，推进到"双臂上举深蹲"和"单腿站立"。如果是双侧功能不良和无痛、功能不良和疼痛或功能正常和疼痛，推进到"俯卧主动髋部伸展"。

2. 俯卧主动髋部伸展

◆ 评估目的：将问题减少到一种对称或不对称功能不良或作为髋部主动、不负重动作中激发疼痛的手段。

◆ 动作过程：患者俯卧，双手下垂在身体两侧或放在头部之下。然后患者尽可能远地主动伸展右髋。还原后，左侧重复相同动作。注意髋部伸展等于或大于10度角。观察骨盆的前倾或脚部的外旋和外展。

◆ 功能评估：能够伸展双腿，相对地面大于10度角，即功能正常和无痛。能够伸展一条或两条腿，与相对静止的一条腿的夹角大于10度，出现疼痛，即功能正常和疼痛。不能够伸展一条或两腿，与相对静止的一条腿的夹角大于10度，不出现疼痛，即功能正常和无痛或功能不良和无痛。如果是功能正常和无痛，推进到"滚动的突破行动"。如果"滚动的突破行动"的结果是功能不良和疼痛或功能正常和疼痛，就停止测试并针对问题进行治疗。如果"滚动的突破行动"的结果是功能不良和无痛，就存在基本伸展动作模式功能不良。如果是功能不良和无痛、功能不良和疼痛或功能正常和疼痛，则推进到"俯卧被动髋部伸展"。

3. 俯卧被动髋部伸展

◆ 评估目的：比较被动髋部伸展与主动髋部伸展结果。

◆ 动作过程：俯卧，双手下垂在身体两侧或放在头部之下。然后患者尽可能远地主动伸展右髋。比较患者被动髋部伸展与主动髋部伸展的动作范围。还原后，左侧重复相同动作。

◆ 功能评估：两个测试的相互间角度应该在 10 度以内，如果不是，则存在功能不良，怀疑是腰部－骨盆－髋部稳定性功能不良或髋部伸展肌肉无力。如果达不到这个角度或能够达到而出现疼痛，即功能正常和疼痛、功能不良和疼痛或功能正常和疼痛，则推进到"法伯尔测试"。如果这个角度大于主动髋部伸展的 25%，就推进到"滚动的突破行动"。

如果"滚动的突破行动"出现疼痛，就停止测试并针对问题进行治疗。如果"滚动的突破行动"的测试结果是功能正常和无痛，则存在核心稳定性和动作控制功能不良或主动髋部伸展性和动作控制功能不良。如果"滚动的突破行动"的测试结果是功能不良和无痛，就存在基本伸展动作模式功能不良或动作控制功能不良。如果功能正常和无痛，就推进到"经过修正的托马斯测试"。

4. 法伯尔测试

◆ 评估目的：评估髋部屈曲、外展和外旋，对于髋部和腰部脊柱所产生的过度压力影响。

◆ 动作过程：患者仰卧，然后通过将左脚放在右大腿或膝关节上，屈曲、外展和外旋髋部，然后重复另一侧测试。注意：缓慢向检查台降低膝部，观察各种限制或疼痛迹象。

◆ 功能评估：如果存在髋前部疼痛或关节不适或动作限制，就怀疑存在髋关节病理情况，如退行性关节疾病或前髋关节囊紧张或髋臼唇问题。如果疼痛在腰部脊柱之上的背部，就怀疑髋关节灵活性受限造成腰部－骨盆的不稳定性。能够执行动作，即功能正常和无痛。不能够执行动作，则是功能不良和无痛。出现疼痛，即功能正常和疼痛或功能不良和疼痛。如果结果是功能正常和无痛，就推进到"经过修正的托马斯测试"。如果结果是功能不良和无痛，就存在髋关节灵活性功能不良或组织延展性功能不良或核心部位稳定性和动作控制功能不良或三种兼顾，然后推进到"经过修正的托马斯测试"。如果出现疼痛，就停止测试并针对问题进行治疗。

5. 经过修正的托马斯测试

◆ 评估目的：确定髋部屈肌群和前髋关节囊的整体灵活性。帮助区分髂腰肌、骨直肌和阔筋膜张肌的紧张度或灵活性功能不良。

◆ 动作过程：患者坐在治疗台边缘，抱双膝向后滚动，保持胸部脊柱下部和骶骨水平。双手抱住一侧膝部向后拉，同时腰部脊柱在治疗台上处于水平姿势，确保骶骨接触治疗台。使非支撑腿髋部屈曲 90 度，膝部屈曲 90 度，并向支撑腿方向内收。被动地下降腿部，确保下降过程中不形成背弓，并牢固地抱住另一侧腿。观察大腿是否能够在膝部伸直或大腿外展的情况下，下降到治疗台，完成测试。腿部还原开始姿势并伸膝，观察大腿下降到治疗台的距离。

◇ 腿部还原开始姿势并外展大腿，观察大腿下降到治疗台的距离。

◇ 腿部还原开始姿势、伸膝和外展大腿，观察大腿再次下降到治疗台的距离。

◆ 功能评估：不能在不出现疼痛的情况下完全下降大腿至治疗台，即功能不良和疼痛或功能正常和疼痛。能够在直膝情况下接触治疗台，即功能不良和无痛。能够在髋部外展和直膝情况下接触治疗台，即功能不良和无痛。结果是功能正常和无痛的"经过修正的托马斯测试"。

如果在直膝情况下，大腿接触治疗台，就存在一种下部前链组织延展性功能不良。如果髋外展，大腿接触治疗台，就存在一种下部侧链组织延展性功能不良。如果在伸膝和髋外展情况下，大腿接触治疗台，就存在下部前链和侧链组织延展性功能不良。如果"经过修正的托马斯测试"结果良好，就存在一种身体核心部位稳定性和动作控制功能不良。如果大腿不能接触治疗台，且无痛，就存在髋关节灵活性功能不良或组织延展性功能不良或身体核心部位稳定性或动作控制功能不良。如果存在疼痛，就停止测试并针对问题进行治疗。

（六）上体伸展动作模式突破

1. 单侧肩部体后屈

◆ 评估目的：从后屈动作中排除肩部问题。

◆ 动作过程：患者高重心姿势站立，左手放在髋部，右臂在头上伸直。上体尽可能远地体后屈。要求双肩超过双髋、双脚跟，肱骨与耳朵在一条直线，髂前上棘超过脚趾，背屈在不出现疼痛情况下回复到起始动作姿势。注意：膝关节不弯曲。

◆ 功能评估：能够执行双侧动作，即功能正常和无痛。不能执行或出现疼痛，即功能正常和疼痛或功能不良和疼痛或功能不良和无痛。如果功能正常和疼痛、功能不良和疼痛或功能不良和无痛，就推进到"双髋屈曲仰卧侧向牵拉"。如果功能正常和无痛，为了确认胸部脊柱问题，就推进到"撑起测试"，复查颈部脊柱的各种动作模式，排除颈部脊柱问题。

2. 双髋屈曲仰卧侧向牵拉

◆ 评估目的：评价背阔肌群的长度。

◆ 动作过程：患者仰卧，双臂保持伸直，在胸前处于垂直姿势，双手手掌面向双脚。然后，要求患者双膝拉向胸前，腰部水平贴近治疗台。观察患者是否能够保持双臂伸展下降到治疗台。注意屈曲双膝是为了孤立侧链和后链。

◆ 功能评估：能够将双臂下降到治疗台上，即功能正常和无痛。不能执行或出现疼痛，即功能正常和疼痛或功能不良和疼痛或功能不良和无痛。

如果功能不良和疼痛，就推进到"滚动的突破行动"。如果滚动的突破行动的结果是功能正常和无痛，就存在负重四分之一身体伸展稳定性和动作控制功能不良。如果功能正常和疼痛、功能不良和疼痛，就停止测试并针对问题进行治疗。如果功能不良和无痛，就存在基本伸展动作模式功能不良。如果功能不良和无痛、功能不良和疼痛或功能正常和疼痛，就推进到"双髋伸展仰卧侧向牵拉"。

3. 双髋伸展仰卧侧向牵拉

◆ 评估目的：确定是否只存在体侧的问题，还是另一个肩部屈曲限制的问题。

◆ 动作过程：患者仰卧，双臂保持伸直，在胸前处于垂直姿势，双手手掌面向双脚。在双髋伸展姿势下，观察患者是否能够保持双臂伸展下降到治疗台，注意每只手臂距离治疗台的距离。如果问题只存在侧链或后链，患者容易下降双臂至治疗台。

◆ 功能评估：能够将双臂下降到治疗台上，即功能正常和无痛。不能执行或出现疼痛，即功能正常和疼痛或功能不良和疼痛或功能不良和无痛。如果结果是肩部屈曲只有轻微改变，部分问题可能是一种侧链或后链组织延展性功能不良，则检查"下体伸展"，并推进到"腰部锁定外旋伸展/转动"。如果结果是功能不良和无痛、功能不良和疼痛或功能正常和疼痛，就推进到"腰部锁定单侧伸展"。如果结果是功能正常和无痛，就存在一种侧链或后链组织延展性功能不良。如果伸展受限，而且双髋伸展时形成腰部脊柱过度前弯，这会缩短侧链和后链，呈现假阳性的结果，就进行"下体伸展"。

4. 腰部锁定外旋伸展/转动

◆ 评估目的：观察不承担负荷姿势的情况下肩部外旋和肩胛骨的胸部脊柱伸展和转动。

◆ 动作过程：患者跪姿检查台，臀部接触双脚跟，右手放在背后，左臂前臂放在双膝前部的中央位置。然后尽可能远地使患者右肘部向上和向后转动，同时保持俯卧地滚动姿势，身体不得有右倾斜的动作。注意上转动肩部的角度至少达到 50 度角，肘部应该超过胸壁。俯卧滚动姿势有利于控制腰部脊柱伸展。

◆ 功能评估：能够双侧执行动作，即功能正常和无痛。不能够执行动作或出现疼痛，即功能正常和疼痛、功能不良和疼痛或功能不良和无痛。如果结果是功能不良和无痛、功能正常和疼痛或功能不良和疼痛，就推进到"腰部锁定内旋主动转动/伸展"。如果结果是功能正常和无痛，就存在肩胛功能不良或盂肱稳定性或动作控制功能不良。

5. 腰部锁定内旋主动伸展/转动（前述）

6. 腰部锁定内旋被动伸展/转动（前述）

(七) 多环节转动模式突破

1. 坐姿转动

◆ 评估目的：确认患者是否具有良好的脊柱双侧转动能力。

◆ 动作过程：患者呈坐姿，双腿分开与肩同宽，身体正直。肩上横放一条木杆，双手持两端。然后尽可能远地转动躯干，一旦患者达到最远点，用量角器测量角度。观察无痛情况下双侧各转动 50 度角的能力。使用木杆是为了限制肩胛骨参与。

◆ 功能评估：能够双侧转动大于 50 度角，即功能正常和无痛。不能够执行，不出现或出现疼痛，即功能正常和疼痛、功能不良和疼痛或功能不良和无痛。如果结果是功能正常和无痛，就推进到"髋部转动"。如果结果是功能不良和无痛、功能正常和疼痛或功能不良和疼痛，就推进到"腰部锁定内旋主动转动/伸展"。

2. 坐姿主动髋部外旋

◆ 评估目的：在髋部屈曲和非负重姿势下，通过髋部主动外旋来评估功能不良和疼痛。

◆ 动作过程：患者呈坐姿，双膝双脚并拢，身体正直，双手放在两侧髂骨顶部。膝部屈曲与骨盆水平，髋部外旋。一旦患者达到外旋动作的外侧最远点，使用量角器测量角度，观察无痛情况下双侧各外旋 40 度角的能力。

◆ 功能评估：能够双侧外旋大于 40 度角，即功能正常和无痛。不能够执行，不出现或出现疼痛，即功能正常和疼痛、功能不良和疼痛或功能不良和无痛。如果结果是功能正常和无痛，就推进到"俯卧主动髋部外旋"。如果结果是功能不良和无痛、功能正常和疼痛或功能不良和疼痛，就推进到"坐姿被动髋部外旋"。

3. 坐姿被动髋部外旋

◆ 评估目的：在髋部屈曲和非负重姿势下，通过髋部被动外旋来评估功能不良和疼痛。

◆ 动作过程：患者呈坐姿，双膝双脚并拢，身体正直，双手放在两侧髂骨顶部。外旋患者髋部，保持膝部屈曲姿势与腿部被动状态。一旦患者达到外旋动作的外侧最远点，使用量角器测量角度，观察无痛情况下双侧各外旋40度角的能力。比较髋部主动和被动外旋的角度是否在10度以内。

◆ 功能评估：能够执行动作，即功能正常和无痛。不能够执行，出现疼痛，即功能正常和疼痛和功能不良。不出现疼痛，即功能不良和无痛。如果结果是功能正常和无痛，就推进到"俯卧主动髋部外旋"。如果结果是功能不良和无痛，就存在髋部屈曲。外旋情况下的髋关节灵活性功能不良或组织延展性功能不良，则推进到"俯卧主动髋部外旋"。如果功能正常和疼痛或功能不良和疼痛，就停止测试并针对问题治疗。

4. 俯卧主动髋部外旋

◆ 评估目的：在髋部伸展和非负重姿势下，通过髋部主动外旋来评估功能不良和疼痛。

◆ 动作过程：患者俯卧于治疗台，双膝屈曲。在稳定骨盆的情况下，患者放下腿或保持膝部屈曲姿势外旋髋部。一旦达到外旋动作的外侧最远点，使用量角器测量角度，观察无痛情况下双侧各外旋40度角的能力。注意：在保持髋部伸展姿势下，髋部肌肉组织和支持性软组织的灵活性。

◆ 功能评估：能够双侧外旋大于40度角，即功能正常和无痛。不能够执行，不出现或出现疼痛，即功能正常和疼痛、功能不良和疼痛或功能不良和无痛。如果结果是功能正常和无痛，而且"坐姿被动髋部外旋"的结果是功能不良和无痛，就停止测试并针对问题进行治疗。如果结果是功能正常和无痛，而且"坐姿髋部外旋"也是功能正常和无痛，就推进到"滚动的突破行动"的测试。如果"滚动的突破行动"的测试结果是功能不良和疼痛或功能正常和疼痛，就停止测试并针对问题进行治疗。如果"滚动的突破行动"的测试结果是功能正常和无痛，就存在一种负重情况下髋部外旋稳定性和动作控制功能不良，应推进到"胫部转动评价"和"下体伸展动作突破行动"。如果"滚动的突破行动"的测试结果是功能不良和无痛，就存在基本的髋部转动稳定性和动作控制功能不良，就推进到"胫部转动评价"和"下体伸展动作突破行动"。如果结果是功能不良和无痛、功能不良和疼痛或功能正常和疼痛，就推进到"俯卧被动髋部外旋评价"。

5. 俯卧被动髋部外旋

◆ 评估目的：在髋部伸展和非负重姿势下，通过髋部被动外旋来评估功能不良和疼痛。

◆ 动作过程：患者俯卧于治疗台，双膝屈曲。在稳定骨盆的情况下，放下患者的腿或保持膝部屈曲姿势外旋髋部。一旦达到外旋动作的外侧最远点，使用量角器测量角度，观察无痛情况下双侧各外旋40度角的能力。注意在保持髋部伸展姿势的情况下，髋部肌肉组织和支持性软组织的灵活性。

◆ 功能评估：能够双侧外旋大于40度角，即功能正常和无痛。不能够执行，出现疼痛，即功能正常和疼痛、功能不良和疼痛。如果结果是功能正常和无痛，而且"坐姿被动髋部外旋"的结果是功能不良和无痛，就停止测试并针对问题进行治疗。如果结果是功能正常和无痛，而且"坐姿髋部外旋"也是功能正常和无痛，就推进到"滚动的突破行动"的测试。如果"滚动的突破行动"的测试结果是功能不良和疼痛或功能正常和疼痛，就停止测试并针对问题进行治疗。如果"滚动的突破行动"的测试结果是功能正常和无痛，就存在一种负重情况下髋部外旋稳定性和动作控制功能不良，应推进到"胫部转动"和"下体伸展动作突破行动"。如果"滚动的突破行动"的测试结果是功能不良和无痛，就存在基本的髋部转动稳定性和动作控制功能不良，就推进到"胫部转动评价"和"下体伸展动作突破行动"。如果结果是功能不良和无痛就存在一种髋关节灵活性功能不良或一种组织延展性功能不良或二者兼顾，就推进到"胫部转动评价"和"下体伸展动作突破行动"。

6. 坐姿主动髋部内旋

◆ 评估目的：在髋部屈曲和非负重姿势下，通过髋部主动内旋来评估功能不良或疼痛。

◆ 动作过程：患者呈坐姿，双膝双脚并拢，身体正直，双手放在两侧髂骨顶部。膝部屈曲，与骨盆平行，髋部内旋。一旦达到内旋动作外侧最远点，使用量角器测量角度，观察无痛情况下双侧各内旋 30 度角的能力。当髋部屈曲达到 90 度时，能了解全面的髋关节灵活性。

◆ 功能评估：能够双侧内旋大于 30 度角，即功能正常和无痛。不能够执行，不出现或出现疼痛，即功能正常和疼痛、功能不良和疼痛或功能不良和无痛。如果结果是功能正常和无痛，就推进到"俯卧主动髋部内旋"。如果结果是功能不良和无痛、功能正常和疼痛或功能不良和疼痛，就推进到"坐姿被动髋部内旋"。

7. 坐姿被动髋部内旋

◆ 评估目的：在髋部屈曲和非负重姿势下，通过髋部被动内旋来评估功能不良或疼痛。

◆ 动作过程：患者呈坐姿，双膝双脚并拢，身体正直，双手放在两侧髂骨顶部。内旋患者髋部，保持膝部屈曲姿势与腿部被动状态。一旦患者达到内旋动作的外侧最远点，使用量角器测量角度，观察无痛情况下双侧各内旋 30 度角的能力。比较髋部主动和被动内旋的角度是否在 10 度以内。

◆ 功能评估：能够双侧内旋大于 30 度角，即功能正常和无痛。不能够执行，不出现或出现疼痛，即功能正常和疼痛、功能不良和疼痛或功能不良和无痛。如果测试结果是功能正常和无痛，推进到"俯卧主动髋部内旋"。如果结果是功能不良和无痛、功能正常和疼痛或功能不良和疼痛，就推进到"坐姿主动髋部内旋"。如果测试结果是功能正常和疼痛或功能不良和疼痛，就停止测试并针对问题进行治疗。如果结果是功能不良和无痛，存在髋部屈曲情况下的受限髋关节灵活性功能不良或组织延展性功能不良，就推进到"俯卧主动髋部内旋"。

8. 俯卧主动髋部内旋

◆ 评估目的：在髋部伸展和非负重姿势下，通过髋部主动内旋来评估功能不良或疼痛。

◆ 动作过程：患者俯卧于治疗台，双膝屈曲。在稳定骨盆的情况下，患者放下腿或保持膝部屈曲姿势内旋髋部。一旦达到内旋最远点，使用量角器测量角度，观察无痛情况下双侧各外旋 30 度角的能力。注意在保持髋部伸展姿势的情况下，髋部肌肉组织和支持性软组织的灵活性。

◆ 功能评估：能够双侧外旋大于 30 度角，即功能正常和无痛。不能够执行，不出现或出现疼痛，即功能正常和疼痛、功能不良和疼痛或功能不良和无痛。如果结果是功能正常和无痛，且"坐姿被动髋部内旋"结果是功能不良和疼痛，就停止测试并针对问题进行治疗。

如果坐姿主动或被动内旋的测试结果是功能正常和无痛，就存在一种负重髋部内旋稳定性和动作控制功能不良，应推进到"胫部转动"和"下体伸展动作突破行动"。如果各种滚动动作模式的测试结果是功能不良和无痛，就存在基本的髋部转动稳定性和动作控制功能不良，就应推进到"胫部转动"和"下体伸展动作突破行动"。如果测试结果是功能不良和无痛、功能不良和疼痛或功能正常和疼痛，就推进到"俯卧被动髋部内旋""胫部转动"和"下体伸展动作突破行动"。

9.俯卧被动髋部内旋

◆ 评估目的：在髋部伸展和非负重姿势下，通过髋部被动内旋来评估功能不良或疼痛。

◆ 动作过程：患者俯卧于治疗台，双膝屈曲。在稳定骨盆的情况下，放下患者的腿或保持膝部屈曲姿势内旋髋部。一旦达到患者动作的最远点，使用量角器测量角度，观察无痛情况下双侧各外旋30度角的能力。注意在保持髋部伸展姿势的情况下，髋部肌肉组织和支持性软组织的灵活性。

◆ 功能评估：能够双侧外旋大于30度角，即功能正常和无痛。不能够执行，不出现或出现疼痛，即功能正常和疼痛、功能不良和疼痛或功能不良和无痛。如果坐姿主动或被动内旋测试的结果是功能正常和无痛，就推进到"多环节转动模式突破"。如果"多环节转动模式突破"测试的结果是功能不良和疼痛或功能正常和疼痛，就停止测试并针对问题进行治疗。如果"多环节转动模式突破"测试的结果是功能正常和无痛，就存在一种负重髋部内旋稳定性和动作控制功能不良，就推进到"胫部转动"和"下体伸展动作突破行动"。如果"滚动的突破行动"的结果是功能不良和无痛，就存在一种髋部伸展情况下内旋的髋关节功能不良和组织延展性功能不良，就推进到"胫部转动"和"下体伸展动作突破行动"。

（八）胫部转动模式突破

1.坐姿主动胫部内旋

◆ 评估目的：在非负重姿势下，通过主动内旋胫部来评估功能不良或疼痛。

◆ 动作过程：患者呈坐姿，双膝屈曲90度角，身体正直，双臂体侧下垂。在膝部屈曲情况下内旋脚部，一旦达到动作最远点，使用量角器测量角度，观察无痛情况下胫部向两侧各内旋20度角。膝部屈曲90度时，能全面反映胫部转动情况。

◆ 功能评估：能够内旋20度角，即功能正常和无痛。不能够执行，不出现或出现疼痛，即功能正常和疼痛、功能不良和疼痛或功能不良和无痛。如果结果是功能正常和无痛，胫部内旋就是正常的，就推进到"下体伸展动作突破行动"检查。如果功能正常和疼痛、功能不良和疼痛或功能不良和无痛，就推进到"坐姿被动胫部内旋"。

2.坐姿被动胫部内旋

◆ 评估目的：在非负重姿势下，使胫部被动内旋来评估功能不良或疼痛。

◆ 动作过程：患者呈坐姿，双膝屈曲90度角，身体正直，双臂体侧下垂。膝部屈曲情况下内旋患者脚部。一旦达到动作最远点，使用量角器测量角度，观察无痛情况下胫部向两侧各内旋到20度角。膝部屈曲90度时，能全面反映胫部转动情况。

◆ 功能评估：能够内旋20度角，即功能正常和无痛。不能够执行，不出现或出现疼痛，即功能正常和疼痛、功能不良和疼痛或功能不良和无痛。如果结果是功能正常和无痛，就存在着一种胫部转动稳定性和动作控制功能不良。如果功能不良和无痛，就存在一种胫部内旋组织延展性功能不良或关节灵活性功能不良或二者兼顾。如果功能正常和疼痛、功能不良和疼痛，就停止测试并针对问题进行治疗。

3.坐姿主动胫部外旋

◆ 评估目的：在非负重姿势下，主动外旋胫部来评估功能不良或疼痛。

◆ 动作过程：患者呈坐姿，双膝屈曲90度角，身体正直，双臂体侧下垂。膝部屈曲情况下主动外旋一只脚。一旦达到动作最远点，使用量角器测量角度，观察无痛情况下胫部向双侧各外旋至 20 度角。膝部屈曲 90 度时，能全面反映胫部转动情况。

◆ 功能评估：能够外旋 20 度角，即功能正常和无痛。不能够执行，不出现或出现疼痛，即功能正常和疼痛、功能不良和疼痛或功能不良和无痛。如果是功能正常和无痛，胫部外旋就是正常的，推进到"下体伸展动作突破行动"检查。如果功能正常和疼痛、功能不良和疼痛或功能不良和无痛，就推进到"坐姿被动胫部外旋"。

4. 坐姿被动胫部外旋

◆ 评估目的：在非负重姿势下，通过外旋患者胫部来评估功能不良或疼痛。

◆ 动作过程：患者呈坐姿，双膝屈曲 90 度角，身体正直，双臂体侧下垂。膝部屈曲情况下外旋患者一只脚。一旦达到动作最远点，使用量角器测量角度，观察无痛情况下胫部向双侧各外旋到 20 度角。膝部屈曲 90 度时，能全面反映胫部转动情况。

◆ 功能评估：能够外旋 20 度角，即功能正常和无痛。不能够执行，不出现或出现疼痛，即功能正常和疼痛、功能不良和疼痛或功能不良和无痛。如果结果是功能正常和无痛，就存在着一种胫部转动稳定性和动作控制功能不良。如果功能正常和疼痛、功能不良和疼痛，就停止测试并针对问题进行治疗。

（九）单腿站立的动作模式突破

1. 前庭平衡感觉

◆ 评估目的：评估前庭、身体感觉和视觉输入信息对姿势控制的影响，是一种综合感觉策略平衡测试。

◆ 动作过程：测试患者在四种渐进难度的感觉条件下，保持正直姿势的能力。每一种难度测试 20 秒，观察身体的过度摇摆和失去平衡情况。①双眼睁开，在坚硬表面正常支撑；②双眼闭合，在坚硬表面正常支撑；③双眼睁开，在泡棉垫上正常支撑；④双眼闭合，在泡棉垫上正常支撑。修正测试程序，增加动态头部倾斜动作，提高临床敏感性。指导患者左耳向左肩倾斜－头部回到正直－右耳向右肩倾斜－头部回到正直－头部向前倾斜－头部回到正直－头部向后倾斜－头部回到正直。以 1 秒为间歇，8 秒完成。可以设置每分钟 60 次节拍。

◆ 功能评估：在稳定和不稳定的支撑面、双眼睁开和闭合情况下，都能保持稳定，即功能正常和无痛。不能够执行，不出现或出现疼痛，即功能正常和疼痛、功能不良和疼痛或功能不良和无痛。如果结果是功能正常和无痛，就推进到"半跪窄基础"。如果功能正常和疼痛、功能不良和疼痛，存在着一种前庭功能不良，则请临床医生诊断。

2. 半跪窄基础

◆ 评估目的：减少支持单腿站立所需的灵活性。

◆ 动作过程：患者形成半跪姿势，双脚和膝部在一条直线上。如果不适，就垫上垫子。

◆ 功能评估：能保持平衡，即功能正常和无痛；不能够执行，不出现或出现疼痛，即功能正常和疼痛、功能不良和疼痛或功能不良和无痛。如果是功能正常和无痛，而动态腿部摆动测试是功能不良和无痛或疼痛，就执行髋部局部力学测试和推进到"踝部的突破行动"。如果功能正常和无痛，而动态腿部摆动测试结果功能正常和无痛，就推进到"踝部的突破行动"。

如果是功能正常和疼痛、功能不良和疼痛或功能不良和无痛，则推进到"滚动的突破行动"。如果"滚动的突破行动"测试是功能正常和无痛，就推进到"四点支撑对角线动作"。如果

"滚动的突破行动"测试是功能不良和无痛，就存在着一种基本髋部或身体核心部位稳定性和动作控制功能不良或二者兼顾。如果"滚动的突破行动"测试是功能正常和疼痛、功能不良和疼痛，就停止测试并针对问题进行治疗。

3. 四点支撑对角线动作

◆ 评估目的：区分脊柱负重和髋部负重或身体核心部位稳定性功能不良。

◆ 动作过程：患者呈四点支撑姿势，双臂和双腿的大腿与躯干形成90度角。要求患者伸展右臂和左腿，使用右腿和左臂保持平衡。然后另一侧重复相同动作练习。

◆ 功能评估：如果是功能正常和无痛，就存在负重脊柱或髋部或身体核心部位稳定性或动作控制功能不良。如果髋部伸展测试是功能不良和疼痛，就针对问题进行治疗，然后推进到"单腿站立踝部"。如果结果是功能不良和无痛，就存在负重脊柱或髋部或身体核心部位稳定性或动作控制功能不良或二者兼顾。如果髋部伸展或肩部屈曲或二者的结果都是功能不良和无痛，就针对问题进行治疗，然后推进到"单腿站立的动作模式突破"。如果功能正常和疼痛、功能不良和疼痛，就停止测试并针对问题进行治疗。

（十）踝部的突破行动

1. 脚跟走

◆ 评估目的：帮助确认在矢状面踝部背屈功能的总体限制情况。

◆ 动作过程：双脚脚趾离开地面，形成完全踝部背屈，向前走10步。这是人体使用的第一种平衡策略，伴有足底屈肌向心收缩的闭链踝部背屈。观察不能保持脚尖翘起的每一只脚。

◆ 功能评估：如果结果是功能正常和无痛，推进到"脚趾走"。如果结果是功能正常和疼痛、功能不良和疼痛或功能不良和无痛，就推进到"俯卧被动踝部跖屈"。

2. 俯卧被动踝部背屈

◆ 评估目的：帮助区分一种真正的踝部背屈稳定性问题和一种踝部的灵活性限制。

◆ 动作过程：患者俯卧，膝部屈曲，测量踝部的完全被动背屈。然后，患者膝部屈曲45度角。重复测试后，取两次平均数，作为总体踝部背屈的信息。正常踝部背屈是20度至30度角。

◆ 功能评估：如果结果是功能正常和无痛，就存在一种踝部背屈稳定性和动作控制功能不良，推进到"脚趾走"。如果结果是功能不良和无痛，就存在一种下部后链组织延展性功能不良或关节灵活性功能不良或二者兼顾，推进到"脚趾走"。如果结果是功能正常和疼痛或功能不良和疼痛，就停止测试并针对问题进行治疗。

3. 脚趾走

◆ 评估目的：帮助确认在矢状面踝部跖屈的总体限制情况。

◆ 动作过程：双脚脚跟离开地面，形成完全踝部跖屈，向前走10步。观察不能保持脚跟提起的脚。

◆ 功能评估：如果结果是功能正常和无痛，就推进到"坐姿踝部内翻和外翻"。如果结果是功能正常和疼痛、功能不良和疼痛或功能不良和无痛，就推进到"俯卧被动踝部跖屈"。

4. 俯卧被动踝部跖屈

◆ 评估目的：帮助区分一种真正的踝部跖屈稳定性问题和一种踝部的灵活性限制。

◆ 动作过程：患者俯卧，膝部屈曲，测量踝部的完全被动跖屈。然后，患者膝部屈曲45

度角。重复测试后，取两次平均数，作为总体踝部背屈的信息。正常踝部跖屈是 30 度至 40 度角。

◆ 功能评估：如果结果是功能正常和无痛，就存在一种踝部跖屈稳定性和动作控制功能不良，推进到"坐姿踝部内翻和外翻"。如果结果是功能不良和无痛，就存在一种下部前链组织延展性功能不良或关节灵活性功能不良或二者兼顾，推进到"坐姿踝部内翻和外翻"。如果结果是功能正常和疼痛或功能不良和疼痛，就停止测试并针对问题进行治疗。

5. 坐姿踝部内翻和外翻

◆ 评估目的：确认额状面踝部内翻和外翻的总体灵活性限制情况。

◆ 动作过程：患者坐在椅子上，双膝与骨盆同宽分开，双脚平放于地面，脚趾指向前方。然后患者进行双脚踝部内翻和外翻，保持内翻外翻姿势前后移动身体 10 秒。由于踝关节限制，许多人使用髋部做这个动作，应该在双膝双髋不产生动作的情况下做动作。

◆ 功能评估：如果结果是外翻或内翻功能不良，就存在一种踝部外翻关节灵活性或组织延展性功能不良或稳定性和动作控制功能不良或三者兼顾。执行脚部和踝部局部生物力学检查。

（十一）双臂头上举深蹲的突破行动

1. 手指颈后交叉深蹲

◆ 评估目的：排除上体参与因素和降低执行下蹲动作所需的动态稳定性水平。

◆ 动作过程：双手放在颈后，双肘朝前，然后完全深蹲。脚跟接触地面，脚趾指向前方。

◆ 功能评估：能够在不出现疼痛的情况下做出完全下蹲，即功能正常和无痛。不能完全下蹲或下蹲时出现疼痛，即功能正常和疼痛、功能不良和疼痛或功能不良和无痛。如果结果是功能正常和无痛，就推进"伸展突破行动"检查。如果结果是功能正常和疼痛、功能不良和疼痛或功能不良和无痛，就推进到"辅助深蹲"。

2. 辅助深蹲

◆ 评估目的：在不需要动态稳定性的情况下，观察下体各个关节真正的对称灵活性，并且赋予动作模式更大的灵活性，来调查未被发现的激发疼痛情况。

◆ 动作过程：指导者抓住患者双手，要求患者完全深蹲。如果患者能够下降身体进入深蹲姿势，则提起双手超过患者头部，让其自然地完成动作。注意脚跟接触地面，脚趾指向前方，双踝完全背屈。

◆ 功能评估：能够在不出现疼痛的情况下做出完全下蹲，即功能正常和无痛。不能完全下蹲或下蹲时出现疼痛，即功能正常和疼痛、功能不良和疼痛或功能不良和无痛。如果结果是功能正常和无痛，就存在身体核心部位稳定性功能不良或动作控制功能不良。如果结果是功能正常和疼痛、功能不良和疼痛或功能不良和无痛，就推进到"半跪踝部背屈"。

3. 半跪踝部背屈

◆ 评估目的：评估踝部灵活性。

◆ 动作过程：患者一只脚放在凳子上或一条腿的膝部跪地、另一条腿的脚在前。然后尽可能远地前倾身体到前面的脚上方，脚跟不得离开地面或凳子。观察膝部是否能够向前移动超过脚趾至少 4 英寸。另一侧重复相同测试。

◆ 功能评估：一般认为小腿后部肌群和踝关节的灵活性问题会限制深蹲，下部后链的限制都可能限制闭链的踝部背屈，从而限制完全深蹲。正确踝部背屈是 20 度至 30 度角。能够在出现或不出现疼痛的情况下，使膝部向前移动超过脚趾至少 4 英寸或出现疼痛而不能使膝部向前移动超过脚趾至少 4 英寸，即功能正常和疼痛、功能不良和疼痛或功能不良和无痛。不能使膝部向前移动超过脚趾至少 4 英寸，即功能不良和无痛。如果结果是功能正常和疼痛、功能不良和疼痛或功能不良和无痛，则推进到"仰卧抱住双腿胫部双膝触胸"。如果结果是功能不良和无痛，就针对下部后链组织延展性功能不良或踝关节灵活性无痛进行治疗。

4.仰卧抱住双腿胫部双膝触胸

◆ 评估目的：检查非负重姿势下双髋、双膝和脊柱的灵活性。区分髋部和膝部灵活性问题。

◆ 动作过程：患者仰卧收起双膝，然后抱住双腿胫部，使双腿接触肋廓下部，小腿后肌群接触大腿后肌群。如果膝部紧张，不能使小腿肌群接触大腿肌群，就让患者抱住双腿的大腿重复拉引动作。

◆ 功能评估：能够在不出现疼痛的情况下拉引双膝至胸壁，即功能正常和无痛。不能拉引或出现疼痛，即功能动作不良和疼痛、功能正常和疼痛或功能不良和无痛。如果结果是功能动作不良和疼痛、功能正常和疼痛或功能不良和无痛，就推进到"仰卧抱住双腿胫部双膝触胸"。如果结果是功能正常和无痛，而踝部背屈测试结果是功能不良和无痛，就可以认为双膝、双髋和身体核心部位功能正常。如果踝部背屈测试结果是功能不良和疼痛或功能正常和疼痛，就治疗踝部的疼痛。而如果踝部背屈测试结果也是功能正常和无痛，患者就存在一种负重身体核心部位、膝部或髋部稳定性和动作控制功能不良，但要排除"多环节伸展动作模式突破行动"。

5.仰卧抱住双腿胫部双膝触胸

◆ 评估目的：快速确认是否由于某种髋部或膝部功能不良，造成下蹲过程灵活性受限。在抱住胫部动作不能执行时采用此测试。

◆ 动作过程：患者仰卧收起双膝，然后抱住双腿大腿拉引接触肋廓下部。

◆ 功能评估：如果不能抱住双腿大腿拉引接触肋廓下部，就存在髋部功能不良。如果能够在不出现疼痛的情况下拉引双膝至胸壁，即功能正常和无痛。不能拉引或出现疼痛，即功能动作不良和疼痛、功能正常和疼痛或功能不良和无痛。如果结果是功能正常和无痛，就存在膝关节灵活性功能不良或下部前链组织延展性功能不良或二者兼顾。如果结果是功能不良和无痛，则存在一种髋关节灵活性功能不良或后链组织延展性功能不良。记住，如果这里没有排除膝关节灵活性问题，则推进到"多环节伸展动作模式突破行动"。如果结果是功能不良和疼痛或功能正常和疼痛，就停止测试，治疗疼痛。

（十二）滚动的突破行动

1.俯卧至仰卧滚动上体

◆ 评估目的：观察上体上四分之一，从俯卧至仰卧姿势，头部和颈部脊柱协调滚动的各种动作。观察动作控制和对称性。

◆ 动作过程：俯卧，双腿伸展，双臂在头部上方屈曲。患者右臂引导，滚动至仰卧姿势。另一侧重复相同动作测试。注意身体核心部位稳定性和全身环节负载的良好顺序。

◆ 功能评估：能够或不能滚动，即功能正常或功能不良和无痛。如果结果是功能正常或功能不良和无痛，就推进到"俯卧至仰卧滚动下体"。

2. 俯卧至仰卧滚动下体

◆ 评估目的：观察上体下四分之一，从俯卧至仰卧姿势，头部和颈部脊柱协调滚动的各种动作。观察动作控制和对称性。

◆ 动作过程：俯卧，双腿伸展，双臂在头部上方屈曲。患者右腿引导，滚动至仰卧姿势。另一侧重复相同动作测试。注意身体核心部位的稳定性和全身环节负载的良好顺序。

◆ 功能评估：能够或不能滚动，即功能正常或功能不良和无痛。如果结果是功能正常或功能不良和无痛，就推进到"仰卧至俯卧滚动上体"。

3. 仰卧至俯卧滚动上体

◆ 评估目的：观察上体上四分之一，从仰卧至俯卧姿势，头部和颈部脊柱协调滚动的各种动作。观察动作控制和对称性。

◆ 动作过程：患者仰卧，双腿伸展，双臂在头部上方屈曲。患者右腿引导，主动滚动至仰卧姿势。另一侧重复相同动作测试。注意身体核心部位稳定性和全身环节负载的良好顺序。

◆ 功能评估：能够或不能滚动，即功能正常或功能不良和无痛。如果结果是功能正常或功能不良和无痛，就推进到"仰卧至俯卧滚动下体"。

4. 仰卧至俯卧滚动下体

◆ 评估目的：观察上体下四分之一和骨盆，从仰卧至俯卧姿势，头部和颈部脊柱协调滚动的各种动作。观察动作控制和对称性。

◆ 动作过程：患者仰卧，双腿伸展，双臂在头部上方屈曲。患者右腿引导，主动滚动至仰卧姿势。另一侧重复相同动作。注意：身体核心部位的稳定性和全身环节负载的良好顺序。

◆ 功能评估：能够或不能滚动，即功能正常或功能不良和无痛。如果出现疼痛，即功能正常或功能不良和疼痛。如果结果是功能正常和无痛或功能不良和无痛，在以上的各个测试中就不存在各种功能不良和无痛的情况，就参照"滚动模式结果"中的功能正常和无痛的内容进行评价。

（李镌、周振华编写）

【思考题】

1. 简述功能性训练组织与实施的系统结构，并结合实际谈谈你的不同见解。
2. 简述功能动作筛查概念及其积极作用。谈谈功能动作筛查过程中应该注意的事项。
3. 简述选择性功能动作评估概念及其临床意义。举例并分析动作不良或疼痛问题。
4. 针对不同关节运动谈谈功能性突破行动。
5. 结合运动专项举例分析功能性突破行动与运动防护的关系。

第七章　功能性训练基本手段

【本章导读】　功能性训练是以最大限度地避免运动损伤风险，提高动作效率，促进运动水平提高而设计的动作模式训练。训练的是动作，而不是肌肉，因为动作训练必然会对肌肉产生影响，而针对肌肉的训练不一定会对动作产生预期效果。本章根据功能性训练内容板块介绍功能动作训练体系，作为功能性训练手段设计的范式。这个动作设计体系参照《身体功能训练动作手册》分为支柱准备训练、动作准备训练、快速伸缩复合训练、动作技能整合训练、力量爆发力训练、软组织再生训练、拉伸训练七个板块。由于功能性训练仿真人体的自然状态训练，所以训练环境不一定局限于健身房或专门的训练场地，可以回归大自然，合理利用水环境、森林、湖泊场景进行动作设计与组织实施。

第一节　支柱准备训练

一、肩部训练

肩部训练手段依据I、T、Y、W、L字形或两两结合设计基本动作模式，以激活肩胛骨周围肌群，提高肩部稳定性，预防肩部运动损伤为主要目的，采用徒手或结合非稳定器械进行练习。负荷控制：每个动作5~10次为一组，进行3~5组，组间间歇30~60秒。

（一）俯卧练习

1. 俯卧-I字（图7-1-1）

◆ 动作过程：俯卧于垫子上，双臂伸直贴近耳侧与躯干形成"I"字。双侧肩胛骨向内向下收紧，双臂抬起2~3厘米，保持3~5秒。回到起始姿势，完成规定次数。保持腹部收紧，拇指向上，肩胛骨收紧后抬起手臂。

◆ 动作功能：激活肩带及上背部肌群。

2. 俯卧-Y字（图7-1-2）

◆ 动作过程：俯卧于垫子上，双臂外展与躯干成"Y"字。双侧肩胛骨向内向下收紧，双臂抬起2~3厘米，保持3~5秒。回到起始姿势，完成规定次数。保持腹部收紧，拇指向上，肩胛骨收紧后抬起手臂。

◆ 动作功能：激活肩带及上背部肌群。

3. 俯卧-T字（图7-1-3）

◆ 动作过程：俯卧于垫子上，双臂外展与躯干成"T"字。双侧肩胛骨向内向下收紧，双臂抬起2~3厘米，保持3~5秒。回到起始姿势，完成规定次数。保持腹部收紧，拇指向上，肩胛骨收紧后抬起手臂。

◆ 动作功能：激活肩带及上背部肌群。

图7-1-1　俯卧-I字　　　　　　　　图7-1-2　俯卧-Y字

4. 俯卧-W字(图7-1-4)

◆ 动作过程：俯卧于垫子上,双肘打开,屈肘90度与躯干成"W"字。双侧肩胛骨向内向下收紧,双臂抬起2~3厘米,保持3~5秒。回到起始姿势,完成规定次数。保持腹部收紧,拇指向上,肩胛骨收紧后抬起手臂。

◆ 动作功能：激活肩带及上背部肌群。

图7-1-3　俯卧-T字　　　　　　　　图7-1-4　俯卧-W字

(二)站姿练习

1. 站姿-I字(图7-1-5)

◆ 动作过程：运动基本姿站立,挺胸抬头,背部平直,双手放于身体两侧。双侧肩胛骨向内向下收紧,然后双手抬起举过头顶与躯干成"I"字。回到起始姿势,完成规定次数。保持背部平直、拇指向上,肩胛骨收紧后抬起手臂。

◆ 动作功能：激活肩部及肩胛骨周围肌群。

2. 站姿-Y字(图7-1-6)

◆ 动作过程：运动基本姿势站立,挺胸抬头,背部平直,双手放于身体两侧。双侧肩胛骨向内向下收紧,然后双手抬起举过头顶与躯干形成"Y"字。回到起始姿势,完成规定次数。保持背部平直、拇指向上,肩胛骨收紧后抬起手臂。

◆ 动作功能：激活肩部及肩胛骨周围肌群。

图7-1-5　站姿-I字　　　　　　　　图7-1-6　站姿-Y字

3. 站姿-T字(图7-1-7)

◆ 动作过程：运动基本姿站立,挺胸抬头,背部平直,双手放于身体两侧。双侧肩胛骨向内向下收紧,然后双手侧向抬起,与躯干成"T"字。回到起始姿势,完成规定次数。保持背部平直、拇指向上，肩胛骨收紧后抬起手臂。

◆ 动作功能：激活肩部及上下背部肌群。

4. 站姿－W 字（图 7－1－8）

◆ 动作过程：运动基本姿站立，挺胸抬头，背部平直，双手放于身体两侧屈肘 90 度。双侧肩胛骨向内向下收紧，然后双手侧向抬起，与躯干成"W"字。回到起始姿势，完成规定次数。保持背部平直、拇指向上，肩胛骨收紧后抬起手臂。

◆ 动作功能：激活肩部及肩胛骨周围肌群。

图 7－1－7　站姿－T 字　　　　　　　图 7－1－8　站姿－W 字

5. 站姿－L/Y 字组合（图 7－1－9）

◆ 动作过程：运动基本姿站立，挺胸抬头，身体前倾，背部平直，双手放于身体两侧。肩胛骨向内收紧，肘部上抬至屈肘 90 度，然后前臂向上抬起，形成"L"或者"Y"字。回到起始姿势，完成规定次数。肩胛骨向内收紧，保持屈肘 90 度高度。

◆ 动作功能：激活肩部及上下背部肌群。

图 7－1－9　站姿－L/Y 字组合

（三）瑞士球练习

1. 瑞士球－I 字（图 7－1－10）

◆ 动作过程：俯卧于瑞士球上，背部平直，胸部不能粘贴球。双臂伸直，放于瑞士球两侧。双侧肩胛骨收紧，双臂向前与身体形成"I"字。回到起始姿势，完成规定次数。注意拇指向上，双侧肩胛骨收紧后抬起手臂。

◆ 动作功能：激活肩胛骨周围肌群。

2. 瑞士球－T 字（图 7－1－11）

◆ 动作过程：俯卧于瑞士球上，背部平直，胸部不能粘贴球。双臂伸直，放于瑞士球两侧。双侧肩胛骨收紧，双臂向前与身体形成"T"字。回到起始姿势，完成规定次数。注意拇指向上，双侧肩胛骨收紧后抬起手臂。

◆ 动作功能：激活肩胛骨周围肌群。

图 7 - 1 - 10　瑞士球 - I 字　　　　　　　图 7 - 1 - 11　瑞士球 - T 字

3. 瑞士球 - Y 字（图 7 - 1 - 12）

◆ 动作过程：俯卧于瑞士球上，背部平直，胸部不能粘贴球。双臂伸直，放于瑞士球两侧。双侧肩胛骨收紧，双臂向前与身体形成"Y"字。回到起始姿势，完成规定次数。注意拇指向上，双侧肩胛骨收紧后抬起手臂。

◆ 动作功能：激活肩胛骨周围肌群。

4. 瑞士球 - W/Y 字（图 7 - 1 - 13）

◆ 动作过程：俯卧于瑞士球上，背部平直，胸部不能粘贴球。双臂伸直，放于瑞士球两侧。拇指向上，双侧肩胛骨向内向下收紧，然后抬起手臂与身体形成"W"或者"Y"字。回到起始姿势，完成规定次数。双侧肩胛骨收紧后抬起手臂。

◆ 动作功能：激活肩胛骨周围肌群。

图 7 - 1 - 12　瑞士球 - Y 字　　　　　　　图 7 - 1 - 13　瑞士球 - W/Y 字

5. 瑞士球 - L/Y 字（图 7 - 1 - 14）

◆ 动作过程：俯卧于瑞士球上，背部平直，胸部不能粘贴球。双臂伸直，放于瑞士球两侧。拇指向上，双侧肩胛骨向内向下收紧，然后屈肘向上抬起手臂。屈肘达 90 度时，前臂向上抬起，直至与身体成一个平面，与上臂形成"L"或者"Y"字。回到起始姿势，完成规定次数。注意双侧肩胛骨收紧后屈肘。

◆ 动作功能：激活肩胛骨周围肌群。

图 7 - 1 - 14　瑞士球 - L/Y 字

6. 瑞士球 - 屈伸肩（图 7 - 1 - 15）

◆ 动作过程：双膝跪于地面，双臂屈肘 90 度放于瑞士球上。双膝伸直保持背部成一条直线，双肘撑起瑞士球并向前推出。拉回瑞士球，回到起始位置。重复规定次数。注意完成动作时要保持背部平直。

◆ 动作功能：激活躯干及肩带肌群。

7. 瑞士球 - 俯卧撑（图 7 - 1 - 16）

◆ 动作过程：双脚撑于地面，以俯卧撑姿势双手放于瑞士球上。腹部收紧，降低躯干至胸部，即快要贴住球面。抬起躯干时，保持腹部收紧，尽可能远地推起躯干。运动前，腹肌收紧，当躯干推到最高位置时，肩胛骨尽量向两侧收缩。

◆ 动作功能：激活腹部、臀部、躯干、肩部、胸部及手臂肌群。

图 7 - 1 - 15　瑞士球 - 屈伸肩　　　　图 7 - 1 - 16　瑞士球 - 俯卧撑

8. 瑞士球 - 侧卧侧平举（图 7 - 1 - 17）

◆ 动作过程：仰卧于瑞士球上，球放于肩胛骨下方，臀部收紧，髋部伸直，双臂侧向打开伸直。保持大腿与地面平行，瑞士球滚向左侧，空出右侧肩胛骨。回到起始姿势，再滚向对侧肩胛骨，重复相同动作。保持腹部、背部收紧，保持髋部及肩部与地面平行。

◆ 动作功能：激活躯干、臀部、肩部肌群。

图 7 - 1 - 17　瑞士球 - 侧卧侧平举

（四）其他练习

1. 跪姿 I、T、Y、W、L 字练习（略）

2. 跪撑 - 肩胛骨推（图 7 - 1 - 18）

◆ 动作过程：双手双膝跪姿，双臂伸直。双手推起，使胸部尽可能远离地面。身体下降，回到起始姿势。重复完成规定次数。保持腹部收紧，下颌收紧。

图 7 - 1 - 18　跪撑 - 肩胛骨推

◆ 动作功能：激活躯干肌群。

3. 泡沫轴 - 俯卧 T 字（图 7 - 1 - 19）

◆ 动作过程：俯卧于垫子上，左臂放于泡沫轴上与躯干成 90 度夹角，形成单侧"T"字。肩胛骨向内向下收紧，双臂抬起 2 ~ 3 厘米，保持 3 ~ 5 秒。回到起始姿势，完成规定次数后换对侧练习。运动的过程中保持左臂伸直。

◆ 动作功能：激活肩带及上背部肌群。

4. 泡沫轴 - 俯卧 Y 字(图 7 - 1 - 20)

◆ 动作过程:俯卧于垫子上,左臂放于泡沫轴上与躯干成 45 度夹角,形成单侧"Y"字。肩胛骨向内向下收紧,双臂抬起 2~3 厘米,保持 3~5 秒。回到起始姿势,完成规定次数后换对侧练习。运动过程中保持左臂伸直。

◆ 动作功能:激活肩带及上背部肌群。

图 7 - 1 - 19 泡沫轴 - 俯卧 T 字

图 7 - 1 - 20 泡沫轴 - 俯卧 Y 字

二、腰部训练

腰部训练通过不同姿势、不同器械练习,激活腰壁深层肌群,提高脊柱腰段稳定性,预防脊柱腰段运动损伤。负荷控制:每个动作 5~10 次为一组,进行 1~3 组,组间间歇 30~60 秒。

(一)跪撑练习

1. 跪撑 - 单臂举(图 7 - 1 - 21)

◆ 动作过程:双手双膝跪姿,双臂伸直;腹部收紧,抬起右臂向对角线方向伸出;回到起始姿势,另一侧举手。练习时,身体躯干保持稳定,不出现任何多余动作。

◆ 动作功能:激活肩部及躯干肌群。

2. 跪撑 - 单腿伸(图 7 - 1 - 22)

◆ 动作过程:双手撑起躯干呈双手双膝跪姿,双臂伸直,腹肌收紧;慢慢抬起左腿与躯干成一条直线;回到起始姿势,完成规定次数,换对侧练习。做抬腿动作时不要弓背。

◆ 动作功能:激活躯干及臀部肌群。

图 7 - 1 - 21 跪撑 - 单臂举

图 7 - 1 - 22 跪撑 - 单腿伸

(二)俯撑练习

1. 平板支撑 - 俯卧撑(图 7 - 1 - 23)

◆ 动作过程:呈俯卧撑姿势,腹部收紧,降低身体直至将要触地。双手推起,保持腹部收紧,尽可能使躯干远离地面。注意保持头部、躯干、踝关节成一条直线。

◆ 动作功能:激活躯干肌群。

2. 平板支撑 - 单腿伸(图 7 - 1 - 24)

◆ 动作过程:呈俯卧撑姿势,双脚与肩同宽,双手支撑于肩部正下方。双手抬起形成俯卧平板姿势，保持头部、背部、下肢呈一条直线。保持平板姿势，直腿抬起左脚保持 2 秒。回到起始姿势，换对侧腿练习。注意在保持躯干稳定的前提下，尽可能推高躯干。

◆ 动作功能：激活躯干及臀部肌群。

图 7 - 1 - 23　平板支撑 - 俯卧撑　　　　图 7 - 1 - 24　平板支撑 - 单腿伸

3. 平板支撑 - 单手伸（图 7 - 1 - 25）

◆ 动作过程：呈俯卧撑姿势，双脚与肩同宽，双手支撑于肩部正下方。躯干保持不动，慢慢抬起右臂直至与背部呈一条直线，保持 1 ~ 2 秒。回到起始姿势，换对侧腿练习。注意抬起右手时，重心保持在双脚之间，腹肌收紧，躯干保持不动。

◆ 动作功能：激活肩部及躯干肌群。

4. 平板支撑 - 单手单脚伸（图 7 - 1 - 26）

◆ 动作过程：俯卧撑姿势，双脚与肩同宽，双手支撑于肩部正下方。躯干保持不动，同时抬起右手及左脚直至与背部呈一条直线，保持 1 ~ 2 秒。回到起始姿势，换对侧，完成规定次数。注意抬起手脚时，重心保持在双脚之间，腹肌收紧，躯干保持不动。

◆ 动作功能：激活肩部、躯干及臀部肌群。

图 7 - 1 - 25　平板支撑 - 单手伸　　　　图 7 - 1 - 26　平板支撑 - 单手单脚伸

（三）俯桥练习

1. 俯桥（图 7 - 1 - 27）

◆ 动作过程：呈俯卧姿势，双肘屈肘 90 度，支撑于肩部正下方。双肘用力推起，呈双肘双脚支撑姿势，保持 20 ~ 30 秒。注意保持腹部收紧，尽量推高躯干。

◆ 动作功能：激活躯干肌群。

2. 俯桥单腿伸（图 7 - 1 - 28）

◆ 动作过程：俯卧姿势，双肘屈肘 90 度，支撑于肩部正下方，双脚与肩同宽。双肘用力推起，呈双肘双脚支撑姿势，保持背部成一条直线。保持身体稳定不动，抬起左脚保持 1 ~ 2 秒。放下左腿，抬起右腿，交替进行。腹部收紧，身体稳定成一条直线，尽量推高身体。

◆ 动作功能：激活躯干及臀部肌群。

图 7 - 1 - 27   俯桥

图 7 - 1 - 28   俯桥单腿伸

3. 俯桥单臂伸(图 7 - 1 - 29)

◆ 动作过程:俯卧姿势,双肘屈肘90度,支撑于肩部正下方,双脚与肩同宽。双肘用力推起,呈双肘双脚支撑姿势,保持背部平直成一条直线。保持身体稳定不动,抬起右手保持1~2秒。放下右手,抬起左手,交替进行。腹部收紧,躯干稳定不动,重心位于双脚之间。

◆ 动作功能:激活躯干及肩部肌群。

4. 俯桥 - 单手单脚伸(图 7 - 1 - 30)

◆ 动作过程:俯卧姿势,双肘屈肘90度,支撑于肩部正下方,双脚与肩同宽。双肘用力推起,呈双肘双脚支撑姿势,保持背部平直成一条直线。保持身体稳定不动,同时抬起右手及左脚,保持1~2秒。回到起始姿势,抬起对侧手脚,交替进行。注意保持腹肌收紧,躯干稳定不动,身体重心位于双脚之间。

◆ 动作功能:激活肩部、躯干及臀部肌群。

图 7 - 1 - 29   俯桥单臂伸

图 7 - 1 - 30   俯桥 - 单手单脚伸

(四)侧姿支撑练习

1. 屈膝侧平板撑(图 7 - 1 - 31)

◆ 动作过程:侧卧于地面,双腿屈膝,右手放于肩关节下方。躯干保持一条直线,右手推起髋部离地,手膝撑起身体体重,保持10~15秒,回到起始姿势,然后换对侧进行练习。注意收紧腹部,躯干呈一条直线。

◆ 动作功能:激活肩部、髋部及躯干肌群。

2. 分腿侧平板撑(图 7 - 1 - 32)

◆ 动作过程:侧卧于地板上,右手放于肩关节下方,双脚打开,左脚在前,右手伸直推起躯干,双腿伸直,保持10~15秒后,回到起始姿势,换对侧练习。注意推起躯干时,腹部收紧。收下颌、伸髋,保持躯干呈一条直线,没有任何弯曲。

◆ 动作功能:激活肩部、下肢及躯干肌群。

3. 分腿侧桥撑(图 7 - 1 - 33)

◆ 动作过程:身体呈一条直线,侧卧于地板上,右手放于肩关节下方,双脚打开,左脚在前。右肘屈肘90度推起躯干,双腿伸直,保持10~15秒后,回到起始姿势,换对侧练习。注意推起躯干时,腹部收紧,收下颌、伸髋,保持躯干呈一条直线,没有任何弯曲。

◆ 动作功能:激活肩部、下肢及躯干肌群。

4.侧桥(图7-1-34)

◆ 动作过程:身体呈一条直线侧卧于地板上,右手放于肩关节下方,右肘屈肘90度推起,双腿并拢伸直,保持10~15秒后,回到起始姿势,换对侧练习。注意推起躯干时,腹部收紧,收下颌、伸髋,保持躯干呈一条直线,没有任何弯曲。

◆ 动作功能:激活肩部、下肢及躯干肌群。

图7-1-31　屈膝侧平板　　　　　图7-1-32　分腿侧平板撑

图7-1-33　分腿侧桥撑　　　　　图7-1-34　侧桥

(五)瑞士球练习

1.瑞士球-平板屈膝(图7-1-35)

◆ 动作过程:小腿放于瑞士球上,双手撑地呈俯卧姿势,屈膝尽量向胸部靠近,直至脚尖触及瑞士球顶部。回到起始姿势,完成规定的次数。注意在运动过程中要保持双肘伸直,背部平直和腹部收紧。

◆ 动作功能:激活肩部、腹部及屈髋肌群。

2.瑞士球-单手单脚伸(图7-1-36)

◆ 动作过程:腹部贴于瑞士球上,双手双脚撑地呈俯卧姿势。保持背部平直,同时抬起左手左脚,至手臂、腿与地面平行。回到起始姿势,抬起对侧手脚,完成规定的次数。注意手脚抬起高度与地面平行,不要过高,保持背部平直、手臂及腿部平直。

◆ 动作功能:激活肩部、髋部及躯干肌群。

图7-1-35　瑞士球-平板屈膝　　　　图7-1-36　瑞士球-单手单脚伸

3.瑞士球-卷腹(图7-1-37)

◆ 动作过程:弓背仰卧于瑞士球上,上背部触球,双脚撑地,臀部及肩部自然贴住瑞士球,腹肌有微微牵拉感。注意腹肌收紧,躯干弯曲,肩部推起,卷腹回到起始姿势。

◆ 动作功能：激活腹肌。

4.瑞士球 – 俄罗斯旋转（图7 – 1 – 38）

◆ 动作过程：仰卧于瑞士球上，肩胛骨触球，双脚撑地。肩胛骨向内向下收紧，双臂伸直，双手并拢。腹肌收紧，伸髋保持躯干大腿与地面平行，向左侧转体至双手与地面平行。回到起始姿势，向右转体。注意转体时腹部及臀部要收紧，保持躯干、大腿与地面平行。

◆ 动作功能：激活及牵拉核心区域及髋部肌群。

图7 – 1 – 37　瑞士球 – 卷腹　　　　　图7 – 1 – 38　瑞士球 – 俄罗斯旋转

三、髋部训练

髋部训练通过不同姿势、不同器械进行动作练习，以激活臀大肌的兴奋性为主要目的，提高髋关节稳定性，预防下肢运动损伤。负荷控制：每组5～10次，共1～3组，组间间歇30～60秒。

（一）仰姿练习

1.双腿臀肌桥（图7 – 1 – 39）

◆ 动作过程：仰卧姿，双手放于体侧，屈膝勾脚。臀部收紧抬起髋部，直至肩、躯干、髋、膝在一条直线上，保持3～5秒，回到起始姿势。注意背部不要出现弓型。

◆ 动作功能：激活臀大肌、腘绳肌、下背部肌群。

2.单腿直膝臀肌桥（图7 – 1 – 40）

◆ 动作过程：仰卧于垫子上，双手放于体侧，屈膝勾脚。臀部收紧，抬起髋部，直至肩、躯干、髋、膝在一条直线上，保持臀肌桥姿势，右腿伸直，保持3～5秒。右腿回到起始姿势，抬起左腿，重复右腿的练习。注意在伸腿过程中保持腹部、背部及髋部呈一条直线，不要弓背。

◆ 动作功能：激活臀部、大腿后侧、背部肌群。

图7 – 1 – 39　双腿臀肌桥　　　　　　图7 – 1 – 40　单腿直膝臀肌桥

3.臀肌桥 – 屈膝军步（图7 – 1 – 41）

◆ 动作过程：仰卧于垫子上，双手放于体侧，屈膝勾脚。臀部收紧抬起髋部，直至肩、躯干、髋、膝在一条直线上，保持臀肌桥姿势，屈膝抬起右腿，膝关节尽量向胸部贴近，保持

3~5秒。右腿回到起始姿势，抬起左腿，重复右腿练习。注意在屈膝过程中，膝关节贴近胸部时，髋部保持抬起高度，不要弓背。

◆ 动作功能：激活臀部、大腿后侧、背部肌群。

4. 臀肌桥-迷你带（图7-1-42）

◆ 动作过程：仰卧于垫子上，双手放于体侧，屈膝勾脚，且双腿套上迷你带，置于膝关节上方。臀部收紧抬起髋部，直至肩、躯干、髋、膝在一条直线上，保持臀肌桥姿势3~5秒。注意不要弓背。

◆ 动作功能：激活臀部及髋部外展肌群。

5. 臀肌桥-药球（图7-1-43）

◆ 动作过程：仰卧于垫子上，双手放于体侧，屈膝勾脚，且双膝夹住药球。臀部收紧抬起髋部，直至肩、躯干、髋、膝在一条直线上，保持臀肌桥姿势3~5秒。注意不要弓背。

◆ 动作功能：激活臀部及髋部外展肌群。

图7-1-41　臀肌桥-屈膝军步　　图7-1-42　臀肌桥-迷你带　　图7-1-43　臀肌桥-药球

6. 夹瑞士球-屈髋（图7-1-44）

◆ 动作过程：仰卧于地板上，瑞士球夹于足跟于腘绳肌间，慢慢夹球屈髋，直至骨盆离地，膝关节与胸部贴紧，再慢慢回到起始姿势。注意保持腹肌收紧。

◆ 动作功能：激活核心部位肌群，牵拉下背部肌群。

7. 瑞士球-臀肌桥（图7-1-45）

◆ 动作过程：仰卧于地板上，双手放于身体两侧，足跟放于瑞士球上。双腿伸直，勾起脚尖，臀部收紧且髋部抬起，使肩部、躯干、双腿呈一条直线，保持3~5秒，再慢慢回到起始姿势。注意保持腹部、臀部收紧，身体呈一条直线。

◆ 动作功能：激活臀部、股后、背部肌群。

图7-1-44　夹瑞士球屈髋　　　　　图7-1-45　瑞士球-臀肌桥

8. 瑞士球-单腿臀肌桥（图7-1-46）

◆ 动作过程：仰卧于地板上，双手放于身体两侧，足跟放于瑞士球上。双腿伸直，勾起脚尖，臀部收紧且髋部抬起，使肩部、躯干、双腿呈一条直线。直膝抬起右腿，保持3~5秒，再慢慢回到起始姿势，直膝抬起左腿，重复右腿的练习。腹部、臀部收紧，身体呈一条直线。

◆ 动作功能：激活臀部、股后、背部肌群。

图 7 – 1 – 46　瑞士球 – 单腿臀肌桥

9. 瑞士球 – 军步臀肌桥(图 7 – 1 – 47)

图 7 – 1 – 47　瑞士球 – 军步臀肌桥

◆ 动作过程:仰卧于地板上,双手放于身体两侧,足跟放于瑞士球上,双腿伸直,勾起脚尖,臀部收紧且髋部抬起,使肩部、躯干、双腿呈一条直线。屈膝抬起右腿,保持3~5秒,再慢慢回到起始姿势,屈膝抬起左腿,重复右腿练习。腹部、臀部收紧,身体呈一条直线。

◆ 动作功能:激活臀部、股后、背部肌群。

(二)侧卧练习

1. 直膝髋外展(图 7 – 1 – 48)

◆ 动作过程:侧卧于垫子上,头枕手臂,且躯干保持一条直线,双腿伸直,双脚勾脚尖,抬起左腿,保持双脚勾脚尖姿势3~5秒,再慢慢回到起始姿势,换对侧重复练习。注意保持腹部收紧,臀部外侧肌群发力抬腿,且保持双脚勾脚尖姿势。

◆ 动作功能:激活臀部外侧肌群。

2. 屈膝髋外展(图 7 – 1 – 49)

◆ 动作过程:侧卧于垫子上,头枕手臂,且躯干保持一条直线,双膝微屈,双脚勾脚尖,脚跟并拢,左膝上抬,保持3~5秒,再慢慢回到起始姿势,换对侧重复练习。注意保持腹部收紧,股后肌群放松,且外展髋部肌群收紧。

◆ 动作功能:激活髋外展肌群。

图 7 – 1 – 48　直膝髋外展

图 7 – 1 – 49　屈膝髋外展

3. 直膝髋外展 – 迷你带(图 7 – 1 – 50)

◆ 动作过程:侧卧于垫子上,头枕手臂,且躯干保持一条直线,双腿套住迷你带,置于膝关节上方,双腿伸直,双脚勾脚尖,抬起左腿,保持双脚勾脚尖姿势3~5秒,再慢慢回到起始姿势,换对侧重复练习。保持腹部收紧,臀部外侧肌群发力抬腿且保持双脚勾脚尖姿势。

◆ 动作功能:激活臀部外侧肌群。

4.屈膝髋外展 – 迷你带(图 7 – 1 – 51)

◆ 动作过程:侧卧于垫子上,头枕手臂,躯干保持一条直线,双腿套住迷你带,置于膝关节上方,双膝微屈,双脚勾脚尖,脚跟并拢,左膝上抬,保持双脚勾脚尖姿势 3 ~ 5 秒,再慢慢回到起始姿势,换对侧重复练习。腹部收紧,股后肌群放松,外展髋部肌群收紧。

◆ 动作功能:激活髋外展肌群。

图 7 – 1 – 50　直膝髋外展 – 迷你带　　　　　图 7 – 1 – 51　屈膝髋外展 – 迷你带

(三)跪撑练习

1.跪撑 – 伸髋(图 7 – 1 – 52)

◆ 动作过程:呈双肘伸直且双膝跪地姿势,腹部收紧,双手推起躯干,保持双膝屈膝,向上举起左腿,回到起始姿势,抬起右腿。注意背部不出现弓形。

◆ 动作功能:激活臀部肌群。

2.跪撑 – 髋外展(图 7 – 1 – 53)

◆ 动作过程:呈双肘伸直且双膝跪地姿势,腹部收紧,双手推起躯干,保持双膝屈膝,侧向慢慢举起左腿,回到起始姿势,再抬起右腿。注意保持躯干不动。

◆ 动作功能:激活臀部肌群。

图 7 – 1 – 52　跪撑 – 伸髋　　　　　　　　图 7 – 1 – 53　跪撑 – 髋外展

(四)俯卧练习

1.瑞士球 – 交替伸髋(图 7 – 1 – 54)

◆ 动作过程:俯卧于瑞士球上,腹部贴球,保持背部平直,抬起左腿,保持 3 ~ 5 秒,回到起始姿势,抬起右腿。注意保持躯干平直,双腿伸直且勾脚尖。

◆ 动作功能:激活肩部、臀部肌群。

2.瑞士球 – 双腿伸髋(图 7 – 1 – 55)

◆ 动作过程:双手双脚撑地,俯卧于瑞士球上,腹部贴球,腹部、臀部收紧,头部、背部及脚跟在一条直线上,脚跟并拢且双肘伸直,臀肌收缩且屈肘,使双脚抬起至更高的高度。注意保持背部平直,双腿一直保持伸直与并拢。

◆ 动作功能:激活肩部、臀部肌群。

图 7 - 1 - 54　瑞士球 - 交替伸髋

图 7 - 1 - 55　瑞士球 - 双腿伸髋

四、训练设计

躯干支柱准备的目的是通过提高身体核心部分的关节稳定性，为人体运动提供良好的身体姿势和关节排列顺序，从而提高全身能量的传递效率。如果把躯干的盆腔看作是一栋房子的话，那么腹直肌就是房子的前门，腹外斜肌和腹内斜肌就是两侧的墙壁，腹横肌是房子的后墙，膈肌是房子的屋顶，而骨盆就是这座房子的地基。如果骨盆不稳定，那么脊柱一定不会处于稳定和良好的姿势上。因此躯干支柱准备的第一步是通过髋部力量练习激活盆腔周围肌肉，增加骨盆稳定性。然后进行脊柱腰段力量练习，增强躯干整体的稳定性，建立良好的身体姿态。最后，进行肩部力量练习，平衡发展肩部肌群，有效预防肩部运动损伤的发生。具体情况可参考表 7 - 1 - 1。

表 7 - 1 - 1　躯干支柱准备的动作练习顺序及动作难度

项目	练习顺序	初级动作	中级动作	高级动作
髋部训练	第一部分	全支撑	三点支撑	两点支撑
腰段训练	第二部分	四点支撑	三点支撑	两点支撑
肩部训练	第三部分	全支撑	两点支撑	器械支撑

一个完整的躯干支柱准备训练包括三个部分：髋部训练、脊柱腰段训练和肩部训练。可根据运动项目、训练时间和运动员需要预康复的部位，有针对性地选择训练内容，并依据动作难度的不同，循序渐进地设计动作模式。

每部分练习按照难度等级选取 1~2 个动作，每个动作 5~10 次为一组，练习 1~3 组，一个训练周期为 3 周。第一周为基本练习周，以基本动作为主，通过反复多次练习促进运动员尽快掌握技术动作。第二周为强化练习周，可以逐步精简训练内容，但要提高动作质量。第三周为个性化练习周，此时运动员已经理解支柱准备练习的原理并掌握了大部分动作模式，教练员可以根据项目特点、训练周期安排、运动员的自身健康状态适时变换练习顺序、适当增减训练内容，在有效激活深层稳定性肌群、脊柱、骨盆、髋部各关节稳定性的基础上，增加躯干支柱力量练习内容的灵活性和多样性，使训练单元更加高效，例如肩部基础、强化、个性化训练计划（表 7 - 1 - 2、表 7 - 1 - 3、表 7 - 1 - 4）。

表 7-1-2 基础训练计划

第一天	第二天	第三天	第四天	第五天
俯卧-T字	俯卧-T字	俯卧-I字	俯卧-I字	俯卧-I字
俯卧-Y字	俯卧-Y字	站姿-T字	站姿-L字	站姿-L字
俯卧-W字	俯卧-W字	站姿-Y字	站姿-L/Y组合	站姿-L/Y组合

表 7-1-3 强化训练计划

第一天	第二天	第三天	第四天	第五天
站姿-T字	站姿-L字	站姿-T字	瑞士球-L字	瑞士球-L字
站姿-Y字	站姿-L字	站姿-Y字	瑞士球-L字	瑞士球-L/Y字
站姿-W字	站姿-L字	站姿-W字	瑞士球-L字	瑞士球-W/Y组合

表 7-1-4 个性化训练计划

第一天	第二天	第三天	第四天	第五天
站姿-T字	站姿-W字	站姿-L/Y组合	瑞士球-L字	瑞士球-W字
站姿-Y字	站姿-W字	站姿-L/Y组合	瑞士球-L/Y组合	瑞士球-W/Y组合
站姿-W字	站姿-W字	站姿-L/Y组合	瑞士球-L/Y组合	瑞士球-W/Y组合

第二节 动作准备训练

一、臀部肌群激活

激活臀部肌群，加强臀大肌在动作模式中的主动发力，可以减轻因臀部肌肉的薄弱而带来的膝关节伤痛。一般情况下，可将迷你带置于膝关节上侧3~5厘米处，或者增加难度，使用两根迷你带，另一根置于踝关节上侧3~5厘米处，或者选择不同阻力的迷你带来调节练习难度。可以根据个人特点，负荷控制：每组5~10次，练习1~3组，组间间歇30~60秒。

(一)原地练习

1.迷你带-深蹲(图7-2-1)

◆ 动作过程：直立姿正常站位，双脚与肩同宽，双手自然垂于体侧，背部挺直，腹肌收紧。下蹲至大腿与地面平行的同时双手抬起，膝盖不超过脚尖，脚尖始终向前，始终保持背部平直和双膝间的距离，膝关节不因迷你带弹力而内扣。

◆ 动作功能：激活臀部、大腿肌群。

2.迷你带-运动姿-单腿外旋(图7-2-2)

◆ 动作过程：运动基本姿站位，双脚与肩同宽，双手自然放在髋关节的位置，背部挺直，腹肌收紧，保持左腿固定，右腿内扣、外展。回到起始姿势，重复规定次数，再换腿练习。注意保持双脚平行,贴紧地面,保持非运动腿稳定。

图7-2-1 迷你带-深蹲

图7-2-2 迷你带-运动姿-单腿外旋

◆ 进阶练习:双腿同时内扣和外展,即迷你带-运动姿-双腿外旋(髋关节外旋)(图7-2-3)。

3.迷你带-运动姿-单腿后蹬(图7-2-4)

◆ 动作过程:运动基本姿单腿站位,左腿抬离地面3~5厘米,双臂微屈,背部挺直,腹肌收紧。保持身体平衡,左腿向后慢慢蹬出,收紧左侧臀部,至左腿与背部保持一条直线,左脚回位,重复规定次数,换对侧练习。注意保持身体稳定,迷你带在蹬伸时处于拉紧状态。

图7-2-3 迷你带-运动姿-双腿外旋

图7-2-4 迷你带-运动姿-单腿后蹬

(二)纵向运动

1.迷你带-运动姿纵向走(图7-2-5)

◆ 动作过程:运动基本姿站位,双脚与肩同宽,双臂微屈,背部挺直,腹肌收紧。左脚向前迈出一个步长距离,右脚再向前迈出一个步长距离,双手呈对侧摆臂,循环往复,完成规定次数。注意保持双膝分离,防止膝盖内扣,脚尖指向前方,迷你带处于拉紧状态。

2.迷你带-分腿姿纵向走(图7-2-6)

◆ 动作过程:运动分腿姿站位,双脚前后将近一个脚长的距离,双臂微屈,背部挺直,腹肌收紧。右脚向前迈出一个步长距离,左脚再向前迈出一个步长距离,循环往复,完成规定次数。注意保持背部平直,双膝分离,脚尖指向前方,始终保持迷你带处于拉紧状态。

图7-2-5 迷你带-运动姿纵向走

图7-2-6 迷你带-分腿姿纵向走

（三）横向运动

1. 迷你带－运动姿横向走（图7－2－7）

◆ 动作过程：运动基本姿站位，双脚与肩同宽，双臂微屈，背部挺直，腹肌收紧。右脚向右侧迈出1～2个脚长距离，左脚回到起始姿势的间距，右脚继续向右侧方向蹬出。手臂自然摆动，始终保持背部平直，腹部收紧。换对侧重复练习。注意保持双膝分离，脚尖指向前方，保持迷你带处于拉紧状态。

◆ 进阶练习：迷你带－运动姿侧弓步横向走（图7－2－8）。

◇ 动作要领：右腿蹬直，左脚跨出3～5个脚长的距离，呈弓步姿。

图7－2－7　迷你带－运动姿横向走　　　图7－2－8　迷你带－运动姿侧弓步横向走

2. 迷你带－分腿姿横向走（图7－2－9）

◆ 动作过程：运动分腿姿站位，双脚前后将近一个脚长，双臂微屈，背部挺直，腹肌收紧。右脚向右侧迈出1～2个脚长宽度，随后左脚向右侧迈出1～2个脚长的宽度。换对侧重复动作。注意保持双膝分离，脚尖指向前方，保持迷你带处于拉紧状态。

3. 迷你带－直腿横向走（图7－2－10）

◆ 动作过程：直立姿正常站位，双脚间距稍宽于肩关节，双手自然垂于体侧，背部挺直，腹肌收紧。身体向右侧迈出1～2个脚长宽度，随后左腿向右腿并拢。换对侧重复动作。注意保持胸部和背部挺直，注意双膝间距，脚尖指向前方，迷你带处于拉紧状态。

图7－2－9　迷你带－分腿姿横向走　　　图7－2－10　迷你带－直腿横向走

二、动态拉伸

（一）抱膝前进（图7－2－11）

◆ 动作功能：拉伸前腿一侧的臀大肌和腘绳肌，以及后腿一侧的髋关节屈肌，同时提高平衡能力。

◆ 动作过程：直立姿正常站位，两脚与肩同宽，左腿向前迈一步，呈运动分腿姿。右膝抬至胸前，双手抱膝向上提拉，右脚尖勾起，同时左脚后脚跟跄起，收紧左臀，保持背部挺直，拉伸动作保持 1~2 秒。向前迈右腿，重复练习，循环进行至规定的次数。注意在拉伸过程中保持胸部挺直，收紧支撑腿一侧的臀大肌。

(二) 斜抱腿 (图 7-2-12)

◆ 动作功能：拉伸前腿髋关节外侧肌群和后腿髋关节屈肌，同时提高平衡能力。

◆ 动作过程：直立姿正常站位，两脚与肩同宽，左腿向前迈一步，呈运动分腿姿。右膝抬至胸前，右手抱膝，左手抱脚踝呈"摇篮"状，缓慢用力向上抬，同时左脚跟跄起，收紧左腿臀大肌，拉伸动作保持 1~2 秒。向前迈右腿，重复动作，循环进行至规定次数。注意在拉伸过程中保持胸部挺直，收紧支撑腿一侧的臀大肌。

图 7-2-11　抱膝前进　　　　　　　图 7-2-12　斜抱腿 (摇篮抱腿)

(三) 后交叉弓步 (图 7-2-13)

◆ 动作功能：拉伸大腿外侧阔筋膜张肌、臀大肌、髂胫束等肌群。

◆ 动作过程：直立姿正常站位，两脚与肩同宽，背部平直，腹部收紧，双臂抬起与地面平行，双手相叠。右腿迈出置于左腿后方 45 度角位置，呈交叉站立姿，开始深蹲，至感受到左腿外侧有较强的牵拉感，保持 1~2 秒。站起后右脚迈回至起始姿势，左脚重复动作，循环进行，至完成规定次数。注意在拉伸过程中保持胸部挺直，重心在前脚脚跟上，深蹲时不要让前侧腿膝关节超过脚尖。

(四) 脚后跟抵臀 - 手臂上伸 (图 7-2-14)

◆ 动作功能：拉伸大腿股四头肌等肌群。

◆ 动作过程：直立姿正常站位，两脚与肩同宽，背部平直，腹部收紧。右腿微屈，左手抓住左脚踝，脚后跟抵臀，左脚踝向上伸展，同时上举右臂，左手用力拉伸左腿股四头肌，拉伸持续 1~2 秒。换对侧重复练习，完成规定的次数。注意保持膝盖指向地面，牵拉时保持臀大肌收紧，不要过度伸展下腰背。

图 7-2-13　后交叉弓步　　　　　　图 7-2-14　脚后跟抵臀 - 手臂上伸

（五）侧弓步移动（图7－2－15）

◆ 动作功能：拉伸大腿内侧肌群及腹股沟。

◆ 动作过程：直立姿站位，两脚与肩同宽，背部平直，腹部收紧，双臂垂于身体两侧。右脚向右迈出，呈侧弓步，身体重心移至左腿上，脚尖向前，且双脚不要离地。下蹲呈深蹲姿势，同时保持右腿伸直，保持姿态1~2秒。换方向重复刚才的动作，至完成规定的次数。注意保持胸部背部平直，脚尖始终向前，重心在支撑腿的脚跟上，且膝关节不要超过脚尖。

（六）反向腘绳肌拉伸（燕式平衡）（图7－2－16）

◆ 动作功能：拉伸腘绳肌，提高平衡能力。

◆ 动作过程：直立姿单腿站位，左脚抬离地面，背部平直，腹部收紧，双臂侧平举与身体成90度，手掌半握，大拇指朝上。保持头部和脚踝呈一条直线，俯身并向后抬高左腿，左侧臀部收紧，双手大拇指始终朝上，至身体与地面平行，保持牵拉1~2秒，并控制身体平衡。收紧臀大肌和腘绳肌以回到站立位置，换对侧腿，重复动作，双腿交替进行至完成规定次数。注意保持支撑腿微屈，保持背部挺直，髋关节与地面平行，保持耳、臀部、膝盖和脚踝呈一条直线，尽量使抬起的脚不接触地面。

图7－2－15　侧弓步移动　　　　　　　图7－2－16　反向腘绳肌拉伸

（七）向后弓步－旋转（图7－2－17）

◆ 动作功能：拉伸髋关节屈肌、臀大肌以及腹内外斜肌，增加胸椎活动度。

◆ 动作过程：直立姿正常站位，两脚与肩同宽，右脚向后跨步呈弓步分腿姿，保持左侧大腿与地面平行。右手置于左腿膝关节外侧，放松躯干。左臂向身体后方外展，同时躯干慢慢向左侧旋转至最大幅度，眼睛跟随左掌尖，保持拉伸姿势1~2秒。换对侧，重复刚才的动作，直至完成规定的次数。注意前腿膝关节不要超过脚尖，牵拉时收紧后腿一侧的臀大肌。

（八）相扑式深蹲－腘绳肌拉伸（图7－2－18）

◆ 动作功能：拉伸大腿腘绳肌和腹股沟。

◆ 动作过程：直立姿正常站位，两脚与肩同宽，背部平直，腹部收紧，双臂垂于身体两侧。俯身抓住脚尖，双腿呈直膝状态，下蹲，髋部贴近地面，双手置于两膝内侧，胸部向上挺直。保持背部平直，臀部向上直至腘绳肌感到牵拉，保持拉伸姿势1~2秒。若比较轻松，双手抓住双脚前部缓慢用力上掰，同时双膝逐渐伸直，感受到大腿后群肌肉有较强的被牵拉感，保持1~2秒。若降低动作难度，可以在脚跟处垫一个1~3厘米的垫片，随着灵活度提升，辅助物的高度可以逐渐降低。注意保持胸部和背部的平直，脚后跟不要离地，肘关节在膝盖内侧，起来的时候用下腰背和股四头肌发力。

图 7 - 2 - 17   向后弓步 - 旋转

图 7 - 2 - 18   相扑式深蹲 - 腘绳肌拉伸

(九)四肢走(图 7 - 2 - 19)

◆ 动作功能：拉伸大腿腘绳肌和小腿腓肠肌等肌群。

◆ 动作过程：直立姿正常站位，两脚与肩同宽，先屈髋后弯腰，双手撑地，双腿伸直。双手向身体前方爬行，同时保持双腿伸直状态，始终感觉大腿后侧肌肉有较强的牵拉感，双手爬到头的前方，直至即将无法支撑住身体。保持双腿伸直，双脚走向双手，当感到牵拉时，双手向前走，完成规定次数。注意保持膝盖伸直，腹部收紧，肩与躯干发力，用手走时的最远位置超过头顶以增加难度。

图 7 - 2 - 19   四肢走

(十)最伟大拉伸(图 7 - 2 - 20)

◆ 动作功能：拉伸腹股沟、髋关节屈肌、大腿腘绳肌、小腿腓肠肌、臀大肌等肌群。

◆ 动作过程：直立姿窄站位，背部平直，腹部收紧，双臂垂于两侧，左脚抬高至大腿与地面平行，向前跨步成弓箭步，感觉右侧臀部收紧。俯身，右手支撑地面，左肘抵在左脚的内侧，向前跨步肘抵脚背，保持牵拉姿势 1~2 秒。然后左手从左腿内侧向上打开，眼睛看手指尖方向，两臂呈一条直线，保持牵拉姿势 1~2 秒。接着双手撑地，左腿从屈膝状态伸直，脚跟支撑，脚尖用力绷起，保持牵拉姿势 1~2 秒。回到弓步姿势放松，右腿蹬起回到开始姿态。换对侧腿，重复动作，完成规定次数。注意始终保持后腿膝关节伸直，拉伸时处于伸直状态，并注意收紧臀大肌。

图 7 - 2 - 20   最伟大拉伸

三、动作技能整合

(一)基本姿势强化

1.双腿运动姿(图7-2-21)

◆ 动作过程:直立姿正常站位为起始姿势,快速转换为运动基本姿,保持背部平直,腹部收紧,膝关节与髋关节保持屈位。

2.单腿运动姿(图7-2-22)

◆ 动作过程:直立姿正常站位。快速转换为稳定的单腿站立的运动基本姿,保持背部平直,腹部收紧,膝关节与髋关节保持屈位。注意转换过程中身体核心区域的控制与稳定。

图7-2-21 双腿运动姿

图7-2-22 单腿运动姿

(二)快速伸缩准备

1.原地练习

(1)摆臂下蹲(图7-2-23)

图7-2-23 摆臂下蹲

◆ 动作过程:直立姿站位,两脚间距稍宽,背部挺直,腰部收紧,双臂伸直举过头顶,保持掌心相对。双臂快速向下摆动至髋关节位置,同时髋关节向后移动,呈运动基本姿,膝盖不要超过脚尖,双脚不要移动。下蹲速度要快,臀部和腿部发力,下蹲时膝盖不要内扣,下蹲后保持身体姿势,运动过程中保持胸部和背部平直。

(2)双腿基本姿-跳蹲-成双腿运动姿(图7-2-24)

◆ 进阶动作要领:快速变化时双臂快速下摆,身体跳起至落地时呈稳定的双腿运动姿势。

(3)双腿基本姿-跳蹲-成单腿运动姿(图7-2-25)

◆ 进阶动作要领:快速变化时双臂快速下摆,身体跳起至落地时,呈稳定的单腿运动姿势,并保持身体平衡。

图7-2-24 双腿基本姿-跳蹲-成双腿运动姿

图7-2-25 双腿基本姿-跳蹲-成单腿运动姿

(4)单腿基本姿 - 跳蹲 - 成同侧单腿运动姿(图7 - 2 - 26)

◆ 进阶动作要领：起跳姿势为单腿站立，快速变化时双臂快速下摆，身体跳起至落地时，支撑腿不变，呈稳定的单腿运动姿势，并控制身体平衡。

(5)单腿基本姿 - 跳蹲 - 成对侧单腿运动姿(图7 - 2 - 27)

◆ 进阶动作要领：起跳姿势为单腿站立，快速变化时双臂快速下摆，身体跳起至落地时，支撑腿为对侧腿，呈稳定的单腿运动姿势，并控制身体平衡。

图7 - 2 - 26　基本姿 - 单腿跳蹲
 - 成同侧单腿运动姿

图7 - 2 - 27　单腿基本姿 - 跳蹲
 - 成对侧单腿运动姿

2.纵向练习

(1)无反向式 - 同侧腿跳 - 成稳定性支撑(图7 - 2 - 28)

◆ 动作功能：强化正确的工作模式，有利于提升运动表现。

◆ 动作过程：右侧单腿运动姿站立，左脚微微抬离地面，背部平直，腹部收紧，双臂垂于两侧。手臂向上快速摆起，并向前上方跳起。右侧脚落地，呈同侧单腿运动姿站立，膝关节不过脚尖，并控制身体平衡。

(2)无反向式 - 对侧腿跳 - 成稳定性支撑(图7 - 2 - 29)

◆ 进阶动作要领：换对侧腿落地，并控制好身体平衡。

图7 - 2 - 28　无反向式 - 同侧腿跳
 - 成稳定性支撑

图7 - 2 - 29　无反向式 - 对侧腿跳
 - 成稳定性支撑

3.横向练习

(1)无反向式 - 横向 - 同侧腿跳 - 成稳定性支撑

◆ 向起跳腿踝内侧方向跳(图7 - 2 - 30)

◆ 动作过程：右侧单腿运动姿站立，左脚微微抬离地面，背部平直，腹部收紧，双臂垂于两侧。手臂向上快速摆起，并向身体左侧跳起。右侧脚落地，呈同侧单腿运动姿站立，膝关节不过脚尖，并控制身体平衡。

◆ 向起跳腿踝外侧方向跳(图7 - 2 - 31)

◆ 动作过程：右侧单腿运动姿站立，左脚微微抬离地面，背部平直，腹部收紧，双臂垂于两侧。手臂向上快速摆起，并向身体右侧跳起。右侧脚落地，呈同侧单腿运动姿站立，膝关节不过脚尖，并控制身体平衡。

图7-2-30　向起跳腿踝内侧跳

图7-2-31　向起跳腿踝外侧跳

（2）无反向式－横向－对侧腿跳－成稳定性支撑

◆ 向起跳腿踝内侧跳（图7-2-32）

◆ 动作过程：右侧单腿运动姿站立，左脚微微抬离地面，背部平直，腹部收紧，双臂垂于两侧。手臂向上快速摆起，并向身体左侧跳起。左侧脚落地，呈异侧单腿运动姿站立，膝关节不过脚尖，并控制身体平衡。

◆ 向起跳腿踝外侧跳（图7-2-33）

◆ 动作过程：右侧单腿运动姿站立，左脚微微抬离地面，背部平直，腹部收紧，双臂垂于两侧。手臂向上快速摆起，并向身体右侧跳起。左侧脚落地，呈对侧单腿运动姿站立，膝关节不过脚尖，并控制身体平衡。

图7-2-32　向起跳腿踝内侧跳

图7-2-33　向起跳腿踝外侧跳

4.旋转练习

（1）有反向式－旋转跳90度（图7-2-34）

◆ 动作过程：双腿运动基本姿站立，双脚与肩同宽，背部平直，腹部收紧，双臂微屈垂于身体两侧。手臂向上快速摆起，双脚蹬离地面，身体向右方或左方旋转90度。落地成双脚运动基本姿。注意膝关节不过脚尖，并控制身体平衡。

（2）有反向式－旋转跳180度（图7-2-35）

◆ 动作过程：双腿运动基本姿站立，双脚与肩同宽，背部平直，腹部收紧，双臂微屈垂于身体两侧。手臂向上快速摆起，双脚蹬离地面，身体向右方或左方旋转90度。落地成双脚运动基本姿。注意膝关节不过脚尖，并控制身体平衡。

图 7 - 2 - 34　有反向式 - 旋转跳 90 度　　　　图 7 - 2 - 35　有反向式 - 旋转跳 180 度

(三)动作技能准备

1. 原地练习

(1)军步走(图 7 - 2 - 36)

◆ 动作过程:直立姿正常站位,双脚与肩同宽,背部平直,腹部收紧,双臂自然放于身体两侧。抬起左腿至大腿与地面平行,勾脚尖,自然摆臂,呈踏步姿势。左脚前脚掌落地并向下用力蹬地,同时换右腿抬起,两腿交替,循环进行。

(2)垫步跳(图 7 - 2 - 37)

◆ 动作过程:直立姿正常站位,双脚与肩同宽,背部平直,腹部收紧,双臂自然放于身体两侧。抬起左腿至大腿与地面平行,勾脚尖,自然摆臂,呈垫步姿势。左脚在从提起向支撑转换的过程中,前脚掌用力蹬地,脚掌着地瞬间,借助地面对人体的反作用力,快速做一个垫步跳,然后继续蹬地,即左脚与地面产生两次接触后,同时换右腿抬起,两腿交替,循环进行。

图 7 - 2 - 36　军步走　　　　　　图 7 - 2 - 37　垫步跳

2. 纵向练习

(1)直腿军步走(图 7 - 2 - 38)

◆ 动作过程:直立姿正常站位,双脚与肩同宽,背部挺直,腹部收紧,双臂自然放于身体两侧。左腿伸直向前踢出,勾脚尖,自然摆臂,右手在前,左手在后,呈踏步姿势。左脚前脚掌落地并向下用力蹬地,身体重心向前方移动,同时换右腿向前踢出,两腿交替,循环进行。注意腿下落时保证髋部充分伸展,腘绳肌受到牵拉,同时保持腿伸直。

(2)纵向军步走(图 7 - 2 - 39)

◆ 动作过程:直立姿正常站位,双脚与肩同宽,背部挺直,腹部收紧,双臂自然放于身体两侧。抬起左腿至大腿与地面平行,勾脚尖,自然摆臂,右手在前,左手在后,呈踏步姿势。左脚前脚掌落地并向下用力蹬地,身体重心向前方移动,同时换右腿抬起,两腿交替,循环进行。注意腿下落时保证髋部充分伸展,运动从臀大肌发力开始,蹬地时整个身体都要发力,当一侧腿着地时,对侧肘关节尽力向后摆。

（3）纵向垫步跳（图7-2-40）

◆ 动作过程：直立姿正常站位，双脚与肩同宽，背部平直，腹部收紧，双臂自然放于身体两侧。抬起右腿至大腿与地面平行，勾脚尖，抬腿的同时，向前摆动对侧手臂。右脚在从提起向支撑转换的过程中，用前脚掌用力蹬地，在脚掌着地瞬间，借助地面对人体的反作用力，快速做一个垫步跳，然后继续蹬地，即右脚与地面产生两次接触后，身体重心向前方移动，同时换左腿抬起，两腿交替，循环进行。注意腿下落时保证髋部充分伸展，运动从臀大肌发力开始，蹬地时整个身体都要发力，当一侧腿着地时，对侧肘关节尽力向后摆。

图7-2-38 直腿军步走　　　图7-2-39 纵向军步走　　　图7-2-40 纵向垫步跳

3.横向练习

（1）横向军步走（图7-2-41）

◆ 动作过程：直立姿正常站位，双脚与肩同宽，背部挺直，腹部收紧，双臂自然放于两侧。抬起右腿至大腿与地面平行，勾脚尖，抬腿同时，摆动对侧手臂，呈踏步姿势；横向移动时，从左侧支撑腿的脚内侧往脚外侧蹬地发力，右腿提起后右侧展髋，右脚前掌落地并用力蹬地，身体重心向右移动，同时换左腿抬起，保持两腿不靠拢，两腿交替，循环进行。注意腿下落时保证髋部充分伸展，运动从臀大肌发力开始，蹬地时整个身体都要发力，当一侧腿着地时，对侧肘关节尽力向后摆，始终保持两腿分离。

（2）横向垫步跳（图7-2-42）

◆ 动作过程：直立姿正常站位，双脚与肩同宽，背部平直，腹部收紧，双臂自然放于身体两侧。向身体左侧抬起左腿至大腿与地面平行，勾脚尖，抬腿的同时向前摆动对侧手臂。横向移动时，从右侧支撑腿的脚内侧往左侧蹬地用力，左腿提起后向左侧展髋准备蹬地，左腿在从提起向支撑转换的过程中，用前脚掌用力蹬地，在脚掌着地瞬间，借助地面对人体的反作用力，快速做一个垫步跳，然后继续蹬地，即左脚与地面产生两次接触后，身体重心向左侧移动，同时换右腿抬起，两腿交替，循环进行。注意腿下落时保证髋部充分伸展，运动从臀大肌发力开始，蹬地时整个身体都要发力，当一侧腿着地时，对侧肘关节尽力向后摆。

图7-2-41 横向军步走　　　　　　图7-2-42 横向垫步跳

4. 交叉步练习

(1)交叉军步走(图7-2-43)

◆ 动作过程：直立姿正常站位，双脚与肩同宽，背部挺直，腹部收紧，双臂自然放于身体两侧。抬起右腿至大腿与地面平行，勾脚尖，抬腿的同时，摆动对侧手臂。向左侧横向移动时，从左侧支撑腿的脚内侧往脚外侧蹬地用力，右脚的前脚掌着地并向下用力蹬地，身体的重心向左移动，成交叉步姿势。左腿从交叉步状态提起，继续向左横向踏步，两腿交替，循环进行。注意腿下落时保证髋部充分伸展，运动从臀大肌发力开始，蹬地时整个身体都要发力，当一侧腿着地时，对侧肘关节尽力向后摆。

(2)横向垫步跳(图7-2-44)

◆ 动作过程：直立姿正常站位，双脚与肩同宽，背部平直，腹部收紧，双臂自然放于身体两侧。抬起右腿至大腿与地面平行，勾脚尖，抬腿的同时，向前摆动对侧手臂。向左横向移动时，从左侧支撑腿的脚内侧往脚外侧蹬地用力，右腿在从提起向支撑转换的过程中，用前脚掌用力蹬地，成交叉步姿势。在脚掌着地瞬间，借助地面对人体的反作用力，快速做一个垫步跳，然后继续蹬地，即右脚与地面产生两次接触后，身体重心向左侧移动，左腿从交叉步状态抬起，继续向左侧踏步，两腿交替，循环进行。注意腿下落时保证髋部充分伸展，从臀大肌发力开始，蹬地时整个身体都要发力，一侧腿着地时，对侧肘关节尽力向后摆。

图7-2-43 交叉军步走

图7-2-44 横向垫步跳

(四)神经激活

1. 双腿前后跳(图7-2-45)

◆ 动作过程：运动基本姿站位，双脚间距稍宽于肩，背部平直，腹部收紧，双臂微屈垂于身体两侧。双腿有节奏、有弹性地向前后方快速跳跃，双脚前脚掌着地后再次迅速跳起。注意节奏变化，由慢到快，达到极限频率，并尽可能维持几秒至减速。保持身体的基本运动姿，脚尖向胫骨靠拢，运动时脚不要拖地。注意髋关节、膝关节和踝关节发力，跳跃结束后可向前冲刺5~10米进行放松。

2. 2英寸碎步跑(图7-2-46)

◆ 动作过程：运动基本姿站位，双脚间距稍宽于肩，脚跟微抬起，背部平直，手臂呈前后摆臂状。脚抬离地面2英寸以内高度，用最快的频率碎步运动，同时缓慢向前移动。注意频率的节奏变化，由慢到快，达到极限频率，并尽可能维持几秒至减速，手臂始终保持较慢的摆臂频率，并注意协调性。保持身体的基本运动姿，脚尖向胫骨靠拢，运动时脚不要拖地。注意髋关节、膝关节和踝关节发力，跳跃结束后可向前冲刺5~10米进行放松。

图7－2－45　双腿前后跳　　　　　　图7－2－46　2英寸碎步跑

3.单侧快速提腿(图7－2－47)

◆ 动作过程：运动分腿姿站位，右腿充分伸直，脚后跟略微抬起，背部平直，腹部收紧，双臂呈摆臂准备姿。右腿快速向身体前方蹬出，直至提高到髋部位置，同时左腿伸直，左脚后跟微微跷起，呈单腿军步式站立姿，然后回到开始姿态，循环进行。换对侧腿，进行同样的动作。注意节奏变化，由慢到快，达到极限频率，保持双脚的弹性和全身的稳定性状态。注意髋关节、膝关节和踝关节发力。在快速运动时，全身有类似军步垫步跳的节奏感。跳跃结束后可向前冲刺5～10米进行放松。

4.快速转髋(图7－2－48)

◆ 动作过程：运动基本姿站位，脚后跟略微抬起，膝关节微屈，背部平直，腹部收紧，双臂微屈垂于身体两侧。保持上身躯干向前，小幅度、有弹性地快速跳离地面，跳跃的同时向右转髋，向左摆臂，落地后迅速向反方向跳跃，以最快速度重复跳跃，完成规定的次数。注意摆臂方向与髋关节转动方向相反，发力集中于髋关节，而不是肩和躯干，始终保持胸部向前，尽可能保持上下肢的协调性。跳跃结束后可向前冲刺5～10米进行放松。

图7－2－47　单侧快速提腿　　　　　图7－2－48　快速转髋

第三节　快速伸缩复合训练

一、下肢练习

◆ 动作功能：提高下肢动作的力量与爆发力，强化下肢肌肉的弹性力量，提升力的产生速率，发展稳定性。

◆ 过程控制：起跳时，有力地摆臂增加起跳的动力。起跳与落地时，膝关节不要内扣、不要超过脚尖。起跳过程中，注意双脚的空中姿势，为落地支撑做好准备。落地时，屈髋屈膝以缓冲落地时地面对身体的冲击力。落地时，保持胸部在膝关节上方，保持背部平直，腹部收紧。在完成双接触动作时，应该缩短脚与地面的接触时间。

（一）双脚跳

1. 纵向练习

（1）无反向式－跳箱－双脚跳－纵向（图7-3-1）

◆ 动作姿势：呈双脚运动姿站立，面向跳箱，双臂微屈于髋部两侧，双脚间距与肩同宽，背部平直，腹部收紧。

◆ 动作过程：双臂向上快速摆起，以手臂带动身体快速伸髋伸膝，双脚蹬离地面，向前跳上跳箱。跳上跳箱时，屈髋屈膝落地缓冲的同时双臂下摆至髋部两侧，呈双脚运动姿站立，保持1~2秒。

◆ 进阶练习：

◇ 无反向式－跳箱－双脚跳－纵向－单脚支撑（图7-3-2）

◇ 动作姿势：落地时，呈稳定的单脚运动姿站立，保持身体平行。

图7-3-1　无反向式－跳箱－双脚跳－纵向　　图7-3-2　无反向式－跳箱－双脚跳－纵向－单脚支撑

（2）有反向式－跳箱－双脚跳－纵向（图7-3-3）

◆ 动作姿势：呈双脚运动姿站立，面向跳箱，双臂微屈于髋部两侧，双脚间距与肩同宽，背部平直，腹部收紧。

◆ 动作过程：双臂向下快速摆动至髋部两侧，然后向上快速摆起，以手臂带动身体快速伸髋伸膝，双脚蹬离地面，向前跳上跳箱。跳上跳箱时，屈髋屈膝落地缓冲的同时双臂下摆至髋部两侧，呈双脚运动姿站立，保持1~2秒。

◆ 进阶练习：

◇ 有反向式－跳箱－双脚跳－纵向－单脚支撑（图7-3-4）

◇ 动作姿势：落地时，呈稳定的单脚运动姿站立，保持身体平行。

图7-3-3　无反向式－跳箱－双脚跳－纵向　　图7-3-4　有反向式－跳箱－双脚跳－单脚支撑

（3）双接触式－跳箱－双脚跳－纵向（图7－3－5）

◆ 动作姿势：呈单脚直立姿站立于跳箱上，面向另一个跳箱，双臂微屈于体侧，背部平直，腹部收紧。

◆ 动作过程：向前迈出右脚，自然下落，落地时双脚前脚掌着地，脚后跟稍微离开地面，屈髋屈膝落地缓冲的同时双臂向下快速摆动至髋部两侧，做好快速起跳的准备。落地时，双臂向上快速摆起，以手臂带动身体快速伸髋伸膝，双脚蹬离地面，向前跳上跳箱。跳上跳箱时，屈髋屈膝落地缓冲的同时双臂下摆至髋部两侧，呈双脚运动姿站立，保持1~2秒。

图7－3－5　双接触式－跳箱－双脚跳－纵向

2. 横向练习

（1）无反向式－栏架－双脚跳－横向（图7－3－6）

◆ 动作姿势：呈双脚运动姿站立栏架一侧，双臂微屈于髋部两侧，双脚间距与肩同宽，背部平直，腹部收紧。

◆ 动作过程：双臂向上快速摆起，以手臂带动身体快速伸髋伸膝，双脚蹬离地面，从栏架上方跳过。屈髋屈膝落地缓冲的同时双臂下摆至髋部两侧，呈双脚运动姿站立，保持1~2秒。

（2）有反向式－栏架－双脚跳－横向（图7－3－7）

◆ 动作姿势：呈双脚运动姿站立于栏架一侧，双臂伸直举过头顶，保持掌心相对，双脚间距与肩同宽，背部平直，腹部收紧。

◆ 动作过程：双臂向下快速摆动至髋部两侧后向上快速摆起，以手臂带动身体快速伸髋伸膝，双脚蹬离地面，从栏架上方跳过。落地时，屈髋屈膝落地缓冲的同时双臂下摆至髋部两侧，呈双脚运动姿站立，保持1~2秒。

图7－3－6　无反向式－栏架－双脚跳－横向　　　图7－3－7　有反向式－栏架－双脚跳－横向

（3）双接触式－栏架－双脚跳－横向（图7－3－8）

◆ 动作姿势：双脚运动姿站跳箱上，侧向栏架，双臂微屈于体侧，背部平直，腹部收紧。

◆ 动作过程：侧向跳下跳箱，落地时双脚前脚掌着地，脚后跟稍微离开地面，屈髋屈膝落地缓冲的同时双臂下摆至髋部两侧，做好快速起跳的准备。落地时，双臂向上快速摆起，以手臂带动身体快速伸髋伸膝，双脚蹬离地面，从栏架上方跳过。第二次落地时，屈髋屈膝落地缓冲的同时双臂下摆至髋部两侧，呈双脚运动姿站立，保持1~2秒。

图7－3－8　双接触式－栏架－双脚跳－横向

3.旋转练习

（1）无反向式－跳箱－双脚跳－旋转90度（图7－3－9）

◆ 动作姿势：呈双脚运动姿站立跳箱一侧，双臂微屈于髋部两侧，双脚间距与肩同宽，背部平直，腹部收紧。

◆ 动作过程：双臂向上快速摆起，以手臂带动身体快速伸髋伸膝，双脚蹬离地面，身体逆时针旋转90度，跳上跳箱。跳上跳箱后，屈髋屈膝落地缓冲的同时双臂下摆至髋部两侧，呈双脚运动姿站立，保持1~2秒。

（2）有反向式－跳箱－双脚跳－旋转90度（图7－3－10）

◆ 动作姿势：呈双脚直立站立于跳箱一侧，双臂伸直举过头顶，保持掌心相对，双脚间距与肩同宽，背部平直，腹部收紧。

◆ 动作过程：双臂向下快速摆动至髋部两侧后向上快速摆起，以手臂带动身体快速伸髋伸膝，双脚蹬离地面，身体逆时针旋转90度，跳上跳箱。跳上跳箱后，屈髋屈膝落地缓冲的同时双臂下摆至髋部两侧，呈双脚运动姿站立，保持1~2秒。

图7－3－9　无反向式－跳箱－双脚跳－旋转90度　　图7－3－10　有反向式－跳箱－双脚跳－旋转90度

（3）双接触式－跳箱－双脚跳－旋转90度（图7－3－11）

◆ 动作姿势：呈单脚直立姿站于跳箱上，侧向另一个跳箱，双臂自然垂于体侧，背部平直，腹部收紧。

◆ 动作过程：向前迈出右脚，自然下落，落地时双脚前脚掌着地，脚后跟稍微离开地面，屈髋屈膝落地缓冲的同时双臂下摆至髋部两侧，做好快速起跳的准备。落地时，双臂向上快速摆起，以手臂带动身体快速伸髋伸膝，双脚蹬离地面，身体逆时针旋转90度，跳上另一个跳箱。屈髋屈膝落地缓冲的同时双臂下摆至髋部两侧，呈双脚运动姿站立，保持1~2秒。

图7-3-11　双接触式-跳箱-双脚跳-旋转90度

(二)交换跳

1.纵向练习

(1)无反向式-交换跳-纵向(图7-3-12)

◆ 动作姿势：呈单脚运动姿站立，另一侧腿抬离地面，双臂微屈于髋部两侧，背部平直，腹部收紧。

◆ 动作过程：双臂向上快速摆起，以手臂带动身体，快速伸髋伸膝，双脚蹬离地面，向前跳跃。落地时，另一侧脚落地，屈髋屈膝落地缓冲的同时双臂下摆至髋部两侧，呈异侧单脚运动姿站立，保持1~2秒。

(2)有反向式-交换跳-纵向(图7-3-13)

◆ 动作姿势：呈单脚直立姿站立，另一侧腿抬离地面，双臂伸直举过头顶，保持掌心相对，背部平直，腹部收紧。

◆ 动作过程：双臂向下快速摆动至髋部两侧后向上快速摆起，以手臂带动身体快速伸髋伸膝，双脚蹬离地面，向前跳跃。落地时，另一侧脚落地，屈髋屈膝落地缓冲的同时双臂下摆至髋部两侧，呈异侧单脚运动姿站立，保持1~2秒。

图7-3-12　无反向式-交换跳-纵向

图7-3-13　有反向式-交换跳-纵向

(3)双接触式-交换跳-纵向(图7-3-14)

◆ 动作姿势：单脚直立姿站在跳箱上，面向栏架，双臂自然放体侧，背部平直，腹部收紧。

◆ 动作过程：向前迈出右脚，落地时起跳脚前脚掌着地，脚后跟稍微离开地面，屈髋屈膝落地缓冲的同时双臂下摆至髋部两侧，做好快速起跳准备。落地时，双臂向上快速摆起，以手臂带动身体快速伸髋伸膝，双脚蹬离地面，从栏架上方跳过。第二次落地时，另一侧脚落地，屈髋屈膝落地缓冲的同时双臂下摆至髋部两侧，异侧单脚运动姿站立，保持 1～2 秒。

图 7 - 3 - 14　双接触式 - 交换跳 - 纵向

2. 横向练习

（1）无反向式 - 交换跳 - 横向（图 7 - 3 - 15）

◆ 动作姿势：呈单脚运动姿站立，另一侧腿抬离地面，双臂微屈于髋部两侧，背部平直，腹部收紧。

◆ 动作过程：双臂向上快速摆起，以手臂带动身体快速伸髋伸膝，双脚蹬离地面，向身体一侧跳跃。落地时，另一侧脚落地，屈髋屈膝落地缓冲的同时双臂下摆至髋部两侧，呈异侧单脚运动姿站立，保持 1～2 秒。

（2）有反向式 - 交换跳 - 横向（图 7 - 3 - 16）

◆ 动作姿势：呈单脚直立姿站立，另一侧腿抬离地面，双臂伸直举过头顶，保持掌心相对，背部平直，腹部收紧。

◆ 动作过程：双臂向下快速摆动至髋部两侧后向上快速摆起，以手臂带动身体快速伸髋伸膝，双脚蹬离地面，向身体一侧跳跃。落地时，另一侧脚落地，屈髋屈膝落地缓冲的同时双臂下摆至髋部两侧，呈异侧单脚运动姿站立，保持 1～2 秒。

图 7 - 3 - 15　无反向式 - 交换跳 - 横向

图 7 - 3 - 16　有反向式 - 交换跳 - 横向

（3）双接触式 - 栏架 - 交换跳 - 横向（图 7 - 3 - 17）

◆ 动作姿势：呈单脚运动姿站于跳箱上，侧向栏架，双臂微屈于髋部两侧，背部平直，腹部收紧。

◆ 动作过程：侧向跳下跳箱，落地时起跳脚前脚掌着地，脚后跟稍微离开地面，屈髋屈膝落地缓冲的同时双臂下摆至髋部两侧，做好快速起跳的准备。落地时，双臂向上快速摆起，以手臂带动身体快速伸髋伸膝，双脚蹬离地面，从栏架上方跳过。第二次落地过程中，另一侧脚落地时，屈髋屈膝落地缓冲的同时双臂下摆至髋部两侧，呈异侧单脚运动姿站立，保持 1~2 秒。

图 7-3-17　双接触式-栏架-交换跳-横向

3. 旋转练习

（1）无反向式-交换跳-旋转 90 度（图 7-3-18）

◆ 动作姿势：呈单脚运动姿站立，双臂微屈于髋部两侧，背部平直，腹部收紧。

◆ 动作过程：双臂向上快速摆起，以手臂带动身体快速伸髋伸膝，双脚蹬离地面，身体逆时针旋转 90 度跳跃。落地过程中，另一侧脚着地时，屈髋屈膝落地缓冲的同时双臂下摆至髋部两侧，呈异侧单脚运动姿站立，保持 1~2 秒。

（2）有反向式-交换跳-旋转 90 度（图 7-3-19）

◆ 动作姿势：单脚直立姿站立，双臂伸直举过头顶，掌心相对，背部平直，腹部收紧。

◆ 动作过程：双臂向下快速摆动至髋部两侧后向上快速摆起，以手臂带动身体快速伸髋伸膝，双脚蹬离地面，身体逆时针旋转 90 度跳跃。落地过程中，另一侧脚着地时，屈髋屈膝落地缓冲的同时双臂下摆至髋部两侧，呈异侧单脚运动姿站立，保持 1~2 秒。

图 7-3-18　无反向式-交换跳-旋转 90 度

图 7-3-19　有反向式-交换跳-旋转 90 度

（3）双接触式-栏架-交换跳-旋转 90 度（图 7-3-20）

◆ 动作姿势：呈单脚运动姿站于跳箱上，侧向栏架，双臂微屈于髋部两侧，背部平直，腹部收紧。

◆ 动作过程：侧向跳下跳箱，落地时起跳脚前脚掌着地，脚后跟稍微离开地面，屈髋屈膝落地缓冲的同时双臂下摆至髋部两侧，做好快速起跳的准备。落地时，双臂向上快速摆起，以手臂带动身体快速伸髋伸膝，双脚蹬离地面，从栏架上方跳过。第二次落地过程中，另一侧脚落地时，屈髋屈膝落地缓冲的同时双臂下摆至髋部两侧，呈异侧单脚运动姿站立，保持 1~2 秒。

图 7 - 3 - 20　双接触式 - 栏架 - 交换跳 - 旋转 90 度

(三) 单脚跳

1. 纵向练习

(1) 无反向式 - 跳箱 - 单脚跳 - 纵向 (图 7 - 3 - 21)

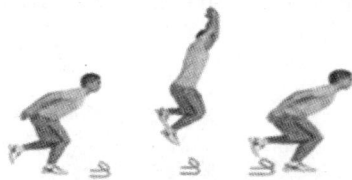

◆ 动作姿势：呈单脚运动姿站立，面向跳箱，另一侧腿抬离地面，双臂微屈于髋部两侧，背部平直，腹部收紧。

◆ 动作过程：双臂向上快速摆起，以手臂带动身体快速伸髋伸膝，双脚蹬离地面，向前跳上跳箱。跳上跳箱时，起跳脚落地，屈髋屈膝落地缓冲的同时双臂下摆至髋部两侧，呈同侧单脚运动姿站立，保持 1 ~ 2 秒。

◆ 进阶练习：

◇ 无反向式 - 栏架 - 单脚跳 - 纵向 (图 7 - 3 - 22)

◇ 动作姿势：落地时，呈稳定的单脚运动姿站立，保持身体平衡。

图 7 - 3 - 21　无反向式 - 跳箱 - 单脚跳 - 纵向　　　图 7 - 3 - 22　无反向式 - 栏架 - 单脚跳 - 纵向

(2) 有反向式 - 跳箱 - 单脚跳 - 纵向 (图 7 - 3 - 23)

◆ 动作姿势：呈单脚直立姿站立，面向跳箱，另一侧腿抬离地面，双臂伸直举过头顶，保持掌心相对，背部平直，腹部收紧。

◆ 动作过程：双臂向下快速摆动至髋部两侧后向上快速摆起，以手臂带动身体快速伸髋伸膝，双脚蹬离地面，向前跳上跳箱。跳上跳箱时，起跳脚落地，屈髋屈膝落地缓冲的同时双臂下摆至髋部两侧，呈同侧单脚运动姿站立，保持 1 ~ 2 秒。

◆ 进阶练习：

◇ 有反向式 - 栏架 - 单脚跳 - 纵向 (图 7 - 3 - 24)

◇ 动作姿势：落地时，呈稳定的单脚运动姿站立，保持身体平衡。

(3) 双接触式 - 栏架 - 单脚跳 - 纵向 (图 7 - 3 - 25)

◆ 动作姿势：单脚直立姿站跳箱上，面向栏架，双臂自然放体侧，背部平直，腹部收紧。

◆ 动作过程：向前迈出右脚，自然下落，落地时双脚前脚掌着地，屈髋屈膝落地缓冲的同时双臂向下快速摆动至髋部两侧，做好快速起跳的准备。落地时，双臂向上快速摆起，以手臂带动身体快速伸髋伸膝，双脚蹬离地面，从栏架上方跳过。第二次落地时，起跳脚着地，屈髋屈膝落地缓冲的同时双臂下摆至髋部两侧，呈同侧单脚运动姿站立，保持 1~2 秒。

图 7 - 3 - 23　有反向式 - 跳箱 - 单脚跳 - 纵向　　图 7 - 3 - 24　进阶：有反向式 - 栏架 - 单脚跳 - 纵向

图 7 - 3 - 25　双接触式 - 栏架 - 单脚跳 - 纵向

2. 横向练习

（1）无反向式 - 跳箱 - 向内单脚跳 - 横向（图 7 - 3 - 26）

◆ 动作姿势：呈单脚运动姿站立，靠近跳箱/栏架的一侧腿抬离地面，双臂微屈于髋部两侧，背部平直，腹部收紧。

◆ 动作过程：双臂向上快速摆起，以手臂带动身体快速伸髋伸膝，双脚蹬离地面，侧向跳上跳箱/跳过栏架。跳上跳箱/跳过栏架时，起跳脚着地，屈髋屈膝落地缓冲的同时双臂下摆至髋部两侧，呈同侧单脚运动姿站立，保持 1~2 秒。

◆ 进阶练习：

◇ 无反向式 - 跳箱 - 向外单脚跳　横向

◇ 动作要领：落地时，呈稳定的单脚运动姿站立，保持身体平衡。

图 7 - 3 - 26　无反向式 - 跳箱 - 向内单脚跳 - 横向

◇ 无反向式－栏架－向内单脚跳－横向(图7－3－27)
◇ 无反向式－栏架－向外单脚跳－横向(图7－3－28)
◇ 动作要领:落地时,呈稳定的单脚运动姿站立,保持身体平衡。

图7－3－27　无反向式－栏架－向内单脚跳－横向　　图7－3－28　无反向式－栏架－向外单脚跳－横向

(2)有反向式－跳箱－向内单脚跳－横向(图7－3－29)
◆ 动作姿势:单脚直立姿站立,靠近跳箱/栏架一侧腿抬离地面(向内单脚跳),双臂伸直举过头顶,掌心相对,背部平直,腹部收紧。
◆ 动作过程:双臂向下快速摆动至髋部两侧后向上快速摆起,以手臂带动身体快速伸髋伸膝,双脚蹬离地面,侧向跳上跳箱/跳过栏架。跳上跳箱/跳过栏架时,起跳脚着地,屈髋屈膝落地缓冲的同时双臂下摆至髋部两侧,呈同侧单脚运动姿站立,保持1～2秒。
◆ 进阶练习:
◇ 有反向式－跳箱－向外单脚跳－横向(图7－3－30)
◇ 动作姿势:落地时,呈稳定的单脚运动姿站立,保持身体平衡。

图7－3－29　有反向式－跳箱－向内单脚跳－横向　　图7－3－30　有反向式－跳箱－向外单脚跳－横向

◇ 有反向式－栏架－向内单脚跳－横向(图7－3－31)
◇ 有反向式－栏架－向外单脚跳－横向(图7－3－32)
◇ 动作要领:落地时,呈稳定的单脚运动姿站立,保持身体平衡。

图7－3－31　有反向式－栏架－向内单脚跳－横向　　图7－3－32　有反向式－栏架－向外单脚跳－横向

（3）双接触式 - 栏架 - 向内单脚跳 - 横向（图7 - 3 - 33）

◆ 动作姿势：呈单脚直立姿站立，靠近跳箱/栏架的一侧腿抬离地面（向内单脚跳），双臂微屈于髋部两侧，背部平直，腹部收紧。

◆ 动作过程：侧向跳下跳箱，落地时起跳脚前脚掌着地，脚后跟稍微离开地面，屈髋屈膝落地缓冲的同时双臂下摆至髋部两侧，做好快速起跳的准备。落地时，双臂向上快速摆起，以手臂带动身体快速伸髋伸膝，双脚蹬离地面，侧向跳过栏架。第二次落地时，起跳脚着地，屈髋屈膝落地缓冲的同时双臂下摆至髋部两侧，呈同侧单脚运动姿站立，保持1～2秒。

（4）双接触式 - 栏架 - 向外单脚跳 - 横向（图7 - 3 - 34）

◇ 动作要领：落地时，呈稳定的单脚运动姿站立，保持身体平衡。

图7 - 3 - 33　双接触式 - 栏架
- 向内单脚跳 - 横向

图7 - 3 - 34　双接触式 - 栏架
- 向外单脚跳 - 横向

◆ 进阶练习：

◇ 双接触式 - 栏架 - 向内单脚跳 - 横向 - 连续（图7 - 3 - 35）
◇ 双接触式 - 栏架 - 向外单脚跳 - 横向 - 连续（图7 - 3 - 36）
◇ 动作要领：落地时，呈稳定的单脚运动姿站立，保持身体平衡。

图7 - 3 - 35　双接触式 - 栏架
- 向内单脚跳 - 横向 - 连续

图7 - 3 - 36　双接触式 - 栏架
- 向外单脚跳 - 横向 - 连续

3. 旋转练习

（1）无反向式 - 向内单脚跳 - 旋转90度（图7 - 3 - 37）

◆ 动作姿势：呈单脚运动姿站立，靠近跳箱或栏架的一侧腿抬离地面（向内单脚跳），双臂微屈于髋部两侧，背部平直，腹部收紧。

◆ 动作过程：双臂向上快速摆起，以手臂带动身体快速伸髋伸膝，双脚蹬离地面，身体逆时针旋转90度跳跃。落地时，起跳脚着地，屈髋屈膝落地缓冲的同时双臂下摆至髋部两侧，呈同侧单脚运动姿站立，保持 1~2 秒。

（2）无反向式 – 向外单脚跳 – 旋转 90 度（图 7 – 3 – 38）

◆ 动作过程：顺时针旋转 90 度跳跃。落地时，呈稳定单脚运动姿站立，保持身体平衡。

图 7 – 3 – 37 无反向式 – 向内单脚跳 – 旋转 90 度   图 7 – 3 – 38 无反向式 – 向外单脚跳 – 旋转 90 度

（3）有反向式 – 向内单脚跳 – 旋转 90 度（图 7 – 3 – 39）

◆ 动作姿势：单脚运动姿站立，靠近跳箱/栏架一侧腿抬离地面（向内单脚跳），双臂伸直举过头顶，掌心相对，背部平直，腹部收紧。

◆ 动作过程：双臂向下快速摆动至髋部两侧后向上快速摆起，以手臂带动身体快速伸髋伸膝，双脚蹬离地面，身体逆时针旋转 90 度跳跃。落地时，起跳脚着地，屈髋屈膝落地缓冲的同时双臂下摆至髋部两侧，呈同侧单脚运动姿站立，保持 1~2 秒。

（4）有反向式 – 向外单脚跳 – 旋转 90 度（图 7 – 3 – 40）

◆ 动作过程：顺时针旋转 90 度跳跃，落地时，呈稳定的单脚运动姿站立，保持身体平衡。

图 7 – 3 – 39 有反向式 – 向内单脚跳 – 旋转 90 度   图 7 – 3 – 40 有反向式 – 向外单脚跳 – 旋转 90 度

（5）双接触式 – 栏架 – 向内单脚跳 – 旋转 90 度（图 7 – 3 – 41）

◆ 动作姿势：呈单脚运动姿站立于跳箱上，面向栏架，靠近跳箱/栏架的一侧腿抬离地面（向内单脚跳），双臂微屈于髋部两侧，背部平直，腹部收紧。

◆ 动作过程：跳下跳箱，落地时起跳脚前脚掌着地，屈髋屈膝落地缓冲的同时双臂下摆至髋部两侧，做好快速起跳的准备。落地时，双臂向上快速摆起，以手臂带动身体快速伸髋伸膝，起跳脚蹬离地面，身体顺时针旋转 90 度跳过栏架。第二次落地时，起跳脚着地，屈髋屈膝落地缓冲的同时双臂下摆至髋部两侧，呈同侧单脚运动姿站立，保持 1~2 秒。

（6）双接触式 – 栏架 – 向外单脚跳 – 旋转 90 度（图 7 – 3 – 42）

◆ 动作过程：顺时针旋转 90 度跳跃，落地时，呈稳定单脚运动姿站立，保持身体平衡。

图 7 - 3 - 41 双接触式 - 栏架
- 向内单脚跳 - 旋转 90 度

图 7 - 3 - 42 双接触式 - 栏架
- 向外单脚跳 - 旋转 90 度

二、上肢练习

◆ 动作功能：提高上肢动作的力量与爆发力，有助于增强肩关节的稳定性，强化胸大肌和肱三头肌的弹性力量，提升力的产生速率及发展稳定性。

(一) 推球

1. 胸前推球 - 面向墙壁

◆ 动作姿势：直立伸髋双膝跪姿/前后分腿单膝跪姿/分腿蹲跪/直立姿/基本姿/直立姿单腿军步式准备，面向墙壁，躯干与墙壁保持 0.9 ~ 1.2 米的距离，双手持球于胸前，手臂伸直。

◆ 动作过程：将药球拉至胸前，用尽可能大的力量快速向墙壁推出药球。当药球反弹至手时，抓住药球，回到起始姿势，重复规定的次数。注意双手同时发力推球，接球的位置不要太靠近胸部。连续推球时，药球不要在胸前停留。始终保持标准的身体姿势，背部平直，腹部收紧。动作连贯，没有停顿。

(1) 药球 - 直立跪姿伸髋双膝 - 胸前推球 (图 7 - 3 - 43)

(2) 药球 - 前后分腿单膝跪姿 - 胸前推球 (图 7 - 3 - 44)

图 7 - 3 - 43 药球 - 直立跪姿
伸髋双膝 - 胸前推球

图 7 - 3 - 44 药球 - 前后分腿
单膝跪姿 - 胸前推球

(3) 药球 - 分腿蹲姿 - 胸前推球 (图 7 - 3 - 45)

(4) 药球 - 直立姿 - 胸前推球 (图 7 - 3 - 46)

图7-3-45　药球-分腿蹲姿-胸前推球

图7-3-46　药球-直立姿-胸前推球

（5）药球-直立姿单腿军步式-胸前推球（图7-3-47）

◆ 动作姿式：支撑腿髋部微微后坐，膝部微屈，单腿站立保持稳定。推球中，保持身体的平衡与稳定。

◆ 练习变化：除单个动作练习外，各种动作类型可以连续做，中间不停顿。

图7-3-47　药球-直立姿单腿军步式-胸前推球

2. 药球-仰卧姿-胸前推球（图7-3-48）

◆ 动作姿势：练习者仰卧于地面，头部靠近跳箱的底部，目视药球，双臂伸直于胸前，肘关节微屈。同伴站立于跳箱上，双手持球，位于练习者的手臂的正上方，目视练习者的手。

◆ 动作过程：同伴松开药球，练习者屈肘缓冲抓住药球，拉至胸前，尽可能用力快速把药球推还给同伴。同伴抓住药球，回到起始姿势，重复规定次数。注意接球的位置不要太靠近胸部。连续推球时，药球不要在胸部停留。始终集中注意力，动作连贯，没有停顿。

图7-3-48　药球-仰卧姿-胸前推球

（二）扔球

1. 头上扔

◆ 动作功能：提高上肢动作的力量与爆发力，有助于增强肩关节的稳定性，强化肱三头肌的弹性力量，提升力的产生速率，发展身体的稳定性。

◆ 动作姿势：直立伸髋双膝跪姿/前后分腿单膝跪姿/分腿蹲跪/直立姿/基本姿/直立姿单

腿军步式准备，面向墙壁，躯干与墙壁保持0.6~0.9米的距离，双手持球于头上，手臂弯曲。

◆ 动作过程：将药球拉至头后，用尽可能大的力量快速向墙壁扔出药球。当药球反弹至手时，抓住药球，回到起始姿势，重复规定的次数。注意接球位置不要太靠近胸部。由于靠墙壁较近，药球弹回来的速度较快，要做好连续快速砸球的准备，始终保持标准的身体姿势，背部平直，腹部收紧，动作连贯，没有停顿。

（1）药球－头上扔球－直立伸髋双膝跪姿（图7-3-49）

（2）药球－头上扔球－前后分腿单膝跪姿（图7-3-50）

图7-3-49　药球－头上扔球－直立伸髋双膝跪姿　　图7-3-50　药球－头上扔球－前后分腿单膝跪姿

（3）药球－头上扔球－分腿蹲姿（图7-3-51）

（4）药球－头上扔球－直立姿（图7-3-52）

图7-3-51　药球－头上扔球－分腿蹲姿　　　　图7-3-52　药球－头上扔球－直立姿

（5）药球－头上扔球－基本姿（图7-3-53）

（6）药球－头上扔球－直立姿单腿军步式（图7-3-54）

◆ 动作姿式：支撑腿髋部微微后坐，膝部微屈，单腿站立保持稳定。扔球过程中，保持身体的平衡与稳定。

图7-3-53　药球－头上扔球－基本姿　　　　图7-3-54　药球－头上扔球－直立姿单腿军步式

2. 平行扔

◆ 动作功能：提高躯干旋转动作的力量与爆发力，有助于发展及强化髋部和躯干的弹性力量，提升力的产生速率，发展人体的平衡能力和稳定性。

◆ 动作姿势：直立伸髋双膝跪姿/前后分腿单膝跪姿/分腿蹲跪/直立姿/基本姿/直立姿单腿军步式准备，面向墙壁，躯干与墙壁保持 0.6～1.2 米的距离，双手持球于腰间，手臂屈肘。

◆ 动作过程：向身体后方旋转躯干，将药球拉至髋部后侧。通过髋部发力，带动躯干、肩部、手臂，把动力传递到药球上，尽可能用最大的力量快速向墙壁扔出药球。接球时，微屈手臂，一手在药球下方，另一手在药球的后方，回到起始姿势，重复规定次数。换对侧做同样动作。注意通过髋部发力扔球，扔向墙壁的药球成一条平行地面的直线，始终保持标准的身体姿势，背部平直，腹部收紧，动作连贯，没有停顿。

（1）药球 – 平行扔球 – 直立伸髋双膝跪姿（图 7 – 3 – 55）

（2）药球 – 平行扔球 – 前后分腿单膝跪姿（图 7 – 3 – 56）

图 7 – 3 – 55　药球 – 平行扔球 – 直立伸髋双膝跪姿　　图 7 – 3 – 56　药球 – 平行扔球 – 前后分腿单膝跪姿

（3）药球 – 平行扔球 – 分腿蹲姿（图 7 – 3 – 57）

（4）药球 – 平行扔球 – 直立姿（图 7 – 3 – 58）

（5）药球 – 平行扔球 – 直立姿单腿军步式（图 7 – 3 – 59）

◆ 动作姿式：支撑腿髋部微微后坐，膝部微屈，单腿站立保持稳定；扔球过程中，保持身体的平衡与稳定。

（6）药球 – 平行旋转扔球 – 直立姿单腿军步式（图 7 – 3 – 60）

◆ 动作姿式：支撑腿髋部微微后坐，膝部微屈，单腿站立保持稳定。扔球过程中，保持身体的平衡与稳定。

图 7 – 3 – 57　药球 – 平行扔球 – 分腿蹲姿　　图 7 – 3 – 58　药球 – 平行扔球 – 直立姿

图 7 – 3 – 59　药球 – 平行扔球 – 直立姿单腿军步式　　图 7 – 3 – 60　药球 – 平行旋转扔球 – 直立姿单腿军步式

3. 垂直扔

◆ 动作功能：提高躯干动作的力量与爆发力，有助于发展及强化髋部和躯干的弹性力量，提升力的产生速率，发展人体的平衡能力和稳定性。

◆ 动作姿势：直立伸髋双膝跪姿/前后分腿单膝跪姿/分腿蹲跪/直立姿/基本姿/直立姿单腿军步式准备，侧向墙壁，躯干与墙壁保持0.6～1.2米的距离，双手持球于腰间，手臂屈肘。

◆ 动作过程：向身体的后方旋转躯干，将药球拉至髋部后侧。通过髋部发力，带动躯干、肩部、手臂，把动力传递到药球上，尽可能用最大的力量快速向墙壁扔出药球。接球时，微屈手臂，一手在药球下方，另一手在药球的后方，回到起始姿势，重复规定次数。换对侧做同样动作。注意屈膝屈髋可以增大动作的幅度，提升扔球的力量与出手速度。髋部发力扔球，扔向墙壁的药球的运动轨迹成一条平行地面的直线。保持标准的身体姿势，背部平直，腹部收紧，动作连贯，没有停顿。

（1）药球 – 垂直扔球 – 直立伸髋双膝跪姿（图 7 – 3 – 61）

（2）药球 – 垂直扔球 – 前后分腿单膝跪姿（图 7 – 3 – 62）

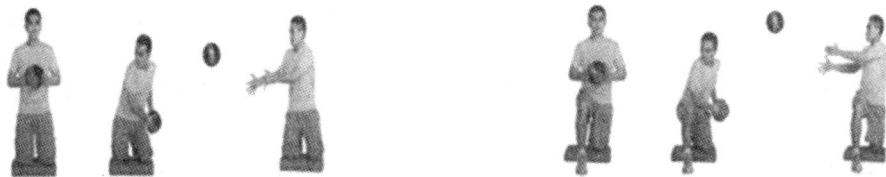

图 7 – 3 – 61　药球 – 垂直扔球 – 直立伸髋双膝跪姿　　图 7 – 3 – 62　药球 – 垂直扔球 – 前后分腿单膝跪姿

（3）药球 – 垂直旋转扔球 – 前后分腿单膝跪姿（图 7 – 3 – 63）

◆ 动作姿式：远离墙壁的脚在前，扔球过程中，朝前脚方向旋转肩部和躯干。

（4）药球 – 垂直扔球 – 分腿蹲姿（图 7 – 3 – 64）

图 7 – 3 – 63　药球 – 垂直旋转扔球 – 前后分腿单膝跪姿　　图 7 – 3 – 64　药球 – 垂直扔球 – 分腿蹲姿

(5)药球－垂直旋转扔球－分腿蹲姿(图7－3－65)

◆ 动作姿式：远离墙壁的脚在前，扔球过程中，朝前脚方向旋转肩部和躯干。

(6)药球－垂直扔球－直立姿(图7－3－66)

图7－3－65　药球－垂直旋转扔球－分腿蹲姿   图7－3－66　药球－垂直扔球－直立姿

(7)药球－垂直扔球－直立姿单腿军步式(图7－3－67)

◆ 动作要领：远离墙壁的支撑腿髋部微微后坐，膝部微屈，单腿站立保持稳定。扔球过程中，保持身体的平衡与稳定。

(8)药球－垂直旋转扔球－直立姿单腿军步式(图7－3－68)

◆ 动作要领：远离墙壁的支撑腿髋部微微后坐，膝部微屈，单腿站立保持稳定。扔球过程中，保持身体的平衡与稳定。

图7－3－67　药球－垂直扔球－直立姿单腿军步式   图7－3－68　药球－垂直旋转扔球－直立姿单腿军步式

（三）砸球

1. 过顶砸球

◆ 动作功能：提高上肢动作的力量与爆发力，有助于增强肩关节的稳定性，强化肱三头肌的弹性力量，提升力的产生速率，发展身体的稳定性。

◆ 动作姿势：直立伸髋双膝跪姿/直立姿准备，双手持球于腰间，手臂屈肘。

◆ 动作过程：拉长腹部，将药球向体前上举过头，最终举至头后，通过髋部发力，带动躯干、肩部、手臂，把动力传递到药球上，尽可能用最大的力量快速向身体前面的地面砸出药球。当药球反弹至手时，抓住药球，回到起始姿势，重复规定的次数。注意充分拉长腹部后，双手同时发力将球砸向地面。下砸过程中，保持髋关节在高位，始终保持标准的身体姿势，背部平直，腹部收紧，动作连贯，没有停顿。

(1)药球－过顶砸球－直立伸髋双膝跪姿(图7－3－69)

(2)药球－过顶砸球－直立姿(图7－3－70)

◆ 动作过程：在下砸过程中，拉长腹部，双脚离开地面有助于增大动作幅度和力度。

图7-3-69 药球-过顶砸球-直立伸髋双膝跪姿

图7-3-70 药球-过顶砸球-直立姿

2. 旋转过顶砸球

◆ 动作功能：提高上肢动作的力量与爆发力，有助于增强肩关节的稳定性，强化肩部与腹部的弹性力量，提升力的产生速率，发展人体的平衡能力和稳定性。

◆ 动作姿势：直立伸髋双膝跪姿/前后分腿单脚蹲姿/分腿蹲姿/直立姿准备，双手持球于腰间，手臂屈肘。

◆ 动作过程：通过髋部和躯干率先发力，拉长腹部，将药球拉到身体的一侧，然后将药球举过头顶，带动肩部、手臂，把动力传递到药球上。通过收缩腹部和上肢背肌肉，尽可能用最大的力量快速向身体另一侧的地面砸出球。回到起始姿势，重复规定次数，对侧亦然。注意在砸球前应该首先拉长腹部，双手同时发力将药球砸向地面。下砸过程中，保持髋关节在高位，可以通过屈髋收腹或提升加大动作的力度和幅度。始终保持标准的身体姿势，背部平直，腹部收紧，动作连贯，没有停顿。

（1）药球-旋转过顶砸球-直立伸髋双膝跪姿（图7-3-71）

（2）药球-旋转过顶砸球-前后分腿单脚蹲姿（图7-3-72）

图7-3-71 药球-旋转过顶砸球-直立伸髋双膝跪姿

图7-3-72 药球-旋转过顶砸球-前后分腿单脚蹲姿

（3）药球-旋转过顶砸球-分腿蹲姿（图7-3-73）

（4）药球-旋转过顶砸球-分腿站立姿（图7-3-74）

图7-3-73 药球-旋转过顶砸球-分腿蹲姿

图7-3-74 药球-旋转过顶砸球-分腿站立姿

(四)俯卧撑跳箱 – 俯卧撑(图 7 – 3 – 75)

◆ 动作功能:提高上肢动作的力量与爆发力,有助于增强肩关节的稳定性,强化肩部、胸部和手臂的力量,提升力的产生速率。

◆ 动作姿势:俯卧 – 双手双脚撑准备,手放于肩部的正下方,肘关节伸直但不要锁死。

◆ 动作过程:通过屈肘降低胸部贴近地面/跳箱,尽可能用最大的力量快速推起自己的身体离开地面/跳箱;手做好落地缓冲的准备,屈肘支撑身体的重量,当身体即将贴近地面时,再次迅速地推起,重复规定次数。注意在完成动作的过程中,双手同时发力推起身体,收紧腹部与臀部,身体呈一条直线;落地时,手臂通过屈肘缓冲,臀部不要抬起,动作完成连贯。

图 7 – 3 – 75　俯卧撑跳箱 – 俯卧撑

三、躯干练习

动作功能:提高躯干动作模式的力量与爆发力,有助于强化腹部力量以及发展核心力量。提升力的产生速率,发展人体的稳定性。

(一)药球 – 仰卧起坐(图 7 – 3 – 76)

◆ 动作功能:提高躯干动作模式的力量与爆发力,有助于发展腹部力量以及核心力量。

◆ 动作姿势:仰卧起坐姿,双脚平行开立,脚后跟着地,双腿屈膝,臀部坐于地上,收紧腹部,背部保持平直,双手屈肘做好接球的准备,面向同伴,同伴持球站于练习者对面。

◆ 动作过程:同伴将药球掷向练习者伸出的手,练习者躯干后仰,屈腹缓冲双手接住球,躯干与地面成 45 度夹角。当练习者躯干后仰背部靠近地面时,药球拉至胸前,尽可能用最大的力量屈髋收腹将球推向同伴。同伴抓住球,回到起始姿势,重复规定次数。注意通过腹部发力,带动肩部、手臂将药球推出,保持躯干稳定性,动作完成连贯。

图 7 – 3 – 76　药球 – 仰卧起坐

(二)药球 – 俄罗斯旋转(图 7 – 3 – 77)

◆ 动作功能:提高旋转躯干动作的力量与爆发力,有助于发展腹部力量以及核心力量。

◆ 动作姿势：练习者呈仰卧起坐姿准备，双脚抬离地面，双腿屈髋屈膝，臀部坐于地上，收紧腹部，背部保持平直，双手屈肘做好接球的准备，躯干向同伴微微旋转，目视同伴手持的球。同伴站于练习者侧面。

◆ 动作过程：同伴将药球掷向练习者，练习者双手接住药球的同时，躯干顺势向身体的另一侧旋转，将药球拉至另一侧腹部。当动作达到最大幅度时，练习者迅速且尽力地旋转躯干将药球退还给同伴。同伴抓住球，回到起始姿势，重复规定次数。注意通过腹部两侧发力，带动肩部、手臂将药球推出。保持躯干的稳定性，动作完成连贯。

图 7 - 3 - 77 药球 - 俄罗斯旋转

第四节 动作技能训练

一、纵向向前加速

(一)加速 - 墙壁技巧

1. 姿势保持(图 7 - 4 - 1)

◆ 动作姿势：直立姿站立，面向墙壁。

◆ 动作过程：双手撑墙，身体向前方倾斜，保持头、肩、髋、踝呈一条直线。抬起右膝，脚尖指向墙壁；保持姿势到规定时间，对侧亦然。

◆ 进阶练习：姿势保持 - 阻力带

◇ 动作要领：在髋关节位置系上腰带，阻力方向在身体的正后方；动作过程中，对抗施加在腰部的阻力，并维持身体的稳定性与平衡。

2. 蹬摆(图 7 - 4 - 2)

◆ 动作姿势：直立姿站立，面向墙壁。

◆ 动作过程：双手撑墙，身体向前方倾斜，保持头、肩、髋、踝呈一条直线。右腿抬离地面，左腿后脚跟离开地面，脚尖指向墙壁，保持这一姿势。左腿后脚跟着地，屈左腿膝关节，髋关节后坐。抬起身体至起始姿势并保持，对侧亦然。注意保持身体的正确姿势，脚在膝关节的正下方，勾脚尖。完成上抬身体后，收紧支撑腿的臀部，让膝关节保持在脚尖的后方。

◆ 进阶练习：蹬摆 - 阻力带(图 7 - 4 - 3)

◇ 动作要领：在髋关节位置系上腰带，阻力方向在身体的正后方。动作过程中，对抗施加在腰部的阻力，并维持身体的稳定性与平衡。

图7-4-1　姿势保持　　　　图7-4-2　蹬摆　　　　图7-4-3　蹬摆-阻力带

3.扶墙军步走(图7-4-4)

◆ 动作姿势：直立姿站立，面向墙壁。

◆ 动作过程：双手撑墙，身体向前方倾斜，保持头、肩、髋、踝呈一条直线。左腿抬离地面，脚尖指向墙壁，保持这一姿势，左腿下落至起始位置后，右腿抬离地面。重复规定的次数。注意始终保持身体的正确姿势，脚在膝关节的正下方，勾脚尖。在对侧腿抬离地面时，收紧支撑腿的臀部。

◆ 进阶练习：扶墙军步走-阻力带(图7-4-5)

◇ 动作要领：在髋关节位置系上腰带，阻力方向在身体的正后方。动作过程中，对抗施加在腰部的阻力，并维持身体的稳定性与平衡。

图7-4-4　扶墙军步走　　　　　　　图7-4-5　扶墙军步走-阻力带

4.单次交替(图7-4-6)

◆ 动作姿势：直立姿站立，面向墙壁。

◆ 动作过程：双手撑墙，身体向前方倾斜，保持头、肩、髋、踝呈一条直线。左腿抬离地面，脚尖指向墙壁，保持这一姿势。左腿快速下蹬落地时，右腿抬离地面；重复规定的次数。注意始终保持身体的正确姿势，脚在膝关节的正下方，勾脚尖。在对侧腿抬离地面时，收紧支撑腿的臀部；尽快完成两腿的交替动作。

◆ 进阶练习

(1)单次交替-阻力带(图7-4-7)

◇ 动作要领：在髋关节位置系上腰带，阻力方向在身体的正后方。动作过程中，对抗施加在腰部的阻力，并维持身体的稳定性与平衡。

(2)双次交替

◇ 动作要领：与单次交替步骤一致，但练习者每侧腿需要连续快速完成2次交替动作后并保持，并重复规定的次数。

（3）双次交替－阻力带

◇ 动作要领：在髋关节位置系上腰带，阻力方向在身体的正后方；动作过程中，对抗施加在腰部的阻力，并维持身体的稳定性与平衡。

图7－4－6　单次交替　　　　　　　　图7－4－7　单次交替－阻力带

（二）加速－抗阻技巧

1. 军步走－抗阻（图7－4－8）

◆ 动作姿势：直立姿站立，在髋关节系上腰带，阻力带在身体的正后方。

◆ 动作过程：左腿抬离地面的同时，右臂向前上方摆，左腿快速落地的同时，右腿抬离地面，同时右臂向前上方摆，两腿交替向前移动，重复规定的次数。注意保持身体的正确姿势，勾脚尖，向地面有力地蹬有利于髋关节充分伸直。在对侧腿充分落地的同时，一侧肘向后有力地摆动。身体在向前移动的过程中，向前倾10度，以对抗施加至髋部的阻力，并维持身体的稳定性与平衡。

2. 跨步跑－抗阻（图7－4－9）

◆ 动作姿势：直立姿站立，在髋关节系上腰带，阻力带在身体的正后方。

◆ 动作过程：左腿抬离地面的同时，右臂向前上方摆，左腿快速向后下方蹬地时，右腿抬离地面，同时左臂向前上方摆。两腿快速交替向前移动，完成规定距离，重复规定的次数。注意始终保持标准的身体姿势，勾脚尖，在落地时，要缩短脚与地面的接触时间，落地要有弹性，通过髋关节吸收落地时的反作用力。在动作过程中，通过有力的摆臂和髋关节的蹬伸产生力。身体在向前移动的过程中，向前倾20度以对抗施加至髋部的阻力，并维持身体的稳定性与平衡。

3. 加速跑－抗阻（图7－4－10）

◆ 动作姿势：直立姿站立，在髋关节系上腰带，阻力带在身体的正后方。

◆ 动作过程：左腿抬离地面的同时，右臂向前上方摆，左腿快速向后下方蹬地时，右腿抬离地面，同时左臂向前上方摆，两腿快速交替向前移动，完成规定距离，重复规定的次数。注意始终保持标准的身体姿势，勾脚尖。在落地时，要缩短脚与地面的接触时间，落地要有弹性，通过髋关节吸收落地时的反作用力。在动作过程中，通过有力的摆臂和髋关节的蹬伸产生力。身体在向前移动的过程中，向前倾30度以对抗施加至髋部的阻力，并维持身体的稳定性与平衡。

图7-4-8　军步走-抗阻　　　图7-4-9　跨步跑-抗阻　　　图7-4-10　加速跑-抗阻

(三)加速-起跑技巧

1. 前倾起跑(图7-4-11)

◆ 动作姿势：直立姿站立。

◆ 动作过程：保持标准的身体姿势，背部平直，腹部臀部收紧。身体挺直逐渐向前下方倾斜，直至感觉即将无法完成起跑动作时，快速地抬起左腿前摆，右腿向后下方蹬伸，双臂充分向相反方向摆动，重复规定次数。注意在前倾过程中，身体挺直，保持标准的身体姿势，在保持安全和最优化的起跑首步技术的情况下，尽可能地加大前倾的角度。起跑第一步着地点在身体重心投影点的后方，两脚之间间距较大。加速过程中，控制住腰部，保持躯干稳定。

2. 2步起跑(图7-4-12)

◆ 动作姿势：直立姿站立。

◆ 动作过程：保持标准的身体姿势，背部平直，腹部臀部收紧，身体挺直逐渐向前下方倾斜，直至感觉即将无法完成起跑动作时，快速地抬起左腿前摆，右腿向后下方蹬伸，双臂充分向相反方向摆动。左腿前脚掌着地并迅速过渡到有力的后蹬，快速地抬起右腿，身体前倾角度逐渐变小，重复规定的次数。注意身体前倾过程中要挺直，保持标准姿势，在保持安全和最优化的起跑首步技术的情况下，尽可能地加大前倾的角度。腿应向后下方有力地蹬伸以获取地面对身体的反作用力，以便更好地加速。起跑第二步着地点比起跑第一步着地点前移，但同样在身体重心投影点的后方，第二步两脚之间间距较小。起跑第二步比起跑第一步步频加快，步幅加大，加速过程中，要控制住腰部，保持躯干稳定。

图7-4-11　前倾起跑　　　　　图7-4-12　2步起跑

3. 3步起跑(图7-4-13)

◆ 动作姿势：直立姿站立。

◆ 动作过程：保持标准的身体姿势，背部平直，腹部臀部收紧，身体挺直逐渐向前下方倾斜，直至感觉即将无法完成起跑动作时，快速地抬起左腿前摆，右腿向后下方蹬伸，双臂充分向相反方向摆动。左腿前脚掌着地并迅速过渡到有力的后蹬，快速地抬起右腿，身体前倾角度逐渐变小。重复规定的次数。注意身体前倾过程中要挺直，保持标准姿势，在保持安全和最优化的起跑首步技术的情况下，尽可能地加大前倾的角度。腿应向后下方有力地蹬伸以获取地面对身体的反作用力，以便更好地加速。起跑第三步着地点比前两步着地点的重心投影点前移，第三步两脚之间间距逐渐变小，并逐渐向中线靠拢。起跑第三步比前两步步频继续加快，步幅、蹬地力量继续增大，在加速过程中，控制住腰部，保持躯干稳定。

4.分腿姿起跑(图7－4－14)

◆ 动作姿势：分腿姿站立，左腿在右腿前方，髋关节后坐，左臂在身体前方，右肘在后。

◆ 动作过程：左腿向后下方有力地蹬伸并向前加速，右腿抬离地面加速前摆，双臂充分向相反方向摆动。向前加速完成规定的距离，重复规定的次数。注意起跑过程中，保持标准的身体姿势，通过有力摆臂和髋关节蹬伸产生力。加速过程中要控制住腰部，保持躯干稳定。

图7－4－13　3步起跑　　　　　　　　　　图7－4－14　分腿姿起跑

5.高位姿俯手撑起跑(图7－4－15)

◆ 动作姿势：俯卧撑姿势，双臂伸直。

◆ 动作过程：左腿向前伸，贴近身体后，快速地抬起右腿前摆，左腿向后下方蹬伸，双臂充分向相反方向摆动。向前加速完成规定的距离，重复规定的次数。注意起跑过程中要保持标准的身体姿势。动作过程中，通过有力摆臂和髋关节蹬伸产生力，加速过程中要控制住腰部，保持躯干稳定。

6.俯手撑脚跳起起跑(图7－4－16)

◆ 动作姿势：俯手撑姿势，两腿屈膝，前后脚分开。

◆ 动作过程：两腿向上跳起，完成规定的次数后，快速地抬起右腿，右腿前摆，左腿向后下方蹬伸，双臂充分向相反方向摆动。向前加速完成规定的距离，重复规定的次数。注意起跑过程中要保持标准的身体姿势。通过有力的摆臂和髋关节蹬伸产生力；加速过程中要控制住腰部，保持躯干稳定。在两腿跳起的过程中保持身体平衡。

图7－4－15　高位姿俯手撑起跑　　　　　　图7－4－16　俯手撑脚跳起起跑

二、纵向向前绝对速度

(一)绝对速度－墙壁技巧

1. 姿势保持(图7－4－17)

◆ 动作姿势:直立姿站立,身体左侧靠向墙壁。

◆ 动作过程:左手撑墙,抬起左侧大腿与地面平行,保持头、肩、髋、踝呈一条直线。右腿后脚跟离开地面,脚尖指向身体正前方,保持这一姿势。完成规定次数,对侧亦然。注意保持标准的身体姿势,脚在膝关节的正下方,勾脚尖,收紧支撑腿的臀部。

◆ 进阶练习:姿势保持－阻力带

◇ 动作要领:在髋关节位置系上腰带,阻力方向在身体的正后方。在动作过程中对抗施加在腰部的阻力,并维持身体的稳定性与平衡。

2. 蹬摆(图7－4－18)

◆ 动作姿势:直立姿站立,身体左侧靠向墙壁。

◆ 动作过程:左手撑墙,身体保持头、肩、髋、踝呈一条直线。左腿抬离地面,右腿后脚跟离开地面,脚尖指向身体前方,保持这一姿势。右腿后脚跟着地,屈右腿膝关节,髋关节后坐;抬起身体至起始姿势并保持,对侧亦然。注意保持身体的正确姿势,脚在膝关节的正下方,勾脚尖。完成上抬身体后,收紧支撑腿的臀部,保持膝关节在脚尖的后方。

◆ 进阶练习:蹬摆－阻力带

◇ 动作要领:在髋关节位置系上腰带,阻力方向在身体的正后方。在动作过程中对抗施加在腰部的阻力,并维持身体的稳定性与平衡。

图7－4－17　姿势保持及进阶练习　　　　图7－4－18　蹬摆及进阶练习

3. 慢速循环(图7－4－19)

◆ 动作姿势:直立姿站立,身体左侧靠墙。

◆ 动作过程:左手撑墙,抬起左侧大腿与地面平行,保持头、肩、髋、踝呈一条直线。左腿向后下方移动,慢慢地完成一次像“活塞式”运动的动作,抬起左侧大腿,回到起始姿势,左脚在身体的前方,保持这一姿势。重复规定次数,对侧亦然。注意保持标准的身体姿势,脚在膝关节的正下方,勾脚尖。完成上抬身体后,收紧支撑腿的臀部,脚完成一个完整的圆周动作。

◆ 进阶练习

(1)慢速循环－阻力带(图7－4－20)

◇ 动作要领:在髋关节位置系上腰带,阻力方向在身体的正后方。动作过程中对抗施加在腰部的阻力,并维持身体的稳定性与平衡。

图7－4－19　慢速循环　　　　　　　　图7－4－20　慢速循环－阻力带

（2）单次交替

◇ 动作要领：同慢速循环步骤，但练习者需要单腿快速完成1次后保持，重复规定次数。

（3）单次交替－阻力带

◇ 动作要领：在髋关节位置系上腰带，阻力方向在身体的正后方。动作过程中需对抗施加在腰部的阻力，并维持身体的稳定性与平衡。

（4）双次交替

◇ 动作要领：同慢速循环步骤，但练习者需要单腿快速完成2次后保持，重复规定次数。

（5）双次交替－阻力带

◇ 动作要领：在髋关节位置系上腰带，阻力方向在身体的正后方。动作过程中需对抗施加在腰部的阻力，并维持身体的稳定性与平衡。

（二）绝对速度－跑步技巧

1.踏步跑（踝）（图7－4－21）

◆ 动作姿势：直立姿站立。

◆ 动作过程：向身体前方跑，每一步距离不宜过大，腿抬离高度超过对侧腿踝关节，完成规定的距离。注意保持标准的身体姿势，勾脚尖，向地面有力地蹬地，有利于髋关节充分伸直。动作的力量来源于臀部，在一侧腿充分蹬地的同时，对侧肘有力地向后摆动。

2.踏步跑（胫骨）（图7－4－22）

◆ 动作姿势：直立姿站立。

◆ 动作过程：向身体前方跑，每一步的距离不宜过大，每条腿的抬离高度超过对侧腿胫骨，完成规定的距离。注意保持标准的身体姿势，勾脚尖，向地面有力地蹬地，有利于髋关节充分伸直。动作力量来源于臀部，在一侧腿充分蹬地的同时，对侧肘有力地向后摆动。

图7－4－21　踏步跑（踝）　　　　　　图7－4－22　踏步跑（胫骨）

3.踏步跑(膝)(图7-4-23)

◆ 动作姿势:直立姿站立。

◆ 动作过程:向身体前方跑,每一步的距离不宜过大,每条腿的抬离高度超过对侧腿的膝关节,完成规定的距离。当身体向前方慢跑时,抬起的腿完成一个圆周动作,另一侧腿保持伸直且不提供动力。注意保持标准的身体姿势,勾脚尖,向地面有力地蹬地,有利于髋关节充分伸直。动作的力量来源于臀部,在一侧腿充分蹬地的同时,对侧肘有力地向后摆动。

图7-4-23　踏步跑(膝)

4.军步走(踝)

◆ 动作姿势:直立姿站立。

◆ 动作过程:向身体前方军步走,每一步的距离不宜过大,腿的抬离高度超过对侧腿的踝关节,完成规定的距离。当身体向前方慢跑时,抬起的腿完成一个圆周动作,另一侧腿保持伸直且不提供动力。注意保持标准的身体姿势,勾脚尖,向地面有力地蹬地,有利于髋关节充分伸直。动作的力量来源于臀部,在一侧腿充分蹬地的同时,对侧肘有力地向后摆动。

5.军步走(胫骨)

◆ 动作姿势:直立姿站立。

◆ 动作过程:向身体前方军步走,每一步的距离不宜过大,腿的抬离高度超过对侧腿的胫骨中段,完成规定的距离。当身体向前方慢跑时,抬起的腿完成一个圆周动作,另一侧腿保持伸直且不提供动力。注意保持标准的身体姿势,勾脚尖,向地面有力地蹬地,有利于髋关节充分伸直。动作力量来源于臀部,在一侧腿充分蹬地的同时,对侧肘有力地向后摆动。

6.军步走(膝)(图7-4-24)

◆ 动作姿势:直立姿站立。

◆ 动作过程:向身体前方军步走,每一步的距离不宜过大,腿的抬离高度超过对侧腿的膝关节,完成规定的距离。当身体向前方慢跑时,抬起的腿完成一个圆周动作,另一侧腿保持伸直且不提供动力。注意:保持标准的身体姿势,勾脚尖,向地面有力地蹬地,有利于髋关节充分伸直。动作的力量来源于臀部,在一侧腿充分蹬地的同时,对侧肘有力地向后摆动。

图7-4-24　军步走(膝)

三、横向

◆ 滑步:以人体向右移动为例,人体右脚向右贴地跨出时,左脚侧蹬地用力及时向右跟进,右脚着地时,左脚自然地向右靠近,但需要避免两脚间距离过大或过小。

◆ 切步:以人体向右移动为例,人体左脚向地面充分蹬地,推动人体向右侧快速移动,同时右脚向右跨出,左腿几乎蹬直,左脚及时向右跟进。右脚落地时,左脚自然地向右靠近,但需要避免两脚距离过大或过小。

（一）横向 - 切步

1.姿势保持（图7 - 4 - 25）

◆动作姿势：直立姿站立，身体左侧靠向墙壁。

◆动作过程：左手撑墙，右臂在身体前方，身体侧向墙壁，抬起左侧大腿与地面平行，保持头、肩、髋、踝呈一条直线。右腿后脚跟离开地面，脚尖指向身体正前方，保持这一姿势。完成规定次数，对侧亦然。注意始终保持标准的身体姿势，脚在膝关节的正下方，勾脚尖，动作过程中收紧支撑腿的臀部。

图7 - 4 - 25　姿势保持

2.横向切步到运动姿（图7 - 4 - 26）

◆动作姿势：运动姿站于标志物的左侧，膝关节微微内扣，髋关节向后，双臂微屈于臀部两侧。

◆动作过程：左腿向对侧标志物方向用力蹬伸，右腿抬离地面向对侧标志物移动，同时两臂充分向相反方向摆动。右脚率先着地，随后呈运动姿站立，向相反方向重复动作，并重复规定次数。

3.横向 - 切步 - 蹬摆（图7 - 4 - 27）

◆动作姿势：直立姿站立，身体左侧靠向墙壁。

◆动作过程：左手撑墙，右臂在身体前方，身体向墙壁侧倾，保持头、肩、髋、踝呈一条直线。左腿抬离地面，右腿后脚跟离开地面，脚尖指向身体前方，保持这一姿势，右腿后脚跟着地，屈右腿膝关节，髋关节向下坐，同时右臂向后摆。抬起身体至起始姿势并保持，对侧亦然。注意保持身体正确姿势，脚在膝关节的正下方，勾脚尖，上抬身体后，收紧支撑腿的臀部，保持膝关节在脚尖的后方，身体倾斜支撑腿向墙壁方向用力蹬地。

图7 - 4 - 26　横向切步到运动姿

图7 - 4 - 27　横向 - 切步 - 蹬摆

（二）横向 - 滑步

1.滑步（持续）往复

◆动作姿势：放两个标志物在场地，标志物间距根据规定的滑步次数而定。运动姿站于左侧标志物旁，膝关节微微内扣，髋关节向后，双臂微屈于身体前方。

◆动作过程：从运动姿开始，右腿带动身体向对侧标志物移动，左腿贴近地面迈步，手臂迅速完成一个前后摆臂动作。持续完成以上步骤，并重复规定次数。动作过程中保持膝关节在脚尖的后方，两脚间距不宜过近，保持背部平直，缩短两次滑步间的时间。

2.滑步（1步）换切步回运动姿（图7 - 4 - 28）

◆动作姿势：放两个标志物在场地，标志物间距约为3米，运动姿站于标志物左侧，膝关节微微内扣，髋关节向后，双臂微屈于臀部两侧。

◆ 动作过程：运动姿开始，左腿推动身体向对侧标志物方向移动，右腿贴近地面迈步，手臂迅速完成一个前后摆臂动作。落地后，左腿迅速向对侧标志物方向蹬伸，右腿抬离地面向对侧标志物方向移动，同时两臂充分向相反方向摆动。右脚率先着地，随后呈运动姿站立，向相反方向重复动作，并重复规定次数。

图 7 - 4 - 28　滑步(1 步)换切步回运动姿

3. 滑步(3 步)换切步回运动姿

◆ 动作要领：与滑步(1 步)换切步回运动姿动作过程一致，但练习者需要快速地完成 3 次滑步动作，再完成切步至运动姿站立，向相反方向重复动作，并重复规定次数。

4. 滑步(持续)换切步回运动姿

◆ 动作要领：与滑步(1 步)换切步回运动姿动作过程一致，但练习者需要快速地完成规定持续滑步动作，再完成切步至运动姿站立，向相反方向重复动作，并重复规定次数。

5. 镜面技巧

◆ 动作姿势：根据要求设置标志物之间的距离，通常较短的两标志物间距约为 3 米，间距长的约为 5～6 米。两练习者面对面呈运动姿站于标志物旁，指定一名练习者率先移动。膝关节微微内扣，髋关节向后，双臂微屈于身体前方。

◆ 动作过程：被指定练习者随机变向地在两标志物间完成滑步练习，另一名"镜面"练习者根据被指定练习者的情况完成滑步动作，重复规定时间并转换角色。动作过程中，膝关节在脚尖后方，两脚间距不宜过近，不要出现两腿交叉动作，保持背部平直。缩短两次滑步之间的时间，以速度训练为重点可以降低单次练习时间，以耐力下落为重点可以增加单次练习时间。

四、多方向

(一)多方向移动

◆ 交叉步：以人体向右移为例，向右侧转向过程中，以左侧腿从体前向右侧方向跨出为主要特征，其任务是使人体向体侧快速移动，一般普遍适用于向后的加速跑。

◆ 开放步：以人体向右移动为例，人体在向右前侧转向过程中，以左腿向左后方快速蹬出、右腿向右前侧跨出为主要技术特征，其任务是使人体向体前侧快速变向移动，一般适用于向体前侧变向的加速跑。

◆ 后撤步：以人体向右移动为例，人体在向右后方转向的过程中，以右腿向右后方摆出后迅速蹬地为主要技术特征，其任务是使人体向体后方快速移动，一般普遍适用于向后转向的加速跑。

（二）多方向 – 交叉步

1. 交叉步 – 姿势保持（图 7 – 4 – 29）

◆ 动作姿势：直立姿站立，身体左侧靠向墙壁。

◆ 动作过程：左手撑墙，右臂在身体前方，身体侧向墙壁，抬起右侧大腿与地面平行，并向墙壁方向倾斜，穿过身体中线。左腿后脚跟离开地面，脚尖指向正前方，完成规定时间，对侧亦然。注意保持标准的身体姿势，脚在膝关节的正下方，勾脚尖，收紧支撑腿的臀部。

图 7 – 4 – 29　交叉步 – 姿势保持

2. 交叉步 – 蹬摆（图 7 – 4 – 30）

◆ 动作姿势：直立姿站立，身体左侧靠向墙壁。

◆ 动作过程：左手撑墙，右臂在身体后方，身体侧向墙壁，抬起右侧大腿与地面平行，并向墙壁方向倾斜，穿过身体中线。右腿抬离地面，左腿后脚跟离开地面，脚尖指向身体前方，左腿后脚跟着地，屈左腿膝关节，髋关节向下坐，同时右手向前摆动。抬起身体至起始姿势，重复规定的次数，对侧亦然。注意保持身体的正确姿势，脚在膝关节的正下方，勾脚尖，在完成上抬身体后，收紧支撑腿的臀部。膝关节保持在脚尖的后方，身体倾斜，支撑腿向墙壁方向有力地蹬地。

3. 立姿交叉步（图 7 – 4 – 31）

◆ 动作姿势：运动姿站立。

◆ 动作过程：抬起右腿向右侧方向移动，穿过身体中线，膝盖触及左手，回到起始姿势，重复规定的次数，对侧亦然。注意保持身体的正确姿势，保持髋关节的指向前方，勾脚尖，应该用膝关节的上部触碰手，而不是膝关节的内侧。

图 7 – 4 – 30　交叉步 – 蹬摆

图 7 – 4 – 31　立姿交叉步

4. 后之字型交叉步（图 7 – 4 – 32）

◆ 动作姿势：放若干个标志物在场地，每两个标志物成 45 度角摆放，标志物间距约为 2 米；运动姿站立于右侧起始位置标志物旁，膝关节微扣，髋关节向后，双臂微屈于髋部两侧。

◆ 动作过程：左脚和髋部向左后方 45 度打开，抬起右腿向后下方标志物方向移动，穿过身体中线，手臂充分向相反方向摆动，迅速完成一个前后摆臂动作。右脚率先落地，随后呈运动姿站立，右脚和髋部向右后方 45 度打开，抬起左腿向后下方标志物方向移动，穿过身体中线，手臂充分向相反方向摆动，迅速完成前后摆臂动作。重复规定的次数，对侧亦然。注意始终保持标准的身体姿势，保持腹部收紧，脚在膝关节正下方，勾脚尖。左腿在完成交叉步时，右腿蹬伸，收紧右侧的臀部，对侧亦然。在变向过程中，保持髋关节在低位。落地时，完成身体稳定与平衡，随着熟练程度的提高，速度也相应地加快。

图 7-4-32   后之字型交叉步

5.交叉步到运动姿(图 7-4-33)

◆ 动作姿势：放两个标志物在场地，标志物间距约为 3 米。运动姿站立于身体左侧标志物旁，膝关节微微内扣，髋关节向后，双臂微屈于髋部两侧。

◆ 动作过程：抬起左腿向对侧标志物方向移动，穿过身体中线，双臂充分向相反方向摆动，迅速完成一个向后摆臂的动作。左脚率先着地，稍后呈运动姿站立。向相反方向重复动作，重复规定的次数。注意保持身体的正确姿势，保持腹部收紧，脚在膝关节的正下方，勾脚尖。左腿在完成交叉步时，右腿蹬伸，收紧右侧腿的臀部。动作过程中，肩部指向前方，落地时，维持身体的稳定与平衡。

图 7-4-33   交叉步到运动姿

6.交叉步换切步到运动姿(图 7-4-34)

◆ 动作姿势：放两个标志物在场地，标志物间距约为 4 米。运动姿站立于身体左侧标志物旁，膝关节微微内扣，髋关节向后，双臂微屈于髋部两侧。

◆ 动作过程：抬起左腿向对侧标志物方向移动，穿过身体中线，双臂充分向相反方向摆动，迅速完成一个向后摆臂动作。左脚率先着地，稍后呈运动姿站立后，左腿迅速向对侧标志物方向有力地蹬伸，右腿抬离地面向对侧标志物方向移动，同时双臂充分向相反方向摆动，右腿率先着地，随后呈运动姿站立。向相反方向重复动作，重复规定的次数。

注意：保持身体的正确姿势，保持腹部收紧，脚在膝关节的正下方，勾脚尖。左腿在完成交叉步时，右腿蹬伸，收紧右侧腿的臀部。交叉步动作过程中，肩部指向前方，两脚间距不宜过近，保持背部挺直。落地时，维持身体的稳定与平衡。

图 7 - 4 - 34　交叉步换切步到运动姿

五、训练设计

(一)准备活动

准备活动应被视为每次动作技能训练之前的训练模块。理想的动作技能训练要求运动员的神经系统在高度兴奋的状态下完成各类动作技能练习,因此准备活动应该强调对神经系统的刺激,并逐渐增加运动的负荷强度。高效的准备活动不仅为能够有效地控制训练节奏,而且能够累加训练效果。一个完整有效的准备活动应该与动作技能训练的主要目标需求相一致,从而达到动作技能训练的效果。功能性训练中,动作技能训练前的准备活动包括三大板块:脊柱力量、动作准备与快速伸缩复合练习,并以发展纵向、横向与旋转动作技能为目标导向进行设计(表 7 - 4 - 5)。

表 7 - 4 - 5　动作技能训练前的准备活动

动作板块	目标需求	动作示例
脊柱力量	发展纵向动作技能	俯卧 - 双肘双脚撑、仰卧 - 单脚撑等
	发展横向动作技能	侧卧 - 单肘单脚撑、侧卧 - 单肘单腿屈膝撑等
	发展多方向动作技能	侧卧 - 躯干整体旋转、俯身肘膝触碰等
动作准备	发展纵向动作技能	迷你带 - 运动姿纵向走、燕式平衡、纵向军步走等
	发展横向动作技能	迷你带 - 运动姿横向走、侧弓步、横向垫步跳
	发展多方向动作技能	后交叉弓步、旋转 90 度跳、运动姿旋转跳等
快速伸缩复合练习	发展纵向动作技能	NCM - 跳箱 - 纵向等
	发展横向动作技能	CM - 栏架 - 单脚跳 - 横向等
	发展多方向动作技能	DC - 向内单脚跳 - 多方向 - 90 度等

(二)训练后再生

高强度动作技能训练极易导致肌肉疼痛以及软组织的微撕裂或肿胀,因此再生训练应被视为每次动作技能训练之后必备的训练模块。通过按摩棒、泡沫轴、单球等再生工具对软组织的梳理以及通过 PNF、AIS 拉伸方法对筋膜、肌肉进行牵拉,加速机体血液和淋巴系统循环、帮助软组织修复与重建、延迟运动性疲劳的出现。内容包含软组织放松与拉伸两个板块,并以纵向、横向与旋转动作技能发展为方向进行设计手段(表 7 - 4 - 6)。

表 7 – 4 – 6　动作技能训练后再生

动作	目标需求	动作示例
软组织再生	发展纵向动作技能	泡沫轴 – 大腿前群/大腿后群、按摩棒 – 颈骨前肌等
	发展横向动作技能	泡沫轴 – 大腿外展肌群、泡沫轴 – 大腿内收肌群等
	发展多方向动作技能	单球 – 臀中肌、按摩棒 – 半腱肌/半膜肌等
拉伸	发展纵向动作技能	股四头肌拉伸、腘神经肌拉伸、臀大肌拉伸等
	发展横向动作技能	阔筋膜张肌等外展肌群拉伸、长收肌等内收肌群拉伸等
	发展多方向动作技能	旋外肌(臀中肌)拉伸、旋内肌(半腱肌/半膜肌)等

(三)训练负荷控制

动作技能训练的负荷控制参数表如表 7 – 4 – 7 所示。

表 7 – 4 – 7　动作技能训练负荷控制参数表

变量参数	量度
训练频率	2 ~ 3 次/周
训练时长	20 ~ 30 分钟
动作系列	2 ~ 5 个
单个动作组数	1 ~ 3 组
每组动作完成次数/距离/时间	6 ~ 20 次/组 10 ~ 20 米/5 ~ 30 秒
每组间歇	30 ~ 60 秒

(四)周训练计划案例

一周按两次训练设计,动作技能训练周计划案例如表 7 – 4 – 8 所示。

表 7 – 4 – 8　动作技能训练周计划案例

第一次(星期一)		第二次(星期四)	
纵向 – 加速	20 分钟	横向 – 滑步/切步	20 分钟
1 – 墙壁技巧		3 – 基本姿势技巧	
(1)姿势保持	2 组 × 20 秒	(1)运动姿(开)	1 组 × 30 秒
(2)蹬摆	2 组 × 10 次	(2)运动姿(闭)	1 组 × 30 秒
(3)单次交替	2 组 × 10 次	4 – 滑步/切步技巧	
(4)双次交替	1 组 × 5 次	(1)横向切步到运动姿	2 组 × 3 次
2 – 抗阻技巧		(2)滑步(1 步)换切步到运动姿	2 组 × 3 次
(1)抗阻军步走	2 组 × 10 米	(3)滑步(3 步)换切步到运动姿	2 组 × 3 次
(2)抗阻加速跑	3 组 × 15 米	5 – 镜面练习	3 组 × 10 秒

第五节　力量与爆发力训练

一、全身练习

(一) 高拉高翻

1. 杠铃高拉(图 7 - 5 - 1)

◆ 动作功能：提高动力链能量传递效率，提升全面爆发力，主要发展臀大肌、股四头肌、腘绳肌、内收肌、腓肠肌、比目鱼肌和斜方肌等。

◆ 动作姿势：双脚平行开立比髋稍宽呈下蹲姿势，双手正握杠铃，握距微比肩宽，置杠铃于小腿胫骨前。

◆ 动作过程：匀速站起，同时竖直拉起杠铃，杠铃过膝后，快速地伸髋、膝和脚踝，髋膝踝充分伸展的同时快速耸肩，并且屈肘提拉杠铃至锁骨高度。回到起始姿势，重复规定次数。注意开始时，保持挺胸直背，肩胛骨内收，保持杠铃位于胸部正下方。膝关节不要超过脚尖或内扣，在充分伸髋后再使用上肢提拉。

2. 杠铃高翻(图 7 - 5 - 2)

◆ 动作功能：提高动力链能量传递效率，提升全面爆发力，主要发展臀大肌、股四头肌、腘绳肌、内收肌、腓肠肌、比目鱼肌和斜方肌等。

◆ 动作姿势：双脚平行开立比髋稍宽呈下蹲姿势，双手正握杠铃，握距微比肩宽，置杠铃于小腿胫骨前。

◆ 动作过程：匀速站起，同时竖直拉起杠铃，快速伸髋站起，同时快速耸肩，屈肘抬起前臂提拉杠铃。当肘部抬至最高且身体完全伸展时，翻肘翻腕绕杠铃旋转后身体下蹲约 1/4 蹲位至杠铃下方，手握杠铃将肘向前送出，将杠铃置于三角肌前部，挺胸抬头，臀部向后呈半蹲位，全脚掌着地，身体稳定后站直，贴近大腿放下杠铃。回到起始姿势，重复规定次数。注意开始时保持挺胸直背，肩胛骨内收，保持杠铃位于胸部正下方，膝关节不要超过脚尖或内扣，在充分伸髋后再使用上肢提拉。提拉过程中，保持肘高于手，杠铃贴近身体，可踮起脚尖或跳离地面产生更大爆发力。

图 7 - 5 - 1　杠铃高拉　　　　　　　　　图 7 - 5 - 2　杠铃高翻

3. 杠铃 - 悬垂高翻(图 7 - 5 - 3)

◆ 动作姿势：运动基本姿势站立，背部平直，双手正握杠铃，握距微比肩宽，双臂自然下垂，拉杠铃于小腿胫骨前。

4. 杠铃 - 膝上悬垂高翻至前蹲(图 7 - 5 - 4)

◆ 动作功能：提高动力链能量传递效率，提升全面爆发力，主要发展臀大肌、股四头肌、腘绳肌、内收肌、腓肠肌、比目鱼肌和斜方肌等。

◆ 动作姿势：运动基本姿势站立，背部平直，双手正握杠铃，握距微比肩宽，双臂自然下垂，提杠铃于膝盖前。

◆ 动作过程：快速伸髋站起，同时快速耸肩，屈肘抬起前臂提拉杠铃。当肘部抬至最高且身体完全伸展时，翻肘翻腕绕杠铃旋转后身体下蹲约1/4蹲位至杠铃下方。手握杠铃将肘向前送出，将杠铃置于三角肌前部，挺胸抬头，臀部向后呈半蹲位，全脚掌着地。身体保持稳定后站直，屈髋下蹲至大腿与地面平行，伸髋站起，贴近大腿放下杠铃。回到起始姿势，重复规定次数。注意开始时保持挺胸直背，肩胛骨内收，保持杠铃位于胸部正下方，在充分伸髋后再使用上肢提拉。提拉过程中，保持肘高于手，杠铃贴近身体，可踮起脚尖或跳离地面产生更大的爆发力。前蹲时，保持重心在足跟处，背部收紧，同时挺胸抬肘，上臂保持与地面平行，防止杠铃前滚，膝关节不要超过脚尖或内扣。

图7-5-3 杠铃-悬垂高翻   图7-5-4 杠铃-膝上悬垂高翻至前蹲

(二)抓举

1.杠铃-悬垂抓举(图7-5-5)

◆ 动作功能：提高动力链能量传递效率，提升全面爆发力，主要发展臀大肌、股四头肌、腘绳肌、内收肌、腓肠肌、比目鱼肌、斜方肌和三角肌等。

◆ 动作姿势：直立姿宽站位，双手正握杠铃，握距约为肩宽2倍。

◆ 动作过程：背部挺直下蹲，当杠铃下降至膝关节下方，快速伸髋伸膝，同时迅速耸肩，抬肘向上提拉杠铃。当肘部抬至最高且身体完全伸展时，身体下蹲至杠铃正下方呈半蹲位，同时保持手臂完全伸直支撑杠铃。身体保持稳定后站直，贴近大腿放下杠铃。回到起始姿势，重复规定次数。注意开始时保持挺胸直背，肩胛骨内收，膝关节不要超过脚尖或内扣，在充分伸髋后再使用上肢提拉。提拉过程中，保持肘高于手，杠铃贴近身体，可踮起脚尖或跳离地面产生更大的爆发力。

图7-5-5 杠铃-悬垂抓举

2.哑铃－悬垂抓举（图7－5－6）

◆ 动作姿势：直立姿正常站立，双手正握哑铃，距离与肩同宽，双臂自然垂于体前。

◆ 动作过程：背部挺直下蹲，当哑铃下降至膝关节下方，快速伸髋伸膝，同时迅速耸肩，抬肘向上提拉哑铃。当肘部抬至最高且身体完全伸展时，身体下蹲至哑铃正下方呈半蹲位，同时保持手臂完全伸直支撑哑铃。身体保持稳定后站直，贴近大腿放下哑铃。回到起始姿势，重复规定次数。注意开始时保持挺胸直背两肩后张，肩胛骨内收，双臂伸直，膝关节不要超过脚尖或内扣，充分伸髋后再使用上肢提拉。提拉过程中，保持肘高于手，哑铃贴近身体，可踮起脚尖或跳离地面产生更大的爆发力。

3.哑铃－单臂抓举（图7－5－7）

◆ 动作功能：提高动力链能量传递效率，提升全面爆发力，主要发展臀大肌、股四头肌、腘绳肌、内收肌、腓肠肌、比目鱼肌、斜方肌和三角肌等。

◆ 动作姿势：运动基本姿站立，挺胸直背，右手正握哑铃自然下垂，置于胸部正下方。

◆ 动作过程：快速伸髋站起，同时迅速耸肩，屈肘抬起前臂提拉哑铃。当肘部抬至最高且身体完全伸展时，身体下蹲至哑铃正下方呈半蹲位，同时保持右臂完全伸直支撑哑铃。身体保持稳定后站直，贴近大腿放下哑铃。回到起始姿势，重复规定次数。换至对侧，重复练习。注意开始时保持挺胸直背，肩胛骨内收，保持哑铃位于胸部正下方，膝关节不要超过脚尖或内扣，充分伸髋后再使用上肢提拉。提拉过程中，保持肘高于手，哑铃贴近身体，可踮起脚尖或跳离地面产生更大的爆发力。

图7－5－6　哑铃－悬垂抓举

图7－5－7　哑铃－单臂抓举

4.壶铃－单臂抓举（图7－5－8）

◆ 动作功能：提高动力链能量传递效率，提升全面爆发力，主要发展臀大肌、股四头肌、腘绳肌、内收肌、腓肠肌、比目鱼肌、斜方肌和三角肌等。

◆ 动作姿势：运动基本姿站立，挺胸直背，右手正握壶铃自然下垂，置于胸部正下方。

◆ 动作过程：快速伸髋站起，同时迅速耸肩，屈肘抬起上臂提拉壶铃甩至手臂。当肘部抬至最高且身体完全伸展时，身体下蹲至壶铃正下方呈半蹲位，同时保持右臂完全伸直支撑壶铃。身体保持稳定后站直，贴近大腿放下壶铃，回到起始姿势，重复规定次数。换至对侧，重复动作。注意开始时，保持挺胸直背，肩胛骨内收，保持壶铃位于胸部正下方，膝关节不要超过脚尖或内扣，在充分伸髋后再使用上肢提拉。提拉过程中，保持肘高于手，壶铃贴近身体，可踮起脚尖或跳离地面产生更大的爆发力。

5. 气动训练器 – 单臂抓举(图7 – 5 – 9)

◆ 动作功能：提高动力链能量传递效率，提升全面爆发力，主要发展臀大肌、股四头肌、腘绳肌、内收肌、腓肠肌、比目鱼肌、斜方肌和三角肌等。

◆ 动作姿势：运动基本姿站立，挺胸直背，右手正握把手自然下垂，置于胸部正下方。

◆ 动作过程：快速伸髋站起，同时迅速耸肩，屈肘抬起前臂向左上方提拉把手。当肘部抬至最高且身体完全伸展时，踮脚站立，保持左臂完全伸直。身体保持稳定后站直，贴近大腿放下把手，回到起始姿势，重复规定次数。换至对侧，重复练习。注意开始时保持挺胸直背两肩后张，肩胛骨内收，双臂伸直，膝关节不要超过脚尖或内扣，充分伸髋后再使用上肢提拉。提拉过程保持肘高于手，把手贴近身体，可踮起脚尖或跳离地面产生更大的爆发力。

图7 – 5 – 8　壶铃 – 单臂抓举　　　　图7 – 5 – 9　气动训练器 – 单臂抓举

(三)挺举

1. 杠铃 –1/2 奥林匹克挺举(图7 – 5 – 10)

◆ 动作功能：提高动力链能量传递效率，提升全面爆发力，主要发展臀大肌、股四头肌、腘绳肌、内收肌、腓肠肌、比目鱼肌、斜方肌和三角肌等。

◆ 动作姿势：直立姿正常站位，屈肘正握杠铃置于肩前，握距与肩同宽。

◆ 动作过程：向后屈髋屈膝至1/4 蹲位，然后迅速跳起。当下肢完全伸展时，快速将杠铃推举过头顶至双臂伸直，落地呈分腿蹲姿。先收后侧腿，再收前侧腿，回到起始姿势，重复规定次数。注意开始时，保持挺胸直背，膝关节不要超过脚尖或内扣，充分伸髋后再使用上肢推举。练习动作过程中，可踮起脚尖或跳离地面产生更大的爆发力。

2. 杠铃 – 挺举(图7 – 5 – 11)

◆ 动作功能：提高动力链能量传递效率，提升全面爆发力，主要发展臀大肌、股四头肌、腘绳肌、内收肌、腓肠肌、比目鱼肌、斜方肌和三角肌等。

◆ 动作姿势：直立姿正常站位，屈肘正握杠铃置于肩前，握距与肩同宽。

◆ 动作过程：向后屈髋屈膝至1/4 蹲位，然后迅速跳起。当下肢完全伸展时，快速将杠铃推举过头顶至双臂伸直，落地时屈髋屈膝，双腿站直，回到起始姿势，重复规定次数。注意开始时，保持挺胸直背，膝关节不要超过脚尖或内扣，在充分伸髋后再使用上肢推举。练习动作过程中，可踮起脚尖或跳离地面产生更大的爆发力。

图 7 - 5 - 10　杠铃 - 1/2 奥林匹克挺举　　　　　图 7 - 5 - 11　杠铃 - 挺举

(四)过顶推举

1. 哑铃 - 前蹲至过顶推举(图 7 - 5 - 12)

◆ 动作功能:提高动力链能量传递效率,提升全面爆发力和力量,主要发展斜方肌、三角肌、臀大肌、股四头肌和腘绳肌等。

◆ 动作姿势:直立姿正常站位,双手直握哑铃置于肩上耳侧,距离与肩同宽。

◆ 动作过程:保持手臂姿势不变,屈髋下蹲至大腿与地面平行,伸髋站起,同时将哑铃推举过头顶至手臂伸直,回到起始姿势,重复规定次数。注意保持挺胸直背,腹部收紧。下蹲时,重心保持在脚跟,膝关节不要超过脚尖或内扣。推举过程中,保持肩胛骨内收。

2. 气动训练器 - 深蹲至过顶推举(图 7 - 5 - 13)

◆ 动作功能:提高动力链能量传递效率,提升全面爆发力和力量,主要发展臀大肌、股四头肌、腘绳肌、内收肌、腓肠肌、比目鱼肌、斜方肌和三角肌等。

◆ 动作姿势:背对训练器,双脚开立,屈髋屈膝后蹲,大腿与地面平行;双手正握把手置于肩上耳侧,距离与肩同宽。

◆ 动作过程:伸髋站起,踮起脚尖,同时将把手推举过头顶,手臂伸直,掌心朝前。回到起始姿势,重复规定次数。注意开始时重心保持在脚跟,挺胸直背。推举过程中,保持肩胛骨内收,腹部收紧。

图 7 - 5 - 12　哑铃 - 前蹲至过顶推举　　　图 7 - 5 - 13　气动训练器 - 深蹲至过顶推举

3. 哑铃 - 单臂分腿蹲至过顶推举(图 7 - 5 - 14)

◆ 动作功能:提高动力链能量传递效率,提升全面爆发力和力量,主要发展斜方肌、三角肌、臀大肌、股四头肌和腘绳肌等。

◆ 动作姿势:低分腿蹲姿,右腿在前,左手正握哑铃置于肩上耳侧,右手叉腰。

◆ 动作过程:保持双脚位置不变,双腿蹬地站起,同时,推举哑铃至肩部正上方,手臂伸直。回到起始姿势,重复规定次数。换至对侧,重复以上步骤。注意保持挺胸直背,腹部收紧，膝关节不要超过脚尖或内扣。推举过程中，保持肩胛骨内收。

4. 哑铃－滑垫－单臂后滑弓步至过顶推举（图7－5－15）

◆ 动作功能：提高动力链能量传递效率，提升全面爆发力和力量，主要发展斜方肌、三角肌、臀大肌、股四头肌和腘绳肌等。

◆ 动作姿势：直立姿正常站位，右腿踏于滑板上，右手直握哑铃置于肩上耳侧。

◆ 动作过程：保持左脚位置不变，右脚后滑，髋部下沉呈低分腿蹲姿。右腿还原站直，同时将哑铃推举过头顶，至手臂伸直。回到起始姿势，重复规定次数。换至对侧，重复练习。注意保持挺胸直背，腹部收紧，膝关节不要超过脚尖或内扣。推举过程中，保持肩胛骨内收。

图7－5－14　哑铃－单臂分腿蹲至过顶推举　　　图7－5－15　哑铃－滑垫－单臂后滑步至过顶推举

5. 哑铃－滑垫－单臂侧滑弓步至过顶推举（图7－5－16）

◆ 动作功能：提高动力链能量传递效率，提升全面爆发力和力量，主要发展臀大肌、股四头肌、腘绳肌、内收肌、腓肠肌、比目鱼肌、斜方肌和三角肌等。

◆ 动作姿势：直立姿正常站位，右腿踏于滑板上，左手正握哑铃置于肩上耳侧。

◆ 动作过程：右腿侧滑，髋部下沉呈侧弓步姿。右腿还原站直，同时将哑铃推举过头顶，手臂伸直。回到起始姿势，重复规定次数。换至对侧，重复练习。注意保持挺胸直背，腹部收紧；膝关节不要超过脚尖或内扣；推举过程中，保持肩胛骨内收。

6. 哑铃－交替侧弓步至过顶推举（图7－5－17）

◆ 动作功能：提高动力链能量传递效率，提升全面爆发力和力量，主要发展斜方肌、三角肌、臀大肌、股四头肌、内收肌和腘绳肌等。

◆ 动作姿势：直立姿正常站位，双手直握哑铃置于头顶正上方，双臂伸直。

◆ 动作过程：向左侧跨步，呈侧弓步姿，同时将哑铃放下至肩上耳侧。左腿向外蹬出站起，双手向头上方推起哑铃。回到起始姿势，重复规定次数。换至对侧，重复练习。注意保持挺胸直背，腹部收紧，侧跨步时，膝盖不要超过脚尖或内扣。推举中，保持肩胛骨内收。

图7－5－16　哑铃－滑垫－单臂侧滑弓步至过顶推举　　　图7－5－17　哑铃－交替侧弓步至过顶推举

7. 哑铃 – 单臂登阶推举（图 7 – 5 – 18）

◆ 动作功能：提高动力链能量传递效率，提升全面爆发力和力量，主要发展斜方肌、三角肌、臀大肌、股四头肌、内收肌和腘绳肌等。

◆ 动作姿势：右手直握哑铃置于肩上耳侧，左脚踏在跳箱或台阶上，约与右膝同高。

◆ 动作过程：左脚用力下蹬，伸直站上箱台，右脚悬空，同时，推举哑铃至肩部正上方，手臂伸直。回到起始姿势，重复规定次数。换至对侧，重复练习。注意保持挺胸直背，腹部收紧，跳箱台上的腿的膝盖不要超过脚尖。推举过程中，撑地腿不要用力。

8. 药球 – 罗马尼亚硬拉至过顶推举（图 7 – 5 – 19）

◆ 动作功能：提高动力链能量传递效率，提升全面爆发力和力量，主要发展臀大肌、股四头肌、腘绳肌、内收肌、腓肠肌、比目鱼肌、斜方肌和三角肌等。

◆ 动作姿势：直立姿正常站位，双手持药球自然垂于体前。

◆ 动作过程：保持手臂姿势不变，屈髋向后呈俯身姿。屈膝下蹲至大腿与地面平行，同时直臂将药球举至头顶正上方。保持手臂姿势不变，迅速站起至直立姿。回到起始姿势，重复规定次数。注意俯身时保持背部挺直，臀部抬高，动作过程中保持足跟贴紧地面。

图 7 – 5 – 18　哑铃 – 单臂登阶推举

图 7 – 5 – 19　药球 – 罗马尼亚硬拉至过顶推举

9. 哑铃 – 土耳其起身（图 7 – 5 – 20）

◆ 动作功能：提高动力链能量传递效率，提升全身综合力量，主要发展腹直肌、腹内外斜肌、臀大肌、股四头肌、腘绳肌、内收肌、腓肠肌、比目鱼肌、斜方肌和三角肌等。

◆ 动作姿势：仰卧姿，左腿伸直，右腿屈膝约成 90 度角，脚踏地面。右手直握哑铃于胸部上方，手臂伸直且垂直地面，左臂置于地面与身体约成 45 度夹角，掌心朝下，双眼直视哑铃。

图 7 – 5 – 20　哑铃 – 土耳其起身

◆ 动作过程：上身按照右肩、左肩、腰背的顺序快速挺起离地，以左前臂撑起身体。上身挺起，挺胸直背，左手伸直撑地，右腿及臀部用力，左侧髋向上抬起，左手支撑地面，使身体从头至左脚踝呈一条直线。左腿向后移动，单膝跪地，使左膝、踝与左手在一条直线上。身体挺直，身体呈半跪姿，站起成直立姿基本站位，目视前方。回到起始姿势，重复规定次数。换至对侧，重复练习。注意保持挺胸直背，持哑铃，手臂与地面保持垂直。站起前，右臂保持不变，眼睛直视哑铃。

二、上肢练习－拉

（一）非水平运动

1. 引体向上

◆ 动作功能：主要发展背阔肌、大圆肌、菱形肌、斜方肌下束、肱二头肌和肱桡肌等。

（1）正握引体向上

◆ 动作姿势：双手正握把手，距离微比肩宽，手臂伸直，身体自然下垂。

◆ 动作过程：保持身体和下肢不动，肩胛骨下回旋，屈肘将胸部拉向把手。回到起始姿势，重复规定次数。注意保持挺胸直背，腹部收紧，身体不要晃动，肩胛骨内收，带动手臂下拉完成动作。身体下降时，手臂尽量伸直。

（2）窄距正握引体向上

◆ 动作姿势：双手正握把手，距离与肩同宽，身体自然下垂。

（3）宽距正握引体向上

◆ 动作姿势：双手正握把手，距离约为肩宽1.5倍，手臂伸直，身体自然下垂。

（4）反握引体向上

◆ 动作姿势：双手反握把手，距离微比肩宽，手臂伸直，身体自然下垂。

（5）窄距反握引体向上

◆ 动作姿势：双手反握把手，距离与肩同宽，手臂伸直，身体自然下垂。

（6）正反握引体向上

◆ 动作姿势：左手正握，右手反握，距离微比肩宽，手臂伸直，身体自然下垂。

（7）直握引体向上

◆ 动作姿势：双手直握把手，距离与肩同宽，手臂伸直，身体自然下垂。

2. 肱二头肌弯举

（1）杠铃－站姿反握肱二头肌弯举（图7－5－21）

◆ 动作功能：主要发展肱二头肌、肱肌和肱桡肌等。

◆ 动作姿势：直立姿正常站立，双手反握杠铃，握距与肩同宽，手臂自然垂于体前。

◆ 动作过程：上臂不动，屈肘举起杠铃尽可能靠近肩部。回到起始姿势，重复规定次数。注意保持挺胸直背，腹部收紧，身体不要晃动。弯举过程中，肘部固定且贴近身体。

（2）哑铃－站姿反握肱二头肌弯举（图7－5－22）

◆ 动作姿势：直立姿正常站立，双手反握杠铃，距离与肩同宽，手臂自然垂于体前。

（3）哑铃－站姿正握肱二头肌弯举（图7－5－23）

◆ 动作姿势：直立姿正常站立，双手正握杠铃，握距与肩同宽，手臂自然垂于体前。

（4）气动训练器－绳索－站姿反握肱二头肌弯举（图7－5－24）

◆ 动作姿势：直立姿正常站立，双手反握绳索，手臂自然垂于体前。

图 7 - 5 - 21 杠铃 - 站姿反握肱二头肌弯举　　　图 7 - 5 - 22 哑铃 - 站姿反握肱二头肌弯举

图 7 - 5 - 23 哑铃 - 站姿正握肱二头肌弯举　　图 7 - 5 - 24 气动训练器 - 绳索 - 站姿反握肱二头肌弯举

(5)气动训练器 - 把手 - 站姿反握肱二头肌弯举(图 7 - 5 - 25)

◆ 动作姿势：直立姿正常站立，双手反握把手，手臂自然垂于体前。

(6)杠铃 - 球上肘撑反握肱二头肌弯举(图 7 - 5 - 26)

◆ 动作姿势：双膝跪地，腹部卧于瑞士球上，上臂撑球。手肘微屈，双手反握杠铃，握距与肩同宽。

◆ 动作过程：上臂不动，屈肘举起杠铃尽可能靠近肩部。回到起始姿势，重复规定次数。

图 7 - 5 - 25 气动训练器 - 把手 - 站姿反握肱二头肌弯举　　　图 7 - 5 - 26 杠铃 - 球上肘撑反握肱二头肌弯举

(7)哑铃 - 上斜高分腿姿肱二头肌弯举(图 7 - 5 - 27)

◆ 动作姿势：直立姿正常站立，双手直握哑铃，手臂自然垂于体侧。左脚踏于椅上，膝关节约成 90 度夹角，将身体重心转移至右脚，身体略前倾，左腿有拉伸感。

◆ 动作过程：上臂不动，屈肘的同时前臂外旋，举起哑铃尽可能靠近肩部，掌心向后。回到起始姿势，重复规定次数。换腿支撑，重复以上步骤。注意保持挺胸直背，腹部及撑地腿臀部收紧，身体不要前后晃动，弯举过程中，肘部固定且贴近身体。

(8)哑铃 - 上斜肱二头肌弯举(图 7 - 5 - 28)

◆ 动作姿势：将卧推椅倾斜角度调节至 45 度左右，仰卧于椅子上，双手直握哑铃，手臂自然垂于体侧。

◆ 动作过程：上臂不动，屈肘举起哑铃尽可能靠近肩部。保持背部贴紧椅面，双脚一直贴紧地面。弯举过程中，肘部固定且贴近身体。

图7-5-27　哑铃-上斜高分腿姿肱二头肌弯举 　　图7-5-28　哑铃-上斜肱二头肌弯举

（9）悬吊带-肱二头肌弯举（图7-5-29）

◆ 动作姿势：双手反握把手，手臂伸直置于胸部正前方。保持躯干稳定，双腿伸直，身体从头到脚呈一条直线，向后倾斜适当角度，保证悬吊带斜挂绷直。

◆ 动作过程：保持身体和下肢不动，屈肘至90度将胸部拉向把手。回到起始姿势，重复规定次数。注意保持挺胸直背，腹部收紧，身体不要晃动。弯举过程中，保持上臂固定。

（10）悬吊带-单臂肱二头肌弯举（图7-5-30）

◆ 动作姿势：右手叉腰，左手握住把手呈侧平举姿势，掌心朝上。两脚并拢，身体挺直向右侧倾斜约30度。

◆ 动作过程：上臂不动，屈肘将把手尽可能向头部耳侧拉近。回到起始姿势，重复规定次数。注意保持挺胸直背，腹部收紧，身体不要晃动。

图7-5-29　悬吊带-肱二头肌弯举 　　图7-5-30　悬吊带-单臂肱二头肌弯举

3.仰卧直臂下拉

（1）杠铃-仰卧直臂下拉（图7-5-31）

◆ 动作功能：主要发展背阔肌和大圆肌。

◆ 动作姿势：双手正握杠铃，握距微比肩宽，双臂伸直。仰卧于卧推椅上，将杠铃置于额头正上方。

◆ 动作过程：保持手肘角度不变，双臂向下将杠铃降至头顶位置。举起杠铃，回到起始姿势，重复规定次数。注意保持挺胸直背，腹部收紧，背部贴紧椅面。保持双脚贴紧地面。

（2）杠铃-球上仰卧直臂下拉（图7-5-32）

◆ 动作姿势：双手正握杠铃置于胸部正上方，握距微比肩宽。仰卧于瑞士球上，上背部贴紧瑞士球，抬起臀部，肩关节到膝关节呈一条直线。

（3）气动训练器-球上仰卧直臂下拉（图7-5-33）

◆ 动作姿势：双手正握把手，双臂伸直，将把手置于头部正上方。仰卧于瑞士球上，上背部贴紧瑞士球，抬起臀部，肩关节到膝关节呈一条直线。

4.气动训练器－俯身直臂下拉(图7－5－34)

◆ 动作功能：主要发展背阔肌、大圆肌、菱形肌、斜方肌下束、肱二头肌和肱桡肌等。

◆ 动作姿势：面朝训练器，基本姿站立，正握把手置于头顶，距离微比肩宽，手臂伸直。

◆ 动作过程：手臂伸直，下拉把手至髋部位置。回到起始姿势，重复规定次数。注意挺胸直背，腹部收紧，身体不要晃动，肩胛骨内收，带动手臂下拉，身体不要后仰。

图7－5－31　杠铃－仰卧直臂下拉　　　　图7－5－32　杠铃－球上仰卧直臂下拉

图7－5－33　气动训练器－球上仰卧直臂拉　　图7－5－34　气动训练器－俯身直臂下拉

5.杠铃－站姿耸肩(图7－5－35)

◆ 动作功能：主要发展斜方肌上束和肩胛提肌。

◆ 动作姿势：直立姿正常站立，身体微微前倾，膝关节微屈，双手正握杠铃，握距约为肩宽2倍，杠铃自然垂于体前。

◆ 动作过程：保持手臂不动，做耸肩动作，肩膀上提靠近耳朵。回到起始姿势，重复规定次数。注意保持挺胸直背，腹部收紧，身体不要晃动。

◆ 变换练习：哑铃－站姿耸肩(图7－5－36)

图7－5－35　杠铃－站姿耸肩　　　　　　图7－5－36　哑铃－站姿耸肩

6.哑铃－站姿侧平举(图7－5－37)

◆ 动作功能：发展斜方肌上束和三角肌中束。

◆ 动作姿势：直立姿正常站位，双手直握哑铃，手臂自然垂于体侧，手肘微屈。

◆ 动作过程：保持手肘微屈，手臂向身体两侧抬起，直到肩部的高度。回到起始姿势，重复规定次数。注意保持挺胸直背，腹部收紧，身体不要晃动。

◆ 变换练习：

◇ 哑铃－坐姿侧平举（图7－5－38）

◇ 动作姿势：坐于卧推椅上，俯身前倾，保持背部平直，双手直握哑铃，自然垂于体侧。

7.哑铃－站姿前平举（图7－5－39）

◆ 动作功能：主要发展三角肌前束和斜方肌上束。

◆ 动作姿势：直立姿正常站位，双手直握哑铃，手臂自然垂于体侧，手肘微屈。

◆ 动作过程：保持手肘微屈，手臂前举至与地面平行。回到起始姿势，重复规定次数。注意保持挺胸直背，腹部收紧，身体不要晃动。平举过程中，哑铃高度不要超过肩部。

图7－5－37　哑铃－站姿侧平举　　图7－5－38　哑铃－坐姿侧平举　　图7－5－39　哑铃－站姿前平举

8.跪姿下拉

（1）气动训练器－把手－正握跪姿下拉（图7－5－40）

◆ 动作功能：主要发展背阔肌、大圆肌和肱二头肌等。

◆ 动作姿势：面朝把手，直立伸髋双膝跪姿，正握把手于头顶前上方，距离与肩同宽，手臂伸直。

◆ 动作过程：肩胛骨下回旋，将把手拉至胸部高度，保持肘部在身体两侧。回到起始姿势，重复规定次数。注意保持挺胸直背，腹部收紧，身体不要晃动，肩胛骨内收，带动手臂下拉完成动作。下拉过程中，身体不要后仰。

（2）气动训练器－把手－跪姿反握下拉（图7－5－41）

◆ 动作姿势：面朝把手，直立伸髋双膝跪姿，反握把手于头顶前上方，距离与肩同宽，手臂伸直。

图7－5－40　气动训练器－把手－跪姿正握下拉　　图7－5－41　气动训练器－把手－跪姿反握下拉

（3）气动训练器－绳索－跪姿下拉（图7－5－42）

◆ 动作姿势：面朝把手，呈直立伸髋双膝跪姿，双手直握绳索于头顶前上方，距离与肩同宽，手臂伸直。

（4）气动训练器 – 手柄 – 跪姿下拉（图 7 – 5 – 43）

◆ 动作姿势：面朝训练器，呈直立伸髋双膝跪姿，双手正握把手于头顶前上方，距离微比肩宽，手臂伸直。

图 7 – 5 – 42　气动训练器 – 绳索 – 跪姿下拉　　　　图 7 – 5 – 43　气动训练器 – 手柄 – 跪姿下拉

（5）气动训练器 – 把手 – 坐姿下拉（图 7 – 5 – 44）

◆ 动作姿势：面朝把手，坐椅凳上，正握把手于头顶前上方，距离微比肩宽，手臂伸直。

（6）气动训练器 – 把手 – 斜卧下拉（图 7 – 5 – 45）

◆ 动作姿势：面朝把手，坐于椅凳上，挺胸直背，身体后仰至与椅面约成 45 度夹角，双手正握把手于头顶前上方，距离与肩同宽，手臂伸直。

图 7 – 5 – 44　气动训练器 – 把手 – 坐姿下拉　　　　图 7 – 5 – 45　气动训练器 – 把手 – 斜卧下拉

（7）气动训练器 – 把手 – 坐姿反握下拉（图 7 – 5 – 46）

◆ 动作姿势：面朝把手，坐于椅凳上，反握把手于头顶前上方，与肩同宽，手臂伸直。

（8）气动训练器 – 高分腿姿下拉（图 7 – 5 – 47）

◆ 动作姿势：面朝训练器，高分腿蹲姿，身体微前倾，双手正握把手于头顶前上方，距离微比肩宽，手臂伸直。

图 7 – 5 – 46　气动训练器 – 把手 – 坐姿反握下拉　　　　图 7 – 5 – 47　气动训练器 – 高分腿姿下拉

（9）气动训练器 – 球上坐姿下拉（图 7 – 5 – 48）

◆ 动作姿势：面朝训练器，坐于瑞士球上，肩胛骨收紧，双脚贴紧地面，双手正握把手于头顶前上方，距离微比肩宽，手臂伸直。

9.气动训练器－跪姿对角线下拉（图7－5－49）

◆ 动作功能：主要发展肱三头肌和肘肌。

◆ 动作姿势：面朝训练器，直立伸髋双膝跪姿，正握把手，手臂伸直交叉于头顶前上方。

◆ 动作过程：肩胛骨内收下降，双臂交叉下拉把手至身体两侧，与躯干约成30度夹角，掌心朝前；回到起始姿势，重复规定次数。注意挺胸直背，腹部收紧，身体不要晃动，肩胛骨内收，带动手臂下拉，下拉过程中身体不要后仰，保持把手一直贴近躯干。

图7－5－48　气动训练器－球上坐姿下拉　　　图7－5－49　气动训练器－跪姿对角线下拉

10.悬吊带练习

（1）悬吊带－简式W外展（图7－5－50）

◆ 动作功能：主要发展三角肌、斜方肌和背阔肌等。

◆ 动作姿势：双手反握把手，手肘微屈置于胸部正前方。两脚前后开立约一步距离，前侧腿伸直，侧腿微屈，身体向后倾斜适当角度，保证悬吊带斜挂绷直。

◆ 动作过程：肩胛骨内收，屈后拉至体侧，肘关节约成90度夹角，同时，肩部外旋，双手向两侧打开，手臂形成类似"W"形。回到起始姿势，重复规定次数。注意保持挺胸直背，腹部收紧，身体不晃动，肩胛骨内收，带动手臂完成动作。

（2）悬吊带－简式L字外展（图7－5－51）

◆ 动作姿势：双手正握把手，手臂伸直置于胸部正前方，两脚前后开立约一步距离，前侧腿伸直，后侧腿微屈，身体向后倾斜适当角度，保证悬吊带斜挂绷直。

◆ 动作过程：肩胛骨内收，抬肘至体侧肩部高度，同时肘关节约成90度夹角。肩部外旋直至双手掌心朝前处于头部两侧，躯干与手臂形成类似"L"形。保持肘关节角度不变，向后倾斜，肩关节内旋至掌心朝下。回到起始姿势，重复规定次数。注意保持挺胸直背，腹部收紧，身体不要晃动，肩胛骨内收，带动手臂完成动作。抬肘时，保证肘关节约成90度夹角。肩部外旋时，保证肘关节时刻位于肩部高度。

图7－5－50　悬吊带－简式W外展　　　图7－5－51　悬吊带－简式L字外展

（3）悬吊带－简式 Y 字伸展（图 7－5－52）

◆ 动作姿势：双手正握把手，手臂伸直置于胸部正前方，两脚前后开立约一步距离，前侧腿伸直，后侧腿微屈，身体向后倾斜适当角度，保证悬吊带斜挂绷直。

◆ 动作过程：肩胛骨内收，保持手肘角度不变，手臂伸直将把手向体侧斜上方向举起，躯干与手臂形成类似"Y"形。回到起始姿势，重复规定次数。注意保持挺胸直背，腹部收紧，身体不晃动，肩胛骨内收，带动手臂完成动作。

（4）悬吊带－简式 I 字伸展（图 7－5－53）

◆ 动作姿势：双手正握把手，手臂伸直置于胸部正前方。两脚前后开立约一步距离，前侧腿伸直，后侧腿微屈，身体向后倾斜适当角度，保证悬吊带斜挂绷直。

◆ 动作过程：保持肘关节角度不变，肩胛骨内收，手臂伸直将把手上举至头顶，直至上臂与躯干相平，躯干与手臂形成类似"I"形。回到起始姿势，重复规定次数。注意保持挺胸直背，腹部收紧，身体不晃动。肩胛骨内收，带动手臂完成动作。

图 7－5－52 悬吊带－简式 Y 字伸展

图 7－5－53 悬吊带－简式 I 字伸展

11.哑铃－站姿直立提拉（图 7－5－54）

◆ 动作功能：主要发展斜方肌和三角肌中束。

◆ 动作姿势：直立姿正常站位，双手正握哑铃，手臂自然垂于体前，手肘微屈。

◆ 动作过程：两肩后缩，肘关节上提，垂直向上拉起哑铃至胸部高度；回到起始姿势，重复规定次数。注意保持肩胛骨内收，挺胸直背，腹部收紧。

图 7－5－54 哑铃－站姿直立提拉

（二）水平运动

1.侧平举

（1）哑铃－俯身姿直握侧平举（图 7－5－55）

◆ 动作功能：主要发展斜方肌、三角肌、肩袖肌群和上中背部肌群等。

◆ 动作姿势：俯身姿站立，双手直握哑铃，自然下垂于体前，保持背部平直。

◆ 动作过程：肩胛骨内收，手臂向身体两侧

图 7－5－55 哑铃－俯身姿直握侧平举

抬起，至与肩部呈一直线。放下哑铃，回到起始姿势，重复规定次数。注意保持挺胸直背，腹部收紧，手肘微屈，身体不要晃动，肩胛骨内收，带动手臂后拉完成动作。

（2）哑铃－俯身姿反握侧平举（图 7－5－56）

◆ 动作姿势：俯身姿站立，双手反握哑铃，自然下垂于体前，保持背部平直。

（3）哑铃－俯身姿正握侧平举（图7-5-57）

◆ 动作姿势：俯身姿站立，双手正握哑铃，自然下垂于体前，保持背部平直。

图7-5-56　哑铃-俯身姿反握侧平举　　　　图7-5-57　哑铃-俯身姿正握侧平举

2．俯身后拉

（1）哑铃－俯身姿后拉（图7-5-58）

◆ 动作功能：主要发展斜方肌、背阔肌、三角肌后束、菱形肌和肱二头肌等。

◆ 动作姿势：俯身姿站立，双手直握哑铃，自然下垂于体侧，保持背部平直。

◆ 动作过程：肩胛骨内收，屈臂抬肘，将哑铃沿体侧竖直上提至腹部高度。放下哑铃，回到起始姿势，重复规定次数。注意保持挺胸直背，腹部收紧，身体不要晃动；肩胛骨内收，带动手臂后拉完成动作；上提过程中，保持肘部贴近身体。

（2）哑铃－俯身姿交替后拉（图7-5-59）

◆ 动作姿势：俯身姿站立，双手正握哑铃，自然悬垂于肩部正下方，保持背部平直。

◆ 动作过程：左侧肩胛骨内收，屈臂抬肘，前臂外旋将哑铃竖直上提至腹部高度，掌心向内。放下哑铃，回到起始姿势，重复规定次数。换至对侧，重复练习。

图7-5-58　哑铃-俯身姿后拉　　　　图7-5-59　哑铃-俯身姿交替后拉

（3）哑铃－俯身姿单臂旋转后拉（图7-5-60）

◆ 动作姿势：运动基本姿站立，右手叉腰，左手正握哑铃，自然悬垂于肩部正下方。

◆ 动作过程：左侧肩胛骨内收，屈臂抬肘，前臂外旋将哑铃上提至腹部高度，腰部不动，上背部向左旋转至最大幅度。放下哑铃，回到起始姿势，重复规定次数。换至对侧，重复练习。

（4）哑铃－俯身姿手撑单臂后拉（图7-5-61）

◆ 动作姿势：运动基本姿站立，躯干适当前倾，左手直握哑铃自然悬垂于体侧，右手撑在卧推椅上。

◆ 动作过程：左侧肩胛骨内收，屈臂抬肘，将哑铃竖直上提至腹部高度。放下哑铃，回到起始姿势，重复规定次数。换至对侧，重复练习。

图 7 - 5 - 60　哑铃 - 俯身姿单臂旋转后拉

图 7 - 5 - 61　哑铃 - 俯身姿手撑单臂后拉

（5）哑铃 - 俯身姿跪撑单臂单腿后拉（图 7 - 5 - 62）

◆ 动作姿势：身体前倾，与地面平行，右膝成 90 度夹角跪在椅上，左腿微屈撑地，右手竖直撑在椅上，左手直握哑铃，自然垂于肩部下方。

3. 单臂单腿后拉

（1）哑铃 - 俯身单臂单腿对侧后拉（图 7 - 5 - 63）

◆ 动作功能：发展背阔肌、大圆肌、三角肌后束、斜方肌、菱形肌、肱二头肌和臀大肌。

◆ 动作姿势：两脚与肩同宽站立，身体前倾与椅面平行，左手撑在卧推椅上，右手直握哑铃自然垂于肩部正下方。右腿微屈，左腿向后伸直抬高，与上半身呈一条直线，右脚踝关节成 90 度夹角。

◆ 动作过程：右侧肩胛骨内收，屈臂抬肘，将哑铃竖直上提至腹部高度。放下哑铃，回到起始姿势，重复规定次数。换至对侧，重复练习。注意保持挺胸直背，腹部收紧，身体不要晃动，肩胛骨内收，带动手臂后拉完成动作。上提过程中，保持肘部贴近身体，抬起腿臀肌收缩保持伸直，脚尖勾起。

图 7 - 5 - 62　哑铃 - 俯身姿跪撑单臂单腿后拉

图 7 - 5 - 63　哑铃　俯身单臂单腿对侧后拉

（2）哑铃 - 俯身姿单臂单腿同侧后拉（图 7 - 5 - 64）

◆ 动作姿势：两脚与肩同宽站立，身体前倾与椅面平行，左手撑在卧推椅上，右手直握哑铃自然垂于肩部正下方。左腿微屈，右腿向后伸直抬高，与上半身呈一条直线，左脚踝关节成 90 度夹角。

（3）哑铃 - 俯身姿单腿后拉（图 7 - 5 - 65）

◆ 动作姿势：俯身姿站立，左腿抬起后伸与身体呈一条直线，双手直握哑铃，自然垂于肩部正下方。

图 7 - 5 - 64　哑铃 - 俯身姿单臂单腿同侧后拉

图 7 - 5 - 65　哑铃 - 俯身姿单腿后拉

4. 悬垂后拉

（1）屈膝悬垂后拉（图 7 - 5 - 66）

◆ 动作功能：主要发展背阔肌、斜方肌、三角肌后束、肱二头肌和肩袖肌群等。

◆ 动作姿势：将杠铃杆固定在深蹲架上，调节至适合高度。双手正握杠铃杆，握距微比肩宽，身体自然悬挂于杠铃杆下方。挺胸直背，屈膝成 90 度夹角，身体从头到膝呈一条直线。

◆ 动作过程：肩胛骨内收下沉，屈肘将胸部拉近杠铃杆。伸直手臂，回到起始姿势，重复规定次数。注意臀部和腹部收紧，不要屈髋，手腕绷直。

（2）正握悬垂后拉（图 7 - 5 - 67）

◆ 动作姿势：双手正握杠铃杆，握距微比肩宽，身体自然悬挂于杠铃杆下方。挺胸直背，双腿伸直，脚跟撑地，身体从头到踝关节呈一条直线。

图 7 - 5 - 66　屈膝悬垂后拉

图 7 - 5 - 67　正握悬垂后拉

（3）反握悬垂后拉（图 7 - 5 - 68）

◆ 动作姿势：双手反握杠铃杆，握距微比肩宽，身体自然悬挂于杠铃杆下方。挺胸直背，双腿伸直，脚跟撑地，身体从头到踝关节呈一条直线。

（4）下斜悬垂后拉（图 7 - 5 - 69）

◆ 动作姿势：双手正握杠铃杆，握距微比肩宽，身体自然悬挂于杠铃杆下方。挺胸直背，双腿伸直，脚跟撑在跳箱上，身体从头到踝关节呈一条直线。

图 7 - 5 - 68　反握悬垂后拉

图 7 - 5 - 69　下斜悬垂后拉

（5）瑞士球－抬脚悬垂后拉（图 7 – 5 – 70）

◆ 动作姿势：双手正握杠铃杆，握距微比肩宽，身体自然悬挂于杠铃杆下方。挺胸直背，双腿伸直，脚跟撑在瑞士球上，身体从头到踝关节呈一条直线。

（6）杠铃片－悬垂后拉（图 7 – 5 – 71）

◆ 动作姿势：将杠铃片放在胸部，双手正握杠铃杆，握距微比肩宽，身体自然悬挂于杠铃杆下方，挺胸直背，双腿伸直，脚跟撑地，身体从头到踝关节呈一条直线。

图 7 – 5 – 70　瑞士球－抬脚悬垂后拉　　　　图 7 – 5 – 71　杠铃片－悬垂后拉

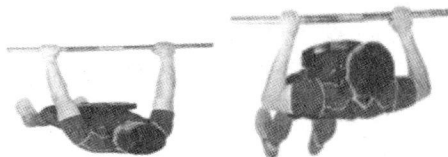

（7）毛巾－悬垂后拉（图 7 – 5 – 72）

◆ 动作姿势：将毛巾挂在杠铃杆上，双手握住毛巾，握距微比肩宽，掌心相对，身体自然悬挂于杠铃杆下方。挺胸直背，双腿伸直，脚跟撑地，身体从头到踝关节呈一条直线。

（8）屈膝单臂悬垂后拉（图 7 – 5 – 73）

◆ 动作姿势：左臂屈肘与胸部相平，右手正握杠铃杆，身体自然悬挂于杠铃杆下方。挺胸直背，屈膝成 90 度夹角，身体从头到膝呈一条直线。

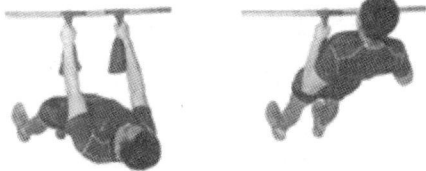

图 7 – 5 – 72　毛巾－悬垂后拉　　　　图 7 – 5 – 73　屈膝单臂悬垂后拉

5. 壶铃－俯桥交替后拉（图 7 – 5 – 74）

◆ 动作功能：主要发展背阔肌、斜方肌、三角肌后束、肱二头肌和肩袖肌群等。

◆ 动作姿势：双手撑壶铃呈俯卧撑起始姿势，掌心相对。

图 7 – 5 – 74　壶铃－俯桥交替后拉

◆ 动作过程：保持躯干稳定，肩胛骨内收下沉，左臂屈肘将壶铃拉近胸部。放下壶铃，回到起始姿势，换至对侧，按以上步骤，重复规定次数。注意保持挺胸直背，腹部收紧，身体不要晃动，手腕绷直。

6.气动训练器－站姿后拉

(1)气动训练器－站姿交叉飞鸟

◆ 动作功能：主要发展斜方肌、三角肌、肩袖肌群和上中背部肌群等。

◆ 动作姿势：面朝训练器，呈运动基本姿站立，双臂交叉握住对侧把手，掌心朝外。

◆ 动作过程：保持肘关节角度不变，肩胛骨内收，手臂水平外展至体侧。手臂内收，回到起始姿势，重复规定次数。注意挺胸直背，腹部收紧，身体不要晃动，不要耸肩。

(2)气动训练器－绳索－站姿抬肘后拉

◆ 动作功能：主要发展斜方肌、背阔肌、肱二头肌、三角肌和冈下肌等。

◆ 动作姿势：面朝绳索，呈直立姿正常站位，双手直握绳索两端，手臂伸直平举于胸前，间距一拳。

◆ 动作过程：保持肘关节高度不变，肩胛骨内收，手肘张开至体侧，同时屈臂后拉绳索至耳缘。伸直手臂，回到起始姿势，重复规定次数。注意保持挺胸直背，腹部收紧，身体不要晃动，后拉过程中不要耸肩。

(3)气动训练器－拉杆－站姿后拉

◆ 动作功能：主要发展斜方肌、背阔肌、肱二头肌、三角肌和冈下肌等。

◆ 动作姿势：将拉杆的左端固定于训练器上，面朝训练器，呈直立姿正常站位，双手正握拉杆，握距微比肩宽，手臂伸直平举于胸前。

◆ 动作过程：肩胛骨内收，屈臂，手肘张开，将拉杆向后拉至下胸部，伸直手臂，回到起始姿势，重复规定次数。换至拉杆右端固定，重复以上步骤。注意挺胸直背，腹部收紧，身体不要晃动，后拉过程中不要耸肩。

7.气动训练器－把手－坐姿后拉

◆ 动作功能：主要发展斜方肌、背阔肌、肱二头肌、三角肌和冈下肌等。

◆ 动作姿势：面朝把手，坐于地面或座椅，正握把手，微比肩宽，双臂伸直平举于胸前。

◆ 动作过程：肩胛骨内收，屈肘，手肘张开，将把手向后拉至下胸部。伸直手臂，回到起始姿势，重复规定次数。注意挺胸直背，腹部收紧，身体不要晃动，不要耸肩。

(1)气动训练器－把手－坐姿窄距后拉

◆ 动作姿势：面朝把手，坐于地面或座椅，挺胸直背，腹部收紧，双手正握把手，距离约为一拳，双臂伸直平举于胸前。

(2)气动训练器－绳索－坐姿后拉

◆ 动作姿势：面朝绳索，坐于地面或座椅，挺胸直背，腹部收紧，双手握住绳索两端，掌心向下，距离微比肩宽，双臂伸直平举于胸前。

(3)气动训练器－把手－坐姿反握后拉

◆ 动作姿势：面朝把手，坐于地面或座椅，挺胸直背，腹部收紧，双手反握把手，距离与肩同宽，双臂伸直平举于胸前。

（4）气动训练器 – V 型把手 – 坐姿后拉

◆ 动作姿势：面朝把手，坐于地面或座椅，挺胸直背，腹部收紧，双手直握把手，距离与肩同宽，双臂伸直平举于胸前。

（5）气动训练器 – 坐姿单臂后拉

◆ 动作姿势：面朝把手，坐于地面或座椅，挺胸直背，腹部收紧，右手叉腰，左手直握把手，左臂伸直平举于胸前。

8. 悬吊带 – 后拉（图 7 – 5 – 75）

◆ 动作功能：主要发展背阔肌、大圆肌、三角肌后束、菱形肌、肱二头肌和肱肌等。

◆ 动作姿势：双手直握把手，距离与肩同宽，双臂伸直平举于胸前，保持躯干稳定，双腿伸直，身体从头到脚呈一条直线，向后倾斜适当角度，双脚并拢，保证悬吊带斜挂绷直。

◆ 动作过程：肩胛骨内收，屈肘，手肘张开，屈肘将胸部向悬吊带拉近，伸直手臂，回到起始姿势，重复规定次数。注意保持挺胸直背，腹部收紧，身体不要晃动，肩胛骨首先进行内收带动手臂运动，不要耸肩。

（1）悬吊带 – 简式后拉（图 7 – 5 – 76）

图 7 – 5 – 75 悬吊带 – 后拉

◆ 动作姿势：双手直握把手，距离与肩同宽，双臂伸直平举于胸前。两脚前后开立约一步距离，前侧腿伸直，后侧腿微屈，身体向后倾斜适当角度，保证悬吊带斜挂绷直。

（2）悬吊带 – 单腿后拉（图 7 – 5 – 77）

◆ 动作姿势：双手直握把手，与肩同宽，双臂伸直平举于胸前，躯干稳定，双腿伸直，一只脚抬离地面，身体从头到撑地脚呈一条直线，后倾斜适当角度，保证悬吊带斜挂绷直。

图 7 – 5 – 76 悬吊带 – 简式后拉

图 7 – 5 – 77 悬吊带 – 单腿后拉

（3）悬吊带 – 简式单臂后拉旋转（图 7 – 5 – 78）

◆ 动作姿势：右手放在胸口，左手直握把手，左臂伸直平举于胸前，两脚前后开立约一步距离，左腿在前伸直，右腿微屈，身体后倾，躯干转向右面，保证悬吊带斜挂绷直。

◆ 动作过程：肩胛骨内收，手肘张开，左臂屈肘将胸部向悬吊带拉近，同时躯干转向正面；伸直手臂，回到起始姿势，重复规定次数。换至对侧，重复相同练习。

（4）悬吊带 – 抬肘后拉（图 7 – 5 – 79）

◆ 动作过程：保持肘关节高度不变，肩胛骨内收，屈肘将胸部向悬吊带拉近。伸直手臂，回到起始姿势，重复规定次数。

图 7 - 5 - 78　悬吊带 - 简式单臂后拉旋转

图 7 - 5 - 79　悬吊带 - 抬肘后拉

（5）悬吊带 - 简式反向飞鸟（图 7 - 5 - 80）

◆ 动作功能：主要发展三角肌、斜方肌、背阔肌、肱肌和菱形肌等。

◆ 动作姿势：双手直握把手，距离与肩同宽，双臂伸直平举于胸前，两脚前后开立约一步距离，前侧腿伸直，后侧腿微屈，身体向后倾斜适当角度，保证悬吊带斜挂绷直。

◆ 动作过程：保持肘关节角度不变，肩胛骨内收，双臂向体侧张开，身体形成类似"T"形。手臂内收，回到起始姿势，重复规定次数。注意保持挺胸直背，腹部收紧，身体不要晃动，肩胛骨首先进行内收带动手臂运动，不要耸肩。

◆ 变化：悬吊带 - 反向飞鸟（图 7 - 5 - 81）

◇ 动作姿势：双手直握把手，距离与肩同宽，双臂伸直平举于胸前。保持躯干稳定，双腿伸直，身体从头到脚呈一条直线，向后倾斜适当角度，双脚并拢，保证悬吊带斜挂绷直。

图 7 - 5 - 80　悬吊带 - 简式反向飞鸟

图 7 - 5 - 81　悬吊带 - 反向飞鸟

三、上肢练习 - 推

（一）水平面练习

1. 卧推

（1）杠铃 - 卧推

◆ 动作功能：主要发展胸大肌、肱三头肌和三角前束等。

◆ 动作姿势：平躺在椅上，双手正握杠铃置于胸部正上方，握距微比肩宽，手臂伸直。

◆ 动作过程：手肘张开，竖直放下杠铃至胸部上方。快速推起杠铃，回到起始姿势，重复规定次数。注意全脚掌着地，肩、背、头部贴紧椅面。控制双手速度，保持杠铃稳定。

（2）哑铃 - 卧推

◆ 动作姿势：平躺在椅上，双手正握哑铃置于胸部正上方，距离与肩同宽，手臂伸直。

（3）哑铃 - 交替卧推

◆ 动作过程：保持左臂不动，右手竖直放下哑铃至胸部高度，快速推起哑铃，回到起始姿势。换至对侧，重复练习，重复规定次数。

（4）哑铃 - 直握卧推

◆ 动作姿势：平躺在椅上，双手直握哑铃置于胸部正上方，距离与肩同宽，手臂伸直。

◆ 动作过程：竖直放下哑铃至胸部高度，保持双臂贴近躯干，快速推起哑铃，回到起始姿势，重复规定次数。

（5）哑铃 - 直握交替卧推

◆ 动作姿势：平躺在椅上，双手直握哑铃置于胸部正上方，距离与肩同宽，手臂伸直。

◆ 动作过程：保持左臂不动，右手竖直放下哑铃至胸部上方，保持手臂贴近躯干，快速推起哑铃，回到起始姿势。换至对侧，重复练习，重复规定次数。

（6）哑铃 - 球上卧推（图 7 - 5 - 82）

◆ 动作姿势：仰卧于瑞士球上，上、中背部贴紧球面，挺髋的同时屈膝成 90 度夹角，使躯干与大腿呈一条直线。双手正握哑铃置于胸部正上方，距离与肩同宽，手臂伸直。注意保持臀部和腹部收紧，身体不要晃动，保持双脚一直贴紧地面，背部挺直贴在球上。动作过程中，控制双手速度，保持哑铃稳定。

（7）哑铃 - 球上交替卧推（图 7 - 5 - 83）

◆ 动作姿势：仰卧于瑞士球上，上、中背部贴紧球面，挺髋同时屈膝成 90 度夹角，使躯干与大腿呈一条直线。双手正握哑铃置于胸部正上方，距离与肩同宽，手臂伸直。

◆ 动作过程：保持右臂不动，左手竖直放下哑铃至胸部上方，快速推起哑铃，回到起始姿势。换至对侧，重复练习，重复规定次数。

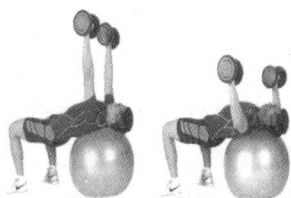

图 7 - 5 - 82　哑铃 - 球上卧推

图 7 - 5 - 83　哑铃 - 球上交替卧推

（8）气动训练器 - 拉杆 - 站姿胸前推起

◆ 动作姿势：背对训练器呈直立姿正常站位，将拉杆右端固定于训练器上，双手正握拉杆，距离微比肩宽，手臂伸直平举于胸前。

◆ 动作过程：保持肘部高度不变，向后屈肘，将拉杆收回至胸部，快速推起拉杆，回到起始姿势，重复规定次数。换至拉杆左端固定，重复练习。注意挺胸直背，腹部收紧，身体不要晃动，不要耸肩，控制双手速度，保持拉杆稳定。

2.飞鸟

（1）哑铃 - 球上飞鸟（图 7 - 5 - 84）

◆ 动作功能：主要发展胸大肌和三角肌前束等。

◆ 动作姿势：仰卧于瑞士球上，上、中背部贴紧球面，挺髋的同时屈膝成 90 度夹角，使躯干与大腿呈一条直线。双手正握哑铃置于胸部正上方，距离与肩同宽，手臂伸直。

◆ 动作过程：手肘微屈，张开双臂，放下哑铃至体侧胸部高度，手臂内收，回到起始姿势，重复规定次数。注意保持臀部和腹部收紧，身体不要晃动，双脚一直贴紧地面，背部挺直贴在球上。动作过程中，控制双手速度，保持哑铃稳定。

图 7-5-84　哑铃-球上飞鸟

(2)气动训练器-站姿飞鸟

◆ 动作功能：主要发展胸大肌、三角肌前束和前锯肌等。

◆ 动作姿势：背对训练器呈前后分腿姿站立，将把手高度调至腰部高度，身体微前倾，双手握住把手，掌心朝前，手肘微屈置于体侧腰部高度。

◆ 动作过程：保持躯干位置和手肘角度不变，手臂内收，将手把拉向身体正前方，至掌心相对，张开双臂，回到起始姿势，重复规定次数。注意保持挺胸直背，腹部收紧，身体不要晃动，前侧支撑腿微屈。

(3)悬吊带-简式飞鸟(图 7-5-85)

◆ 动作姿势：双手直握把手置于胸部正前方，距离微比肩宽，手臂伸直。前后分腿姿站立，保持躯干稳定，身体适当前倾，从头到支撑脚呈一条直线，保证悬吊带斜挂绷直。

◆ 动作过程：保持躯干和下肢不动，手肘微屈，张开双臂，身体下沉至把手高度，手臂内收，回到起始姿势，重复规定次数。注意双臂与躯干夹角不要大于90度。挺胸直背，腹部收紧，不要塌腰或翘起臀部，身体不要晃动。

(4)悬吊带-站姿飞鸟(图 7-5-86)

◆ 动作姿势：双手直握把手置于胸部正前方，距离微比肩宽，手臂伸直，保持躯干稳定，双腿伸直并拢，身体适当前倾，从头到脚呈一条直线，保证悬吊带斜挂绷直。

图 7-5-85　悬吊带-简式飞鸟

图 7-5-86　悬吊带-站姿飞鸟

(5)悬吊带-站姿单腿飞鸟(图 7-5-87)

◆ 动作姿势：双手直握把手置于胸部正前方，距离微比肩宽，手臂伸直，保持躯干稳定，单腿支撑，身体适当前倾，从头到脚呈一条直线，保证悬吊带斜挂绷直。

3.胸前推起

(1)悬吊带-胸前推起(图 7-5-88)

◆ 动作功能：主要发展胸大肌、三角肌前束和肱三头肌等。

◆ 动作姿势：双手正握把手置于胸部正前方，距离微比肩宽，手臂伸直，保持躯干稳定，双腿伸直并拢，身体适当前倾，从头到支撑脚呈一条直线，保证悬吊带斜挂绷直。

◆ 动作过程：保持躯干和下肢不动，屈肘，身体下沉，至肘关节成90度夹角。快速推起身体，回到起始姿势，重复规定次数。注意双臂与躯干夹角不要大于90度。挺胸直背，腹部收紧，不要塌腰或翘起臀部，身体不要晃动。

图7-5-87　悬吊带-站姿单腿飞鸟

图7-5-88　悬吊带-胸前推起

（2）悬吊带-简式胸前推起（图7-5-89）

◆ 动作姿势：双手正握把手置于胸部正前方，距离微比肩宽，手臂伸直，前后分腿姿站立，保持躯干稳定，身体适当前倾，从头到支撑脚呈一条直线，保证悬吊带斜挂绷直。

（3）悬吊带-站姿单腿胸前推起（图7-5-90）

◆ 动作姿势：双手正握把手置于胸部正前方，距离微比肩宽，手臂伸直，保持躯干稳定，单腿支撑，身体适当前倾，从头到支撑脚呈一条直线，保证悬吊带斜挂绷直。

图7-5-89　悬吊带-简式胸前推起

图7-5-90　悬吊带-站姿单腿胸前推起

（4）悬吊带-窄距胸前推起（图7-5-91）

◆ 动作姿势：双手直握把手置于胸部止前方，距离微比肩宽，手臂伸直，保持躯干稳定，双腿伸直并拢，身体适当前倾，从头到支撑脚呈一条直线，保证悬吊带斜挂绷直。

◆ 动作过程：保持躯干和下肢不动，屈肘，身体下沉，至肘关节成90度夹角，保持双臂贴近躯干。快速推起身体，回到起始姿势，重复规定次数。注意身体下沉时，双臂贴近躯干。保持挺胸直背，腹部收紧，不要塌腰或翘起臀部，身体不要晃动。

（5）悬吊带-简式单臂胸前推起（图7-5-92）

◆ 动作姿势：右手叉腰，左手正握把手，置于胸部正前方，手臂伸直，前后分腿姿站立，保持躯干稳定，身体适当前倾，从头到支撑脚呈一条直线，保证悬吊带斜挂绷直。

图 7 – 5 – 91　悬吊带 – 窄距胸前推起

图 7 – 5 – 92　悬吊带 – 简式单臂胸前推起

4. 俯卧撑（图 7 – 5 – 93）

◆ 动作功能：主要发展胸大肌、三角肌前束和肱三头肌等。

◆ 动作姿势：俯撑姿势，双手双脚撑地，微比肩宽，手臂伸直，从头到踝呈一条直线。

◆ 动作过程：屈肘，身体下沉至胸部几乎碰到地面，上臂与躯干夹角约为 45 度。快速推起身体，回到起始姿势，重复规定次数。注意挺胸直背，身体不要晃动，腹部收紧，不要塌腰或翘起臀部。

（1）跪姿俯卧撑（图 7 – 5 – 94）

◆ 动作姿势：俯撑姿势，双手双膝撑地，双手距离微比肩宽，手臂伸直，身体从头到膝呈一条直线。

图 7 – 5 – 93　俯卧撑

图 7 – 5 – 94　跪姿俯卧撑

（2）宽距俯卧撑（图 7 – 5 – 95）

◆ 动作姿势：俯撑姿势，双手双脚撑地，双手距离约为肩宽的两倍，手臂伸直，身体从头到踝呈一条直线。

（3）近手俯卧撑（图 7 – 5 – 96）

◆ 动作姿势：俯撑姿势，双手双脚撑地，双手两大拇指和食指围成心形，手臂伸直，身体从头到踝呈一条直线。

图 7 – 5 – 95　宽距俯卧撑

图 7 – 5 – 96　近手俯卧撑

（4）斜线俯卧撑（图7－5－97）

◆ 动作姿势：俯撑姿势，双手双脚撑地，双手距离微比肩宽，右手上移10厘米，手臂伸直，身体从头到踝呈一条直线。

图7－5－97 斜线俯卧撑

◆ 动作过程：屈肘，身体下沉，至胸部几乎碰到地面后快速推起身体，回到起始姿势，重复规定次数。换右手在下，左手在上，重复练习。

（5）杠铃片－俯卧撑

◆ 动作姿势：将杠铃片放在背部肩胛骨位置，俯撑姿势，双手双脚撑地，双手距离微比肩宽，手臂伸直，身体从头到踝呈一条直线。

（6）T字俯卧撑（图7－5－98）

◆ 动作功能：主要发展胸大肌、三角肌前束、肱三头肌、前锯肌、腹直肌、腹横肌和腹内外斜肌等。

◆ 动作姿势：俯撑姿势，双手双脚撑地，双手距离微比肩宽，手臂伸直，身体从头到踝呈一条直线。

图7－5－98 T字俯卧撑

◆ 动作过程：屈肘，身体下沉，至胸部几乎碰到地面，上臂与躯干夹角约为45度。快速推起身体，回到起始姿势。保持右手不动，身体向左侧旋转，竖直向上举起左臂，至双臂成一条直线垂直于地面。放下左臂，回到起始姿势，换至对侧，重复练习，重复规定次数。注意保持挺胸直背，身体不要晃动，腹部收紧，不要塌腰或翘起臀部。转体时，保持身体呈一条直线，手始终位于肩关节正下方。

（7）上斜俯卧撑（图7－5－99）

◆ 动作姿势：俯撑姿势，双脚撑地，双手撑在椅凳上，距离微比肩宽，手臂伸直，身体从头到踝呈一条直线。

（8）抬脚俯卧撑（图7－5－100）

◆ 动作姿势：俯撑姿势，双脚撑在椅凳上，双手撑地，距离微比肩宽，手臂伸直，身体从头到踝呈一条直线。

图7－5－99 上斜俯卧撑

图7－5－100 抬脚俯卧撑

（9）单腿抬脚俯卧撑（图7－5－101）

◆ 动作姿势：俯撑姿势，一只脚脚尖撑在椅凳上，双手撑地，距离微比肩宽，手臂伸直，身体从头到踝呈一条直线。

（10）瑞士球－上斜俯卧撑（图7-5-102）

◆ 动作姿势：俯撑姿势，双脚撑地，双手撑在瑞士球上，距离肩同宽，手臂伸直，身体从头到踝呈一条直线。

图7-5-101　单腿抬脚俯卧撑

图7-5-102　瑞士球－上斜俯卧撑

（11）瑞士球－单腿抬脚俯卧撑（图7-5-103）

◆ 动作姿势：俯撑姿势，一只脚脚尖撑在瑞士球上，双手撑地，距离微比肩宽，手臂伸直，身体从头到踝呈一条直线。

（12）瑞士球－抬脚俯卧撑（图7-5-104）

◆ 动作姿势：俯撑姿势，双脚撑在椅凳上，双手撑在瑞士球上，距离与肩同宽，手臂伸直，身体从头到踝呈一条直线。

（13）药球－单球俯卧撑（图7-5-105）

◆ 动作姿势：俯撑姿势，双脚撑地，双手撑在药球上，手臂伸直，身体呈一条直线。

（14）药球－双球俯卧撑（图7-5-106）

◆ 动作姿势：俯撑姿势，双脚撑地，双手分别撑在两药球上，距离微比肩宽，手臂伸直，身体从头到踝呈一条直线。

图7-5-103　瑞士球－单腿抬脚俯卧撑

图7-5-104　瑞士球－抬脚俯卧撑

图7-5-105　药球－单球俯卧撑

图7-5-106　药球－双球俯卧撑

（15）药球－单球交替俯卧撑（图7-5-107）

◆ 动作姿势：俯撑姿势，双脚和左手撑地，右手撑在药球上，左臂伸直，双手距离微比肩宽，身体从头到踝呈一条直线。

◆ 动作过程：屈肘，身体下沉，至胸部几乎碰到地面，上臂与躯干夹角约为45度。快速推起身体，回到起始姿势。将药球推至左手位置，右手撑地，左手撑球，重复练习，重复规定次数。

图 7 - 5 - 107 药球 - 单球交替俯卧撑

（16）悬吊带 - 抬脚俯卧撑（图 7 - 5 - 108）

◆ 动作姿势：俯撑姿势，双脚撑在 TRX 把手上，双手撑地，距离微比肩宽，手臂伸直，身体从头到踝呈一条直线。

（17）悬吊带 - 俯卧撑至屈体（图 7 - 5 - 109）

◆ 动作功能：发展胸大肌、三角肌前束、肱三头肌、前锯肌、髂腰肌、腹直肌和腹横肌。

◆ 动作姿势：俯撑姿势，双脚撑在 TRX 把手上，双手撑地，距离微比肩宽，手臂伸直，身体从头到踝呈一条直线。

◆ 动作过程：屈肘，身体下沉，至胸部几乎碰到地面，上臂与躯干夹角约为 45 度。快速推起身体，回到起始姿势。保持双臂、双腿伸直，屈髋将双腿向头拉近，至躯干几乎与地面垂直。重复规定次数。注意挺胸直背，身体不要晃动，腹部收紧，不要塌腰或翘起臀部。

图 7 - 5 - 108 悬吊带 - 抬脚俯卧撑　　　　图 7 - 5 - 109 悬吊带 - 俯卧撑至屈体

（二）非水平面练习

1. 上斜卧推

（1）杠铃 - 上斜卧推（图 7 - 5 - 110）

◆ 动作功能：主要发展胸大肌、三角肌前束、肱三头肌和前锯肌等。

◆ 动作姿势：将卧推椅倾斜角度调节至 30 度左右，仰卧在椅上，双手正握杠铃置于肩部正上方，握距微比肩宽，手臂伸直。

◆ 动作过程：手肘张开，竖直放下杠铃至肩部上方，肘关节成 90 度夹角，快速推起杠铃，回到起始姿势，重复规定次数。注意全脚掌着地，肩部、背部和头部时刻贴紧椅面。动作过程中控制双手速度，保持杠铃稳定。

（2）哑铃 - 上斜卧推（图 7 - 5 - 111）

◆ 动作姿势：将卧推椅倾斜角度调节至 30 度左右，仰卧在椅上，双手正握哑铃置于肩部正上方，握距微比肩宽，手臂伸直。

图 7 – 5 – 110　杠铃 – 上斜卧推

图 7 – 5 – 111　哑铃 – 上斜卧推

（3）哑铃 – 交替上斜卧推（图 7 – 5 – 112）

◆ 动作姿势：将卧推椅倾斜角度调节至 30 度左右，仰卧在椅上，双手正握哑铃置于肩部正上方，握距与肩同宽，手臂伸直。

◆ 动作过程：保持左臂不动，右手竖直放下哑铃至肩部上方，肘关节成 90 度夹角，快速推起哑铃，回到起始姿势。换至对侧，重复练习，重复规定次数。

（4）哑铃 – 直握上斜卧推（图 7 – 5 – 113）

◆ 动作姿势：将卧推椅倾斜角度调节至 30 度左右，仰卧在椅上，双手直握哑铃置于肩部正上方，距离与肩同宽，手臂伸直。

◆ 动作过程：竖直放下哑铃至肩部上方，保持双臂贴近躯干，快速推起哑铃，回到起始姿势，重复规定次数。

图 7 – 5 – 112　哑铃 – 交替上斜卧推

图 7 – 5 – 113　哑铃 – 直握上斜卧推

（5）哑铃 – 瑞士球上斜卧推（图 7 – 5 – 114）

◆ 动作姿势：背靠瑞士球，躯干和地板成 45 度夹角，屈膝屈髋呈上斜仰卧姿，双手正握哑铃置于肩部正上方，距离与肩同宽，手臂伸直。

◆ 动作过程：手肘张开，右手竖直放下哑铃至肩部上方，肘关节成 90 度夹角，快速推起哑铃，回到起始姿势，重复规定次数。

（6）哑铃 – 上斜飞鸟（图 7 – 5 – 115）

◆ 动作功能：主要发展胸大肌、三角肌前束、三角肌中束和前锯肌等。

◆ 动作姿势：将卧推椅倾斜角度调节至 30 度左右，仰卧在椅上，双手正握哑铃置于肩部正上方，距离与肩同宽，手臂伸直。

◆ 动作过程：手肘微屈，张开双臂，放下哑铃至体侧肩部高度，手臂内收，回到起始姿势，重复规定次数。注意全脚掌着地，肩部、背部和头部时刻贴紧椅面。动作过程中控制双手速度，保持杠铃稳定。

图 7 - 5 - 114 哑铃 - 瑞士球上斜卧推

图 7 - 5 - 115 哑铃 - 上斜飞鸟

2.过顶推举

(1)哑铃 - 高分腿姿交替弯举至过顶推举(图 7 - 5 - 116)

◆ 动作功能:主要发展肱二头肌、三角肌和肱三头肌等。

◆ 动作姿势:高分腿蹲姿,双臂弯举,双手反握哑铃置于肩部前方。

◆ 动作过程:右臂内旋放下哑铃至体侧,掌心向后,同时,左臂外旋上举哑铃至头顶,掌心向前,双臂伸直,右臂外旋弯举,左臂内旋下降。回到起始姿势,换至对侧,重复练习,重复规定次数。注意保持挺胸直背,腹部收紧,身体不要晃动,后侧支撑腿臀部收紧。

(2)倒立姿过顶推举(图 7 - 5 - 117)

◆ 动作功能:主要发展胸大肌、三角肌前束、三角肌中束、肱三头肌和前锯肌等。

◆ 动作姿势:双手双脚撑地,双手距离微比肩宽,双臂、双腿伸直,屈髋约成 90 度夹角。

◆ 动作过程:保持身体姿势不变,屈肘使身体下降,至头顶几乎贴地。快速推起身体,回到起始姿势,重复规定次数。注意保持挺胸直背,腹部收紧,身体不要晃动。

图 7 - 5 - 116 哑铃 - 高分腿姿交替弯举至过顶推举

图 7 - 5 - 117 倒立姿过顶推举

(3)抬脚倒立姿过顶推举(图 7 - 5 - 118)

◆ 动作姿势:双脚置于椅上,双手撑地,微比肩宽,双臂、双腿伸直,屈髋约成 90 度夹角。

(4)悬吊带 - 单腿倒立姿过顶推举(图 7 - 5 - 119)

◆ 动作功能:主要发展胸大肌、三角肌前束、三角肌中束、肱三头肌、前锯肌、斜方肌、腹直肌和腹横肌等。

◆ 动作姿势:将两条 TRX 带的把手系到一起,身体呈倒立姿势,与地面约成 45 度夹角,一只脚固定在 TRX 把手上,另一条腿伸直,双手撑地,距离微比肩宽,手臂伸直,与地面约成 90°夹角。

图 7 – 5 – 118　抬脚倒立姿过顶推举

图 7 – 5 – 119　悬吊带 – 单腿倒立姿过顶推举

（5）悬吊带 – 倒立姿过顶推举（图 7 – 5 – 120）

◆ 动作姿势：倒立姿势，与地面约成 45 度夹角，双脚固定于 TRX 把手内，双手撑地，距离微比肩宽，手臂伸直，与地面约成 90 度夹角。

（6）哑铃 – 站姿过顶推举（图 7 – 5 – 121）

◆ 动作功能：主要发展三角前束和肱三头肌。

◆ 动作姿势：直立姿正常站位，双手直握哑铃弯举至肩部上方。

◆ 动作过程：将哑铃竖直推举至肩部正上方，手臂伸直，放下哑铃。回到起始姿势，重复规定次数。注意保持挺胸直背，腹部收紧，身体不要晃动。

图 7 – 5 – 120　悬吊带 – 倒立姿过顶推举

图 7 – 5 – 121　哑铃 – 站姿过顶推举

（7）哑铃 – 站姿交替过顶推举（图 7 – 5 – 122）

◆ 动作过程：保持左臂不动，右手将哑铃竖直推举至肩部正上方，右臂伸直，放下哑铃。回到起始姿势，换至对侧，重复练习规定次数。

（8）哑铃 – 站姿外旋过顶推举（图 7 – 5 – 123）

◆ 动作过程：将哑铃竖直推举至肩部正上方，同时上臂外旋，掌心向前，手臂伸直，放下哑铃，回到起始姿势，重复规定次数。

图 7 – 5 – 122　哑铃 – 站姿交替过顶推举

图 7 – 5 – 123　哑铃 – 站姿外旋过顶推举

(9)哑铃 - 站姿单臂过顶推举(图 7 - 5 - 124)

◆ 动作姿势:直立姿正常站位,右手直握哑铃弯举至肩部上方。

(10)壶铃 - 站姿单臂弯举至过顶推举(图 7 - 5 - 125)

◆ 动作功能:主要发展肱二头肌、三角前束和肱三头肌。

◆ 动作姿势:直立姿正常站位,右手直握壶铃置于体侧。

◆ 动作过程:右臂屈肘,将壶铃弯举至肩上耳缘处,壶铃底部朝上。保持壶铃底部朝上,将壶铃竖直推举至肩部正上方,手臂伸直,放下壶铃,回到起始姿势,重复规定次数,换至对侧,重复练习。注意保持挺胸直背,腹部收紧,身体不要晃动,紧握壶铃,保持壶铃底部朝上,不要扭伤手腕。

图 7 - 5 - 124 哑铃 - 站姿单臂过顶推举

图 7 - 5 - 125 壶铃 - 站姿单臂弯举至过顶推举

(11)杠铃 - 坐姿过顶推举(图 7 - 5 - 126)

◆ 动作功能:主要发展三角前束和肱三头肌。

◆ 动作姿势:挺胸直背坐在椅上,双手正握杠铃置于头顶,握距微比肩宽,手臂伸直。

◆ 动作过程:肩胛骨内收,竖直放下杠铃至体前肩部高度,快速推起杠铃,回到起始姿势,重复规定次数。注意保持挺胸直背,腹部收紧,身体不要晃动,保持双脚贴紧地面。

(12)哑铃 - 坐姿直握过顶推举(图 7 - 5 - 127)

◆ 动作姿势:挺胸直背坐在椅上,双手直握哑铃置于头顶,距离微比肩宽,手臂伸直。

图 7 - 5 - 126 杠铃 - 坐姿过顶推举

图 7 - 5 - 127 哑铃 - 坐姿直握过顶推举

(13)哑铃 - 球上坐姿直握过顶推举(图 7 - 5 - 128)

◆ 动作姿势:挺胸直背坐瑞士球上,双手直握哑铃置于头顶,距离与肩同宽,手臂伸直。

(14)哑铃 - 球上坐姿直握交替过顶推举(图 7 - 5 - 129)

◆ 动作过程:保持左臂不动,右侧肩胛骨内收,右臂屈肘将哑铃竖直放下至肩部上方,快速推起哑铃,回到起始姿势。换至左臂,重复练习,重复规定次数。

图 7 - 5 - 128 哑铃 - 球上坐姿直握过顶推举

图 7 - 5 - 129 哑铃 - 球上坐姿直握交替过顶推举

(15)哑铃 - 上斜高分腿姿直握过顶推举(图 7 - 5 - 130)

◆ 动作功能：主要发展三角肌前束和肱三头肌。

◆ 动作姿势：右脚踏于椅上，膝关节约成 90 度夹角，身体略前倾，将身体重心转移至右脚，至左腿有拉伸感。双手直握哑铃置于头顶，距离微比肩宽，手臂伸直。

◆ 动作过程：肩胛骨内收，竖直放下哑铃至肩部上方，快速推起哑铃，回到起始姿势，重复规定次数，换至对侧腿支撑，重复练习。注意保持挺胸直背，腹部收紧，身体不要晃动，后侧腿臀部收紧，前侧腿的膝关节不要超过脚尖，不要内扣。

(16)哑铃 - 上斜高分腿姿交替过顶推举(图 7 - 5 - 131)

◆ 动作功能：主要发展肱三头肌、三角肌前束和胸大肌等。

◆ 动作姿势：右脚踏于椅上，膝关节约成 90 度夹角，身体略前倾，将身体重心转移至右脚，左腿有拉伸感；双手正握哑铃置于头顶，双臂伸直。

◆ 动作过程：身体姿势不变，手肘张开，右手竖直放下哑铃至肩部上方，右臂将哑铃推举至头顶，回到起始姿势，换至左臂，重复练习，换至对侧腿支撑，重复规定次数。注意挺胸直背，腹部收紧，身体不晃动，后侧腿臀部收紧，前侧腿的膝关节不要超过脚尖或内扣。

图 7 - 5 - 130 哑铃 - 上斜高分腿姿直握过顶推举

图 7 - 5 - 131 哑铃 - 上斜高分腿姿交替过顶推举

(17)哑铃 - 上斜高分腿姿弯举至外旋过顶推举(图 7 - 5 - 132)

◆ 动作功能：主要发展肱二头肌、三角肌前束和肱三头肌。

◆ 动作姿势：右脚踏于椅上，膝关节约成 90 度夹角，身体略前倾，将身体重心转移至右脚，左腿有拉伸感。双手直握哑铃置于体侧。

◆ 动作过程：双臂屈肘，将哑铃弯举至胸前肩部高度，掌心向后。将哑铃竖直推举至头部正上方，同时上臂外旋，掌心向前，手臂伸直。放下哑铃，回到起始姿势，重复规定次数。换至对侧，重复以上步骤。注意挺胸直背，腹部收紧，身体不要晃动。后侧腿臀部收紧，前侧腿的膝关节不要超过脚尖或内扣。弯举过程中，保持肘关节贴近身体。

(18)哑铃 - 上斜高分腿姿交替外旋过顶推举(图 7 - 5 - 133)

◆ 动作功能：主要发展肱二头肌、三角肌前束和肱三头肌等。

◆ 动作姿势：右脚踏于椅上，膝关节约成 90 度夹角，身体略前倾，将身体重心转移至右脚，左腿有拉伸感。双手反握哑铃，屈臂弯举至胸前肩部高度，双肘贴近躯干。

◆ 动作过程：肩胛骨内收，左臂保持不动，右手将哑铃竖直推举至头部正上方，同时上臂外旋，掌心向前，手臂伸直；放下哑铃，回到起始姿势。换至左臂，重复练习。换对侧腿支撑，重复规定次数。

图 7-5-132　哑铃-上斜
高分腿姿弯举至外旋过顶推举

图 7-5-133　哑铃-上斜
高分腿姿交替外旋过顶推举

（19）哑铃-半跪姿单臂过顶推举（图 7-5-134）

◆ 动作功能：主要发展三角肌前束和肱三头肌。

◆ 动作姿势：半跪姿，左腿在前，右手正握哑铃置于肩部上方，左手叉腰。

◆ 动作过程：将哑铃推举至肩部正上方，手臂伸直。放下哑铃，回到起始姿势，重复规定次数。换至对侧，重复练习。注意保持挺胸直背，腹部收紧，身体不要晃动。跪地腿臀部收紧，前侧腿的膝关节不要超过脚尖或内扣。

（20）哑铃-低分腿姿单臂过顶推举（图 7-5-135）

◆ 动作功能：主要发展臀大肌、股四头肌、三角肌、胸大肌上束和斜方肌等。

◆ 动作姿势：低分腿蹲姿，右腿在前，左手正握哑铃置于肩部上方，右手叉腰。注意保持挺胸直背，腹部收紧，身体不要晃动。后侧腿臀部收紧，前侧腿的膝关节不要超过脚尖。

图 7-5-134　哑铃-半跪姿单臂过顶推举

图 7-5-135　哑铃-低分腿姿单臂过顶推举

（21）哑铃-高分腿姿单臂过顶推举（图 7-5-136）

◆ 动作功能：主要发展臀大肌、股四头肌、三角肌、胸大肌上束和斜方肌等。

◆ 动作姿势：高分腿蹲姿，右腿在前，左手正握哑铃置于肩部上方，右手叉腰。

（22）哑铃-低分腿姿交替过顶推举（图 7-5-137）

◆ 动作功能：主要发展臀大肌、股四头肌、三角肌、胸大肌上束和斜方肌等。

◆ 动作姿势：低分腿蹲姿，双手正握哑铃置于头顶，双臂伸直。

◆ 动作过程：保持左臂不动，右臂屈肘下降至体侧肩关节高度。将哑铃推举至头顶，回到起始姿势。换至对侧，重复练习，重复规定次数。

图 7 – 5 – 136　哑铃 – 高分腿姿单臂过顶推举

图 7 – 5 – 137　哑铃 – 低分腿姿交替过顶推举

3. 伸展下压

（1）悬吊带 – 超人式伸展（图 7 – 5 – 138）

◆ 动作功能：主要发展背阔肌、肋间肌群和腹肌等。

◆ 动作姿势：保持躯干稳定，双腿伸直并拢，身体从头到脚呈一条直线，向前倾斜适当角度，保证悬吊带斜挂绷直。双手正握把手置于胸部正前方，距离微比肩宽，手臂伸直。

◆ 动作过程：躯干和下肢不动，将把手直臂推举至头顶正上方。放下手臂，推起身体，回到起始姿势，重复规定次数。注意挺胸直背，腹部收紧，不要踏腰或翘臀；身体不晃动。

（2）气动训练器 – 站姿肱三头肌下压（图 7 – 5 – 139）

◆ 动作功能：主要发展肱三头肌和肘肌。

◆ 动作姿势：面朝训练器，呈直立姿窄站位，上臂夹紧身体两侧，双手正握把手，屈肘置于胸部高度。

◆ 动作过程：保持上臂不动，伸肘将把手下拉至手臂伸直。屈臂回到起始姿势，重复规定次数。注意保持挺胸直背，腹部收紧，身体不晃动。屈臂时，手臂高度不应超过肩部。

图 7 – 5 – 138　悬吊带 – 超人式伸展

图 7 – 5 – 139　气动训练器 – 站姿肱三头肌下压

（3）气动训练器 – 绳索 – 站姿肱三头肌下压（图 7 – 5 – 140）

◆ 动作姿势：面朝训练器，呈前后分腿姿站立，双脚间距约一只脚的长度；上臂夹紧身体两侧，双手正握绳索，屈肘置于胸部高度。

（4）杠铃 – 站姿肱三头肌伸展（图 7 – 5 – 141）

◆ 动作功能：主要发展肱三头肌、背阔肌和大圆肌等。

◆ 动作姿势：直立姿站位，双手正握杠铃置于头部正上方，握距与肩同宽，手臂伸直。

◆ 动作过程：保持上臂不动，屈肘将杠铃下降至颈后。伸直手臂，回到起始姿势，重复规定次数。注意保持挺胸直背，腹部收紧，身体不要晃动。

图 7 - 5 - 140　气动训练器 - 绳索 - 站姿肱三头肌下压

图 7 - 5 - 141　杠铃 - 站姿肱三头肌伸展

（5）哑铃 - 站姿肱三头肌伸展（图 7 - 5 - 142）

◆ 动作功能：主要发展肱三头肌。

◆ 动作姿势：直立姿正常站位，直握哑铃置于头部正上方，距离与肩同宽，手臂伸直。

◆ 动作过程：保持上臂不动，屈肘将哑铃下降至颈后。伸直手臂，回到起始姿势，重复规定次数。注意保持挺胸直背，腹部收紧，保持躯干不晃动。

（6）哑铃 - 球上坐姿肱三头肌伸展（图 7 - 5 - 143）

◆ 动作功能：主要发展肱三头肌。

◆ 动作姿势：挺胸直背坐于瑞士球上，双手直握哑铃置于头顶，距离与肩同宽，手臂伸直。

◆ 动作过程：保持上臂不动，屈肘将哑铃下降至颈后。伸直手臂，回到起始姿势，重复规定次数。注意挺胸直背，腹部收紧，身体不要晃动，保持双脚贴紧地面。

图 7 - 5 - 142　哑铃 - 站姿肱三头肌伸展

图 7 - 5 - 143　哑铃 - 球上坐姿肱三头肌伸展

（7）气动训练器 - 高分腿姿肱三头肌伸展

◆ 动作功能：主要发展肱三头肌和肘肌。

◆ 动作姿势：背对训练器，呈前后分腿姿站立，双脚间距约一只脚的长度，身体微微前倾。双手直握绳索置于头顶正上方，手臂伸直。

◆ 动作过程：上臂不动，屈肘将绳索下降至头后。伸直手臂，回到起始姿势，重复规定次数。注意挺胸直背，腹部收紧，身体不晃动，背部自然前倾，前侧支撑腿微屈。

（8）杠铃 - 上斜肱三头肌伸展（图 7 - 5 - 144）

◆ 动作功能：主要发展肱三头肌和大圆肌。

图 7 - 5 - 144　杠铃 - 上斜肱三头肌伸展

◆ 动作姿势：将卧推椅倾斜角度调节至30度左右，仰卧在椅子上。双手正握杠铃置于肩部正上方，握距与肩同宽，手臂与地面垂直。

◆ 动作过程：保持上臂不动，屈肘将杠铃下降至头后，肘关节成90度夹角。伸直手臂，回到起始姿势，重复规定次数。注意全脚掌着地，肩部、背部和头部时刻贴紧椅面。保持背部贴紧椅面，双脚一直贴紧地面。

（9）杠铃－仰卧肱三头肌伸展（图7－5－145）

◆ 动作功能：主要发展肱三头肌、背阔肌和大圆肌等。

◆ 动作姿势：平躺在椅子上，双手正握杠铃置于头部上方，握距微比肩宽，手臂与躯干约成135度夹角。

◆ 动作过程：上臂不动，屈肘将杠铃下降至头顶位置。伸直手臂，回到起始姿势，重复规定次数。注意全脚掌着地，肩、背和头时刻贴紧椅面，双脚一直贴紧地面。

（10）哑铃－仰卧肱三头肌伸展（图7－5－146）

◆ 动作姿势：平躺在椅子上，双手直握哑铃置于头部上方，距离与肩同宽，手臂与躯干约成135度夹角。

图7－5－145   杠铃－仰卧肱三头肌伸展

图7－5－146   哑铃－仰卧肱三头肌伸展

（11）杠铃－球上仰卧肱三头肌伸展（图7－5－147）

◆ 动作姿势：仰卧于瑞士球上，上中背部贴紧球面，抬起臀部，肩关节到膝关节呈一条直线。双手正握杠铃置于头部上方，握距微比肩宽，手臂与躯干约成135度夹角。

（12）哑铃－俯身姿跪撑单臂肱三头肌伸展（图7－5－148）

◆ 动作功能：主要发展肱三头肌。

◆ 动作姿势：身体前倾与地面平行，右膝跪在椅子上，左腿微屈撑地。右手竖直撑在椅子上，左手直握哑铃，左臂屈肘90度贴近身体。

◆ 动作过程：保持左侧上臂不动，伸直手臂，将哑铃提至臀部高度。回到起始姿势，重复规定次数。换至对侧，重复练习。注意保持挺胸直背，腹部收紧，撑地腿膝关节微屈，在上提过程中保持肘部贴近身体。

图7－5－147   杠铃－球上仰卧肱三头肌伸展

图7－5－148   哑铃－俯身跪撑单臂肱三头肌伸展

（13）悬吊带－锯式

◆ 动作功能：主要发展胸大肌上束、肱三头肌、三角肌、肋间肌、腹直肌和腹横肌等。

◆ 动作姿势：身体呈平板支撑姿势，双肘撑地，上臂垂直于地面，双脚固定于 TRX 把手内，双腿伸直，身体从头至脚呈一条直线。

◆ 动作过程：肘关节位置不变，伸臂将身体尽可能向后推至上臂与地面约成 45 度角。屈肘回到起始姿势，重复规定次数。注意挺胸直背，腹部收紧，身体从头到脚呈一条直线。

四、下肢练习

（一）双腿练习

1. 深蹲（图 7 - 5 - 149）

◆ 动作功能：主要发展股四头肌、臀大肌和腘绳肌等。

◆ 动作姿势：直立姿正常站位，双手垂于体前。

◆ 动作过程：屈髋屈膝下蹲，直至大腿与地面平行，双臂伸直前平举。快速站起，回到起始姿势，重复规定次数。注意保持挺胸直背，腹部收紧，膝关节不要超过脚尖或内扣，脚跟不要抬离地面。保持脚尖方向竖直向前。

（1）哑铃－深蹲（图 7 - 5 - 150）

◆ 动作姿势：直立姿正常站位，双手直握哑铃自然垂于体侧。

图 7 - 5 - 149　深蹲　　　　　图 7 - 5 - 150　哑铃－深蹲

（2）垫脚深蹲（图 7 - 5 - 151）

◆ 动作姿势：直立姿正常站位，足跟踏在平衡垫上，双手垂于体前。

（3）悬吊带－手撑深蹲（图 7 - 5 - 152）

◆ 动作姿势：直立姿正常站位，双手正握把手置于体前，双臂伸直。

图 7 - 5 - 151　垫脚深蹲　　　　图 7 - 5 - 152　悬吊带－手撑深蹲

（4）哑铃－单臂深蹲（图 7 - 5 - 153）

◆ 动作姿势：直立姿正常站位，右手直握哑铃置于体侧。

（5）杠铃 - 前蹲（图 7 - 5 - 154）

◆ 动作功能：主要发展股四头肌、臀大肌、腘绳肌和三角肌前束等。

◆ 动作姿势：直立姿正常站位，双手正握杠铃，握距微比肩宽，抬起上臂与地面平行，将杠铃置于颈前肩上。

◆ 动作过程：锁住双肩，屈髋屈膝下蹲，直至大腿与地面平行。快速站起，回到起始姿势，重复规定次数。注意保持挺胸直背，腹部收紧。保持上臂始终与地面平行。膝关节不要超过脚尖或内扣，脚跟不要抬离地面，保持脚尖方向竖直向前。

图 7 - 5 - 153　哑铃 - 单臂深蹲

图 7 - 5 - 154　杠铃 - 前蹲

（6）杠铃 - 交臂前蹲（图 7 - 5 - 155）

◆ 动作姿势：直立姿正常站位，上臂前平举，双手交叉将杠铃固定于肩上。

（7）杠铃片 - 前蹲（图 7 - 5 - 156）

◆ 动作姿势：直立姿正常站位，双手抓握杠铃片置于胸部正前方，手臂伸直。

图 7 - 5 - 155　杠铃 - 交臂前蹲

图 7 - 5 - 156　杠铃片 - 前蹲

（8）哑铃 - 前蹲（图 7 - 5 - 157）

◆ 动作姿势：直立姿正常站位，抬肘至上臂与地面平行，双手直握哑铃置于肩上。

（9）杠铃 - 过顶深蹲（图 7 - 5 - 158）

◆ 动作功能：主要发展股四头肌、臀大肌、腘绳肌、斜方肌和三角肌等。

◆ 动作姿势：直立姿正常站位，双手正握杠铃置于头顶，握距约为肩宽两倍，手臂伸直。

◆ 动作过程：保持杠铃在肩部正上方，锁住双肩，屈髋屈膝下蹲，直至大腿与地面平行。快速站起，回到起始姿势，重复规定次数。注意挺胸直背，腹部收紧，身体不要晃动。保持肩部稳定，手腕伸直，杠铃始终位于身体重心正上方；膝关节不要超过脚尖或内扣，脚跟不要抬离地面；保持脚尖方向竖直向前。

图 7 - 5 - 157　哑铃 - 前蹲

图 7 - 5 - 158　杠铃 - 过顶深蹲

（10）哑铃 - 过顶深蹲（图 7 - 5 - 159）

◆ 动作姿势：直立姿正常站位，双手正握哑铃置于头顶上方，距离与肩同宽，手臂伸直。

（11）悬吊带 - 过顶深蹲（图 7 - 5 - 160）

◆ 动作姿势：直立姿正常站位，双手握住把手置于头顶，手臂伸直。

◆ 动作过程：屈髋屈膝下蹲，直至大腿与地面平行，双手向两侧拉动，直至悬吊带绷直。

图 7 - 5 - 159　哑铃 - 过顶深蹲

图 7 - 5 - 160　悬吊带 - 过顶深蹲

（12）弹力带 - 过顶深蹲（图 7 - 5 - 161）

◆ 动作姿势：直立姿站位，双手用力握住弹力带置于头顶，手臂伸直，保持弹力带绷直。

◆ 动作过程：屈髋屈膝下蹲，双手向两侧拉动弹力带，直至大腿与地面平行。注意保持肩部稳定，手腕伸直，弹力带始终位于身体重心正上方，保持脚尖方向竖直向前。

（13）弹力带 - 迷你带 - 过顶深蹲（图 7 - 5 - 162）

◆ 动作姿势：直立姿正常站位，将迷你弹力带置于双膝上缘，双手用力握弹力带置于头顶，手臂伸直，保持弹力带绷直。

◆ 动作过程：屈髋屈膝下蹲，双膝向外打开，双手向两侧拉弹力带，直至大腿与地面平行。

图 7 - 5 - 161　弹力带 - 过顶深蹲

图 7 - 5 - 162　弹力带 - 迷你带 - 过顶深蹲

(14)哑铃－捧杯式深蹲(图7－5－163)

◆ 动作功能:主要发展股四头肌、臀大肌、腘绳肌和三角肌前束等。

◆ 动作姿势:直立姿正常站位,双手捧住哑铃置于胸前。

◆ 动作过程:屈髋屈膝下蹲,直至大腿与地面平行。快速站起,回到起始姿势,重复规定次数。注意保持挺胸直背,腹部收紧,膝关节不要超过脚尖或内扣,脚跟不要抬离地面,保持脚尖方向竖直向前。

(15)杠铃－相扑式深蹲(图7－5－164)

◆ 动作功能:主要发展股四头肌、臀大肌、腘绳肌和内收肌群等。

◆ 动作姿势:直立姿正常站位,两脚尖外展约成90度夹角,双手正握杠铃置于颈后肩上,握距向比肩宽。

◆ 动作过程:锁住双肩,屈髋屈膝下蹲,直至大腿与地面平行。快速站起,回到起始姿势,重复规定次数。注意挺胸直背,腹部收紧,膝关节不超过脚尖或内扣,脚跟不离地。

图7－5－163　哑铃－捧杯式深蹲

图7－5－164　杠铃－相扑式深蹲

(16)哑铃－相扑式深蹲(图7－5－165)

◆ 动作姿势:直立姿宽站位,两脚尖外展约成90度夹角,双手持单个哑铃自然垂于体前。

(17)哑铃－侧向深蹲(图7－5－166)

◆ 动作功能:主要发展股四头肌、臀大肌、腘绳肌和内收肌群等。

◆ 动作姿势:直立姿正常站位,双手直握哑铃自然垂于体侧。

◆ 动作过程:保持右腿伸直,左腿向外跨一大步,屈髋屈膝下蹲,直至大腿与地面平行,左臂自然垂于左腿外侧,右臂自然垂于双腿之间。左腿蹬地面快速站起,回到起始姿势,重复规定次数。换至对侧,重复练习。注意保持挺胸直背,腹部收紧,膝关节不要超过脚尖或内扣,脚跟不要抬离地面,双脚始终保持贴紧地面。

图7－5－165　哑铃－相扑式深蹲

图7－5－166　哑铃－侧向深蹲

（18）哑铃－交替侧向深蹲（图7－5－167）

◆ 动作姿势：双脚开立，约为肩宽两倍，脚尖朝前，双手直握哑铃置于肩上。

◆ 动作过程：保持右腿伸直，左腿屈髋屈膝下蹲，直至左侧大腿与地面平行。

图7－5－167　哑铃－交替侧向深蹲

（19）哑铃－滑垫－侧滑深蹲

◆ 动作姿势：直立姿正常站位，右脚踏在滑垫上，双手直握哑铃置于肩上。

◆ 动作过程：保持重心在左腿、右腿伸直，右脚踏滑垫向外滑动，左腿屈髋屈膝下蹲，直至大腿与地面平行。

（20）滑垫－腿内收（图7－5－168）

◆ 动作功能：主要发展大收肌、长收肌、耻骨肌和股薄肌等。

◆ 动作姿势：直立姿正常站位，双脚踏在滑垫上，双手十指交叉置于胸前。

◆ 动作过程：膝关节伸直，双腿踏滑垫向两侧滑动至最大幅度。双腿内收，回到起始姿势，重复规定次数。注意挺胸直背，腹部收紧，身体不要晃动。

图7－5－168　滑垫－腿内收

（二）分腿练习

1. 分腿蹲（图7－5－169）

◆ 动作功能：主要发展股四头肌、臀大肌和腘绳肌等。

◆ 动作姿势：高分腿蹲姿，右腿在前，身体重心保持在右脚，双手叉腰。

◆ 动作过程：保持躯干正直，屈膝，身体下降成低分腿蹲姿，左膝几乎贴地（距离地面约一拳高度），双膝均约成90度

图7－5－169　分腿蹲

夹角。右腿蹬伸站起，回到起始姿势，重复规定次数。换至对侧，重复练习。注意挺胸直背，腹部收紧，身体不要晃动。控制身体重心的移动速度，前侧腿膝关节不要超过脚尖或内扣，重心始终保持在前侧脚上。

（1）哑铃－分腿蹲（图7－5－170）

◆ 动作姿势：高分腿蹲姿，右腿在前，身体重心保持在右脚，双手直握哑铃垂于体侧。

（2）杠铃－分腿蹲（图7－5－171）

◆ 动作姿势：高分腿蹲姿，左腿在前，身体重心保持在左脚，双手正握杠铃置于颈后肩上，握距微比肩宽。

（3）杠铃－旋转分腿蹲

◆ 动作功能：主要发展股四头肌、臀大肌、腘绳肌、腹内斜肌和腹外斜肌等。

◆ 动作姿势：高分腿蹲姿，左腿在前，身体重心保持在左脚，双手正握杠铃置于颈后肩上，握距微比肩宽。

◆ 动作过程：保持下肢不动，躯干右转至侧面。躯干左转至前面，左腿蹬伸站起，回到起始姿势，重复规定次数。

图 7 – 5 – 170　哑铃 – 分腿蹲

图 7 – 5 – 171　杠铃 – 分腿蹲

2. 后向弓步

(1)哑铃 – 后向弓步(图 7 – 5 – 172)

◆ 动作功能：主要发展股四头肌、臀大肌和腘绳肌等。

◆ 动作姿势：直立姿窄站位，双手直握哑铃自然垂于体侧。

图 7 – 5 – 172　哑铃 – 后向弓步

◆ 动作过程：保持躯干正直，身体重心在左脚，右腿向后迈步成低分腿蹲姿(右膝几乎贴地)，双膝均约成 90 度夹角。左腿蹬伸站起，回到起始姿势。换至对侧，重复练习。注意挺胸直背，腹部收紧，身体不要晃动。控制身体重心的移动速度，前侧膝关节不要超过脚尖或内扣，重心始终保持在前侧脚上。

(2)哑铃 – 滑垫 – 后向弓步(图 7 – 5 – 173)

◆ 动作姿势：直立姿正常站位，左脚踏在滑垫上，双手直握哑铃，自然垂于体侧。

◆ 动作过程：重心在右腿，左脚踏滑垫向后滑成低分腿蹲姿(左膝几乎贴地)，双膝均约成 90 度夹角。

(3)悬吊带 – 手撑后向弓步(图 7 – 5 – 174)

◆ 动作功能：主要发展股四头肌、臀大肌、腘绳肌、内收肌、腓肠肌和比目鱼肌等。

◆ 动作姿势：直立姿窄站位，屈肘，双手直握把手置于体侧。

◆ 动作过程：保持躯干正直，右腿向后迈步成低分腿蹲姿(右膝几乎贴地)，双膝均约成 90 度夹角，同时双手伸直握住悬吊带，借助悬吊带，左腿蹬伸站起，回到起始姿势。

图 7 – 5 – 173　哑铃 – 滑垫 – 后向弓步

图 7 – 5 – 174　悬吊带 – 手撑后向弓步

3.滑垫－旋转弓步(图7－5－175)

◆ 动作功能:主要发展股四头肌、臀大肌、腘绳肌、内收肌、腹内斜肌、腹外斜肌和小腿三头肌等。

◆ 动作姿势:直立姿正常站位,左脚踏在滑垫上,双手十指交叉置于胸前。

◆ 动作过程:保持重心在右侧,左脚踏滑垫

图7－5－175 滑垫－旋转弓步

向后滑,躯干随左脚滑出转至侧面,同时右腿屈髋屈膝,直至大腿与地面平行。快速站起,回到起始姿势,重复规定次数。换至对侧,重复练习。注意保持挺胸直背,腹部收紧,身体不要晃动。控制身体重心的移动速度,前侧腿膝关节不要超过脚尖或内扣,重心始终保持在前侧腿上。

4.前向弓步(图7－5－176)

◆ 动作功能:主要发展股四头肌、臀大肌、腘绳肌、腓肠肌和比目鱼肌等。

◆ 动作姿势:直立姿窄站位。

◆ 动作过程:躯干正直,左腿向前迈步成低分腿蹲姿(右膝几乎贴地),双膝均约成90度夹角。快速站起,回到起始姿势。换至对侧,重复练习,重复规定次数。注意保持挺胸直背,腹部收紧,身体不要晃动,控制身体重心移动速度,前侧腿膝关节不要超过脚尖或内扣。

(1)哑铃－前向弓步(图7－5－177)

◆ 动作姿势:直立姿窄站位,双手直握哑铃自然垂于体侧。

图7－5－176 前向弓步

图7－5－177 哑铃－前向弓步

(2)杠铃－弓步前进(图7－5－178)

◆ 动作姿势:直立姿正常站位,双手正握杠铃置于颈后肩上,握距微比肩宽。

◆ 动作过程:保持躯干正直,右腿向前迈步成低分腿蹲姿(左膝几乎贴地),双膝均约成90度夹角。保持右脚不动,右腿蹬伸站起,回到起始姿势。换至对侧,重复练习。

(3)悬吊带－手撑侧向弓步(图7－5－179)

◆ 动作功能:主要发展股四头肌、臀大肌、腘绳肌、内收肌、腓肠肌和比目鱼肌等。

◆ 动作姿势:直立姿窄站位,双手合十握住悬吊带置于胸前。

◆ 动作过程:右手握把手,左手叉腰,保持右腿伸直,左腿向外跨一大步,臀部向后同时屈髋屈膝下蹲,直至大腿与地面平行。借助悬吊带,左腿蹬伸站起,回到起始姿势。换至对侧,重复练习,重复规定次数。注意挺胸直背,腹部收紧,保持身体平衡,控制身体重心的移动速度,膝关节不要超过脚尖或内扣。

图 7 - 5 - 178   杠铃 - 弓步前进

图 7 - 5 - 179   悬吊带 - 手撑侧向弓步

（三）单腿练习

1. 单腿深蹲（图 7 - 5 - 180）

◆ 动作功能：主要发展股四头肌、臀大肌和腘绳肌等。

◆ 动作姿势：直立姿单腿站位，左腿悬空，双臂前举。

◆ 动作过程：臀部向后，左腿屈膝下蹲，直至大腿与地面平行。快速站起，回到起始姿势，重复规定次数。换至对侧，重复以上步骤。注意挺胸直背，腹部收紧，保持骨盆与肩膀水平，抬起脚悬空，控制下蹲速度，支撑腿膝关节不超过脚尖或内扣，脚跟不抬离地面。

图 7 - 5 - 180   单腿深蹲

（1）悬吊带 - 手撑单腿深蹲（图 7 - 5 - 181）

◆ 动作姿势：直立姿单腿站立，左腿悬空，手握悬吊带，双臂前举。

（2）悬吊带 - 后悬式单腿深蹲（保加利亚深蹲）（图 7 - 5 - 182）

◆ 动作姿势：直接姿单腿站立，左脚撑在把手内，置于体后。

图 7 - 5 - 181   悬吊带 - 手撑单腿深蹲

（3）箱上单腿深蹲（图 7 - 5 - 183）

◆ 动作姿势：跳箱约与膝盖同高，直立姿单腿站立在跳箱边缘，左腿悬空，双臂前平举。

图 7 - 5 - 182   悬吊带 - 后悬式单腿深蹲
（保加利亚深蹲）

图 7 - 5 - 183   箱上单腿深蹲

（4）哑铃 - 单腿深蹲（图 7 - 5 - 184）

◆ 动作姿势：直立姿单腿站位，左腿悬空，双手直握哑铃置于体侧。

◆ 动作过程：臀部向后，左腿屈膝尽可能下蹲。

（5）悬吊带 - 侧悬式单腿深蹲（图 7 - 5 - 185）

◆ 动作功能：主要发展股四头肌、核心肌、臀大肌、内收肌和腘绳肌等。

◆ 动作姿势：直立姿单腿站立，左脚撑在把手内，置于体侧，双腿伸直，双手十指相扣置于胸前。

◆ 动作过程：左腿伸直，臀部向后，右腿屈膝下蹲，直至大腿与地面平行。快速站起，回到起始姿势，重复规定次数。换至对侧，重复练习。注意挺胸直背，腹部收紧，保持骨盆与肩膀水平，重心一直在撑地腿上，撑地腿膝关节不要超过脚尖或内扣，脚跟不离地。

图 7－5－184　哑铃－单腿深蹲　　　　图 7－5－185　悬吊带－侧悬式单腿深蹲

2. 蹬箱

(1)杠铃－正向蹬箱(图 7－5－186)

◆ 动作功能：主要发展股四头肌、臀大肌和腘绳肌等。

◆ 动作姿势：跳箱约与膝盖同高，面向跳箱，右脚踏在跳箱上，左脚距离跳箱一步远，双手正握杠铃置于颈后肩上，握距微比肩宽。

◆ 动作过程：躯干正直，右脚下蹬站上跳箱至完全伸直，左脚悬空。右腿屈膝，身体下降直至左脚着地，回到起始姿势，重复规定次数。换至对侧，重复练习。注意挺胸直背，腹部收紧，保持骨盆与肩膀水平，身体平衡，控制身体重心移动速度，膝关节不超过脚尖或内扣。

(2)哑铃－正向蹬箱(图 7－5－187)

◆ 动作姿势：跳箱约与膝盖同高，面向跳箱，右脚踏在跳箱上，左脚距离跳箱一步远，双手直握哑铃置于体侧。

图 7－5－186　杠铃－正向蹬箱　　　　图 7－5－187　哑铃－正向蹬箱

(3)杠铃－侧向蹬箱(图 7－5－188)

◆ 动作姿势：跳箱约与膝盖同高，身体右侧贴近跳箱，右脚踏在跳箱上，左脚距离跳箱一步远。双手正握杠铃置于颈后肩上，握距微比肩宽。

(4)哑铃－侧向蹬箱(图 7－5－189)

◆ 动作姿势：跳箱约与膝盖同高，身体右侧贴近跳箱，右脚踏在跳箱上，左脚距离跳箱一步远，双手直握哑铃置于体侧。

图 7 - 5 - 188　杠铃 - 侧向蹬箱

图 7 - 5 - 189　哑铃 - 侧向蹬箱

五、髋关节主导练习

(一) 硬拉

1. 杠铃 - 硬拉 (图 7 - 5 - 190)

◆ 动作功能：主要发展臀大肌、竖脊肌和腘绳肌等。

◆ 动作姿势：下蹲姿势，双脚平行开立比髋稍宽，正握杠铃，微比肩宽，杠铃贴近小腿。

◆ 动作过程：贴近腿部，竖直提拉杠铃，髋部向前，匀速站起至身体直立。放下杠铃，回到起始姿势，重复规定次数。注意挺胸直背，两肩后张，肩胛骨内收，腰腹收紧，提拉过程中保持杠铃贴近腿部。

2. 杠铃 - 正反握硬拉 (图 7 - 5 - 191)

图 7 - 5 - 190　杠铃 - 硬拉

◆ 动作姿势：下蹲姿势，双脚平行开立比髋稍宽，双手正反握杠铃，握距微比肩宽，杠铃贴近小腿。

3. 哑铃 - 硬拉 (图 7 - 5 - 192)

◆ 动作姿势：下蹲姿势，双脚平行开立，比髋稍宽，双手直握哑铃自然垂于体侧。

图 7 - 5 - 191　杠铃 - 正反握硬拉

图 7 - 5 - 192　哑铃 - 硬拉

4. 药球 - 硬拉 (图 7 - 5 - 193)

◆ 动作姿势：下蹲姿势，双脚平行开立，比髋稍宽，双手持药球自然垂于体前。

5. 杠铃 - 相扑式硬拉 (图 7 - 5 - 194)

◆ 动作功能：主要发展臀大肌、竖脊肌、腘绳肌和内收肌群等。

◆ 动作姿势：下蹲姿势，两脚尖外展约成90度夹角，双手正握杠铃，握距窄于肩宽，双臂伸直，杠铃贴近小腿。

图7-5-193 药球-硬拉

图7-5-194 杠铃-相扑式硬拉

（二）罗马尼亚硬拉

1.哑铃-罗马尼亚硬拉（图7-5-195）

◆ 动作功能：主要发展臀大肌、竖脊肌和腘绳肌等。

◆ 动作姿势：直立姿正常站位，双手正握哑铃自然垂于体前，距离与肩同宽，双臂伸直。

◆ 动作过程：双膝微屈，向后屈髋，上身前倾下沉至几乎与地面平行。伸髋提拉哑铃站起，回到起始姿势，重复规定次数。注意保持挺胸直背，肩胛骨内收，腰腹收紧。动作过程中保持哑铃贴近腿部，支撑腿膝盖微屈。

2.哑铃-单臂罗马尼亚硬拉（图7-5-196）

◆ 动作姿势：直立站位，右手正握哑铃自然垂于体前，右臂伸直，左手置于背后或体侧。

图7-5-195 哑铃-罗马尼亚硬拉

图7-5-196 哑铃-单臂罗马尼亚硬拉

3.哑铃-单腿罗马尼亚硬拉（图7-5-197）

◆ 动作姿势：直立姿单腿站位，右腿悬空，正握哑铃垂于体前，与肩同宽，双臂伸直。

◆ 动作过程：保持双臂自然下垂，以左髋为轴，右腿伸直向后抬起，同时身体前倾，直至身体和右腿连线几乎与地面平行，左腿微屈。右腿下降的同时身体直立，回到起始姿势，重复规定次数。换至对侧，重复练习。注意保持躯干和抬起腿同步运动。动作过程中，保持哑铃贴近腿部，手动挡腿，膝盖微屈。

4.哑铃-单臂单腿对侧罗马尼亚硬拉（图7-5-198）

◆ 动作姿势：直立姿单腿站位，右腿悬空，右手正握杠铃自然垂于体前，右臂伸直，左手置于背后或体侧。

◆ 动作过程：保持右臂自然下垂，以左髋为轴，右腿伸直向后抬起，同时身体前倾，直至身体和右腿连线几乎与地面平行，左腿微屈。右腿下降的同时身体直立，回到起始姿势，重复规定次数。换至对侧，重复练习。注意躯干和抬起腿同步运动，保持支撑腿膝盖微屈。

图 7 - 5 - 197   哑铃 - 单腿罗马尼亚硬拉

图 7 - 5 - 198   哑铃 - 单臂单腿对侧罗马尼亚硬拉

5. 哑铃 - 单臂单腿同侧罗马尼亚硬拉(图 7 - 5 - 199)

◆ 动作功能：主要发展臀大肌、竖脊肌和腘绳肌等。

◆ 动作姿势：直立姿单腿站立，右腿悬空，左手正握杠铃自然垂于体前，左臂伸直，右手置于背后或体侧。

6. 杠铃 - 反握罗马尼亚硬拉(图 7 - 5 - 200)

◆ 动作姿势：直立姿正常站位，双手反握杠铃自然垂于体前，握距微比肩宽，双臂伸直。

图 7 - 5 - 199   哑铃 - 单臂单腿同侧罗马尼亚硬拉

图 7 - 5 - 200   杠铃 - 反握罗马尼亚硬拉

7. 杠铃 - 单腿罗马尼亚硬拉(图 7 - 5 - 201)

◆ 动作姿势：直立姿单腿站立，右腿悬空，正握杠铃垂于体前，微比肩宽，双臂伸直。

◆ 动作过程：保持双臂自然下垂，以左髋为轴，右腿伸直向后抬起，同时身体前倾，直至身体和右腿连线几乎与地面平行，左腿微屈。右腿下降的同时身体直立，回到起始姿势，重复规定次数。注意保持躯干和抬起腿同步运动，动作过程中保持支撑腿膝盖微屈。

8. 药球 - 罗马尼亚硬拉(图 7 - 5 - 202)

◆ 动作姿势：直立姿基本站位，双手持药球自然垂于体前，双臂微屈。

图 7 - 5 - 201   杠铃 - 单腿罗马尼亚硬拉

图 7 - 5 - 202   药球 - 罗马尼亚硬拉

9. 杠铃 – 单腿早安式硬拉(图7 – 5 – 203)
◆ 动作姿势：直立姿单腿站立，右腿悬空，双手正握杠铃置于颈后肩上，握距微比肩宽。
10. 杠铃 – 早安式硬拉(图7 – 5 – 204)
◆ 动作姿势：直立姿正常站立，双手正握杠铃置于颈后肩上，握距微比肩宽。

图7 – 5 – 203　杠铃 – 单腿早安式硬拉　　图7 – 5 – 204　杠铃 – 早安式硬拉

(三)甩摆
1. 壶铃 – 甩摆(图7 – 5 – 205)
◆ 动作功能：提高动力链能量传递效率，发展全面爆发力，主要发展臀大肌、竖脊肌和腘绳肌等。
◆ 动作姿势：直立姿宽站位，双手正握壶铃自然垂于体前，双臂伸直。
◆ 动作过程：保持背部平直，双膝微屈，向后屈髋，双臂将壶铃甩摆至胯下，同时上身前倾下沉至几乎与地面平行。保持双臂伸直，快速伸髋站直，将壶铃上摆至头部高度。连续不间断重复练习，重复规定次数。注意保持挺胸直背，肩胛骨内收，腰腹收紧。
2. 壶铃 – 过顶甩摆(图7 – 5 – 206)
◆ 动作过程：保持双臂伸直，快速伸髋站直，将壶铃上摆至头顶正上方。
3. 壶铃 – 单臂甩摆(图7 – 5 – 207)
◆ 动作姿势：直立姿宽站位，右手正握壶铃自然垂于体前，右臂伸直，左手置于体侧。

图7 – 5 – 205　壶铃 – 甩摆　　图7 – 5 – 206　壶铃 – 过顶甩摆　　图7 – 5 – 207　壶铃 – 单臂甩摆

4. 壶铃 – 交替甩摆(图7 – 5 – 208)
◆ 动作姿势：直立姿宽站位，右手正握壶铃自然垂于体前，右臂伸直，左手置于体侧。
◆ 动作过程：壶铃上摆至头部高度，同时，换至左手抓握壶铃。两侧交替，连续不间断重复练习，重复规定次数。

图 7 - 5 - 208　壶铃 - 交替甩摆

六、膝关节主导练习

(一)滑垫弯腿

1. 滑垫 - 仰卧弯腿(图 7 - 5 - 209)

◆ 动作功能:主要发展臀大肌、腘绳肌、竖脊肌和腰方肌等。

◆ 动作姿势:仰卧于地板上,双手放于身体两侧,掌心向上,双腿伸直,脚跟置于滑垫上。

◆ 动作过程:身体从肩到脚踝成一条直线,臀部抬离地面。髋关节角度不变,屈膝,用脚跟将滑垫拉向臀部,直至膝关节成90度夹角。伸膝,将滑垫推离臀部,回到起始姿势,重复规定次数。注意挺胸直背,腹部收紧,踝关节成90度夹角。推拉滑垫时,臀部收紧不下沉。

2. 滑垫 - 单腿仰卧弯腿(图 7 - 5 - 210)

◆ 动作姿势:仰卧在地板上,双手放于身体两侧,掌心向上,右腿伸直,脚跟置于滑垫上,左腿屈髋屈膝成90度夹角,踝关节成90度夹角。

◆ 动作过程:保持左腿姿势不变,身体从肩到脚踝成一条直线,将臀部抬离地面。保持左腿姿势和髋关节角度不变,右腿屈膝,用脚跟将滑垫拉向臀部,直至膝关节成90度夹角。

图 7 - 5 - 209　滑垫 - 仰卧弯腿　　　　　图 7 - 5 - 210　滑垫 - 单腿仰卧弯腿

(二)瑞士球弯腿

1. 瑞士球 - 仰卧弯腿(图 7 - 5 - 211)

◆ 动作姿势:仰卧在地板上,双手放于身体两侧,掌心向上,双腿伸直,脚跟置于瑞士球上,踝关节成90度夹角。

2. 瑞士球 - 单腿仰卧弯腿(图 7 - 5 - 212)

◆ 动作姿势:仰卧在地板上,双手放于身体两侧,掌心向上,双腿伸直,右脚悬空,左脚跟置于瑞士球上,踝关节成90度夹角。

◆ 动作过程：保持右腿姿势不变，身体从肩到脚踝成一条直线，将臀部抬离地面。保持右腿姿势和髋关节角度不变，左腿屈膝，用脚跟将瑞士球拉向臀部，直至膝关节成90度夹角。

图7-5-211　瑞士球-仰卧弯腿

图7-5-212　瑞士球-单腿仰卧弯腿

（三）悬吊带弯腿

1.悬吊带-仰卧弯腿（图7-5-213）

◆ 动作姿势：仰卧在地板上，双手放于身体两侧，掌心向上，双腿伸直，脚跟置于悬吊带把手上，踝关节成90度夹角。

◆ 动作过程：保持髋关节角度不变，屈膝，用脚跟将把手拉向臀部，直至膝关节成90度夹角。伸膝，将把手推离臀部，回到起始姿势，重复规定次数。

2.悬吊带-单腿仰卧弯腿（图7-5-214）

图7-5-213　悬吊带-仰卧弯腿

◆ 动作姿势：仰卧在地板上，双手放于身体两侧，掌心向上，右腿伸直，脚跟置于悬吊带把手上（两把手系在一起），左腿屈髋屈膝均成90度夹角，踝关节成90度夹角。

3.悬吊带-交替仰卧弯腿（图7-5-215）

◆ 动作姿势：仰卧在地板上，双手放于身体两侧，掌心向上，双腿伸直，脚跟置于悬吊带把手上，踝关节成90度夹角。

◆ 动作过程：将臀部抬离地面，直至身体从肩到脚踝成一条直线。保持左腿姿势和髋关节角度不变，右腿屈膝，用脚跟将把手拉向臀部，直至髋关节成90度夹角。

图7-5-214　悬吊带-单腿仰卧弯腿

图7-5-215　悬吊带-交替仰卧弯腿

七、旋转稳定性

(一) 旋转推举

1. **药球 – 站姿旋转推举**（图 7 – 5 – 216）

◆ 动作功能：加强身体的旋转稳定性，提高动力链能力传递效率，主要发展臀大肌、股四头肌、腘绳肌、腹内斜肌和腹外斜肌等。

◆ 动作姿势：直立姿正常站位，双手持药球置于胸前。

◆ 动作过程：双脚位置不变，转身至左侧，重心移至左脚，屈膝屈髋将药球下移至左膝外侧。伸膝伸髋站起，转身至右侧，重心至右脚，将药球向头顶右上方举起，双腿双臂伸直。回到起始姿势，重复规定次数。换至对侧练习。注意挺胸直背，腹部收紧，身体不晃动。

2. **杠铃片 – 站姿单腿旋转推举**（图 7 – 5 – 217）

◆ 动作姿势：直立姿单腿军步站位，双手持杠铃片置于胸前。

◆ 动作过程：屈膝屈髋将杠铃片下移至左膝外侧。伸膝伸髋站起，将杠铃片向头顶右上方举起，双臂伸直。回到起始姿势，重复规定次数。换至对侧，重复以上步骤。

图 7 – 5 – 216 药球 – 站姿旋转推举　　　　图 7 – 5 – 217 杠铃片 – 站姿单腿旋转推举

3. **悬吊带 – 髋部下沉**（图 7 – 5 – 218）

◆ 动作功能：加强身体的旋转稳定性，主要发展竖脊肌和腰方肌。

◆ 动作姿势：身体左侧对悬吊带，双手合十握住把手置于头顶正上方，双臂伸直。保持躯干稳定，双腿伸直，身体从头到脚呈一条直线，向外倾斜适当角度，双脚并拢，保证悬吊带斜挂绷直。

◆ 动作过程：保持双脚位置不变，髋部向右侧摆动，身体向左侧屈。保持右臂伸直，回到起始姿势，重复规定次数。换至对侧，重复练习。注意保持挺胸直背，腹部收紧，双腿伸直；不要屈髋或塌腰。

4. **悬吊带 – 躯干旋转**（图 7 – 5 – 219）

◆ 动作功能：加强身体的旋转稳定性，主要发展腹直肌、腹内斜肌和腹外斜肌等。

◆ 动作姿势：面朝悬吊带站立，双手合十握住把手，双臂伸直平举于胸前。保持躯干稳定，双腿伸直，身体从头到脚呈一条直线，向后倾斜，双脚并拢，保证悬吊带斜挂绷直。

◆ 动作过程：双臂伸直，躯干带动双臂向右侧旋转，直至面朝右侧。回到起始姿势，重复规定次数。换至对侧练习。注意挺胸直背，腹部收紧，双臂伸直。不要塌腰或翘臀。

图 7 - 5 - 218　悬吊带 - 髋部下沉

图 7 - 5 - 219　悬吊带 - 躯干旋转

(二)俯撑提膝

1. 悬吊带 - 俯撑提膝(图 7 - 5 - 220)

◆ 动作功能:加强身体旋转稳定性,发展髂腰肌、前锯肌、腹直肌、腹横肌和肩部肌群。

◆ 动作姿势:俯撑姿势,两脚撑在悬吊带把手上,手臂伸直,双手距离微比肩宽。身体从头到脚呈一条直线。

图 7 - 5 - 220　悬吊带 - 俯撑提膝

◆ 动作过程:保持躯干不动,屈髋屈膝至大腿与地面垂直。回到起始姿势,重复规定次数。注意保持挺胸直背,身体不要晃动,腹部收紧,不要塌腰或翘起臀部,保持肩部稳定,肩关节始终在腕关节正上方。

2. 悬吊带 - 交替俯撑提膝(图 7 - 5 - 221)

◆ 动作过程:保持躯干和右腿不动,左腿屈髋屈膝至大腿与地面垂直。回到起始姿势,重复规定次数。

3. 悬吊带 - 俯撑侧向提膝(图 7 - 5 - 222)

◆ 动作过程:屈髋屈膝,双膝向左肩靠近。回到起始姿势,重复规定次数。

图 7 - 5 - 221　悬吊带 - 交替俯撑提膝

图 7 - 5 - 222　悬吊带 - 俯撑侧向提膝

(三)髋部侧转

1. 悬吊带 - 简式侧桥至髋部下沉(图 7 - 5 - 223)

◆ 动作功能:加强身体的旋转稳定性,主要发展前锯肌、腹直肌、腹横肌、腹内斜肌、腹外斜肌、竖脊肌和腰方肌等。

◆ 动作姿势:侧桥姿势,右肘撑地,左手撑地置于体前。双脚前后错开,分别撑在悬吊带两个把手上,双腿伸直,身体从肩到踝呈一

图 7 - 5 - 223　悬吊带 - 简式侧桥至髋部下沉

条直线。

◆ 动作过程：臀部下降至地面，回到起始姿势，重复规定次数。换至对侧，重复练习。注意保持挺胸直背，腹部收紧，双腿伸直，不要塌腰或翘起臀部。保持肩部稳定，肘撑一侧肩关节始终在肘关节正上方。

2. 悬吊带 - 侧桥至髋部下沉(图 7 - 5 - 224)

◆ 动作姿势：侧桥姿势，右肘撑地，左手叉腰。双脚前后错开，分别撑在悬吊带两个把手上，双腿伸直，身体从肩到踝呈一条直线。

3. 悬吊带 - 侧平板旋转伸臂(图 7 - 5 - 225)

◆ 动作功能：加强身体的旋转稳定性，主要发展前锯肌、腹直肌、腹横肌、腹内斜肌、腹外斜肌、竖脊肌和腰方肌等。

◆ 动作姿势：侧平板姿势，右手撑地，左手竖直向上，双臂伸直呈一条直线。双脚前后错开，分别撑在悬吊带两个把手上，双腿伸直，身体从肩到踝呈一条直线。

◆ 动作过程：左臂内收，带动躯干右转，至左手穿过右侧腋下。回到起始姿势，重复规定次数。换至对侧，重复练习。注意保持挺胸直背，腹部收紧。转体时，保持肩部稳定，手撑一侧肩关节始终在肘关节正上方。

图 7 - 5 - 224   悬吊带 - 侧桥至髋部下沉   图 7 - 5 - 225   悬吊带 - 侧平板旋转伸臂

(四)胸前推砍

1. 胸前推拉

(1)气动训练器 - 站姿侧向抗阻胸部推起

◆ 动作功能：加强旋转稳定性，发展腹直肌、腹内斜肌、腹外斜肌、腹横肌和胸大肌等。

◆ 动作姿势：身体右侧对着把手呈运动基本姿站立，双手合十握住把手置于胸前。

◆ 动作过程：将把手向前沿水平方向推出至双臂伸直。收回手臂，回到起始姿势，重复规定次数。换至对侧，重复练习。注意保持挺胸直背，腹部收紧，身体不要晃动。膝关节不要超过脚尖或内扣。

(2)气动训练器 - 低分腿侧向抗阻胸前推

◆ 动作姿势：身体右侧对着把手呈低分腿蹲姿，右腿在前，双手合十握住把手置于胸前。注意前侧腿膝关节不要超过脚尖或内扣。

2. 胸前砍压

(1)气动训练器 - 绳索 - 跪姿稳定性下砍

◆ 动作功能：加强身体旋转稳定性，主要发展腹直肌、腹内斜肌、腹外斜肌和腹横肌等。

◆ 动作姿势：身体右侧对着绳索呈直立伸髋双膝跪姿，双手握绳索置于头顶右上方，距离微比肩宽，右臂伸直。

◆ 动作过程：双臂向左侧腰际下拉绳索，至右手到达胸口位置。双眼直视前方，保持左臂不动，右手将绳索沿水平方向推出，至右臂伸直。收回右手至胸前，回到起始姿势，重复规定次数。换至对侧，重复练习。注意保持挺胸直背，腹部收紧，身体不要晃动，不要屈髋或后仰。旋转时，始终保持髋部向前。

（2）气动训练器－绳索－半跪姿稳定性下砍

◆ 动作姿势：身体右侧对着绳索呈半跪姿，右腿在前，双手握绳索置于头顶右上方，距离微比肩宽，右臂伸直。注意前侧腿膝关节不要超过脚尖或内扣。

（3）气动训练器－拉杆－半跪姿稳定性下砍

◆ 动作姿势：身体右侧对着拉杆呈半跪姿，右腿在前，双手握住拉杆置于头顶右上方，距离微比肩宽，右臂伸直。注意前侧腿膝关节不要超过脚尖或内扣。

（4）气动训练器－绳索－低分腿姿稳定性下砍

◆ 动作姿势：身体右侧对着绳索呈低分腿蹲姿，右腿在前，双手握绳索置于头顶右上方，距离微比肩宽，右臂伸直。注意前侧腿膝关节不要超过脚尖或内扣。

（5）气动训练器－拉杆－低分腿姿稳定性下砍

◆ 动作姿势：身体右侧对着拉杆呈低分腿蹲姿，右腿在前，双手握拉杆置于头顶右上方，距离微比肩宽，右臂伸直。注意前侧腿膝关节不要超过脚尖或内扣。

（6）气动训练器－绳索－高分腿姿稳定性下砍

◆ 动作姿势：身体右侧对着绳索呈高分腿蹲姿，右腿在前，双手握住绳索置于头顶右上方，距离微比肩宽，右臂伸直。注意前侧腿膝关节不要超过脚尖或内扣。

（7）气动训练器－拉杆－高分腿姿稳定性下砍

◆ 动作姿势：身体右侧对着拉杆呈高分腿蹲姿，右腿在前，双手握住绳索置于头顶右上方，距离微比肩宽，右臂伸直。注意前侧腿膝关节不要超过脚尖或内扣。

3. 胸前推举

（1）气动训练器－绳索－半跪姿稳定性推举

◆ 动作功能：加强身体的旋转稳定性，主要发展腹直肌、腹内斜肌、腹外斜肌和腹横肌等。

◆ 动作姿势：身体右侧对着绳索呈半跪姿，左腿在前，双手握住绳索置于头顶右上方，距离微比肩宽，右臂伸直。

◆ 动作过程：双臂向左侧上拉绳索，至右手到达胸口位置。保持左臂不动，右手将绳索沿水平方向推出，至右臂伸直。收回右手至胸前，回到起始姿势，重复规定次数。换至对侧，重复练习。注意保持挺胸直背，腹部收紧，身体不要晃动。旋转时，始终保持髋部向前，前侧腿膝关节不要超过脚尖或内扣。

（2）气动训练器－拉杆－半跪姿稳定性推举

◆ 动作姿势：身体右侧对着拉杆呈半跪姿，左腿在前，双手握拉杆置于体前，距离微比肩宽，右臂伸直。

（3）气动训练器－绳索－低分腿姿稳定性推举

◆ 动作姿势：身体右侧对着绳索呈低分腿蹲姿，左腿在前，双手握绳索置于右侧腰际，距离微比肩宽，右臂伸直。

（4）气动训练器－拉杆－低分腿姿稳定性推举

◆ 动作姿势：身体右侧对着绳索呈低分腿蹲姿，左腿在前，双手握拉杆置于体前，距离微比肩宽，右臂伸直。

（5）气动训练器－绳索－高分腿姿稳定性推举

◆ 动作姿势：身体右侧对着绳索呈高分腿蹲姿，左腿在前，双手握绳索置于右侧腰际，距离微比肩宽，右臂伸直。

（6）气动训练器－拉杆－高分腿姿稳定性推举

◆ 动作姿势：身体右侧对着拉杆呈高分腿蹲姿，左腿在前，双手握拉杆置于体前，距离微比肩宽，右臂伸直。

八、旋转爆发力

（一）旋转推砍

1.气动训练器－站姿推拉组合

◆ 动作功能：加强身体的旋转爆发力，提高动力链能量传递效率，主要发展肩部肌群、肱三头肌、躯干肌群和臀大肌等。

◆ 动作姿势：将把手置于胸部高度，身体右侧对着训练器，站在两把手之间呈运动基本姿；左手握前侧把手，左臂伸直，右手握后侧把手置于体侧胸部高度。

◆ 动作过程：快速伸膝伸髋站起，躯干向左旋转，同时，左臂弯曲将把手拉至下胸部，右臂伸直将把手推至体前。回到起始姿势，重复规定次数。换至对侧，重复练习。注意站起时，挺胸直前，腹部收紧。旋转时，避免肩部过度旋转。膝关节不要超过脚尖或内扣。

2.气动训练器－绳索－跪姿旋转下砍

◆ 动作功能：加强身体的旋转爆发力，提高动力链能量传递效率，主要发展腹直肌、腹内斜肌、腹外斜肌和腹横肌等。

◆ 动作姿势：身体右侧对着绳索呈直立伸髋双膝跪姿，双手握绳索置于头顶右上方，距离微比肩宽，右臂伸直。

◆ 动作过程：双臂向左侧下拉绳索至左髋外侧，双臂伸直，同时，胸部快速转向左侧。回到起始姿势，重复规定次数。换至对侧，重复练习。注意保持挺胸直背，腹部收紧，不要屈髋或后仰。旋转时，始终保持髋部向前。

3.气动训练器－绳索－半跪姿旋转下砍

◆ 动作姿势：身体右侧对着绳索呈半跪姿，右腿在前，双手握绳索置于头顶右上方，距离微比肩宽，右臂伸直。注意前侧腿膝关节不要超过脚尖或内扣。

4.气动训练器－拉杆－半跪姿旋转下砍

◆ 动作姿势：身体右侧对着拉杆呈半跪姿，右腿在前，双手握拉杆置于头顶右上方，距离微比肩宽，右臂伸直。注意前侧腿膝关节不要超过脚尖或内扣。

5.气动训练器－绳索－低分腿姿旋转下砍

◆ 动作姿势：身体右侧对着绳索呈低分腿蹲姿，右腿在前，双手握绳索置于头顶右上方，距离微比肩宽，右臂伸直。注意前侧腿膝关节不要超过脚尖或内扣。

6.气动训练器－拉杆－低分腿姿旋转下砍

◆ 动作姿势：身体右侧对着拉杆呈低分腿蹲姿，右腿在前，双手握拉杆置于头顶右上方，距离微比肩宽，右臂伸直。注意前侧腿膝关节不要超过脚尖或内扣。

7.气动训练器 – 绳索 – 高分腿姿旋转下砍

◆ 动作姿势：身体右侧对着绳索呈高分腿蹲姿，右腿在前，双手握绳索置于头顶右上方，距离微比肩宽，右臂伸直。注意前侧腿膝关节不要超过脚尖或内扣。

8.气动训练器 – 拉杆 – 高分腿姿旋转下砍

◆ 动作姿势：身体右侧对着拉杆呈高分腿蹲姿，右腿在前，双手握拉杆置于头顶右上方，距离微比肩宽，右臂伸直。注意前侧腿膝关节不要超过脚尖或内扣。

（二）旋转下压

1.气动训练器 – 绳索 – 跪姿旋转下压

◆ 动作功能：加强身体的旋转爆发力，提高动力链能量传递效率，主要发展腹直肌、腹内斜肌、腹外斜肌和腹横肌等。

◆ 动作姿势：身体右侧对着绳索呈直立伸髋双膝跪姿，髋部朝前，胸部转向右侧，双手握绳索置于头顶右上方，右臂伸直。

◆ 动作过程：双臂向左侧下拉绳索至胸部，同时，胸部快速转向正面；双臂向左侧下拉绳索至左髋外侧，双臂伸直，同时，胸部快速转向左侧。回到起始姿势，重复规定次数。换至对侧，重复练习。注意挺胸直背，腹部收紧，不要屈髋或后仰。旋转时，保持髋部向前。

2.气动训练器 – 绳索 – 半跪姿旋转下压

◆ 动作姿势：身体右侧对着绳索呈半跪姿，右腿在前，髋部朝前，胸部转向右侧，双手握绳索置于躯干右上方，双臂伸直。注意前侧腿膝关节不要超过脚尖或内扣。

3.气动训练器 – 绳索 – 低分腿姿旋转下压

◆ 动作姿势：身体右侧对着绳索呈低分腿蹲姿，右腿在前，髋部朝前，胸部转向右侧，双手握绳索置于躯干右上方，双臂伸直。注意前侧腿膝关节不要超过脚尖或内扣。

4.气动训练器 – 绳索 – 高分腿姿旋转下压

◆ 动作姿势：身体右侧对着绳索呈高分腿蹲姿，右腿在前，髋部朝前，胸部转向右侧，双手握绳索置于躯干右上方，双臂伸直。注意前侧腿膝关节不要超过脚尖或内扣。

5.气动训练器 – 绳索 – 球上坐姿旋转下压

◆ 动作姿势：身体右侧对着绳索，坐于瑞士球上，髋部朝前，胸部转向右侧，双手握绳索置于躯干右上方，双臂伸直。注意前侧腿膝关节不要超过脚尖或内扣。

（三）旋转推举

1.气动训练器 – 拉杆 – 半跪姿旋转推举

◆ 动作功能：加强身体的旋转爆发力，提高动力链能量传递效率，主要发展腹直肌、腹内斜肌、腹外斜肌和腹横肌等。

◆ 动作姿势：身体右侧对着拉杆呈半跪姿，左腿在前，胸部转向右侧，双手握拉杆置于体前，距离微比肩宽，右臂伸直。

◆ 动作过程：双臂向左肩上方提举拉杆，至头顶左上方，双臂伸直，同时，胸部快速转向左侧。回到起始姿势，重复规定次数。换至对侧，重复练习。注意挺胸直背，腹部收紧，身体不要晃动。旋转时，保持髋部向前。前侧腿膝关节不要超过脚尖或内扣。

2.气动训练器 – 拉杆 – 低分腿姿旋转推举

◆ 动作姿势：身体右侧对着拉杆呈低分腿蹲姿，左腿在前，胸部转向右侧，双手握拉杆置于体前，距离微比肩宽，右臂伸直。

3.气动训练器－拉杆－高分腿姿旋转推举

◆ 动作姿势：身体右侧对着拉杆呈高分腿蹲姿，左腿在前，胸部转向右侧，双手握拉杆置于体前，距离微比肩宽，右臂伸直。

4.气动训练器－绳索－半跪姿旋转推举

◆ 动作功能：加强身体的旋转爆发力，提高动力链能量传递效率，主要发展腹直肌、腹内斜肌、腹外斜肌和腹横肌等。

◆ 动作姿势：身体右侧对着绳索呈半跪姿，左腿在前，胸部转向右侧，双手握拉杆置于体前，右臂伸直。

◆ 动作过程：双臂提举绳索至胸部，同时，胸部快速转向正面，双臂向左肩上方提举绳索，至头顶左上方，双臂伸直，同时，胸部快速转向左侧。回到起始姿势，重复规定次数。换至对侧，重复练习。注意保持挺胸直背，腹部收紧，身体不要晃动。旋转时，始终保持髋部向前，前侧腿膝关节不要超过脚尖或内扣。

5.气动训练器－绳索－低分腿姿旋转推举

◆ 动作姿势：身体右侧对着绳索呈低分腿蹲姿，左腿在前，胸部转向右侧，双手握绳索置于体前，双臂伸直。

6.气动训练器－绳索－高分腿姿旋转推举

◆ 动作姿势：身体右侧对着绳索呈高分腿姿，左腿在前，胸部转向右侧，双手握绳索置于体前，双臂伸直。

7.气动训练器－绳索－球上坐姿旋转推举

◆ 动作功能：加强身体的旋转爆发力，提高动力链能量传递效率，加强身体的旋转稳定性，主要发展斜方肌、腹直肌、腹内斜肌、腹外斜肌和腹横肌等。

◆ 动作姿势：身体右侧对着绳索，坐于瑞士球上，髋部朝前，胸部转向右侧，双手握绳索置于体前，双臂伸直。

8.气动训练器－绳索－站姿旋转推举

◆ 动作功能：加强身体的旋转爆发力，提高动力链能量传递效率，主要发展臀大肌、股四头肌、腘绳肌、腹内斜肌和腹外斜肌等。

◆ 动作姿势：身体右侧对绳索呈高分腿蹲姿，屈髋，双手握绳索置于右膝外侧，双臂伸直，保持重心在右脚。

◆ 动作过程：快速伸膝伸髋站起，向左转身呈直立姿正常站立，同时，将绳索提拉至胸部。转身至左侧，中心移至左脚，将绳索向头顶左上方举起，双腿双臂伸直。

（四）旋转后拉

1.气动训练器－跪姿单臂旋转后拉

◆ 动作功能：加强身体的旋转爆发力，提高动力链能量传递效率，主要发展腹直肌、腹内斜肌、腹外斜肌和腹横肌等。

◆ 动作姿势：身体右侧对着把手呈直立伸髋双膝跪姿，髋部朝前，屈髋，胸部转向右侧，左手握把手置于右膝外侧。

◆ 动作过程：快速挺髋，胸部快速转向正面，同时提拉把手至左侧髋部；回到起始姿势，重复规定次数。换至对侧，重复练习。注意保持挺胸直背，腹部收紧，不要屈髋或后仰。

2. 气动训练器 - 站姿旋转后拉

◆ 动作功能：加强身体的旋转爆发力，提高动力链能量传递效率，主要发展臀大肌、股四头肌、腘绳肌、腹直肌、腹内斜肌和腹外斜肌等。

◆ 动作姿势：身体右侧对着绳索呈高分腿蹲姿，屈髋，左手握绳索置于右膝外侧，右臂伸直，保持重心在右脚。

◆ 动作过程：快速伸膝伸髋站起，向左转身呈直立姿正常站立，同时，将绳索提拉至左侧腹部。保持把手在左腹，转身至左侧，重心移至左脚，双腿伸直。回到起始姿势，重复规定次数。换至对侧，重复练习。注意保持挺胸直背，腹部收紧，不要屈髋或后仰。

3. 气动训练器 - 球上坐姿旋转后拉

◆ 动作功能：加强身体的旋转爆发力，提高动力链能量传递效率，加强身体的旋转稳定性，主要发展斜方肌、腹直肌、腹内斜肌、腹外斜肌和腹横肌等。

◆ 动作姿势：身体右侧对着绳索，坐于瑞士球上，髋部朝前，胸部转向右侧，左手握绳索置于右膝外侧，右臂伸直。

◆ 动作过程：胸部快速转向正面，同时提拉把手至左侧腹部。保持把手在左腹，胸部快速转向右侧。回到起始姿势，重复规定次数。换至对侧，重复练习。注意保持挺胸直背，腹部收紧。旋转时，始终保持髋部向前。

第六节　软组织再生训练

一、泡沫轴练习

泡沫轴放松练习原理是通过自身体重的下压力与泡沫轴对放松部位的支撑力来挤压经过长时间、大强度运动后长度缩短的肌肉群。长时间、大强度运动训练可以导致人体的交感神经过度兴奋，造成运动员肌肉静态肌张力升高，运动后肌肉长度缩短，通过泡沫轴挤压力放松深层的神经，可以达到放松整条肌群的目的。按摩棒放松的原理与泡沫轴相同，即利用身体自我抑制原理放松紧张肌肉。与泡沫轴放松相比，按摩棒更注重对某一肌肉的放松，但产生的压力与泡沫轴不同。当练习者利用自身体重或力量使泡沫轴、按摩棒在肌肉上产生一定压力时，肌肉张力便会增加，从而激活存肌腱位置的张力感受器 - 高尔基腱器官，进而抑制肌肉纤维内的肌肉长度变化感受器 - 肌梭，降低该组肌肉的肌张力，最终放松肌肉、恢复肌肉的功能性长度及提高肌肉功能，加快血液循环，降低筋膜组织粘连及疤痕组织堆积。

(一) 上肢肌群

1. 肱二头肌激活放松 (图 7 - 6 - 1)

◆ 动作要领：呈俯身跪姿。左臂伸直侧平举置于泡沫轴上，右手撑地。双腿屈髋屈膝跪于地面，脚尖支撑于地面。右手推地带动身体移动，使泡沫轴从肘关节至肩关节间来回滚动。在肌肉酸痛点上停留一定时间，完成动作至规定时间，对侧亦然。

2. 肱三头肌激活放松 (图 7 - 6 - 2)

◆ 动作要领：呈右侧卧姿，右臂屈肘，将泡沫轴置于右臂的下方，左臂屈肘支撑地面。左腿伸直，右腿屈髋屈膝置于身体的前方。左腿屈伸带动身体移动，使泡沫轴在腋窝与肘关节间来回滚动。在肌肉酸痛点上停留一定时间，完成动作至规定时间，对侧亦然。

图7-6-1　肱二头肌激活放松

图7-6-2　肱三头肌激活放松

（二）背部肌群

1. 背阔肌激活放松（图7-6-3）

◆ 动作要领：呈右侧卧姿，左臂屈肘，将泡沫轴置于右臂腋窝下，右臂伸直置于头顶上方，右手掌朝上，左臂屈肘支撑地面。双腿屈髋屈膝，双脚支撑地面，髋关节抬离地面。双腿蹬地带动身体移动，使泡沫轴从下腰背的一侧至腋窝间来回滚动。在肌肉酸痛点上停留一定时间，完成动作至规定时间，对侧亦然。

图7-6-3　背阔肌激活放松

2. 上背部肌群（图7-6-4）

◆ 动作要领：呈仰卧姿，双腿屈膝，将泡沫轴置于中背部的下方，双臂交叉怀抱于胸前，腹部收紧。双脚支撑地面，髋关节抬离地面。双腿屈伸带动身体移动，使泡沫轴从下腰背至肩关节间来回滚动。在肌肉酸痛点上停留一定时间，完成动作至规定时间。

3. 下背部肌群（图7-6-5）

◆ 动作要领：呈仰卧姿，双腿屈膝，将泡沫轴置于中背部的下方，双臂交叉怀抱于胸前，腹部收紧。双脚支撑地面，髋关节抬离地面。双腿屈伸带动身体移动，使泡沫轴从中背部至腰骶部间来回滚动。在肌肉酸痛点上停留一定时间，完成动作至规定时间。

图7-6-4　上背部肌群激活放松

图7-6-5　下背部肌群激活放松

（三）下肢肌群

1. 髂胫束（图7-6-6）

◆ 动作要领：呈左侧卧姿，将泡沫轴置于左腿髋关节外侧的下方，左臂屈肘支撑地面，右手放于身体的前方。左腿伸直，右腿屈髋屈膝置于身体前方。右腿蹬地带动身体移动，使泡沫轴从髋关节外侧至膝关节外侧间来回滚动。在肌肉酸痛点上停留一定时间，完成动作至规定时间，对侧亦然。

2. 臀部肌群（图7-6-7）

◆ 动作要领：呈坐姿，双腿屈膝，将泡沫轴置于臀部下方，双臂撑于身体后方，背部平直，腹部收紧。双手推地带动身体移动，使泡沫轴从坐骨结节至下腰背间来回滚动。在肌肉酸痛点上停留一定时间，完成动作至规定时间。

图 7 - 6 - 6　髂胫束激活放松

图 7 - 6 - 7　臀部肌群激活放松

◆ 变换练习（图 7 - 6 - 8）：放松单侧臀部 - 右小腿置于膝关节上方，身体向右侧倾斜，保持整个右侧臀部在泡沫轴上。

3. 股四头肌/屈髋肌群（图 7 - 6 - 9）

◆ 动作要领：呈俯卧姿，双腿伸直，将泡沫轴置于大腿前侧的下方，双臂屈肘支撑地面。双手屈伸带动身体移动，使泡沫轴从骨盆至膝关节上方间来回滚动。在肌肉酸痛点上停留一定时间，完成动作至规定时间。

图 7 - 6 - 8　单侧臀部肌群激活放松

图 7 - 6 - 9　股四头肌/屈髋肌群激活放松

4. 大腿内侧肌群（图 7 - 6 - 10）

◆ 动作要领：呈俯卧姿，左腿外展，将泡沫轴置于左大腿内侧靠近膝关节的下方，双臂屈肘支撑地面，左手放于身体的前方。右腿伸直，脚尖支撑于地面，身体抬离地面。双臂和右腿推地带动身体移动，使泡沫轴从骨盆至膝关节内侧间来回滚动。在肌肉酸痛点上停留一定时间，完成动作至规定时间，对侧亦然。

5. 腘绳肌（图 7 - 6 - 11）

◆ 动作要领：呈坐姿，双腿伸直，将泡沫轴置于大腿后侧的下方，双臂撑于身体后方，背部平直，腹部收紧。双手推地带动身体移动，使泡沫轴从坐骨结节至腘窝间来回滚动。在肌肉酸痛点上停留一定时间，完成动作至规定时间。

图 7 - 6 - 10　大腿内侧肌群激活放松

图 7 - 6 - 11　腘绳肌激活放松

6. 胫骨前肌（图 7 - 6 - 12）

◆ 动作要领：呈跪姿，将泡沫轴置于小腿靠近踝关节位置的下方，双臂伸直支撑于肩部的下方。双腿屈髋屈膝,坐于小腿上,双脚踝关节内扣。双手推地带动身体移动,使泡沫轴从膝关节至踝关间来回滚动。在肌肉酸痛点上停留一定时间,完成动作至规定时间。

7. 小腿肌群(图7-6-13)

◆ 动作要领:呈坐姿,将泡沫轴置于右小腿靠近踝关节的下方,双臂撑于身体后方,背部平直,腹部收紧。双手推地带动身体移动,使泡沫轴从小腿踝关节至腘窝间来回滚动。在肌肉酸痛点上停留一定时间,完成动作至规定时间,对侧亦然。

图7-6-12　胫骨前肌激活放松　　　　图7-6-13　小腿肌群激活放松

二、按摩棒练习

(一)上肢肌群

1. 前臂前侧肌肉(图7-6-14)

◆ 动作要领:呈坐姿,左手掌心朝上,右手持按摩棒放在左前臂前侧的位置。右手持按摩棒从左前臂前侧的肘关节至腕关节间来回加压滚动。在肌肉酸痛点上停留一定时间,完成动作至规定时间,对侧亦然。

2. 前臂后侧肌肉(图7-6-15)

◆ 动作要领:呈坐姿,左手掌心朝下,右手持按摩棒放在左前臂后侧的位置。右手持按摩棒从左前臂后侧的肘关节至腕关节间来回加压滚动。在肌肉酸痛点上停留一定时间,完成动作至规定时间,对侧亦然。

图7-6-14　前臂前侧肌肉激活放松　　　　图7-6-15　前臂后侧肌肉激活放松

(二)下肢肌群

1. 股四头肌/屈髋肌群(图7-6-16)

◆ 动作要领:呈半跪姿,左腿在前,右腿在后,双手持按摩棒放在左大腿前侧靠近髋关节的位置。双手持按摩棒从左大腿前侧的髋关节至膝关节间来回加压滚动。在肌肉酸痛点上停留一定时间,完成动作至规定时间,对侧亦然。

2. 大腿内侧肌(图7-6-17)

◆ 动作要领:呈半跪姿,右腿在前,左腿在后,双手持按摩棒放在右大腿内侧靠近髋关节的位置。双手持按摩棒从右大腿前侧的髋关节至膝关节间来回加压滚动。在肌肉酸痛点上停留一定时间,完成动作至规定时间,对侧亦然。

图 7 - 6 - 16　股四头肌/屈髋肌群激活放松　　　图 7 - 6 - 17　大腿内侧肌群激活放松

3.髂胫束

◆ 动作要领：呈半跪姿，右腿在前，左腿在后，双手持按摩棒放在右大腿外侧靠近髋关节的位置。双手持按摩棒从右大腿外侧的髋关节至膝关节间来回加压滚动。在肌肉酸痛点上停留一定时间，完成动作至规定时间，对侧亦然。

4.腘绳肌

◆ 动作要领：呈半跪姿，左腿在前，右腿在后，双手持按摩棒放在左大腿后侧靠近髋关节的位置。双手持按摩棒从左大腿后侧的髋关节至膝关节间来回加压滚动。在肌肉酸痛点上停留一定时间，完成动作至规定时间，对侧亦然。

5.胫骨前肌(图 7 - 6 - 18)

◆ 动作要领：呈坐姿，右腿伸直，左腿屈膝，双手持按摩棒放在左小腿左前侧靠近膝关节的位置。双手持按摩棒从左小腿前侧的膝关节至踝关节间来回加压滚动。在肌肉酸痛点上停留一定时间，完成动作至规定时间，对侧亦然。

6.小腿肌群(图 7 - 6 - 19)

◆ 动作要领：呈坐姿，右腿伸直，左腿屈膝，双手持按摩棒放在左小腿后侧靠近膝关节的位置。双手持按摩棒从左小腿后侧的膝关节至踝关节间来回加压滚动。在肌肉酸痛点上停留一定时间，完成动作至规定时间，对侧亦然。

图 7 - 6 - 18　胫骨前肌激活放松　　　　　图 7 - 6 - 19　小腿肌群激活放松

7.腓肠肌内侧肌(图 7 - 6 - 20)

◆ 动作要领：呈坐姿，左腿伸直，右腿外展，双手持按摩棒放在右小腿左后侧靠近膝关节的位置。双手持按摩棒从右小腿左后侧的膝关节至踝关节间来回加压滚动。在肌肉酸痛点上停留一定时间，完成动作至规定时间，对侧亦然。

8.腓肠肌外侧肌(图 7 - 6 - 21)

◆ 动作要领：呈坐姿，右腿伸直，右腿屈膝内扣，双手持按摩棒放在左小腿左后侧靠近膝关节的位置。双手持按摩棒从左小腿左后侧的膝关节至踝关节间来回加压滚动。在肌肉酸痛点上停留一定时间，完成动作至规定时间，对侧亦然。

图 7 - 6 - 20　腓肠肌内侧肌激活放松　　　　　图 7 - 6 - 21　腓肠肌外侧肌激活放松

三、扳机点练习

扳机点即痛点、触发点，是高度敏感的可通过触诊发现的被扭曲的肌肉组织结节。痛点的体积大小和肌肉质量及肌肉结节程度有关。由于扳机点对挤压力十分敏感，因此通常用镇痛球挤压方式来定位肌肉中的扳机点。

（一）上肢、上肢带肌群

1. 三角肌（图 7 - 6 - 22）

◆ 动作要领：呈坐姿，左手支撑在体侧，右手持按摩球按压左侧肩部三角肌的位置。调整位置直至找到酸痛点，右手加压滚动按摩球。在肌肉酸痛点上停留一定时间，完成动作至规定时间，对侧亦然。

2. 肩胛部（图 7 - 6 - 23）

◆ 动作要领：呈侧卧姿，屈髋屈膝，右臂与身体垂直，将按摩球置于右肩外侧的下方。调整位置直至找到酸痛点，通过左手下压右臂使按摩球加压于肩后的位置。在肌肉酸痛点上停留一定时间，完成动作至规定时间，对侧亦然。

图 7 - 6 - 22　三角肌激活放松　　　　　　图 7 - 6 - 23　肩胛部激活放松

（二）躯干肌群

1. 胸肌

◆ 动作要领：呈俯卧姿，将按摩球置于左侧胸大肌肌腱下方，正好在腋窝之上。调整位置直至找到酸痛点，通过左臂摆动带动按摩球加压滚动。在肌肉酸痛点上停留一定时间，完成动作至规定时间，对侧亦然。

2. 竖脊肌（图 7 - 6 - 24）

◆ 动作要领：呈仰卧姿，将双球绑定沿着脊柱置于下腰背的位置，屈髋屈膝，双腿脚后跟着地。双手抱头，缓慢地抬起上身，完成动作至规定次数。将双球上移至中背部位置，双手伸直举起，依次交换落下到头顶方向的地面，完成动作至规定的次数。将双球上移至上背部位置，双手伸直举起，依次交替向身体对侧下放，完成动作至规定的次数。

图 7-6-24　竖脊肌激活放松

（三）下肢、下肢带肌群

1. 髂腰肌（图 7-6-25）

◆ 动作要领：呈俯卧姿，双臂支撑地面，将按摩球置于骨盆下左髋的位置；调整位置直至找到酸痛点，通过身体移动带动按摩球加压滚动；在肌肉酸痛点上停留一定时间，完成动作至规定时间，对侧亦然。

2. 臀部肌群（图 7-6-26）

◆ 动作要领：呈坐姿，双腿屈膝，将按摩球置于臀部下方，双手支撑于身体后方；调整位置直至找到酸痛点，通过双腿蹬地带动按摩球加压滚动；在肌肉酸痛点上停留一定时间，完成动作至规定时间，对侧亦然。

图 7-6-25　髂腰肌激活放松

图 7-6-26　臀部肌群激活放松

3. 股内侧斜肌（图 7-6-27）

◆ 动作要领：呈俯卧姿，双臂支撑地面，将按摩球置于左侧大腿内侧靠近膝关节位置处；调整位置直至找到酸痛点，通过小腿屈伸使按摩球加压滚动；在肌肉酸痛点上停留一定时间，完成动作至规定时间，对侧亦然。

4. 小腿肌群（图 7-6-28）

◆ 动作要领：呈坐姿，将短轴放在方砖上，双腿伸直，左腿放在短轴上，右腿搭在左腿上；调整位置直至找到酸痛点，通过屈膝带动短轴加压滚动；在肌肉酸痛点上停留一定时间，完成动作至规定时间，对侧亦然。

图 7-6-27　股内侧斜肌激活放松

图 7-6-28　小腿肌群激活放松

5. 腓肠肌外侧(图 7 - 6 - 29)

◆ 动作要领：呈坐姿，左腿屈膝跨坐于体前，右腿在身体的一侧，将按摩球置于左腿腓肠肌外侧下方，右手持球按压在左腿腓肠肌内侧；调整位置直至找到酸痛点，通过右手使按摩球在左腿腓肠肌外侧加压滚动，左小腿向地面用力按压按摩球；在肌肉酸痛点上停留一定时间，完成动作至规定时间，对侧亦然。

6. 足弓滚动(图 7 - 6 - 30)

◆ 动作要领：脱鞋，呈站姿，将按摩球置于足底下方，将身体的重心移至该侧；调整位置直至找到酸痛点，通过单腿移动带动按摩球加压滚动；在肌肉酸痛点上停留一定时间，完成动作至规定时间，对侧亦然。

图 7 - 6 - 29　腓肠肌外侧激活放松　　　　图 7 - 6 - 30　足弓滚动激活放松

四、再生训练课

(一)课安排

◆ 一般安排在大运动量训练之后的第二天，训练前安排软组织的唤醒、激活，训练后安排软组织梳理、放松。

◆ 根据周训练计划可以考虑每周安排 1 ~ 3 次专门性软组织再生训练课。

◆ 课前软组织再生训练，先安排泡沫轴及扳机点放松，然后是拉伸，目的是激活运动员的肌肉和唤醒软组织。训练课后的梳理、放松顺序同课前，目的是梳理和放松训练带来的软组织疲劳与酸痛，促进血液、淋巴回流和肌肉组织修复。

(二)练习方法

1. 泡沫轴和按摩棒练习

◆ 基本方法：将泡沫轴和按摩棒放置于需要放松的肌肉处，慢慢滚动至最疼痛的位置，一般用时 30 ~ 60 秒。如果某处肌肉感觉特别疼痛，在该处多停留 5 ~ 10 秒，直到疼痛程度有一定下降。

◆ 注意事项。

◇ 激活与放松的顺序，一般从肌肉始端(靠近身体)过渡到肌肉终端位置(远离身体中心)。

◇ 不要直接放在骨头或关节处，应该放在肌肉软组织处。

◇ 注意保持正常的呼吸频率，不要憋气，在疼痛时，可以通过深呼吸来进行调节。

2. 扳机点练习

◆ 基本方法：在激活和放松过程中找到疼痛点并挤压，消除肌肉中打结的现象并恢复肌肉原有的功能(长度、弹性、收缩力)。在酸痛点上持续按压 30 ~ 90 秒，保持姿势，直到酸痛开始缓解。

◆ 注意事项。

◇ 找到痛点后，不要突然用力加压，以免产生刺痛或损伤肌组织。

◇ 动作幅度不要太大，找到痛点后再逐步放松。

◇ 注意保持正常的呼吸频率，不要憋气，在疼痛时，可以通过深呼吸来进行调节。

第七节 拉伸术

一、静态拉伸

(一)颈胸、上肢肌群

1.胸锁乳突肌牵拉(图7-7-1)

◆ 动作要领：呈直立姿，挺胸抬头，下颌微收，双臂自然垂于体侧。头部向右侧旋转，微微抬头，直至胸锁乳突肌有中等程度的牵拉感。保持姿势至规定时间，对侧亦然。

2.胸大肌

◆ 动作要领：呈直立姿，挺胸抬头，下颌微收，右臂自然垂于体侧，左臂抬起，肘关节屈曲，前臂抵住牵拉架或者其他辅助工具。保持背部挺直的同时，身体逐渐前倾，直至胸大肌有中等程度的牵拉感。保持姿势至规定时间，对侧亦然。

图7-7-1 胸锁乳突肌牵拉

3.胸小肌

◆ 动作要领：呈前后分腿姿，挺胸抬头，双臂伸直，双手手指交叉于背后相扣。保持背部挺直的同时，尽可能使肩胛骨向下拉，缓缓向上抬臂，直至胸小肌有中等程度的牵拉感。保持姿势至规定时间，对侧亦然。

4.肱二头肌

◆ 动作要领：呈前后分腿姿，挺胸抬头，左腿在前，左臂自然垂于体侧，右臂向身体后方抬起，右手掌心向内抓住牵拉架。保持右臂伸直的同时，逐渐下蹲，直至肱二头肌有中等程度的牵拉感。保持姿势至规定时间，对侧亦然。

5.肱三头肌(图7-7-2)

◆ 动作要领：呈直立姿窄站位，挺胸抬头，右臂肘部弯曲，抬右臂直至肘部靠近右耳，左手靠近右肩胛骨。左手抓住右臂肘部，向头后方向拉，直至肱三头肌有中等程度的牵拉感。保持姿势至规定时间，对侧亦然。

6.肩胛下肌

◆ 动作要领：呈直立姿，挺胸抬头，右手自然垂于体侧，左手抓住牵拉架，肘部屈曲成90度夹角。保持身体不

图7-7-2 肱三头肌牵拉

动的同时，左臂内旋尽力推牵拉架，直至肩胛下肌有中等程度的牵拉感。保持姿势至规定时间，对侧亦然。

(二)腰腹背肌群

1. 背阔肌

◆ 动作要领：挺胸抬头，双手分开抓住牵拉架，握距比肩略宽。屈膝利用身体重力，身体逐渐下沉，手臂伸展，直至背阔肌有中等程度的牵拉感。保持姿势至规定时间。

2. 腹直肌(图7-7-3)

◆ 动作要领：呈俯卧姿，双手伸直撑地，保持下肢及髋关节贴紧地面。头向后仰，手向身体后方移动，直至腹直肌有中等程度的牵拉感。保持姿势至规定时间。

3. 腹斜肌(图7-7-4)

◆ 动作要领：呈俯卧姿，双手伸直撑地，保持下肢及髋关节贴紧地面。躯干随头向左后方转动，手向身体后方移动，直至腹斜肌有中等程度的牵拉感。保持姿势至规定时间。

4. 背伸肌(图7-7-5)

◆ 动作要领：呈坐姿，双腿微微屈膝分开，俯身向前趴下，双手自然放在身体前方的地面上。双手逐渐向前伸，直至背伸肌群有中等程度的牵拉感。保持姿势至规定时间。

图7-7-3　腹直肌牵拉　　　　图7-7-4　腹斜肌牵拉　　　　图7-7-5　背伸肌群牵拉

5. 腰方肌(图7-7-6)

◆ 动作要领：坐姿，双腿自然伸直分开，背部平直。右手扶住左侧骨盆，左手臂抬起带动身体尽可能向右侧弯曲，直至腰方肌有中等程度牵拉感。保持姿势至规定时间，对侧亦然。

6. 下腰背(图7-7-7)

◆ 动作要领：呈坐姿，右腿伸直，将左脚置于右膝的外侧，将右肘抵于左膝的外侧。左手置于臀部正后方30~40厘米处并用力向地面推，右肘发力推动左膝向右移动，头部和躯干向身体左后方旋转，直至下腰背有中等程度的牵拉感。保持姿势至规定时间，对侧亦然。

图7-7-6　腰方肌牵拉　　　　图7-7-7　下腰背牵拉

(三)臀部下肢肌群

1. 髂腰肌(图7-7-8)

◆ 动作要领:呈低分腿姿,右腿在前,左腿在后,收紧腹部,背部保持平直。右手自然放在右腿膝关节上,左手手臂向上伸展做内旋动作,身体向左逐渐倾斜,直至髂腰肌有中等程度的牵拉感。保持姿势至规定时间,对侧亦然。

2. 梨状肌(图7-7-9)

◆ 动作要领:仰卧姿,左脚脚踝放在右膝上方,头部及身体紧贴地面。双手抱住右大腿后侧,将右腿拉向身体,直至梨状肌有中等程度的牵拉感。保持姿势至规定时间,对侧亦然。

3. 臀大肌(图7-7-10)

◆ 动作要领:呈仰卧姿,右腿伸直,左腿屈髋屈膝,保持头部及身体紧贴地面。双手抱左大腿并将其拉向胸部,直至臀大肌有中等程度的牵拉感。保持姿势至规定时间,对侧亦然。

图7-7-8 髂腰肌牵拉　　　　图7-7-9 梨状肌牵拉　　　　图7-7-10 臀大肌牵拉

4. 股四头肌

◆ 动作要领:单腿直立姿,右手扶握牵拉架,左手向后抓住左脚脚踝。左手尽可能将左脚脚踝拉向臀部,直至股四头肌有中等程度的牵拉感。保持姿势至规定时间,对侧亦然。

5. 大腿内收肌群

◆ 动作要领:直立姿宽站位,双臂伸直,双手手指交叉于胸前,掌心朝外。髋关节向身体左后方坐,右腿伸直,始终保持双脚脚尖方向指向正前方,直至大腿内收肌群有中等程度的牵拉感。保持姿势至规定时间,对侧亦然。

6. 腘绳肌

◆ 动作要领:前后分腿姿,双手叉腰,背部平直,腹肌收紧。始终保持右腿伸直,右脚脚踝背屈,脚后跟着地,逐渐屈髋向后坐,直至腘绳肌有中等程度的牵拉感。保持姿势至规定时间,对侧亦然。

7. 胫骨前肌

◆ 动作要领:呈站姿,双手叉腰,左脚置于身体后方,左脚尖立起,脚踝稍稍内旋,和胫骨前肌肌肉走向相一致。身体向右侧旋转,直至胫骨前肌有中等程度的牵拉感。保持姿势至规定时间,对侧亦然。

8. 比目鱼肌(图7-7-11)

◆ 动作要领:呈坐姿,左腿伸直,屈右膝,右脚背屈,双

图7-7-11 比目鱼肌牵拉

手握住右脚脚尖位置。以右脚脚跟为支点，将右脚脚尖拉向身体，直至胫骨前肌有中等程度的牵拉感。保持姿势至规定时间，对侧亦然。

二、主动分离式拉伸

(一)肱三头肌(图7-7-12)

◆ 动作要领：直立姿站位，双手置于身体后方，右手在上，掌心向内，左手在下，掌心向外，抓住牵拉绳。左手抓住牵拉绳沿着脊柱方向缓慢地向下移动，并主动收缩肱二头肌，在1.5~2秒的助力牵拉过程中，施加少于1磅的助力，直至肱三头肌有中等程度的牵拉感。右手抓住牵拉绳沿着脊柱方向缓慢地向上移动，直至肱三头肌牵拉感消失。逐渐增加拉伸幅度，重复动作至规定次数，对侧亦然。

图7-7-12　肱三头肌牵拉

(二)股四头肌/屈髋肌群 AIS(图7-7-13)

◆ 动作要领：呈俯卧姿，右腿伸直，将牵拉绳的一端固定在左脚，左手屈臂抓住牵拉绳的另一端。保持右腿固定不动，左手逐渐伸臂拉动牵拉绳，使左腿尽可能向上拉，并主动收缩臀部和腘绳肌，在1.5~2秒助力牵拉过程中，施加少于1磅的助力，直至股四头肌/屈髋肌群有中等程度的牵拉感。左腿向起始位置移动，直至股四头肌/屈髋肌群的牵拉感消失。逐渐增加拉伸幅度，重复动作至规定次数，对侧亦然。

图7-7-13　股四头肌/屈髋肌群 AIS 牵拉

(三)大腿内收肌群(图7-7-14)

◆ 动作要领：呈仰卧姿，双腿伸直，将牵拉绳的一端固定在左脚，左手屈臂抓住牵拉绳的另一端。保持右腿固定不动，左手拉紧牵拉绳向头顶方向移动，使左腿外展，逐渐远离身体，并主动收缩外展肌群，在1.5~2秒助力牵拉过程中，施加少于1磅的助力，直至大腿内收肌群有中等程度的牵拉感。左腿向起始位置移动，直至大腿内收肌群的牵拉感消失。逐渐增加拉伸幅度，重复动作至规定次数，对侧亦然。

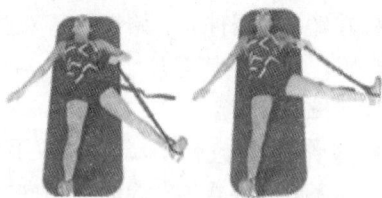

图7-7-14　大腿内收肌群牵拉

(四)大腿外展肌群(图7-7-15)

◆ 动作要领：呈仰卧姿，双腿伸直，将牵拉绳的一端固定在右脚，左手屈臂抓住牵拉绳的另一端。保持左腿固定不动，左手拉紧牵拉绳向头

图7-7-15　大腿外展肌群牵拉

顶方向移动，使右腿内收，逐渐远离身体，并主动收缩内收肌群，在 1.5 秒至 2 秒助力牵拉过程中，施加少于 1 磅的助力，直至大腿外展肌群有中等程度的牵拉感。右腿向起始位置移动，直至大腿外展肌群的牵拉感消失；逐渐增加拉伸幅度，重复动作至规定次数，对侧亦然。

（五）腘绳肌（图 7 - 7 - 16）

◆ 动作要领：呈仰卧姿，双腿伸直，将牵拉绳的一端固定在左脚，左手屈臂抓住牵拉绳的另一端。保持右腿固定不动，双手抓紧并拉动牵拉绳，使左腿向上抬，始终保持左腿伸直，并主动收缩股四头肌/屈髋肌群，在 1.5 ~ 2 秒助力牵拉过程中，施加少于 1 磅的助力，直至腘绳肌有中等程度的牵拉感。左腿向起始位置移动，直至腘绳肌的牵拉感消失。逐渐增加拉伸幅度，重复动作至规定次数，对侧亦然。

图 7 - 7 - 16　腘绳肌牵拉

三、PNF 拉伸

（一）颈胸、上肢肌群

1.胸锁乳突肌

◆ 动作要领：被牵拉者呈仰卧姿，在无痛的情况下，头部尽可能左旋转，保持颈部被拉长的状态。牵拉者站于按摩床的一端，左手托住被牵拉者的头部左侧，右手放在其右耳上方。被牵拉者缓慢地右旋转头部，但不要使头部离开床面，对抗牵拉者施加的助阻力，牵拉者协助被牵拉者胸锁乳突肌等长收缩并保持 6 秒。等长收缩后，回到起始位置，让被牵拉者放松并深吸气。被牵拉者呼气，头部更大幅度向左旋转，可进一步加大对胸锁乳突肌的牵拉幅度。重复动作至规定次数，对侧亦然。

2.斜角肌

◆ 动作要领：被牵拉者呈仰卧姿，在无痛的情况下，头部尽可能右侧屈，避免头部有旋转的动作。牵拉者站于按摩床的一端，右手放在被牵拉者的头部左耳上方，左手放在其左肩上。被牵拉者头部缓慢推牵拉者的右手，使左耳靠近左肩，但头部还是保持正直，对抗牵拉者施加的阻力，牵拉者协助被牵拉者斜角肌等长收缩并保持 6 秒。等长收缩后，回到起始位置，让被牵拉者放松并深吸气。被牵拉者呼气，右耳尽量向右肩靠近，可进一步加大对斜角肌的牵拉幅度。重复动作至规定次数，对侧亦然。

3.斜方肌上束

◆ 动作要领：被牵拉者呈仰卧姿，在无痛的情况下，头部尽力右旋转，然后尽可能地收下颌。牵拉者站于被牵拉者头上方斜向 45 度夹角的位置，双手交叉，左手置于被牵拉者的枕骨位置，右手放在被牵拉者的左肩上。被牵拉者头部缓慢推牵拉者的双手，使头部向左肩方向逐渐靠近，对抗牵拉者施加的阻力，牵拉者协助被牵拉者斜方肌上束等长收缩并保持 6 秒。等长收缩后，回到起始位置，让被牵拉者放松并深吸气。被牵拉者呼气，头部更大幅度地向右旋转，收下颌，并使左肩更大幅度地下拉，可进一步加大对斜方肌上束的牵拉幅度。重复动作至规定次数，对侧亦然。

4.胸大肌

◆ 动作要领：被牵拉者呈俯卧姿，脸置于按摩床的护脸圈中，左肩关节外展成 90 度夹角，左肘关节屈曲呈 90 度夹角，左上臂放松置于按摩床上。牵拉者呈弓步姿站于被牵拉者左侧，被牵拉者用左手前臂和手支撑牵拉者左手前臂和手，与之相贴。被牵拉者的左上臂尽可能高地抬起并保持前臂处于水平状态，胸骨不能离开床面，然后，被牵拉者缓慢地从肘部收缩，将手臂缩回至胸前，然后保持胸大肌等长收缩并保持6秒。等长收缩后，回到起始位置，让被牵拉者放松并深吸气。被牵拉者再次使左上臂进一步抬高，同时保持前臂处于水平位置，可进一步加大对胸大肌的牵拉幅度。重复动作至规定次数，对侧亦然。

5.胸小肌

◆ 动作要领：被牵拉者呈仰卧姿，右上臂自然放于体侧。牵拉者站于被牵拉者右侧，右手握住被牵拉者右手，左手置于被牵拉者的肩前部。被牵拉者的肩部尽可能靠近床面，使其肩胛骨向后下方运动，牵拉者辅助被牵拉者完成这一动作，被牵拉者缓慢向其上方用力，然后保持胸小肌等长收缩并保持6秒。等长收缩后，回到起始位置，让被牵拉者放松并深吸气。被牵拉者再次使肩部靠近床面，肩胛骨向后下方运动，可进一步加大对胸小肌的牵拉幅度。重复动作至规定次数，对侧亦然。

6.前锯肌

◆ 动作要领：被牵拉者呈俯卧姿，双臂自然放于体侧。牵拉者站于按摩床一边，双手手指的指腹放于被牵拉者肩胛骨的外侧缘，并指导其向脊柱方向回缩肩胛骨。被牵拉者的左肩胛骨前伸，对抗牵拉者施加的阻力，牵拉者协助被牵拉者前锯肌等长收缩并保持6秒。等长收缩后，回到起始位置，让被牵拉者放松并深吸气。被牵拉者呼气，收缩菱形肌拉动肩胛骨靠近脊柱，可进一步加大对前锯肌的牵拉幅度。重复动作至规定次数，对侧亦然。

7.肱二头肌

◆ 动作要领：被牵拉者呈仰卧姿，右肩位于按摩床的边缘，右肘关节伸直，同时肩关节最大幅度地后伸。牵拉者呈弓步姿站于被牵拉者的右侧，牵拉者右手固定被牵拉者的右肩前部，左手握住被牵拉者的右手腕关节。被牵拉者缓慢地屈肩、屈肘，前臂旋后用力，对抗牵拉者施加的阻力，牵拉者协助被牵拉者实现肱二头肌等长收缩并保持6秒。等长收缩后，回到起始位置，让被牵拉者放松并深吸气。被牵拉者肱三头肌主动收缩，同时再次使左上臂进一步伸展，可进一步加大对肱二头肌的牵拉幅度。重复动作至规定次数，对侧亦然。

8.肱三头肌

◆ 动作要领：被牵拉者呈俯卧姿，脸置于按摩床的护脸圈中，左侧肩部和肘关节屈曲，上臂尽可能贴近耳朵。牵拉者呈立姿站于被牵拉者的右侧，牵拉者右手握住被牵拉者的肘部后面，左手握住被牵拉者的左手腕关节。被牵拉者缓慢地向头前方向伸肘，对抗牵拉者施加的阻力，牵拉者协助被牵拉者实现肱三头肌等长收缩并保持6秒。等长收缩后，回到起始位置，让被牵拉者放松并深吸气。被牵拉者肱二头肌主动收缩，同时再次使左臂向背后更远处伸展，可进一步加大对肱三头肌的牵拉幅度。重复动作至规定次数，对侧亦然。

9.肩胛下肌

◆ 动作要领：被牵拉者呈仰卧姿，右肩关节外展成90度夹角，同时右肘关节屈曲成90度夹角，右上臂放松置于按摩床上。牵拉者呈单膝跪姿于被牵拉者的右侧，牵拉者左手握住被牵拉者的腕关节，右手握住被牵拉者肘部的下方。被牵拉者右臂逐渐内旋，对抗牵拉者施加的阻力，牵拉者协助被牵拉者实现肩胛下肌等长收缩并保持6秒。等长收缩后，右臂回到起始位置，让被牵拉者放松并深吸气。右臂继续完成内旋动作时，被牵拉者呼气并主动收缩冈下肌，可进一步加大对肩胛下肌的牵拉幅度。重复动作至规定次数，对侧亦然。

10. 冈下肌

◆ 动作要领：被牵拉者呈俯卧姿，脸置于按摩床的护脸圈中，左肩关节外展成90度夹角，同时左肘关节屈曲成90度夹角，左上臂放松置于按摩床上。牵拉者呈立姿于被牵拉者的左侧，牵拉者右手握住被牵拉者的腕关节，左手握住被牵拉者肘部的上方。被牵拉者左臂逐渐外旋，对抗牵拉者施加的阻力，牵拉者协助被牵拉者实现冈下肌等长收缩并保持6秒。等长收缩后，左臂回到起始位置，让被牵拉者放松并深吸气。左臂继续完成外旋动作时，被牵拉者呼气并主动收缩肩胛下肌，可进一步加大对冈下肌的牵拉幅度。重复动作至规定次数，对侧亦然。

(二)腰腹背肌群

1. 菱形肌

◆ 动作要领：被牵拉者呈右侧卧姿，头枕在右臂上，左臂伸向右侧，使肩胛骨远离脊柱。牵拉者站立于被牵拉者的身后，双手放在其左肩胛骨上，两手拇指呈对接状置于肩胛骨的内侧缘。被牵拉者缓慢地向脊柱方向回缩肩胛骨，对抗施加的阻力，牵拉者协助被牵拉者实现菱形肌等长收缩并保持6秒。等长收缩后，肩胛骨回到起始位置，让被牵拉者放松并深吸气。被牵拉者呼气且左臂向更远处伸，加大对菱形肌的牵拉幅度。重复动作至规定次数，对侧亦然。

2. 背阔肌

◆ 动作要领：被牵拉者呈俯卧姿，脸置于按摩床的护脸圈中，双臂向前伸展并外旋(拇指朝上)。牵拉者呈弓步姿站立于被牵拉者的上方，双手紧握被牵拉者的手腕。被牵拉者缓慢地向身体两侧拉肘，手臂内旋，然后保持背阔肌等长收缩6秒。等长收缩后，回到起始位置，让被牵拉者放松并深吸气。被牵拉者手臂向更远处伸展，更大幅度地外旋手臂，可进一步加大对背阔肌的牵拉幅度。重复动作至规定次数。

3. 腹斜肌

◆ 动作要领：被牵拉者坐在按摩床一端，膝关节微屈，背部平直，尽力向右侧转动身体。牵拉者坐于被牵拉者的身后，左手放在被牵拉者的左肩胛骨上，靠近内侧缘，右手经被牵拉者右臂下绕至其右肩前侧。被牵拉者通过躯干发力缓慢地向左旋转，保持头部正中位，对抗牵拉者施加的阻力，牵拉者协助被牵拉者实现腹斜肌等长收缩并保持6秒。等长收缩后，回到起始位置，让被牵拉者放松并深吸气。被牵拉者呼气，躯干更大幅度向右旋转，可进一步加大对左侧腹斜肌的牵拉幅度。重复动作至规定次数，对侧亦然。

4. 背伸肌

◆ 动作要领：被牵拉者坐在按摩床一端，膝关节微屈，腹直肌和腰肌收缩，髋部屈曲，上身向前倾斜，保持头部和脊柱在一条直线上。牵拉者站于被牵拉者的身后，双手放在被牵拉者的下背部。被牵拉者开始缓慢地向后伸展脊柱，对抗牵拉者施加的阻力，牵拉者协助被牵拉者实现背伸肌群等长收缩并保持6秒。等长收缩后，保持脊柱在起始位置，让被牵拉者放松并深吸气。被牵拉者继续收缩腹直肌和腰肌以更大幅度地屈曲，以加强背伸肌的牵拉力度，牵拉者可以根据其牵拉幅度，站在被牵拉者身后，将双手放在中背部，同样被牵拉者缓慢伸展脊柱以对抗牵拉者施加的阻力，并保持背伸肌群等长收缩并保持6秒。牵拉者可以根据被牵拉者的牵拉幅度,将双手放在上背部,同样被牵拉者缓慢伸展脊柱以对抗牵拉者施加的阻力,并保持背伸肌群等长收缩6秒。被牵拉者可以收下颌靠向胸部,可以进一步加大对背伸肌群的牵拉幅度。重复动作至规定次数。

5.腰方肌

◆ 动作要领:被牵拉者呈右侧卧姿,左腿过伸于按摩床外,右腿尽力弯曲接近胸部,保持髋部正直位,右臂置于头上。牵拉者站于被牵拉者的身后,手臂交叉,把右手放在左侧髂脊处,左手放在胸前侧面。被牵拉者躯干侧屈,臀部上端向胸腔靠近,髋部和肋部互相靠近以收缩左侧腰方肌,对抗牵拉者施加的阻力,牵拉者协助被牵拉者实现腰方肌等长收缩并保持6秒。等长收缩后,回到起始位置,让被牵拉者放松并深吸气。被牵拉者呼气,让左腿更靠近地面,可进一步加大对腰方肌的牵拉幅度。重复动作至规定次数,对侧亦然。

(三)臀部下肢肌群

1.梨状肌

◆ 动作要领:被牵拉者呈仰卧姿,右腿抬起,膝关节和髋关节屈曲成90度夹角,小腿向左内旋,左腿自然放在按摩床上,保持骶骨紧贴按摩床。牵拉者站于被牵拉者右侧,左手放在被牵拉者右腿膝关节外侧,右手放在其左脚踝关节外侧,牵拉者缓慢地在右膝和踝关节上施加同等大小的力。被牵拉者缓慢地向对角方向,对抗牵拉者施加的阻力,牵拉者协助被牵拉者实现梨状肌等长收缩并保持6秒。等长收缩后,回到起始位置,让被牵拉者放松并深吸气。被牵拉者呼气,收缩屈髋肌群和内收肌群,同时牵拉者推动被牵拉者髋关节屈曲内收并增加少许侧旋,可进一步加大对梨状肌的牵拉幅度。重复动作至规定次数,对侧亦然。

2.股四头肌

◆ 动作要领:被牵拉者呈俯卧姿,左膝关节尽可能屈曲,右腿自然放在按摩床上,髋部紧贴按摩床。牵拉者站于被牵拉者左侧,右手握住被牵拉者的右侧按摩床边,左臂肘部抵其骶骨位置,上身前倾,右肩抵于其左脚脚踝位置。被牵拉者缓慢地伸直左腿,对抗牵拉者施加的阻力,牵拉者协助被牵拉者实现股四头肌等长收缩并保持6秒。等长收缩后,回到起始位置,让被牵拉者放松并深吸气。被牵拉者呼气,牵拉者继续帮助其牵拉,在无痛情况下,尽量使其小腿贴近大腿,可进一步加大对股四头肌的牵拉幅度。重复动作至规定次数,对侧亦然。

3.腘绳肌

◆ 动作要领:被牵拉者呈仰卧姿,右腿膝关节伸直并尽可能抬高,左腿自然放在按摩床上,保持髋部稳定。牵拉者站于被牵拉者右侧,左手压在被牵拉者的右脚前部,右手绕过被牵拉者的右腿固定其膝关节。被牵拉者缓慢地下压足跟,对抗牵拉者施加的阻力,牵拉者协助被牵拉者实现腘绳肌等长收缩并保持6秒。等长收缩后,回到起始位置,让被牵拉者放松并深吸气。被牵拉者呼气,主动收缩股四头肌和髂腰肌等屈髋肌群,可进一步加大对腘绳肌的牵拉幅度。重复动作至规定次数,对侧亦然。

4.胫骨前肌

◆ 动作要领:被牵拉者呈仰卧姿,收缩小腿肌肉,使左踝关节屈。牵拉者用左手托住被牵拉者的右脚跟,右手握住其前脚掌。被牵拉者缓慢地背屈,对抗牵拉者施加的阻力,牵拉者协助被牵拉者实现胫骨前肌等长收缩并保持6秒。等长收缩后，回到起始位置，让被牵拉者放松并深吸气。被牵拉者呼气，主动收缩腓肠肌，足部进一步屈，可进一步加大对胫骨前肌的牵拉幅度。重复动作至规定次数，对侧亦然。

5. 比目鱼肌

◆ 动作要领：被牵拉者呈俯卧姿，左膝关节屈曲成90度夹角，踝关节尽可能背屈，双手自然放在身体两侧。牵拉者站于被牵拉者的左侧，左手绕过被牵拉者左小腿，双手交叉压在被牵拉者的前脚掌，将被牵拉者的脚后跟抵于牵拉者左肩前部。被牵拉者缓慢地足屈，对抗牵拉者施加的阻力，牵拉者协助被牵拉者实现比目鱼肌等长收缩并保持6秒。等长收缩后，回到起始位置，让被牵拉者放松并深吸气。被牵拉者呼气，收缩胫骨前肌，足部进一步背屈，可进一步加大对比目鱼肌的牵拉幅度。重复动作至规定次数，对侧亦然。

四、动态拉伸

（一）胸部肌群

1. 90 度牵拉 – 手臂摆动（图 7 – 7 – 17）

◆ 动作功能：增加胸椎活动度，拉伸胸大肌。

◆ 动作要领：呈右侧卧姿，髋关节伸直（屈髋成90度夹角），双腿屈膝成90度夹角，双臂伸直与躯干成90度夹角，双手合掌。保持下肢及髋关节稳定，左臂绕过头部向身体后方展开，头向后转动，直至与右臂呈一条直线，直至躯干前部有中等程度的牵拉感。保持2秒后回到起始姿势，重复动作至规定次数，对侧亦然。

图 7 – 7 – 17　90 度牵拉 – 手臂摆动

2. 90 度牵拉 – 屈肘（图 7 – 7 – 18）

◆ 动作功能：增加胸椎活动度。

◆ 动作要领：呈左侧卧姿，左侧髋关节伸直，左小腿屈膝贴近大腿，右侧屈髋屈膝成90度夹角，右腿膝关节置于泡沫轴上，左手伸直与躯干呈一条直线，右臂屈肘置于骶骨位置。保持下肢及髋关节稳定，缓慢地向身体后方转动右肩，头向后方转动，直至躯干前部有中等程度的牵拉感。保持2秒后回到起始姿势，重复动作至规定次数，对侧亦然。

3. 90 度牵拉 – 肩内收（图 7 – 7 – 19）

◆ 动作功能：增加胸椎灵活度。

◆ 动作要领：左侧卧姿，髋关节伸直，左腿屈膝成90度夹角，右侧屈髋屈膝成90度角，右腿膝关节置于泡沫轴上，右臂伸直垂直于地面，左臂伸直贴紧地面与躯干成90度角。保持下肢及髋关节稳定，同时右臂保持不动，左臂缓慢地向右臂方向抬起，头向后方转动，直至躯干前部有中等程度的牵拉感。保持2秒后回到起始姿势，重复至规定次数，对侧亦然。

图 7 - 7 - 18　90 度牵拉 - 屈肘

图 7 - 7 - 19　90 度牵拉 - 肩内收

4. 站姿 - 胸椎旋转(图 7 - 7 - 20)

◆ 动作功能:增加胸椎灵活度。

◆ 动作要领:呈运动姿,身体前倾,重心在两腿之间,背部保持平直,双手交叉放在头后。保持下肢及髋关节稳定,以胸椎为轴,躯干及头部向后旋转,直至躯干前部有中等程度的牵拉感。保持 2 秒后回到起始姿势,重复至规定次数,对侧亦然。

5. 跪撑 - 胸椎旋转(图 7 - 7 - 21)

◆ 动作功能:增加胸椎灵活度。

◆ 动作要领:俯身跪姿,右手伸直撑地,左手放在头后,背部平直。保持下肢及髋关节稳定,以胸椎为轴,躯干及头部向右旋转,直至左肘碰到右臂。躯干及头部向左旋转,目视上方,直至躯干前部有中等程度的牵拉感。保持 2 秒后回到起始姿势,重复至规定次数。

图 7 - 7 - 20　站姿 - 胸椎旋转

图 7 - 7 - 21　跪撑 - 胸椎旋转

6. 单腿伸直 - 跪撑 - 胸椎旋转(图 7 - 7 - 22)

◆ 动作功能:增加胸椎灵活度。

◆ 动作要领:俯身跪姿,右腿伸直抬起,左膝跪地,右手伸直撑地,左手放在头后,背部保持平直。保持下肢及髋关节稳定,以胸椎为轴,躯干及头部向右旋转,直至左肘碰到右臂。躯干及头部向左旋转,目视上方,直至躯干前部有中等程度的牵拉感。保持 2 秒后回到起始姿势,重复至规定次数,对侧亦然。

7. 脚后跟坐姿 - 泡沫轴 - 胸椎灵活度牵拉(图 7 - 7 - 23)

◆ 动作功能:增加胸椎灵活度。

◆ 动作要领:俯身跪姿,坐小腿上,右臂伸直置泡沫轴上,左手自然放在头后,背部保持平直,目视地面。保持下肢及髋关节稳定,以胸椎为轴,躯干及头部向左旋转,目视上方,直至躯干前部有中等程度的牵拉感。保持 2 秒后回到起始姿势,重复至规定次数,对侧亦然。

图 7-7-22　单腿伸直-跪撑-胸椎旋转　　图 7-7-23　脚后跟坐姿-泡沫轴-胸椎灵活度牵拉

(二)腰背肩肌群

1.脚后跟坐姿-泡沫轴-伸直/滚动/抬起(图 7-7-24)

◆ 动作功能:牵拉背阔肌,增加脊柱伸展性。

◆ 动作要领:呈俯身跪姿,坐于小腿上,双臂屈曲,掌心向上,将前臂置于泡沫轴上。双臂滚动泡沫轴向前伸展,使双臂与背部呈一条直线,直至上背部有中等程度的牵拉感。保持 2 秒后回到起始姿势,重复动作至规定次数。

图 7-7-24　脚后跟坐姿-泡沫轴-伸直/滚动/抬起

2.跪撑-胸部伸展(图 7-7-25)

◆ 动作功能:增加脊柱伸展性。

◆ 动作要领:呈俯身跪姿,双手伸直撑地,与肩同宽,两脚脚尖撑地。收腹吸气的同时收缩臀部,将腰背部尽可能向上方顶起。呼气过程中,放松腹部,腰背部恢复到正常的生理弯曲。保持 2 秒后回到起始姿势,重复动作至规定次数。

3.侧卧-肩关节拉伸(图 7-7-26)

◆ 动作功能:牵拉肩外旋肌群。

◆ 动作要领:呈左侧卧姿,左上臂紧贴地面与躯干成 90 度夹角,左侧肘关节成 90 度夹角,保持左前臂与地面垂直。右手握住左手腕关节,缓慢地将左前臂下压,直至肩外旋肌群有中等程度的牵拉感。保持 2 秒后回到起始姿势,重复动作至规定次数,对侧亦然。

图 7-7-25　跪撑-胸部伸展　　图 7-7-26　侧卧-肩关节拉伸

（三）髋部肌群

1. 仰卧 – 髋外展（图 7 – 7 – 27）

◆ 动作功能：牵拉腹股沟和大腿内侧肌群。

◆ 动作要领：呈仰卧姿，躯干和头部贴紧地面，双腿屈髋屈膝，脚后跟撑地，双手外展与躯干各成 45 度角，自然放于地面。右侧髋关节外展，尽可能贴近地面，直至腹股沟及大腿内侧肌群有中等程度的牵拉感。保持 2 秒后回到起始姿势，重复动作至规定次数，对侧亦然。

2. 侧卧 – 股四头肌/屈髋肌群拉伸（图 7 – 7 – 28）

◆ 动作功能：牵拉股四头肌和屈髋肌群。

◆ 动作要领：呈左侧卧姿，头枕于左臂之上，右腿屈髋屈膝抬离地面，右手握住右腿踝关节。右手握住踝关节将右大腿向后拉，直至股四头肌/屈髋肌群有中等程度的牵拉感。保持 2 秒后回到起始姿势，重复动作至规定次数，对侧亦然。

图 7 – 7 – 27　仰卧 – 髋外展　　　图 7 – 7 – 28　侧卧 – 股四头肌/屈髋肌群拉伸

3. 半跪姿 – 股四头肌/屈髋肌群拉伸（图 7 – 7 – 29）

◆ 动作功能：牵拉股四头肌和屈髋肌群。

◆ 动作要领：呈前后分腿跪姿，右腿在前，左腿在后，右手握住左腿踝关节，左手伸直上举。背部保持挺直，右手尽量将左踝拉向臀部，身体逐渐前移，直至股四头肌/屈髋肌群有中等程度的牵拉感。保持 2 秒后回到起始姿势，重复动作至规定次数，对侧亦然。

4. 仰卧 – 屈膝 – 腘绳肌拉伸（图 7 – 7 – 30）

◆ 动作功能：牵拉腘绳肌。

◆ 动作要领：呈仰卧姿，左腿自然放在地面，右腿屈髋屈膝成 90 度夹角，双手抱于右腿后侧。保持右踝背屈的同时主动伸直右侧膝关节，直至腘绳肌有中等程度的牵拉感。保持 2 秒后回到起始姿势，重复至规定次数，对侧亦然。

图 7 – 7 – 29　半跪姿 – 股四头肌/屈髋肌群拉伸　　　图 7 – 7 – 30　仰卧 – 屈膝 – 腘绳肌拉伸

（四）小腿肌群

1. 直腿 – 小腿拉伸（图 7 – 7 – 31）

◆ 动作功能：牵拉腓肠肌。

◆ 动作要领：呈俯手撑姿，双手伸直撑于地面，右腿伸直，脚尖撑地，左腿屈膝，左脚搭于右侧小腿上。始终保持右腿伸直状态，右侧脚后跟缓慢着地，直至腓肠肌有中等程度的牵拉感。保持2秒后回到起始姿势，重复动作至规定次数，对侧亦然。

2. 屈膝－小腿拉伸（图7－7－32）

◆ 动作功能：牵拉比目鱼肌。

◆ 动作要领：呈俯手撑姿，双手伸直撑于地面，右腿伸直，右脚紧贴地面，左腿屈膝，左脚搭于右小腿上。始终保持右脚紧贴地面，右腿缓慢屈膝，直至比目鱼肌有中等程度的牵拉感。保持2秒后回到起始姿势，重复动作至规定次数，对侧亦然。

图7－7－31 直腿－小腿拉伸　　　　图7－7－32 屈膝－小腿拉伸

（周振华、李忠、姚军编写）

【思考题】

1. 如何理解"功能性训练指的是训练动作，而不是肌肉"？功能性训练对你从事运动训练实践有什么启发意义。

2. 试述传统准备活动与功能性训练的准备活动的区别与相同之处，并举例加以分析。

3. 简述爆发力训练概念及其在功能性训练中的地位。举例分析功能性力量训练与传统力量训练的区别与联系。

4. 试述动作技能整合与专项技能训练的内在关联，举实例分析。

5. 简述快速伸缩复合训练概念和价值取向，结合专项设计一套发展弹跳力的训练手段。

6. 如何利用拉伸术促进运动恢复？针对一次高强度力量训练课设计一套拉伸练习手段。

7. 根据运动专项设计一套软组织唤醒和梳理的训练手段，以及臀大肌激活的训练手段。

第八章　运动损伤与功能康复

【本章导读】　运动防护涉及从事运动的安全教育、运动环境的安全评估、运动损伤的预防与发生、运动伤害后的应急处理，以及运动损伤后的康复治疗和体能调整等多个项目，其目的是提高运动者自身体质和运动水平，有效防止在运动过程中发生意外伤害。运动损伤是肌肉、韧带、软骨、关节囊、脂肪垫等软组织损伤。功能性训练对运动损伤的康复处理强调预康复训练的组织与实施，有别于传统医学意义上的体育康复，它不是在运动损伤后再进行被动康复训练，而是通过有针对性的功能动作练习去主动减少和避免运动损伤风险。本章在排除复杂骨折、脏器损伤、肿瘤等严重疾病的前提下，介绍运动损伤及其发生机制、应急处理和常见运动损伤的功能康复。

第一节　运动损伤

一、运动损伤

运动损伤是指由运动导致机体组织器官的功能障碍或病理改变。随着现代竞技运动的对抗性增强、赛事增多，赛制改革正在改变着传统训练理念和训练节奏。"以赛代练""以赛促练"和"赛练结合"趋势越来越明显，对运动员体能储备与动态补偿能力的要求也在不断提高，尤其是在竞赛成绩极值化情况下，运动负荷和训练质量要求越来越高。如果教学、训练和比赛安排不合理，在训练或比赛中不采取行之有效的预防与保护措施，那么非常容易造成运动损伤。

科学训练可以减少损伤，有效康复可以使损伤后的身体能以最快的速度和最小的代价恢复，二者紧密结合。目前国外非常重视训练中的损伤预防，这种预防是通过对身体薄弱环节的诊断以及采取目的性训练来实现，称之为"预康复"。预康复是指在日常身体训练中，为了预防运动中出现损伤而对身体容易受伤部位进行的功能性练习。当身体的各个环节力量和协调性都达到理想状态，并且较为均衡时，就能够在训练中减少损伤的发生，收到最佳的运动训练效果。

预康复的提出，预示着现代竞技体育运动康复应该和传统体育康复有所区别，即不要等到运动损伤后再进行被动康复训练，而应该通过有针对性的功能练习去主动减少和避免运动损伤。通过预防损伤的功能性训练，帮助运动员提高竞技能力或表达竞技水平。

二、运动损伤类型

(一)软组织损伤

软组织是指骨头以外的肌、腱、韧带、关节囊、神经等组织。如果对软组织施加过多的压力，损伤就会发生。施加在软组织上的力分为压力、张力、剪力三种形式(图8-1-1)。

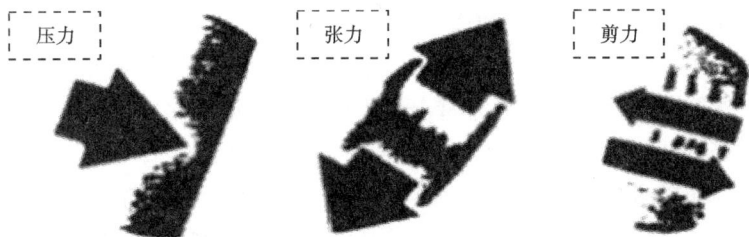

图8-1-1　力的三种形式

压力过大时会对软组织产生破坏，虽然软组织会对压力进行抵抗，并尽可能地接受，但是如果超过一定的限度而不能接受时，挫伤及跌伤就会产生。软组织被破坏并产生血肿，肌纤维因被撕裂而产生肌痉挛。张力主要是指牵拉及伸长组织的一种力量。剪力是指从旁边平行地切断连结组织的纤维，虽然腱和韧带对张力能够很好地进行抵抗，但是对剪力、压力等不能做充分的抵抗。强烈的压力可以使挫伤产生，强大的张力及剪力等可引起各种程度的扭伤(韧带)、肌肉拉伤(肌腱组合)。

(二)关节损伤

◆ 脊柱：脊柱在进行大范围活动的同时，连结着肋骨、肌肉、骨盆及头部，也起着支撑的作用。其还能够接受外力的冲击并将其分散，在身体移动时起着不可缺少的作用。防止脊柱发生损伤最为重要的是注意骨盆的活动，在体育运动中，通常把力(负荷)传向骨盆、腹肌及胸椎，其中30%作为压力加之于腰椎，而50%则加于胸椎的下部。

◆ 肩胛带：肩胛带是指构成肩关节的肩胛骨、肱骨及锁骨。肩关节不是依靠骨结构而主要是以韧带的支持结构来维持的，所以严重的扭伤、脱位是非常容易发生的。大多数肩的损伤是由于肩峰受到了从锁骨中传递下来的拉力及冲击力而产生的。肩部损伤主要是肩锁关节的分离和脱位。肩部损伤的发生机制为摔倒时手触地、腕关节受到牵拉而发生。

◆ 肘关节：肘是复合性关节，而强制性的伸展、强制性的过度伸展及冲击力都是造成损伤的最根本的原因。如果将肘固定在伸直的状态，跌倒时如果用腕和肘作支撑就会发生损伤。还有棒球运动员在掷球时，过度地伸展腕关节也会造成肘的损伤。

◆ 腕关节：腕关节进行着各种各样的活动，是身体中最容易活动的关节。腕关节经常发生损伤，腕关节过度伸展，受到一定的压力时容易发生损伤。

◆ 髋关节：髋关节损伤的发生是非常少的。髋关节只在超过可动区域进行活动时产生损伤。大多数髋关节损伤是由于运动员突然变换方向致使股骨的颈部连续地做角度非常大的扭转而引起。

◆ 膝关节：几乎所有的体育运动都会给膝关节造成很大的压力。从膝关节的构造机制上看，韧带发生损伤是非常多的。膝关节做伸展动作时无论从外侧还是内侧都容易受到外来的压力。膝关节侧方的韧带称为胫侧副韧带，特别是内侧胫侧副韧带最容易发生扭伤及完全性断裂。膝关节的损伤完全是由外力所引起的。

◆ 踝关节：这一部位发生最多的损伤主要是扭伤。肌腱与韧带在支撑不充分时，踝关节很容易发生严重的损伤。

（三）骨损伤

人体的骨头是最不能接受外力直接冲击的，它通过肌肉组织接受外力并缓冲对骨头的直接冲力，因此体育运动中发生的骨折常常是长骨骨折。

骨损伤一般发生在外力集中于改变方向的某一点时，致使骨头突然改变形状。例如长骨的损伤不是发生在缓慢地改变其形状之时，而是发生在突然变化其形状之时，例如锁骨骨折就是发生在由弯变直的过程中。

骨折可以分为扭转骨折、斜断骨折、横断骨折。扭转骨折是由于扭拧而产生的，斜断骨折是因向轴方向施加外力、弯曲及扭拧的复合力而引起的，横断骨折则是由弯曲引起的。

三、运动损伤产生的原因

（一）训练水平不够

1. 身体姿态不良

大多数体育运动是一侧性的活动。长时间进行相同的运动会使身体的某一特定部位异常地发达，引起身体的不均衡发展，导致身体姿态不良。这种不均衡性是大多数损伤产生的原因，例如在膝部、腰部的损伤中可以发现骨盆和脚的非对称性。如果不进行矫正，最后则会形成慢性的损伤。功能性训练原则上以维持两侧的均衡发展来尽量抑制单侧性发展，增强主动肌的同时增强拮抗肌，在取得全身均衡发展的前提下再进行肌肉力量的强化。这样的功能性恢复训练才能使全部训练计划得到实现。

2. 技术动作不正确

由于缺乏技术训练，动作要领掌握不好，很容易发生因错误动作引起的损伤，如足球、篮球、排球运动员的足趾和手指关节挫伤就是这种原因引起的。

3. 稳定性、灵活性差

由于肌肉、肌腱及其辅助装置（滑囊、腱鞘等）薄弱，关节的稳定性、灵活性较差。在进行大运动量训练的时候，因肌肉强力收缩、肌腱反复摩擦与牵扯，容易发生骨膜炎、滑囊炎、腱鞘炎、关节扭伤等。稳定性、灵活性较差而诱发损伤，主要是因为没有进行系统的身体运动功能训练。

4. 缺失自我保护能力

稳定性、灵活性较差容易导致自我保护能力的缺失，例如运动员在训练中摔倒落地时，不善于做团身保护而用上肢去支撑，容易发生肘部、腕部的各种损伤。

（二）过度训练

1. 负荷过大

由于运动量过大或者增之过急以致超过了人体器官组织的承受能力，在这种情况下进行训练，人体组织结构或因过度摩擦挤压，或因过度牵扯伸拉，会容易引起微细损伤的积累，形成慢性运动损伤，如骨劳损、关节劳损、肌肉劳损等。

2. 组织疲劳

人体肌肉、骨、关节在超负荷运动时，特别是在伤后、病后、休息后进行大运动量训练，容易发生局部组织疲劳。这是因为肌肉在大强度运动时，分解产物特别是乳酸大量地积聚在肌肉内，这不但会使肌肉收缩力量降低、肌肉弛缓、速度减慢，而且也会影响肌肉的伸展性。

这些因素又常常使对抗肌群产生不协调，会减低关节运动幅度，丧失完成动作所必须的灵活性和速度，以致造成"失手"和摔倒，发生各种性质的损伤，如急性关节扭伤、急性腰扭伤、大腿肌肉拉伤、跟腱断裂等。

3. 大脑疲劳

不合理的大运动量很容易引起身体疲劳，特别是大脑皮层的疲劳，例如连续的大运动量训练能使运动员无力，甚至厌倦训练。据临床观察，疲劳的运动员，其运动力量、精确度和供给机能均明显下降，警觉性和注意力减退，防御反应迟钝，这些都是引起运动损伤的条件。甚至训练水平较高的运动员在疲劳时进行训练，也可能发生技术上的错误，引起严重损伤，所以科学地安排运动量对预防运动损伤极为重要。

(三)健康意识不强

1. 淡漠准备活动

准备活动不单单是提高肌肉的温度，它的生理作用在于克服人体惰性，保证人体能迅速转入工作状态。在进行运动时，肌肉和内脏器官都要进行紧张的活动，因此，在比赛和训练前必须做好准备活动，使肌肉及内脏器官积极动员起来。

安静肌肉中的毛细血管数量比活动时的肌肉中的毛细血管开放的数量少好几倍，准备活动能提高肌肉的机能灵活性，使肌肉能够很快得到营养，肌肉在得到大量的血液供给后，就能保证肌肉的伸展性、弹性和收缩能力。同时，准备活动能提高关节囊及韧带装置的机能，使关节内产生适量的滑液，以保证关节表面的自由滑动，减少它们之间的相互摩擦，以利于肌肉的活动。再者，准备活动可使神经系统处于良好的兴奋状态，对动员各器官参与活动十分有利，准备活动不认真，在突然进行剧烈运动时，容易造成肌肉拉伤和关节扭伤。

2. 带伤训练或比赛

带伤或新伤未愈的运动员在训练中，常无意识地把负荷量转放到健康的肢体上，以致使健康的肢体受伤。运动员有时会自觉不自觉地避免使用尚未恢复的肢体，在完成技术动作过程中，改变已形成的动力定型，出现不合理的动作而造成损伤。

从受伤到恢复前，如果带伤坚持训练，不仅损伤得不到彻底根治，还必然会引起复发。忍受疼痛这种不屈不挠的斗志是很值得夸奖的，但这只是勇士行为。对疼痛忍受力很强的运动员来说，即使在受伤期间也可以参加训练和比赛，但这么做，只会加重损伤的程度。

3. 自身防护薄弱

运动员在训练或比赛过程中，经常穿着汗水湿透了的衣裤，为了方便，运动员还穿着这些汗湿的衣裤坐在阴湿冰凉的水泥地上歇息，训练结束后，又不愿及时脱掉。这种寒冷潮湿的刺激，不仅会降低肌肉的工作能力，还容易引起运动员风湿关节痛、肌肉风湿痛、周围神经炎、腰骶部疼痛等。因此，运动员在运动训练中需加强自身运动防护意识，防止因这类原因引起的运动伤害。

造成运动损伤的原因还有很多，例如由于精力不集中发生的各种急性损伤(挫伤、脱位、骨折、脑震荡等)，动作粗野(不合理的碰撞和"大动作")引起的严重损伤，场地器材等不合规格(场地不平、过硬)引起关节扭伤、劳损，以及骨膜损伤、跟腱痛等，球类馆、体操房的光线不足，地板太滑，器材固定不牢等都可能成为受伤的直接原因。

第二节   运动损伤应急处理

一、运动损伤诊断

正确合理地预防、治疗及伤后训练康复安排，都源于正确的诊断。对运动损伤作出正确的诊断，必须仔细询问运动者的病史(包括受伤动作、伤后症状、是否继续训练和比赛、治疗史及目前伤部功能情况等)，系统地进行物理检查。

运动损伤检查方法多数采用重复运动损伤的动作来进行检查，如半月板损伤的诊断检查就是在临床上重复运动刺激已损伤的半月板的检查动作。当然也有根据病理生理特点进行检查的，如患腰椎间盘突出症时的屈颈与直抬腿试验等。既然有些损伤的检查法是损伤动作的重复，那么检查手法必须轻柔，以免加重伤情，增加患者的痛苦。检查手法除望、叩、听、触诊之外，还有测量(角度、长及周径)及一些特殊的手法。

(一)软组织急性损伤

软组织急性损伤主要有肌肉、肌腱、腱鞘、关节囊及韧带损伤。症状及诊断如下。

◆ 有明显的受伤史：如由外力撞击引起的肌肉挫伤，身体失去重心造成的肌腱及韧带的扭伤，过度牵拉而引起的肌肉拉伤等。

◆ 疼痛及烧热：损伤后会出现大面积的疼痛，或出现痛点和刺痛点，如大腿被对方撞伤一般是大面积的疼痛，踝关节扭伤造成的韧带撕裂在韧带附着处有痛点或刺痛点，软组织急性损伤一般均有不同程度的烧热感。

◆ 肿胀及淤血：损伤后由于局部组织遭到破坏，导致毛细血管、淋巴管破裂，因而可见伤部有肿胀及淤血。其中以关节囊韧带损伤尤为明显。

◆ 局部功能障碍：关节囊、韧带损伤、肌肉损伤、腱鞘炎等，局部均不同程度受限。

◆ 异常改变：如肌腱完全断裂，伤部可见明显凹陷，凹陷的两端有凸起。

(二)劳损或慢性损伤

大多数劳损或慢性损伤是由局部过度负荷或微细损伤积累而成，既可发生在软组织(如肌肉、肌腱)，也可发生在骨组织(如关节软骨、骨膜、骨质)。症状及诊断如下。

◆ 无明显受伤史：逐渐发病，患者不能诉说明显的受伤日期及原因。

◆ 疼痛：疼痛时轻时重，小负荷不痛，大负荷痛。一般表现为活动前痛，活动开了反而不痛，但活动过度则疼痛加重。

◆ 无明显肿胀及淤血：由于损伤是逐渐发生的，局部组织未遭到突然剧烈的破坏，所以一般不出现肿胀及淤血。

◆ 局部异常变异：软组织劳损局部弹力减退，一般均有硬结、硬条或钙化阴影。骨组织劳损局部多有高突、骨质增生、骨膜增厚或有骨折线。

(三)骨折

骨折是骨的连续性遭到破坏，症状及诊断如下。

◆ 受伤史：外伤性骨折，均有明显的受伤史，疲劳性和病理性骨折无明显的受伤史。

◆ 疼痛：任何骨折都会产生疼痛。外伤性骨折疼痛剧烈，受伤的当时，患者自觉麻胀无力，几小时后疼痛逐渐加剧，折线处有刺痛。叩击远端肢体折线处出现疼痛。

◆ 淤血和肿胀：受伤当时无明显肿胀，数小时后肿胀逐渐增大，特别是在伤后的两三天内，肿胀十分明显，一般均出现明显青紫淤血。

◆ 功能丧失：骨折后除骨裂、嵌入性骨折和疲劳性骨折外均有功能丧失。但在运动损伤中，有少数病例并无明显功能丧失。

◆ 畸形：骨折后由于移位、重迭，局部会出现高凸、凹陷、肢体缩短、成角等畸形，无移位者无畸形。

◆ 异常活动：骨折后在不是关节的地方出现了关节样的活动，所以又称假关节。

◆ 骨擦音：握住两骨折断端互相磨擦可听到由断端磨擦引起的骨擦音，但做此检查时病人很痛苦，一般不常采用，有的骨折在按压断端时就可听到骨擦音，可按压确诊。

◆ 传导音的改变：骨折后，除骨骺端骨折、嵌入性骨折和疲劳性骨折外，骨两端各选一骨突，一端用听诊器听，一端用中指或叩诊锤轻轻叩击，区别出骨传导音发生的质与量的改变。

◆ X线检查：它是重要诊断手段，但不能完全靠X线，要结合临床表现。

（四）关节脱位

正常关节失去了正常的联系，叫脱位，其症状如下。

◆ 脱位均有明显受伤史，大多由一次暴力所致。

◆ 疼痛：脱位后关节周围有严重的疼痛，且有广泛的压痛，活动伤肢疼痛加剧。

◆ 淤血和肿胀：脱位当时无明显肿胀，后遂渐加大，两三天内肿胀十分明显，且有淤血，但习惯性脱位一般无明显的肿胀。

◆ 畸形：脱位后有高凸和凹陷，缩短或变长等畸形。

◆ 功能丧失：凡脱位均有功能丧失，且弹性固定在一异常位置。

二、运动损伤急救

（一）软组织损伤急救

软组织损伤可分为开放伤和闭合伤。开放伤损伤了皮肤黏膜，如擦伤、刺伤等，闭合伤的皮肤及黏膜无裂口，如肌肉挫伤及韧带、关节损伤等。

1. 擦伤

擦伤是皮肤受摩擦所致。例如田径及球类运动时摔倒擦伤，体操运动时被器械擦伤，拳击时被拳套擦伤等。擦伤是外伤中最轻，又最常见的一种，可以用2%的红汞水或1%～2%的龙胆紫液涂抹，不须包扎，暴露于空气中即可痊愈。创伤面积稍大，创面有异物污染的则需用生理盐水或双氧水冲洗伤口，伤口周围用75%的酒精棉球消毒，局部擦碘酒或紫药水即可。但关节及面部擦伤不宜用紫药水，最好涂上5%～10%的磺胺软膏或青霉素软膏，并用弹力绷带包扎。若创口较深、污染较重时，应注射破伤风抗毒血清，并用抗菌素药物治疗。

2. 撕裂伤、刺伤与切伤

这三种创伤的皮肤都有不同程度的规则或不规则的裂口，虽然各有特征，但病理却大致相同。处理时主要是清洁创面、缝合及预防破伤风。若撕裂的伤口较小，切口的创面整齐、清洁，其创面长度在2 cm以内时可先用无菌纱布盖住伤口加压止血，然后用2%的碘酒在伤口周围消毒，再用75%的酒精处理，将伤口对合好，用粘膏粘合再盖上消毒纱布，4～7日即可除去敷料，伤口便可愈合。发生在面部的撕裂伤，可用生理盐水冲洗，用肾上腺素液棉球压迫止血，再用粘胶封合，或用创可贴粘膏固定。如果被生锈铁钉或脏竹枝等刺伤感染，因刺伤的伤口小而深，这种伤口应先用冷开水和双氧水冲洗，除去异物，再进行消毒包扎。若血较多，应立即进行临时止血，并马上送医院做进一步处理，注射破伤风毒血清。

总之，新伤(在6~12小时以内的)应先用生理盐水与肥皂水洗刷，然后剪除伤口边缘的糜烂部分或坏死组织，再止血、缝合。如怀疑有感染可暂用凡士林纱布充填，3天后检查，无感染时再缝合。注意切伤时常同时有神经和肌腱损伤，应一并处理。

3. 挫伤

挫伤时，组织的连续性受到损害，但从解剖上来看，并未完全中断。在运动中如足球、球靴、体操器械的撞击，以及运动员的互撞等，都易发生挫伤。最常见的挫伤部位是大腿与小腿前部。此外，头、腹部及睾丸的挫伤也不少见。

◆ 挫伤症状：一般有疼痛、肿胀及出血等。疼痛程度因人而异，与淋巴、血液渗出的多少，局部神经损害的情况及部位有密切关系。大多数患者挫伤后，出血逐渐消散被吸收。

◆ 合并症：少数患者挫伤部诱发感染化脓。有时继发钙质沉着化骨，临床上称为化骨性肌炎。严重的挫伤有时妨碍血液循环，引起局部肌肉的缺血性挛缩。其早期症状是肢体末端青紫肿胀、麻木、发凉、运动障碍。三周后症状消失，但手或足逐渐挛缩于屈曲位。

◆ 急救：严重休克的若干挫伤(如睾丸、腹部挫伤)，首先矫正休克，然后将患者安放在适当位置休息。睾丸挫伤应以三角带吊起，卧床，局部冰敷。臂及手挫伤可利用悬带休息。下肢挫伤则需静卧床上，患肢抬高，并用冷敷及压迫包扎，以减少出血及肿胀。股四头肌及小腿腓肠肌部严重挫伤，多伴有严重的出血，应严密观察。如果肿胀不断发展或肿胀严重影响血液循环，则应手术切开，取出血块，找出出血的血管，予以结扎。疼痛较严重的挫伤可用吗啡、可卡因或阿司匹林等药物止痛。

4. 肌肉拉伤

肌肉拉伤是指在外力的直接或间接作用下，使肌肉猛烈主动收缩或被动过度拉长时所引起的肌肉损伤。在体育运动中，准备活动不充分、训练水平不高、疲劳或负荷过重、技术动作错误、动作用力过猛或粗暴、气温过低、肌肉僵硬、湿度太大、场地和器械的质量不良等原因都可引起肌肉拉伤。

主动收缩拉伤是肌肉主动猛烈地收缩超过了肌肉本身的负担能力。常见于百米赛跑起跑后的加速跑、跳远踏跳蹬地时等。主动收缩拉伤以肌腹受伤较为多见。被动牵拉受伤，肌肉突然被动过度拉长时，超过了肌肉本身特有的伸展程度。此类拉伤的动作有踢腿、劈腿和跨栏、拉韧带等动作。被动牵拉易伤及肌腱部或腱止点处。在体育运动中，大腿后群肌肉的拉伤最为常见。大腿内收肌、腰背肌、腹直肌、小腿腓肠肌、上臂肌也是肌肉拉伤的易发部位，只因项目的特点不同，其拉伤的部位各异。应急处理方法是固定、冷敷。

5. 韧带损伤

关节韧带损伤是指在间接外力的作用下，使关节发生超常范围的活动而引起关节韧带的损伤。轻者韧带部分撕裂，重者韧带完全断裂，甚至引起关节半脱位或全脱位，还可出现关节囊、滑膜或软骨的损伤。在体育运动中损伤最多的是踝关节和膝关节的韧带，其次是腕、肘、指、腰、肩关节的韧带。应急处理方法是固定、冷敷。

(二)出血性损伤急救

血液从损伤的血管流出称为出血。出血分为内出血与外出血两种，外出血有伤口，分为动脉出血、静脉出血、毛细血管出血，内出血分为组织内出血、体腔出血与管腔出血三种。

1. 外出血急救

◆ 止血带法：常用的止血带有四种，即皮管、皮带、气止血带及布带绞绊捆扎止血。缚止血带时，首先应将患肢抬高，然后再上止血带，止血带应在出血部位的近端，缚后肢端应呈蜡白色，如果呈紫红色则为不当。缚上的止血带，上肢每半小时、下肢每小时放松一次，以免肢体坏死。

◆ 压迫法：止血方法中最重要、最有效且极简单的方法是在出血点上直接加压(除大动脉破裂者外)，可使血管闭塞，发生防御性血栓或血块。创伤中较大血管出血，必须采用"指压法"，压迫创伤附近动脉或远距创伤动脉止血。所加压力必须持续至可以结扎血管或用止血钳夹住血管时为止。

◆ 充填法：多用于躯干的大伤口或不能上止血带的部位，运动创伤中很少使用。主要用消毒纱布垫充填伤口压迫止血。

2. 内出血急救

皮下组织、肌肉等组织内出血用冷敷、加压止血，内出血中的体腔出血，如肝脏破裂多有严重的休克。临床上常常用查血色素、红细胞及血球容积的方法诊断。一旦发生严重休克，常常需要及时输血或进行手术。

(三)骨折的急救

◆ 固定：固定术应于受伤当时就地施行，未固定患者不可移动，以免发生休克及其他严重合并损伤。

◆ 预防休克：就地制动固定后，注射吗啡止痛，但颅脑或胸腹部损伤者禁用吗啡，骨折部注射止痛液(如普鲁卡因)，后针刺人中、十宣，吸氧，平卧保暖。

◆ 消毒包扎：有伤口或有开放性骨折的患者应先洗涤伤口，再用消毒巾包扎，以免感染。争取在6~12小时以内送达医院施行手术，并注射破伤风血清，以预防破伤风。暴露在伤口外的骨折端，未经处理者，一定不要复回伤口内，应敷上清洁布料，包扎固定急送医院处理。

◆ 止血：有出血的患者，可根据情况采用止血方法。

第三节　运动功能康复

一、恢复顺序

运动损伤发生后，首先要判断和确定损伤的程度，必须接受医生的诊断。被称为民间疗法的针灸、按摩、推拿、指压及整位等方法只是从功能恢复时期的温热疗法开始，并在医生的指导下进行。从受伤到运动功能恢复的基本程序如图8-3-1所示。

二、RICE 处置

在受伤后去看医生这一程序中间还有一个必须进行的程序，即紧急处置，也就是"RICE处置"。紧急处置一般要进行24~72小时，即"制动2~3日"。根据医学理论，不论伤势多重，经过72小时的休息，症状也会趋于稳定，此后才能进入恢复治疗期。

图 8 - 3 - 1 运动损伤恢复程序

（一）制动

制动对于骨骼肌的损伤来说是不可缺少的。制动主要是立即停止运动，让患部处于不动的状态。运动终止后的制动可以控制肿胀和炎症，可以把出血控制在最低的限度内。然后用石膏、拐杖或者支架把处置过的患部固定住。受伤后固定两三天，不仅可防止并发症的发生，而且对治疗也有一定的帮助。如果过早地活动患部，不仅会出现内出血等症状，还可能使其机能损伤进一步加重，使恢复时间拖得更长。

（二）冷敷

冷敷在应急处置中是效果最为明显的。因为冷敷既可以减轻疼痛和痉挛，减少酶的活性因子，同时又可以减少机体组织坏死的产生，在受伤后 4 ~ 6 小时内所产生的肿胀也会得到一定程度的控制。冷敷还可以使血液黏度增加，毛细血管浸透性变少，限制流向患部的血流量。

（三）加压

几乎所有的急性损伤都应采用加压包扎法。加压包扎既可使患部内出血及淤血现象减轻，还可防止浸出的体液渗入到组织内部，并能促进其吸收。加压包扎有很多方法，可以把浸水的弹力绷带放进冷冻室，这样可同时起到冷敷和加压的作用，还可以使用毛巾及海绵橡胶做的垫子来进行加压包扎。例如踝关节扭伤时，可用"U"字形的海绵橡胶垫子套在踝关节上，然后用胶布或者弹力绷带固定，采用加压包扎可以防止和减轻踝关节周围的浮肿。冷敷是间断性的，而加压法则在一天中都可以连续使用。

（四）抬高

抬高是把患部提到比心脏高的位置。同冷敷、加压一样，抬高对减轻内出血也是非常有作用的。它不但可以减轻通向损伤部位的血液及来自体液的压力以促进静脉的回流，而且患部的肿胀及淤血也会因此而得到相应的减轻。

三、功能康复

(一)功能康复程序

疼痛减轻的同时也是促进患部血液循环正常及开始功能康复训练之时。整个运动功能康复过程大致分为三个阶段：第一阶段是应急处置，即运动损伤的诊断与应急处理；第二阶段是关节活动性康复，即疼痛减轻之后，恢复关节的可动性；第三阶段是稳定性力量恢复，即增强关节的稳定性、身体对称性和强化肌肉力量，预防功能动作不良和疼痛。

关节可动性康复的方法主要采用伸展运动和 PNF 训练，即给肌腱一定刺激以提高肌肉及关节的伸展性、灵活性。恢复了正常活动能力的下一步则是恢复肌肉力量和动作控制能力，常采用身体功能性训练手段与方法，并结合专项技术动作训练，帮助其早日重返运动场。

1.下肢功能恢复

最初阶段是无疼痛感的站立。膝关节及踝关节如有疼痛感，那么就说明无法承担体重的负荷。这时为不增加下肢的负担应坐下或躺在床上进行训练。站立无疼痛感时，则进入下一个步行阶段，行走时如有疼痛，那么行走或拄拐杖行走都应被禁止。步行的下一个阶段为登台阶阶段，上下台阶时如有疼痛感，则不能进入慢跑阶段。能否进入慢跑阶段主要取决于上下台阶时身体的感觉。虽然上下台阶时有痛感也能进行慢跑，但是这会引致跛行以至于养成不良的习惯。忍痛进行慢跑的结果，会导致必须回到起点重新开始的局面，即疼痛变本加厉，又要从最初的应急处置、制动开始进行治疗。下肢功能恢复程序如图 8-3-2 所示。

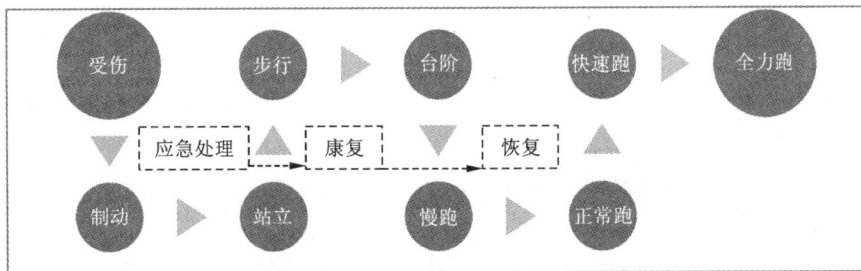

图 8-3-2　下肢功能恢复程序

2.上肢功能恢复

上肢的恢复程序几乎同下肢的恢复步骤是一致的。例如肩及肘损伤的功能恢复，首先，在坐或站立时，肩及肘如果有针扎似的疼痛或上肢在直立位时有疼痛的感觉时，必须躺下进行训练。当站立也感觉不到疼痛时可进入到下一步骤，这时可以试着自然地伸屈肘臂及转动腕关节，如还有疼痛则表示目前还不适宜活动。然后试着做一些抓球、握棒、拎包等动作。如果进一步用力而没有疼痛时，则进入下一步骤。肩、肘、腕关节活动时如无疼痛，可以根据自己的项目进行一些专项性练习。如排球运动员可做一些扣球动作。最初开始动作的幅度及速度一定要小、要慢，然后逐渐地加快动作的幅度及速度。其间如有疼痛则不能勉强做一些扣球动作。上肢的功能恢复步骤重点同下肢的功能恢复一样，要注意"少许的疼痛"，不要勉强进行活动。可参考上肢功能恢复程序(图 8-3-3)。

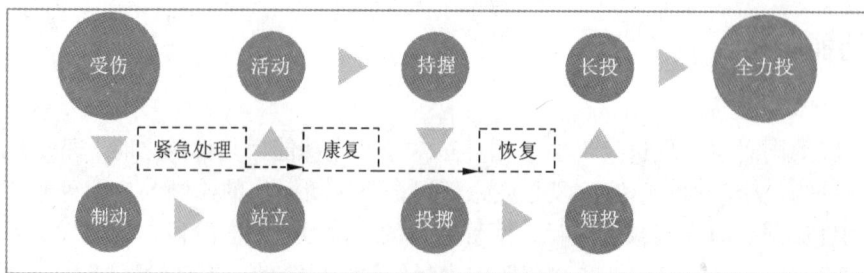

图 8 - 3 - 3　上肢功能恢复程序

(二)功能部位恢复

1.颈部

(1)颈部的损伤

◆ 骨折:颈部骨折发生率非常低。一般情况下,骨折发生之前颈骨会出现脱位及准脱位。在颈部的过度伸展(颈部向后极度弯曲的状态)、阻挡、冲撞等情况下头顶受到压迫、颈部被扭曲等现象发生时容易发生损伤,常发生在颈骨的棘突及部分发生在第六和第七颈椎。

◆ 脱位:颈部脱位不是很常见,但相比骨折,发生率还是比较高。一般发生在颈部急剧地屈曲(颈部向前弯曲)及扭转之时。在足球和橄榄球运动中,使用头顶来阻挡和冲撞时容易发生脱位。颈骨因为可动区域较大,同胸、腰部的骨头相比是容易发生脱位的部位。脱位最容易发生的部位是第四颈椎。

◆ 扭伤、肌肉拉伤:在体育运动中最常见的颈部损伤是扭伤和肌肉拉伤,它们同脱位和骨折的产生机制是一样的。对颈部加力的强度会引起肌肉拉伤和扭伤。

◆ 压迫神经:是指肩关节中的神经被压迫的状态。这种损伤是运动员用头或者肩进行阻挡和冲撞时颈部向横侧被扭曲时所发生的。

◇ 症状:手臂不能向横侧抬起,肌肉无力,从手臂向下的部位一时失去感觉,有被灼烧的疼痛、过电似的疼痛从颈肌向手指尖移动。

◇ 诊断:仰卧状态下,询问运动员颈部的疼痛部位、疼痛是否已向手指尖转移、疼痛的程度如何等,询问运动员的四肢是否能动(捏一捏手和脚、用针刺一下确定是否有感觉)

(2)功能恢复

颈部的功能恢复主要以可动区域的恢复和肌肉力量的强化为中心。可动区域的恢复不能借助别人的手来进行,一定要自己积极主动来完成。颈部是非常危险的部位,通过自己对疼痛的感觉进行调整是非常必要的。可动区域内不用引拉就能活动时,可开始进行颈部周围肌肉力量的强化训练。用自己手的力量做抵抗运动而没有异常情况发生,且完全可以用力时,则可以借助同伴和使用器具进行强化训练。

2.肩部

(1)肩部的损伤

◆ 胸锁关节挫伤(图 8 - 3 - 4)

◇ 发生机制:肩向外转的状态时用肘触地摔倒、横向摔倒时肩的外侧受到强烈撞击,肩向前方被推出去被间接的力所挤压,锁骨被撞击,手臂向后方拉伸扭转。

◆ 锁骨撞击

◇ 发生机制：锁骨和皮肤之间没有一点肌肉和脂肪，所以特别容易发生损伤。运动时为了对这一部分进行保护应该贴上膏贴。对锁骨的直接撞击可引起骨折，损伤发生后应立即到医院进行检查以确认是否发生了骨折。

◆ 锁骨骨折(图 8 - 3 - 5)

◇ 发生机制：同胸锁关节的挫伤一样，肩向外转时用肘触地摔倒、横向摔倒时肩的外侧受到强烈撞击，其力量转移到锁骨，锁骨直接受到撞击。

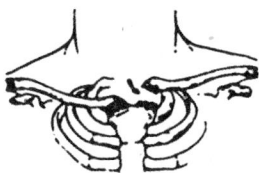

图 8 - 3 - 4　胸锁关节挫伤　　　　　图 8 - 3 - 5　锁骨骨折

◆ 肩锁关节挫伤(图 8 - 3 -6)

◇ 发生机制：肩部触到地面，肩峰受到外力的撞击。牵拉肘的状态下，用手或者用肘支撑身体等情况时，将关节窝和肩峰向后方挤压会受到间接力量的撞击。

◆ 肩关节脱位(图 8 - 3 -7)

◇ 发生机制：肩关节的脱位在对抗性体育运动中经常发生。肱骨向前方搓开形成前方脱位，其中60%左右都会形成习惯性脱位。由于肩关节在肩胛骨很浅的关节窝里对着肱骨大骨头，所以很容易发生脱位。手臂向外翻转90度以上时，加上向外旋的力就会发生脱位。

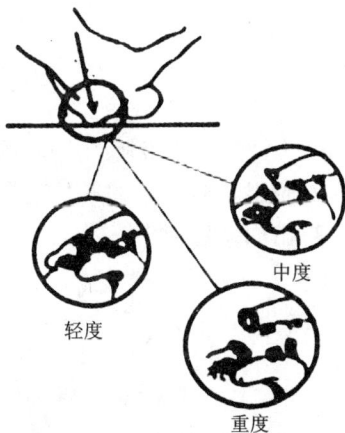

轻度　中度　重度

图 8 - 3 -6　肩锁关节挫伤　　　　　图 8 - 3 - 7　肩关节脱位

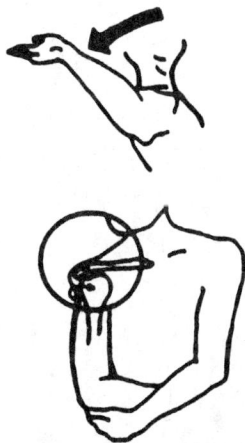

◆ 肩峰撞击综合症(图 8 - 3 -8)

◇ 发生机制：肩峰撞击综合症是指构成肩峰下腔的软体组织的慢性病，是肩关节外展活动时，肩峰下间隙内结构与喙肩穹之间反复摩擦、撞击而产生的一种慢性肩部疼痛综合征。

该病包括肩峰下滑囊炎、冈上肌腱炎、冈上肌腱钙化、肩袖断裂、肱二头肌长头腱鞘炎、肱二头肌长头断裂。其共同临床特征是肩关节主动外展活动时有一疼痛弧，而被动活动疼痛明显减轻甚至完全不痛，也称肩袖冲突症候群。像游泳、棒球的投球等动作，超过肩的水平线以上过度使用手臂时肩峰撞击综合症就可能发生。肩部撞击症的治疗，一般采用保守疗法，即休息、正确使用手臂、冷敷及温热疗法等。

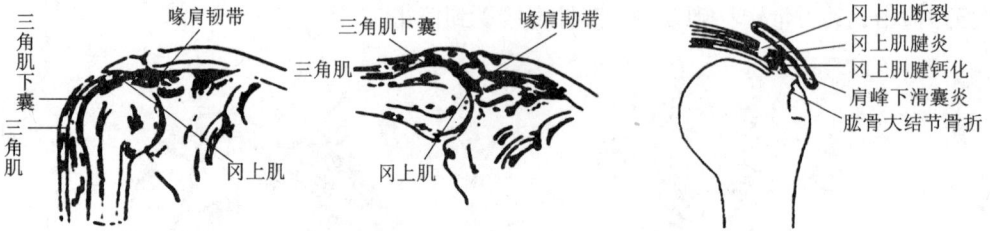

图8-3-8　肩峰撞击综合症

（2）功能恢复

肩部的功能恢复是以可动区域和肌肉力量的恢复为目的。可动区域的恢复主要是采用活性化治疗方法、使用静力训练方法缓解疼痛。如果已具有相当的力量，可以使用皮筋进行活性化肌肉力量强化训练。尤其要对肩后侧肌肉进行力量强化训练。

3.肘关节

（1）肘关节的损伤

◆ 肘关节骨折（图8-3-9）

◇ 发生机制：肘关节的骨折是在牵拉手臂，肘被扭曲摔倒，受到直接撞击时发生的。手被拉伸摔倒时肱骨也会发生骨折。前臂及腕关节骨头也会发生像骨折一样的损伤。肘关节如果发生骨折，对于是否变形，有时能看出来有时也看不出来，能看见的有瘀血、肿状、肌肉痉挛。

◆ 肘关节脱位（图8-3-10）

◇ 发生机制：肘关节脱位是在肘过度伸展状态下手臂伸出，摔倒而用肘起固定作用时被强烈扭伤而引起的，前臂的桡骨和尺骨向前、后、侧方脱出。最常见的脱位是肘尖变形，肘尖向后方突出。这样的状态下，神经和血管也会受到打击而发生损伤。

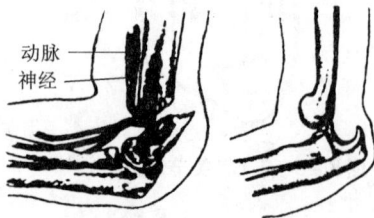

图8-3-9　肘关节骨折

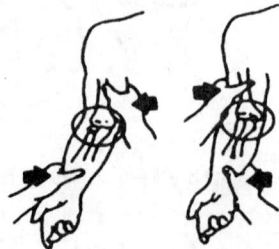

图8-3-10　肘关节脱位

◆ 肌肉拉伤和扭伤

◇ 发生机制：肘关节发生急性肌肉拉伤是由于肘和手伸出摔倒时，肘过度伸展而造成的。反复发生轻度损伤会发展成慢性损伤。肘的扭伤是肘过度伸展、前臂向外被扭曲所造成的。拉伤和扭伤的判断应该委托医生来完成。

◆ 上髁炎

上髁炎是指肌肉和筋腱在上髁骨连结的部位发生炎症，在反复使用前臂反扭动作的运动员中其是常见的慢性损伤。上髁炎根据体育项目分为投球肘、网球肘（图8-3-11）、标枪肘、高尔夫肘。损伤的位置、症状、情况很相似，肘外侧和内侧周围的疼痛使上髁有压痛感。被动扭动肘关节时疼痛难忍。肘损伤发生时，应按以下的顺序进行检查。

肱骨

手腕伸肌连结部的疼痛

图8-3-11 网球肘

◇ 问诊肘的什么部位有痛感，是怎样受伤的。

◇ 与没有受伤的人的肘的肿状、疼痛、变色、热度进行比较，让受伤人自己活动肘，与没受伤的人的可动区域进行比较。

◇ 摸一摸肘头、肘的横侧，压住肘的稍上方检查是否有痛点。

◇ 同受伤时相同的方向活动肘（骨折和脱位千万不能进行）。

（2）功能恢复

肘的功能恢复以可动区域的恢复和肌肉力量的强化为目的。可动区域的恢复主要是进行腕关节的屈曲和伸展。肌肉力量的强化主要通过腕关节的屈曲、伸展、尺屈、桡屈、前臂的旋内、旋外动以及肘的屈曲和伸展来实现。肘的活动主要是由前臂和腕关节的复杂动作来完成。

4.手和腕关节

（1）手腕关节的损伤

◆ 腕关节骨折（图8-3-12）：腕关节的骨折是指桡骨和尺骨下端的骨折。发生机制同腕关节的受伤有共同点，是摔倒时掌心触地引起的。

◆ 舟状骨骨折（图8-3-13）：舟状骨是手指骨中骨折发生最频繁的。这种骨折是过度伸展腕关节，掌心着地时舟状骨受桡骨和掌骨的第二列骨之间的压迫而引起的。对待骨折最不可缺少的就是要完全固定，如果不这样，会出现供血不足，治疗会非常困难，骨头会坏死。

图8-3-12 腕关节骨折

图8-3-13 舟状骨骨折

◆ 月状骨脱位：摔倒用手触地时，指骨的第一列和第二列之间的错开引起脱位。症状为有疼痛感和肿胀，腕关节及手指弯曲变得困难。发生脱位的月状骨因神经压迫，会引起手的感觉麻痹及屈肌的麻痹。

◆ 腕关节挫伤：腕关节过度伸展摔倒时，因腕关节急剧被扭曲而引起。腕关节主要的支撑组织是给手指骨运送营养的掌心和手指部分的韧带，如果这部分韧带多次受到挫伤，可能会中断对手指骨的血液供给。

◆ 手指骨折：发生在手指被踩、被球击中、被强力扭曲等情况下。指骨的节骨和掌骨骨折时，手指屈伸时的筋腱也会受到损伤。

◆ 手指脱位（图 8 - 3 - 14）：手指没有合理地触到球等情况所引起的损伤。其结果会引起关节囊及韧带的断裂。在关节中及其周围骨头的小碎片发生剥落，屈筋腱及伸筋腱的断裂也会发生。

◆ 手指挫伤（图 8 - 3 - 15）：对手指前端用力时被挫而引起的损伤。挫伤后最少也要连续进行 1 小时的间断冷敷和压迫治疗。

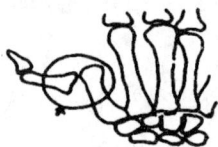

图 8 - 3 - 14　手指脱位

图 8 - 3 - 15　手指挫伤

（2）功能恢复

手腕关节的功能恢复是以可动区域和肌肉力量的恢复为目的的。可动区域的恢复主要是进行腕关节的伸展练习和掌心的伸张。肌肉力量恢复主要以腕关节和手指肌力恢复为中心。腕关节和手指力的强化以握力恢复为主，做腕关节屈曲、伸展、尺屈、桡屈练习。手指力的强化以用手指做摘、夹动作为主，同时进行打开手指的训练，最为重要的是握、捻动作。

5. 脊柱

（1）腰部的损伤

◆ 腰部的扭伤：腰部在对抗性的体育活动中是经常容易发生扭伤的。这种扭伤几乎都发生在肌肉上，可以说没有特别严重的损伤。但是，一个小小的扭伤，它的力量如果没有被周围肌肉所吸收，会直接影响到棘突及棘上韧带，这时会发生肌肉组织及棘突的扭伤和骨折。这种情况发生时必须要到医院去做 X 光检查来确认是否发生骨折。扭伤发生时一定会有症状显示，受伤后马上就会有局部的疼痛和压迫感，活动腰部时也会有中等程度的疼痛感。经过几个小时后，活动腰部时在其周围的肌肉群会有被限制感的肌肉痉挛的发生，这时要判断损伤到底是单纯的扭伤还是拉伤是非常困难的。

◆ 腰部的挫伤：腰部的挫伤同拉伤的发生机制很像。但是，挫伤后周围的肌肉会发生二次反射性肌肉痉挛。容易发生挫伤的韧带是沿着棘突前端的棘上韧带。这一韧带的挫伤被认定在韧带的上方及韧带的连结部位——棘突的上方有疼痛感。腰部主动的和被动的伸展练习对韧带都能够起到放松的作用而不会引起疼痛。屈曲时韧带由于紧张会引起疼痛。

◆ 腰部肌肉拉伤：肌肉拉伤的定义是肌和腱组合的某部位的损伤，但是，脊柱中为了维持直立姿势的肌肉进行着多数复杂的活动，所以是特别容易受到拉伤的部位。在腰部活动的多数肌肉中最容易发生肌肉拉伤的、最具有代表性的是背长肌、腰方肌及腰肌等。肌肉拉伤的原因有肌肉的疲劳，肌肉的柔韧性不足，腹肌和背肌的不平衡，腘肌群的柔韧性不足。

◆ 脊椎分离症(图 8 – 3 – 16)：脊椎分离症是椎骨后部的椎弓的上下的关节突起之间的部分发生骨缺损，使其连续性发生中断，构造上有弱点的第五腰椎的周围居多。是由于反复多次地对这一部位施加外力所引起的疲劳骨折而发生的。患有脊椎分离症的人所占比例很高，从事体力劳动、长期参加激烈运动的人比例会更高。但是患有分离症的人不是都有腰痛的症状。在脊椎分离症中一般的腰痛是因已经分离的椎弓部分异常的可动性对背肌、韧带、椎间关节、椎弓部周围神经的刺激而引起的。

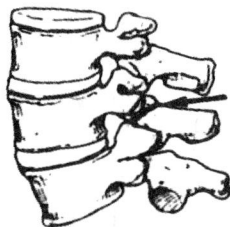

图 8 – 3 – 16　脊椎分离症

◆ 脊椎滑脱症(图 8 – 3 – 17)：脊椎滑脱症是指椎骨下滑到下一个椎骨的部位或者面向骶骨(指第五腰椎)向前方滑出的状态。虽然脊椎分离症也同时发生，但是这里只是指因并没有分离症相随的椎间关节和椎间盘的变形所产生的不稳定性而引起的活性(伪装性)脊椎滑脱症。这种情况下最容易发生的部位是第五腰椎和第一骶椎之间。症状同脊椎分离症的情况几乎相同，但是在臀部和大腿部会有放射状的疼痛，还会有坐骨神经痛和下肢的运动知觉神经的麻痹症状等发生，会出现腰椎前屈的增强。

◆ 椎间盘突出(图 8 – 3 – 18)：椎间盘突出是指给予了椎间盘多余的力、反复的压力及不良的纤维环的存在所形成的胶质状的骨髓核从周围的纤维环中向四面突出而形成对神经的刺激所造成的损伤。椎间盘突出多发生在腰椎的部分。发生频率最高的还是腰部中承受力最强的第四腰椎和第五腰椎之间及第五腰椎和第一骶椎之间的椎间盘。因此，受伤害的神经是第四、第五腰髓神经及第一骶髓神经。这些神经受到刺激后，有很明显的腰痛和坐骨神经痛。

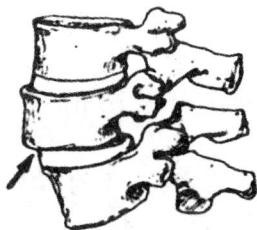

图 8 – 3 – 17　脊椎滑脱症

图 8 – 3 – 18　椎间盘突出

(2)功能恢复

腰部的功能恢复是从缓和背部、腰部、髋关节的紧张及其可动区域的恢复开始的。同腰部的强化相比，紧张的缓和极为重要。在进行背部及体侧的伸展练习的同时，髋关节的伸展练习或大腿内收肌的伸展练习不可缺少。伸展练习进行之后才可以做扭腰及活动髋关节的治疗，积极主动地活动肌肉。消除腰部的紧张一定要在没有疼痛感的情况下进行伸展练习及适当的治疗。腰部的紧张有所缓和之后，就要开始进行腰肌力量的强化。腰部的强化不仅仅是背肌的强化，也包括腹肌力量的强化，要注意二者的平衡。腰痛的原因多是腹肌与背肌的不均衡致使不能保持正常的姿势而引起的。但不能只停留在腹肌及背肌的强化上，同时也有必要考虑一下躯干的强化，要以腹部、体侧部、背部及髋关节的强化为目的进行治疗。

6. 髋关节

（1）髋关节的损伤

◆ 髋关节挫伤：髋关节依靠其周围的韧带和肌肉支撑着。但是，脚被固定在地面，髋关节被强烈扭曲时，其周围的一些韧带会受到损伤。对于髋关节挫伤症状的处置同其他关节的挫伤处置一样。

◆ 髋关节脱位（图8-3-19）：在股骨被内收-屈曲的状态下，对股骨的长轴方向进行加力，骨头向后方的脱位是髋关节脱位的一般情况。发生脱位时股骨呈内收-屈曲-内旋的状态。因为这种损伤发生时经常伴随骨折和坐骨神经的损伤，所以有立即去看医生的必要。

◆ 髂嵴炎（图8-3-20）：髂嵴炎就是髂骨附近受到撞击所引起的损伤。这一损伤是根据强烈的疼痛和肿胀的出现来判断的。它是伴随着骨头的挫伤、肌肉的压迫、短时期的机能损伤而引发的，在髂骨上方和最上方如果能感觉到强烈的压迫疼痛，就意味着臀大肌连结部的断裂及发生了非常严重的机能损伤。处置的方法主要采用"RICE"，再加之冷敷、加压及固定起来使其平稳。这时为了确认是否骨折要拍X光片。

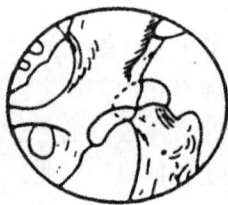

图8-3-19   髋关节脱位

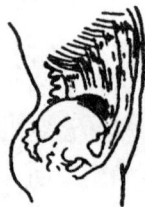

图8-3-20   髂嵴炎

◆ 腹股沟肌肉拉伤（图8-3-21）：腹股沟拉伤不是发生在髋关节，而是发生在其周围的外伤。腹股沟是股骨和腹部之间的凹陷地方，有股直肌、内收肌群和髂腰肌。这些肌肉在跑步、跳跃及伴随着内旋时容易发生拉伤。运动员自己是不能够正确指出拉伤部位的，应该进行测试。

◇ 股直肌的测试（图8-3-22）：坐在桌子的边缘，让膝关节以下的部位自然放松，踝关节加力使膝关节伸直。假如是股直肌发生拉伤，会有痛感且没有力量。

图8-3-21   肌肉拉伤

图8-3-22   股直肌的测试

◇ 内收肌的测试(图8-3-23):坐在桌子的边缘,展开受伤的腿使内收肌肉伸直,接下来用手抵押住膝的内侧,让髋关节内收。如果发生了内收肌拉伤,会有疼痛感。

◇ 髂腰肌的测试(图8-3-24):坐在桌子的边缘,把手放在膝的上面加压并让膝关节屈起。如果髂腰肌发生了拉伤,腹股沟的深层会有疼痛的感觉。还有一种方法是伏在桌子上,股骨向后伸展及内旋时也会有疼痛感。

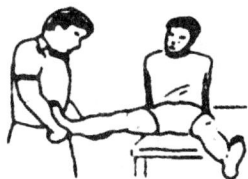

图8-3-23 内收肌的测试

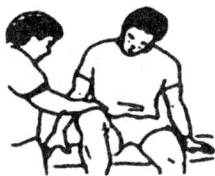

图8-3-24 髂腰肌的测试

(2)功能恢复

髋关节的功能恢复主要以可动区域的恢复和肌肉力量的强化为中心。可动区域的恢复不能硬性强制地采用伸展运动恢复的方法。肌肉力量的强化以髋关节的屈伸、外展、内收等一些简单的动作开始,如果有了一定程度的改善,可采用内旋和外旋动作组合起来的较为复杂的练习方法进行肌肉力量恢复。

7.大腿部

(1)大腿损伤

肌肉拉伤是由于过多地使用肌肉及给予了肌肉超负荷的压力所造成的损伤。肌肉拉伤有慢性和急性之分。慢性肌肉拉伤是由于肌肉的过度使用所引起的肌肉疲劳所出现的肌肉痉挛、筋膜炎及瘀血等现象。急性肌肉拉伤是由于突然间给予肌肉所承受不了的外力而造成的。

肌肉拉伤大多也只是局限在筋腱组合的部分,也可能发生在这一部分与肌肉的起始部、终止部、筋腱移行部、肌肉或者是筋膜自身及同组合的任何一个部位上。不管在哪个部位发生都可视为同一症状。

(2)功能恢复

大腿部功能恢复主要以强化肌肉及恢复肌肉的柔韧性为中心。对于轻度的肌肉拉伤应反复进行肌肉收缩的训练,同时充分进行伸展练习。部分断裂及完全断裂的中后期,应在进行静力性训练和伸展训练的同时使肌肉力量得以恢复。其后,可对肌肉进行伸展练习。此时如果肌肉能获得一定程度的恢复,就对整个肌肉进行动力性训练。但不能只进行单一的腿屈起动作,而应进行同时使用髋关节和踝关节的训练。

8.膝关节

膝的缺点是每一部分都由两个关节所控制。例如髋关节伸展时,作用于膝关节屈伸的腘绳肌就是其中之一,作用于膝的伸展和髋关节屈伸的股直肌也在其中。这两大肌群同时进行强烈活动时就可能发生问题,最终成为由肌腱紧张而引发损伤的原因。

(1)膝关节损伤

◆ 膝关节挫伤(图8-3-25):膝关节在承受外力时,支撑髋关节的韧带发生异常的活动而产生挫伤。异常的活动是指面对股骨的胫骨有向外侧或者内侧移动的倾向，发生内旋或者外旋、前方或者后方错位，过度伸展和组合的活动。相反，股骨面向胫骨活动时也会发生挫伤现象。挫伤是由于过度牵拉造成的，损伤程度各有不同。主要表现为在没有丧失膝机能的前提下韧带的纤维稍微发生断裂、机能全部丧失的韧带完全发生断裂等情况。同样也会发生胫侧副韧带、前十字韧带、内侧半月板同时断裂的重伤。

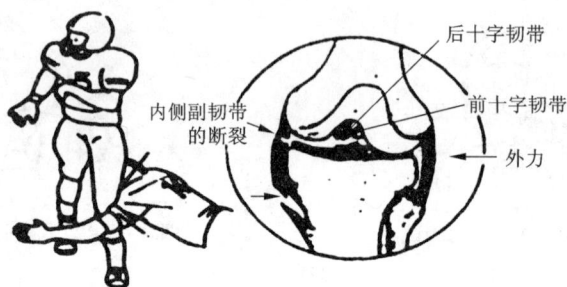

图 8 - 3 - 25　膝关节挫伤

◆ 半月板损伤(图 8 - 3 - 26)：半月板同膝关节的屈伸一起发生移动，外侧半月板要比内侧半月板作稍大的移动。因为外侧半月板的后缘连结在膝横韧带上使膝关节发生弯曲、胫骨内旋，所以屈膝时外侧半月板会被膝横韧带拉到后面，比内侧半月板有更大的移动。相反，内侧半月板没有同能使它移动的肌肉连在一起，因其外缘一部分连在胫侧副韧带上，所以移动幅度反而受到了限制。又由于内侧与外侧半月板移动的范围不同、内侧半月板与胫侧副韧带连结在一起，所以内侧半月板比外侧半月板更容易受到损伤。

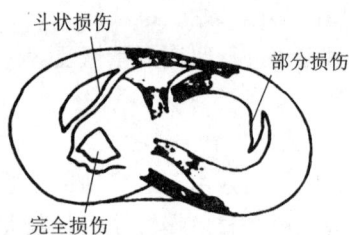

图 8 - 3 - 26　半月板损伤

半月板从膝关节的滑液中吸取营养，而不能直接获取血液的补充，因此一旦断裂就不易恢复到原来的状态。半月板的症状主要表现为压迫性疼痛、疼痛、可动区域受到限制、膝关节不能伸屈等。

◆ 髌韧带(腱)炎(图 8 - 3 - 27)：一般被称为跳跃膝，多发生在跳跃项目和长跑项目中。跑步着地时所需要的力量为体重的 2 ~ 3 倍，承受其外力的是同股四头肌 - 髌骨 - 髌韧带相连结的膝关节伸展机构。反复对膝关节伸展机构施加外力，在髌骨下端的韧带移行部就会发生一点断裂和炎症。其主要是由于股四头肌的过度训练及连结在髌骨的髌韧带过分被牵拉所造成的。症状主要有连结着股四头肌的髌骨的上端及连

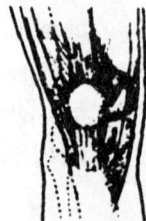

图 8 - 3 - 27　髌韧带(腱)炎

结着髌韧带的髌骨下端的不适感、肿胀、疼痛及压迫性疼痛等，在感觉不适时应立即停止训练，为防止伤病发展应休息一段时间。

◆ 髌骨软骨软化症：髌骨的玻璃软骨同股骨外上髁相互磨擦时，在关节面上发生的损伤称髌骨软骨软化症。髌骨 Q 角度（图 8 - 3 - 28）是髂骨和髌中心部的连线与髌骨的中心部和胫骨粗面的连线之间所形成的角度。这个角度如果超过 20 度，膝伸展结构就非常容易发生损伤，X 型腿是最为严重的一种。女性骨盆较大，其角度也相对大一些。髌骨被股四头肌的骨内侧肌与骨外侧肌的

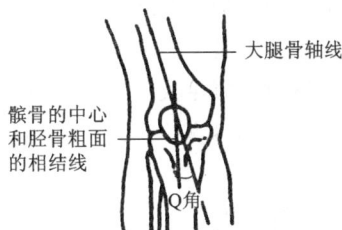

图 8 - 3 - 28 髌骨 Q 角度

合力牵引着，特别严重的 X 型腿骨外侧肌在活动中占优势，这样髌骨就会被提高到外侧的上方，超越股骨的外上髁。症状主要表现为除有慢性的疼痛外，还有乏力、伴随髌骨疼痛的松弛等。膝关节进行屈伸时，髌骨的下面还会发出声音，还有轻度的肿胀及压迫性疼痛。

◆ 滑膜囊损伤（图 8 - 3 - 29）：如果连续对髌骨内侧及外侧的滑膜囊进行刺激就会使其发生损伤，变得既硬又厚，之后会侵入到关节中。滑膜囊本来是很柔软的，但是稍有刺激就会使其坚硬，挟在髌骨和股骨之间引起疼痛，疼痛的位置在髌骨的内下方。疼痛会逐渐加强，最后则不能进行跑步。怀疑有滑膜囊损伤发生时，应及时到医院用关节镜进行检查。其诊断相对来说比较容易，同时也可在关节镜视下作切除手术。

图 8 - 3 - 29 滑膜囊损伤

◆ 髂胫韧带炎（图 8 - 3 - 30）：髂胫韧带是连结髂骨和胫骨的一条长韧带，用来保持膝外侧的稳定性。跑步中膝关节反复地进行屈伸，其韧带与股骨外上髁会产生摩擦，特别会使股骨外上髁偏离正常位置，使 O 型腿更为严重。由于内八字使得足跟骨向内侧倾斜，小腿内侧处于扭转状态，会引起髂胫韧带更加紧张，伴随摩擦力加大，就会出现炎症。膝横韧带和胫侧副韧带有时也会发炎。这种损伤往往出现在过度的跑步训练中，因运动鞋及身体所呈现的线条没有起到充分的减震作用而出现，所以常常发生在柔韧性差、跑步姿势不正确的运动员身上。

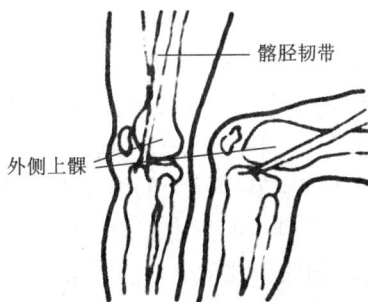

图 8 - 3 - 30 髂胫韧带炎

症状疼痛主要局限在外髁下，也会扩散到髂胫韧带下面。例如，在硬质下坡路进行下坡跑步训练时会感觉到疼痛，上坡时就会消失。在跑步中屈膝向前抬腿时也会感觉到疼痛。

◆ 鹅足炎：膝下方内侧的胫骨内髁里与缝匠肌、股薄肌、半腱肌的腱共同连结的部位称为鹅足肌（图 8 - 3 - 31）。这个部位如果一触即痛或膝关节用力屈伸时有痛感则应怀疑是否患有鹅足炎。膝

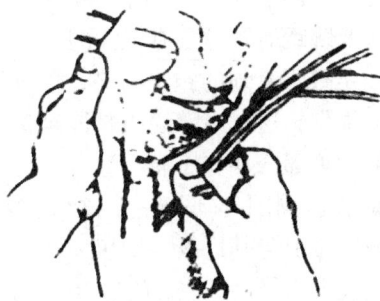

图 8 - 3 - 31 鹅足肌

关节弯曲时构成腘绳肌腱内侧部的缝匠肌、股薄肌、半腱肌的末端同鸟的形状一样连结在胫骨上部内髁上，跑步中膝关节激烈地屈伸会引发炎症。鹅足集中了腘绳肌等肌腱，主要负责膝关节的弯曲。鹅足炎产生的预兆为这些肌腱在膝关节屈伸时越过内髁骨所发出的声音，特别是受到冲击的膝关节反复进行向前屈伸时会造成过度疲劳，膝关节的内侧下方会出现疼痛。

（2）功能恢复

◆ 挫伤、半月板损伤：功能恢复的中心为恢复膝关节的可动区域及强化股四头肌。特别有必要对膝的上方内侧的股内侧肌进行强化，因为这些肌肉会牢固地把膝关节锁住。与此同时，强化拮抗肌的腘绳肌、小腿部肌肉也是非常必要的。功能恢复的目标为大腿的直径和最大肌力与另一条健康的腿相比必须具有同等或同等以上的水平。

◆ 髌韧带炎症、髌骨软骨软化症、滑膜囊损伤：功能恢复以恢复股四头肌的柔韧性为主。由于髌骨 Q 角度的被破坏及膝关节经常发生扭伤，因此获取大腿肌肉的平衡，恢复正常的膝关节屈伸是非常必要的。为此在获得踝关节正常活动的同时，强化髋关节的肌肉也是很重要的。如果是天生的 X 型和 O 型腿则不易恢复，但大多数是由于不均衡地使用肌肉所造成，所以为获取均衡的肌肉力量所进行的强化练习使恢复变为可能。

◆ 鹅足炎、髂胫韧带炎：两者都是由于过度训练使肌肉变得僵硬而引起的，所以功能恢复主要以获取肌肉的紧张为主。因为对连结在鹅足腱及髂胫韧带周围腱的治疗效果不是很明显，所以恢复以臀大肌、臀中肌为首的髋关节周围肌肉的柔韧性的同时，恢复腘绳肌、股四头肌、胫前肌、小腿肌及下肢肌肉的紧张是最佳的治疗方法。若踝关节、膝关节、髋关节的可动区域恢复到了正常状态，其他问题也就迎刃而解了。

9.小腿部

（1）小腿损伤

◆ 跟腱炎：跟腱在小腿的后面，是由腓肠肌和比目鱼肌并在一起的粗壮筋腱，附着在跟骨上。跟腱的作用就是以足跟为支点发挥最大的力。能够承受外力的相反一面是会在预料不到之时发生跟腱断裂（图 8 - 3 - 32）。跑步及跳跃时，小腿肌肉要承受自己体重数倍的力量，身体向上时会给跟腱施加很大的外力，跃起落地的一瞬间也会产生几倍的力量。在硬质运动场及体育馆里进行练习时，跟腱容易产生疼痛。冲击力大时，由于负担过重会引起跟腱炎。反复的跑步及跳跃对跟腱会有很大的刺激，还有反复只用脚前掌着地而足跟不着地的跑步姿势，会使跟腱缩短，用力牵拉时会造成损伤。这时跟腱的跟骨连结部及小腿肌肉的移行部、跟腱的中央部会伴有疼痛。

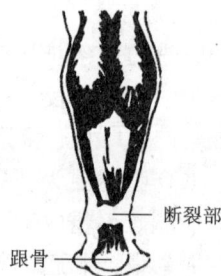

断裂部
跟骨

图 8 - 3 - 32　跟腱断裂

◆ 跟腱周围炎（图 8 - 3 - 33）：跟腱由于承受过度的外力和扭转会引起其边缘的薄膜发生炎症，称为跟腱周围炎。其症状表现为轻度肿胀、压迫疼痛、运动疼痛等。引起跟腱周围炎产生的原因主要是连结跟腱的跟骨的倾斜。跟腱是

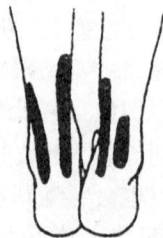

图 8 - 3 - 33　跟腱周围炎

较宽的带状组织，所以跟骨如有倾斜，无论从外侧还是内侧都有被拉伤的危险。跟腱周围炎

一旦产生炎症就不容易治愈。

◆ 肌肉间隙症候群(图8-3-34):肌肉间隙症候群是指在其间隙内部产生内出血,致使间隙部位血压上升压迫血管及神经而引起的。没有经过充分训练的小腿肌肉在反复接受突然外力之后,会突然发生肿胀且变得僵硬。损伤发生后,小腿伴有激烈的疼痛,不久会出现肌肉机能的损伤,足尖也抬不起来,而且牵拉肌肉时会使疼痛加剧,踝关节因此也就失去了承受力。

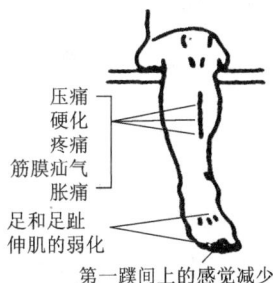

图8-3-34 肌肉间隙症候群

肌肉间隙症候群发生部位会变红、发热及有明显的压迫性疼痛。症状如果进一步加重,则不能进行触摸。经常用脚前掌直接着地就如同踩刹车时的状态,小腿的前部要反复承受多次的外力,这就是间隙在小腿内部产生炎症及血压升高的原因。

◆ 小腿部疼痛:小腿部各种疼痛是指集中在胫骨后部内侧的疼痛。主要的是胫骨后侧面与后胫骨肌肉的连结部因受刺激而引起的骨膜炎,可参考骨膜炎发生部位(图8-3-35)。沿着胫骨内侧边缘有压痛,活动胫骨肌肉时有疼痛感,也可能是后胫骨肌肉连结部发生了肌肉拉伤的原因。小腿骨间膜因各种刺激也会引起小腿前部的疼痛,这种情况下的疼痛主要发生在更深的部位。忍着小腿前部的疼痛继续参加训练,可能会发展为疲劳性骨折。小腿前部的疼痛正是因过度训练造成的,还有因跑步姿势不对,足尖外翻或内翻,造成小腿骨的扭曲,这种状态下进行训练必然会引起小腿前部的疼痛。

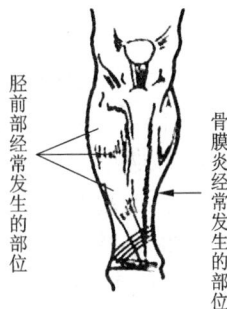

图8-3-35 骨膜炎发生部位

◆ 疲劳性骨折:腓骨是仅次于跖骨,容易引发疲劳性骨折的部位。这种损伤多发生在训练开始的季节,腓骨的颈部周围多有疼痛发生。一般在这一部位没有受外伤的记录,初期进行X光透视也会呈阴性,但是3~5周过后再进行检查呈阳性反应的情况也是时有发生的。引起胫骨疲劳性骨折的原因大致同小腿前部疼痛的原因是一样的,可参考疲劳性骨折发生部位(图8-3-36)。

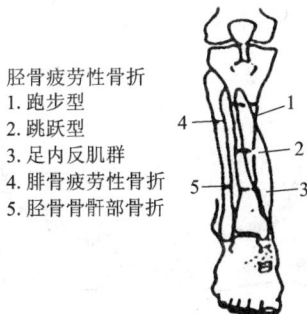

图8-3-36 疲劳性骨折发生部位

（2）功能恢复

◆ 跟腱损伤：功能恢复的主要目的是增加踝关节的柔韧性，强化小腿部的肌力，纠正跟骨的倾斜度及恢复标准的三点支撑。如果踝关节的三点支撑面得不到恢复，疼痛就不会消失。跟腱疼痛消失后，一定要更换用鞋。长时间穿同一双鞋，鞋变偏时会致使三点支撑着地困难，这也是踝关节挫伤及跟腱炎恢复缓慢的原因。

◆ 小腿前部的疼痛：功能恢复的主要目的是获得小腿肌肉的均衡和恢复踝关节的活动范围，即恢复小腿肌肉的弹性及进一步提高其柔韧性。具有弹性的肌肉可以缓冲对小腿的冲撞力，当然这一切必须是在足部获得了三点支撑的基础上进行。减轻对小腿的外力还必须收紧大腿及臀部的肌肉。为减轻炎症，在练习前后要进行冷敷按摩。

10. 踝关节

（1）踝关节损伤

◆ 踝关节扭伤（图8－3－37）：踝关节扭伤是体育运动外伤中最容易发生的损伤之一。扭伤是支撑关节的韧带自身的损伤，其损害程度由韧带情况决定。踝关节扭伤根据韧带损伤程度分三个阶段，第一阶段关节受到外力的冲击而伸展时，韧带也随之而伸展，韧带如果完全断裂称为3度（严重）扭伤；第二阶段韧带一小部分的断裂称为2度（稍重）扭伤；第三阶段韧带没发生断裂的则称为1度（轻度）扭伤。

三种损伤中最难治愈的是轻度扭伤。因为如果完全断裂，可以进行缝合或者切除一部分再作修补。同一部位多次发生扭伤，韧带总是处于一

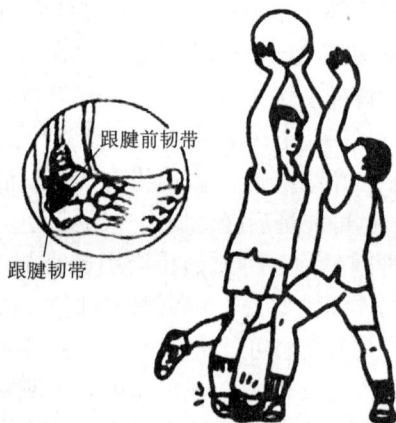

图8－3－37　踝关节扭伤

种松弛而失去收缩紧张的状态，不能充分起到支撑关节的作用，关节则会摇晃不定。轻度扭伤要达到完全恢复需要很长时间。如果轻度扭伤得不到完全治愈，疼痛还会经常出现。这是因为韧带自身的损伤较早得到了一定恢复，但关节内的炎症却不易消失。应该减少连续承受外力和延续冷敷治疗。

◆ 踝关节周围肌腱损伤（图8－3－38）：踝关节发生扭伤的同时，也会引起关节周围内踝与外踝前后小腿的肌腱产生炎症。这里无论是内翻还是外翻关节的扭伤，都会引发腱的炎症。踝关节的扭伤一般都表现为小腿抽筋及肌肉僵硬，所以对小腿肌肉所采取的处置方法就是使肌肉得到松弛。

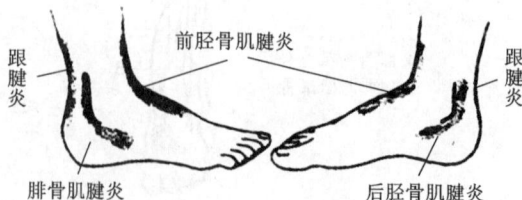

图8－3－38　踝关节周围肌腱炎

（2）功能恢复

踝关节的功能恢复主要是恢复踝关节正常的可动区域、三点支撑的作用。正确着地方法及对疼痛的处理都是不可缺少的。开始跑步感觉有疼痛时、疼痛加重时应降低速度或者停止训练，把当日疼痛的程度恢复到正常范围内是非常重要的。不要忘记训练前进行热敷，训练结束后进行冷敷。

（3）低温疗法

低温疗法是低温与治疗方法的复合语即"低温的治疗方法"，用冰来达到冷敷作用的治疗手段称为低温疗法。换言之，低温疗法的原理是以放出生命体的热度来降低损伤部位的温度。低温疗法除了用于治疗扭伤、肌肉拉伤以外，还用于肌肉疲劳、痉挛的治疗及关节可动区域的改善等方面。

低温疗法中，对急性损伤的紧急处置方法主要使用"RICE"（制动、冷敷、加压、抬高），而作为功能恢复的手段主要有活性冷敷（冷敷与活性治疗的组合）及低温条件下的伸展（冷敷与伸展活动的组合）两种。

◆ 冷敷治疗：冷敷时间一般为 10~20 分钟，但是根据个人具体情况及体质的不同，冷敷时间也是不一样的，冷敷的同时也应注意自身的感觉。冷敷时会有猛击一下所产生的疼痛，接下来会感觉到有热乎乎的感觉，其后会产生针扎似的疼痛，直至最后患部失去感觉。

冷敷会引起疼痛、热感、针扎似的感觉、失去感觉这四个阶段。如果通过这四个阶段还有疼痛，就有发生冻伤的危险。失去感觉后就应立刻停止冷敷，对于感觉不敏感、长时间进行冷敷都没有冰冷感觉的人，为防止冻伤的发生也不适宜做20分钟以上冷敷。冷敷之后，不能进行有痛感的练习。

◆ 低温伸拉：低温条件伸拉可以抑制因轻度的肌肉拉伤及肌肉挫伤所引起的肌肉痉挛，是能够在无痛感的基础上完成 ROM（可动区域）动作的低温疗法的手段之一。这种方法可与冷敷、伸展练习一同使用，即在发生轻度的肌肉痉挛的肌肉上交叉做伸展练习及进行肌肉的收缩锻炼。

◇ 冷敷时间：直至失去感觉（15~20 分钟）。

◇ 练习（65 秒）：准备性伸展练习 20 秒，肌肉高度收缩练习 5 秒，准备性伸展体操 10 秒，肌肉等长性收缩练习 5 秒，准备性的伸展体操 10 秒，肌肉等长性收缩练习 5 秒，准备性的伸展体操 10 秒，休息 20 秒，再重复进行一遍练习（65 秒）。

◇ 再度冷敷直至失去感觉（3~5 分钟），重复进行两遍以上练习。

◇ 再度冷敷直至失去感觉（3~5 分钟），重复进行两遍以上练习。

◆ 低温运动疗法：低温运动疗法主要用于关节挫伤的功能恢复治疗，是一种通过冷敷和活性治疗相结合来减轻疼痛的治疗手段。

◇ 用冰水冷敷踝关节 15~20 分钟，直至失去感觉，在无痛感前提下练习 3~5 分钟。

◇ 再度用冰水冷敷踝关节 3~5 分钟，直至失去感觉，在无痛感前提下练习 3~5 分钟。重复三次以上。

◇ 练习原则：练习必须由运动员自身来完成，练习必须在无痛感的前提下进行，练习不能有跛行现象，也不能进行激烈、异常的运动，推进练习进度，在无痛感的前提下尽早地做一些高难动作。

◇ 练习内容及其顺序。

A. 有效的 ROM 练习。

B. 一脚向另一脚的重心移动的练习。

C. 向后、向前弯曲。

D. 小步走。

E. 大步走。

F. 画圈及 8 字形走。

G. 直线慢跑。

H. 大范围内的 S 形及 8 字形慢跑。

I. 小范围内的 Z 字形及 8 字形慢跑。

J. 慢起跑、慢停(5 ~ 10 米的短距离跑)。

K. 快速起跑、快停(5 ~ 10 米的短距离跑)。

L. 强化踝关节周围的肌肉。

M. 中速度的接力赛(在踝关节打上绷带)。

N. 3/4 速度的接力赛(在踝关节打上绷带)。

O. 全速度的接力赛(在踝关节打上绷带)。

P. 归队参加正式的训练(在踝关节打上绷带)。

※治疗中如有痛感,则重新回到原来的起点进行调整。

◆ 提高疗法:为了恢复关节的活动范围、肌肉力量及正常的机能,应交替进行低温伸展和运动疗法练习。最初进行伸展练习,然后进行 2 ~ 3 次运动疗法练习,最后以伸展练习结束。

◇ 冷敷直至失去感觉(15 ~ 20 分钟),低温条件下的伸展练习。

◇ 再度冷敷,伸展练习。

◇ 再度冷敷,低温条件运动疗法。

◇ 再度冷敷,运动疗法练习。重复 2 ~ 3 次。

◇ 伸展练习。

11. 足部

(1)足部损伤(图 8 - 3 - 39)

◆ 足部的腱鞘炎:经常用足尖走路会压迫脚前部,使小腿肌肉变得僵硬,特别是在跑步及步行时会给足趾的伸肌腱造成很大的压力。这种压力日积月累就会形成腱鞘炎。为了防止足趾腱鞘炎,不能穿足尖部非常狭窄的鞋进行训练。为防止起水泡、磨破,不要过多使用衬垫,而应穿质地较柔软的鞋子进行活动。不能穿跟很高的鞋及拖鞋跑步,而且在跑步前要充分活动足趾。

◆ 前脚疼痛:由于小趾与鞋的摩擦,在小趾部附近生有籽骨的运动员会发生足尖疼痛,同时跖骨间变薄,感觉麻痹,过后会感觉到放射性的疼痛,捏住足尖会更加疼痛,这被称为神经瘤。它主要发生在第二趾与第三趾之间,在跖趾关节骨间的细小神经因被挤压而形成疼痛。

◆ 足跟的疼痛:在运动员受伤最多的跌打伤中最为严重的是足跟的损伤。主要发生在篮球、三级跳远等有急停和突然起动动作的项目中。足跟有着很硬的皮肤和厚实的脂肪。足跟虽然有厚实的脂肪作为衬垫,但是对于突然的冲击,还是没有防御的力量。

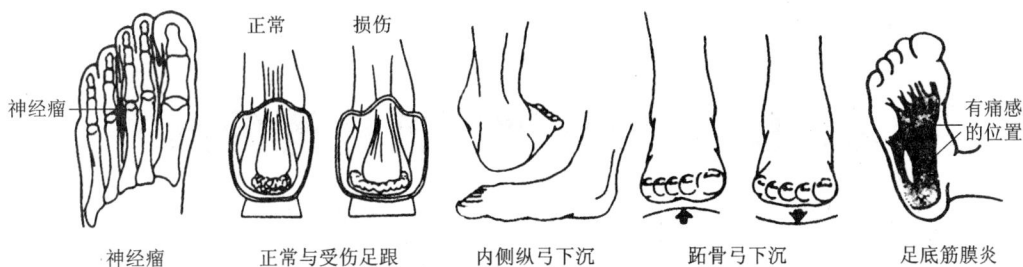

图 8 - 3 - 39 足部损伤

◆ 足弓疼痛：足弓疼痛是由踝关节的挫伤而引起的，体重负荷的变化会形成异常的鼓包。扁平足的疼痛是由支撑足弓的韧带受到压迫致使其组织系统发生挫伤及肌肉拉伤而引起的，不着地的部位会产生疲劳和疼痛。

◆ 足底筋膜炎：足底筋膜炎发生在足底筋膜上。负担体重的拇趾、小趾、足跟所形成的支撑面的重要筋膜，呈扇状分布在足底，支撑着足弓，在一定的外力作用下可伸屈。足底筋膜炎发生在支撑体重的拇趾、小趾、足跟的末梢处及足弓内侧中央的部位。伸展足底筋膜时如果有明显的疼痛感，就说明损伤已经发生了。

引起足底筋膜炎的最大原因是前脚掌着地跑，形成习惯后，因足底筋缩短而变得不能伸展。足底筋得不到伸展而在缩短状态下发力，就会引起损伤。

（2）功能恢复

足部功能恢复的主要目的是增加足趾和踝关节的灵活性以及扩大其可动区域。为此，非常有必要进行足趾的屈伸及充分的胫骨前肌的收缩练习。伸屈小腿主要是依靠胫前肌的收缩来完成。功能恢复训练是以足内部肌肉的屈伸、收缩、小腿肌肉的收缩及小腿的伸屈为主。在这个基础上还必须练习全脚掌着地，再过渡到前脚掌扒地的跑步方法。

（李志宏、汪小莹编写）

【思考题】

1. 如何理解运动损伤与运动创伤的异同点？在处理时应该注意哪些事项？
2. 试述运动损伤产生的原因，如何理解常见运动损伤的应急处理程序？
3. 如何理解预康复理念？试述传统体育康复与功能性训练理念下的运动康复的区别与联系。
4. 结合选择性功能训练评价与突破行动理论，举例分析常见运动损伤的功能康复训练。

第九章 体能训练的过程控制

【本章导读】 体能即机体维持运动的基本能力。体能训练是指发展人体体能的训练,是运用科学的运动负荷刺激等手段,促使人的身体形态和机能产生适应性变化,以提高机体适应运动需要能力的训练。体能训练过程就是通过对受训者施加运动负荷,引起机体的形态结构与机能产生生物适应性变化的过程。没有负荷的训练不称之为训练,没有恢复的训练将是危险的训练。体能训练需要合理控制才能达到预期效果。本章以生理学知识为基础讨论体能训练过程控制,辅以介绍传统体能训练应该遵循的基本原则和训练方法,为功能性体能训练组织与实施提供参考。

第一节 体能训练概述

一、体能

体能即机体维持运动的基本能力。关于体能的概念叙述有很多,这里指人体各器官系统的机能在大脑控制下的身体(肌肉)和心理(神经)活动中所表现的主动与被动的能力,它包括力量、速度、耐力、灵敏、柔韧和协调等身体素质,以及人体对环境的适应,对心理障碍的挑战、调适与控制的综合能力。就内容来说,体能由生理能力和心理能力构成,生理能力分为运动能力和非运动能力。运动能力由心肺耐力能力、力量能力、速度能力、耐力能力和协调能力构成,类分为基本运动素质和专业运动素质。非运动能力指环境适应能力,类分为基本适应能力和专业适应能力。心理能力指心理调适与控制能力,泛指意志行动。具体可参考体能的内涵(图9-1-1)。

◆ 心肺耐力能力:人体心血管系统和呼吸系统摄入、运送、吸收利用氧气进行新陈代谢、产生能量的能力。心肺耐力素质主要与人体的心血管系统、呼吸系统的机能有关。在相对安静状态下,绝大多数人的心肺功能都能够适应安静状态时机体的需要,但在体力负荷增加的情况下,心肺耐力的个体差异就可能明显地表现出来。

◆ 力量能力:人体完成一切日常生活活动、体力劳动和体育活动的基础,是健康体适能的重要内容之一。肌力测试方法,一种是测定肌肉一次用力收缩时所能产生的最大力量,以测定肌肉最大力量为主。另一种是测定肌肉在相当大的负荷下,能够重复收缩的次数或持续时间,以测定肌肉的力量耐力为主。

◆ 速度能力:人体快速运动的能力,包括人体快速完成动作的能力和对外界信号刺激快速反应的能力,以及快速位移的能力。反应速度是指人体对各种信号刺激快速应答的能力。动作速度是指人体某一部分快速完成某一动作的能力。移动速度是人体在特定方向位移的速度。

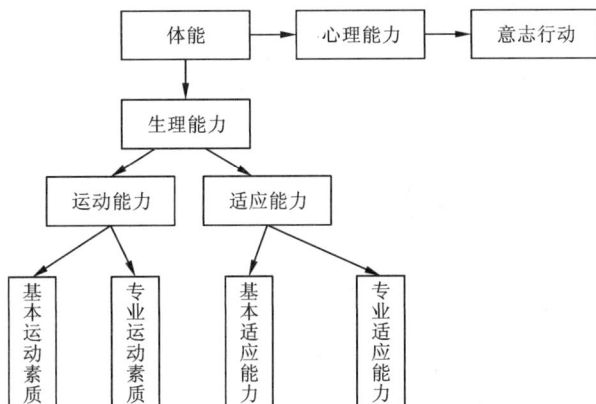

图 9 - 1 - 1　体能的内涵

◆ 耐力能力：人体坚持长时间运动的能力。按人体的生理系统分类，耐力素质可分为肌肉耐力和心血管耐力。肌肉耐力也称为力量耐力，心血管耐力又分为有氧耐力和无氧耐力。有氧耐力是指机体在氧气供应比较充足的情况下，能坚持长时间工作的能力。无氧耐力也叫速度耐力，它是指机体以无氧代谢为主要供能形式，坚持较长时间工作的能力。不同耐力素质的评定有：有氧耐力的评定及其负荷量度评定，糖酵解无氧代谢功能的无氧耐力的评定与训练负荷量度的确定。

◆ 柔韧能力：人体关节在不同方向的运动能力以及肌肉、韧带等软组织的伸展能力。可分为一般柔韧素质和专门柔韧素质。柔韧性素质与人体关节活动幅度的大小，以及跨过关节的韧带、肌腱、肌肉等的延展性有关。柔韧性素质测定指标包括评价躯干和下肢柔韧性的坐位体前屈，肩关节活动的持棍转肩、双手背靠，躯干旋转活动性的臂夹棍转体等。

◆ 灵敏能力：在各种突然变换的条件下，运动员能够迅速、准确、协调地改变身体的空间位置和运动方向，以适应外部环境变化的能力。灵敏素质可分为一般灵敏素质和专门灵敏素质。测试灵敏素质包括在跑、跳中迅速做出的各种动作、各种调整身体方位的练习，专门设计的各种复杂多变的练习，各种改变方向的追逐性游戏中对信号做出应对。

◆ 协调能力：运动中，身体各器官系统、各运动部位配合一致完成动作的能力。它不是一种单纯的运动素质，与锻炼者各器官的功能、各运动素质、心理品质和个性特征以及技能储备等联系密切，是各种能力的综合表现。协调性被认为是机体运用两三种运动形式完成一个特定的运动目的的能力。这些活动包括感官对输入产生反应，然后从所学的技能中处理并选择适当的运动程序执行动作。

◆ 环境适应能力：运动使人体各器官机能发生变化，人体不运动时，外部环境也能使身体器官的机能发生变化，例如乘坐车、船、飞机、飞船、火箭等工具时，处于缺氧、超重、失重等情况时，气候骤变、工作和生活环境变化时，身体机能都会发生不同程度的变化，这种适应工作环境和自然环境的能力称为适应能力。

◆ 心理调适与控制能力：体能是人体在大脑控制下的肌肉的活动能力。可以看出，心理素质是体能的重要组成部分。按照辩证唯物主义的观点，身心是不可分的，身心是相互影响、相互制约的。体能作为一个开放的系统，必然会考虑外界因素对体能的影响，而这种外部影响通常包括对生理和心理的影响。心理影响的因素主要是指非自然因素，如竞技比赛中，观众的欢呼声等，这些因素通过人体本身特有的情感体验调节来人身体的生理机能。因此体能表现应该包括心理因素，而心理因素变化要通过意志力才能影响到生理的变化。

二、体能训练

体能训练是旨在发展人体体能的训练，是运用科学的运动负荷刺激等手段，促使人的身体形态和机能产生适应性变化，以提高机体适应运动需要能力的训练。体能训练的内容包括运动素质训练、身体机能训练和专项所需的身体形态训练等。体能训练是顺利完成其他各项训练的基础，没有良好的体能，技能训练、战术训练等必将流于形式，没有高效的体能训练，运动员竞技能力的提高就难以保证，一般群体体质的提高也会出现问题。

(一)积极作用

◆ 运动能力训练：促进身体健康，充分发展身体素质，保证比赛需要，延年益寿等。

◆ 非运动能力训练：保证生活需要，提高自然环境适应能力，延年益寿等。

◆ 心理调适训练：保证比赛需要，愉悦身心，保证人际交往需要，提高社会适应能力，延年益寿。

(二)主要任务

◆ 改善身体形态结构：不同的运动项目对身体形态有不同的要求，体能教练通过力量训练和饮食结构调整，增减体重，改善其身体形态，以适应比赛需要。普通人群也可以根据自身的身体形态，通过调整饮食结构、适量运动来调节生活和体能。

◆ 提高生理机能：机体的生理机能是运动能力的基础，任何一项运动能力都是由若干个器官系统的机能决定的，如力量的大小不仅取决于肌纤维的收缩能力，还取决于神经系统的协调能力，因此体能训练要全面提高机体各器官系统的生理机能，对于一般人群要提高各器官的功能和适应能力。

◆ 充分发展身体素质：身体素质是技术、战术的基础，没有良好的身体素质，再好的技术和战术在比赛中都将成为无源之水、无本之木。一般人群可根据自身的身体适应能力，适当降低运动负荷和强度，从而有利于机体的健康发展。

◆ 提高对环境变化的适应能力和在比赛、工作、生活中处理对心理障碍的挑战、调适与控制的综合能力。

第二节　体能训练生理基础

一、体能训练与肌肉力量

(一)肌肉体积

肌肉体积的增加会直接引起肌肉力量的增加。发生机制包括急性的肌肉肥大和慢性的肌肉肥大。急性的肌肉肥大指肌肉在一次性的运动后表现出的肥大现象，主要原因为液体在肌肉空隙和细胞间的聚集(即水肿)，而液体主要来源于血浆。急性的肌肉肥大具有持续时间短的特点，通常在运动后的数小时内消失。慢性的肌肉肥大指肌肉在长期的运动后表现出的肥大现象，其反映出肌肉结构的变化，其中主要原因为肌纤维横断面积的增大或肌纤维数目的增加。肌纤维横截面积增大的影响因素：肌原纤维增多，肌动蛋白增多，肌浆球蛋白丝增多，肌浆增多，相关组织增多。肌纤维数目增加指肌纤维在运动训练过程中表现出来的肌纤维分裂或生成现象，高阻力训练可能是肌纤维增加的重要途径和方法。

(二)肌肉长度

肌肉长度可以影响肌肉力量的大小。肌肉在收缩时的初长度与肌纤维中每个肌节的长度有关。肌节长度可以影响肌纤维收缩的力量，单一肌节处于最适宜长度时产生的张力最大，过长或过短的肌节长度产生的张力皆小于最大张力。一定程度上肌肉的长度越大其产生的张力也越大(图9-2-1，图9-2-2)。

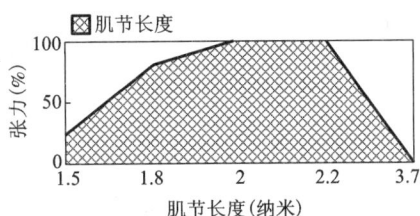

图9-2-1 肌肉长度与张力(Richard，1982)

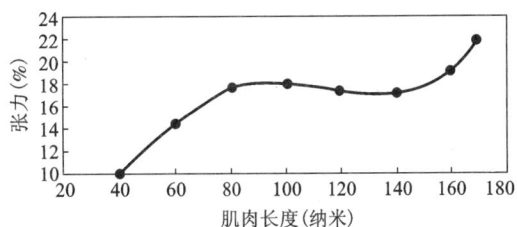

图9-2-2 肌肉长度与张力(Eston，2001)

(三)肌肉收缩速度

肌肉力量与肌肉收缩的速度之间存在着一定的关系。Hill 系统地观察了肌肉力量与速度的关系，发现随着肌肉向心收缩速度的线性增加，肌肉力量表现出非线性的下降特点。Wilkie 也发现随着肌肉离心收缩速度的线性增加，肌肉力量表现出相应的增加(图9-2-3)。

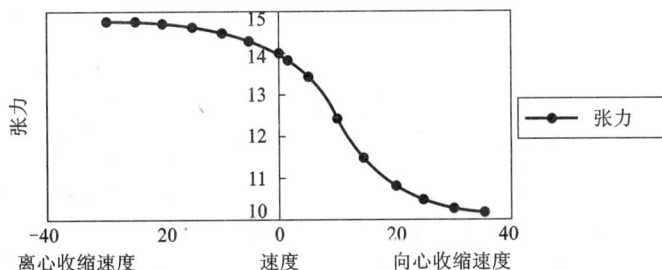

图9-2-3 肌肉收缩速度与张力(Hill 等，1938；Wilkie 等，1950)

(四)肌纤维类型的改变

力量不仅取决于肌肉的体积，而且取决于肌纤维的类型。根据肌肉的收缩速度，骨骼肌纤维可以分为快肌 A、快肌 B 和慢肌纤维三种类型。肌纤维类型与力量有着密切的关系，快肌纤维的收缩力量明显大于慢肌纤维，快肌纤维的收缩速度明显高于慢肌纤维，但慢肌纤维的抗疲劳能力明显强于快肌纤维。

(五)关节的运动角度

同一块肌肉在关节的不同运动角度时产生的力量不同，这是由于在一个关节的不同运动角度时肌肉对骨的牵拉角度不同。在肘关节角度为115度时，肱二头肌对前臂产生的拉力最大，大于或小于115度时，力量均减小，最虚弱的位置是肘关节角度为180度和40度。因此，发展某一专项力量时，相应的关节角度必须调整到能发挥其最大力量的角度(图9-2-4)。

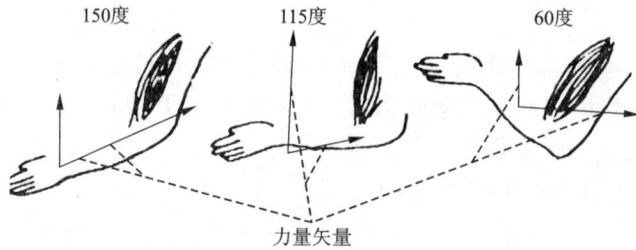

图9-2-4　肱二头肌收缩效应

(六)神经控制能力

力量并不是完全由肌肉的性质决定，其与神经控制能力有一定的关系。神经控制能力可以有效调节肌肉内运动单元的募集。Enoka 研究指出，力量的增加可以与肌肉的结构变化互相独立，但是不能脱离神经控制能力的适应性改变。人类机体内的神经肌肉系统有抑制机制即自生抑制，其可以有效地防止肌肉力量超出骨骼和关联组织的承受范围。例如当肌腱和内部关联组织结构超出高尔基腱器的阈值，机体启动自生抑制，相关的运动神经元被抑制。但是，力量训练可以逐渐降低或抵消机体的自生抑制机制，保证肌肉能够产生更大的肌力。神经控制能力是力量增加的主要因素，而肌肉肥大只是一个次要影响因素。

二、体能训练与心肺功能

(一)肺通气变化

运动时，由于呼气肌的主动参与使得呼气变成一个主动的过程，其潮气量、呼气末和吸气末肺容积、呼气和吸气时气流速度以及呼吸时间会产生一系列的变化。运动中为满足代谢需要，每分通气量(VE)有所增加，这一变化的产生是潮气量和呼吸频率(fb)共同作用的结果。在中等强度的练习中，运动员的呼吸频率增加幅度较小，而主要通过增加潮气量(VT)来增加 VE，VT 的增加是呼气末肺容积降低与吸气末肺容积增加共同作用的结果。随着运动强度的进一步增加，VT 的增加幅度减小，此时 VE 的进一步增加则主要依靠 fb。fb 的增加是通过呼气和吸气时间的降低，并且呼气时间的降低幅度较大。

(二)通气拐点

当运动强度超过55%~70%最大摄氧量时，通过呼吸而获取的氧量已不再能满足肌肉代谢的需要。糖酵解所占的比例增加，HL 的产生急剧升高，CO_2 产生增加，对化学感受器造成刺激，呼吸中枢发挥调节作用，此时通气量出现一个急剧增加的阶段，称为通气拐点。在达到通气拐点之前，通气量的增加与机体的需求成一定比例，而在超过通气拐点后，通气量不成比例地增加。

(三)心率变化

1. 晨脉

晨脉是早上静卧时测得的心率。一般在每天起床前测量，以确保其一致性，这些数据通常用曲线标出。大强度负荷训练的次日晨脉出现一定的波动，通常认为运动员晨脉不在持续高峰值，说明能承受当前负荷训练，并能得到积极性恢复。但有生理病因（例如感冒、发烧等）晨脉将出现较大幅度的变化，需要调整训练负荷，进行病理诊断与治疗。

2. 安静心率

优秀运动员的安静心率非常低，而未经训练的人，安静心率为 70~80 次/分。随着训练水平的提高，安静心率也逐步下降。优秀运动员的安静心率可能为 40~50 次/分，一些运动员甚至更低。女性比同龄男性安静心率高 10 次左右。早上安静心率比晚上安静心率低 10 次左右，但是也有晚上比早上安静心率低的。体能状况不可能从早上的脉搏中得出，但安静心率给出了训练或比赛后的恢复信息，所以描绘安静心率曲线可作为监控运动员承受训练负荷状况。

3. 训练后即刻心率

训练后即刻心率可能通过 10 次心跳测量法计算。即练习后运动员即刻在一次心跳时启动秒表并计数到 10，在第 10 次心跳时停止秒表，记录时间。这个方法的缺点是练习停止时心率下降特别快，测得的心率比实际训练中的心率要低。训练后即刻 10 次心率参照表（表 9-2-1）。

表 9-2-1　训练后即刻 10 次心率参照表

时间（秒）	心率（次/分）	时间（秒）	心率（次/分）	时间（秒）	心率（次/分）
3.1	194	4.1	146	5.1	118
3.2	188	4.2	143	5.2	115
3.3	182	4.3	140	5.3	113
3.4	177	4.4	136	5.4	111
3.5	171	4.5	133	5.5	109
3.6	167	4.6	130	5.6	107
3.7	162	4.7	128	5.7	105
3.8	158	4.8	125	5.8	103
3.9	154	4.9	122	5.9	102
4.0	150	5.0	120	6.0	100

注：有教练员常采用测量训练后 10 秒或 6 秒心率，即上表数据可以反过来应用对照。

4. 最高心率

未经系统训练的运动员的最高心率不因体能状态而变化，训练有素的运动员的最高心率可能略有下降，但其安静心率和心率拐点具有明显的变化（图 9-2-5）。

运动员的最高心率是难以掌握的，运动员最大负荷工作时计算即刻心率将有很大偏差（最高心率 = 220 - 年龄），因为训练停止后运动员心率会立刻下降。为了测定运动员的最高心率，运动员在完全恢复状态下应先热身，进行一定时间的跑步或骑自行车，接着进行一定强度的 4~5 分钟跑，再持续 20~30 秒的全力冲刺后，通过心率监控仪器读取心率。

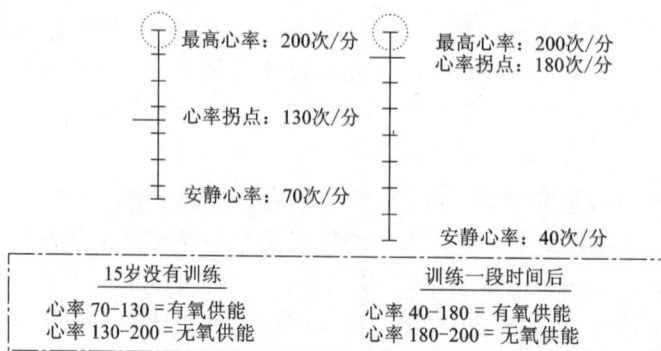

图 9 – 2 – 5   有无训练的运动员最高心率变化特征

5. 心率拐点

运动训练所引起的最重要的变化是心率拐点的提高。正如前面所说，当进行较高训练强度时，心率与训练强度之间的关系并不是线性的，低强度时呈直线，但在高强度时，这条线就呈现出了明显的弯曲。换句话说，训练强度可以增加，但是运动员的心率变化会在某一点时出现变化，这个点就是心率拐点。例如某一没有经过训练的人的心率拐点为 130 次/分，经过一段时间的耐力训练以后，其心率拐点会从 130 次/分提高到 180 次/分。高水平运动员的心率拐点通常是 170 次/分。以高于心率拐点的强度所进行的任何练习都将会导致乳酸的堆积。经过良好训练的运动员，有氧供能心率区间会显著加大。这种心率区间的加大代表着有氧能力增加。拥有强大的有氧能力就能够以高强度进行长时间的工作。具有这种有氧能力的运动员通常被认为拥有良好的体能。

6. 过程心率

过程心率是指运动员在运动过程中的心率。这可以通过心率表或摇杆心率测量仪获得练习中的心率曲线。比较训练后即刻心率，可更加真实地反映运动员的承受训练负荷状态，为教练员控制运动员训练负荷过程提供客观依据。但是随着运动员的训练年限增加和竞技水平的提高，心率指标在监控高水平运动员时灵敏性受到挑战。训练实践中，应用训练指标监控运动员承受训练负荷状态应该结合心率拐点、个体乳酸、最高心率等指标进行综合描述，建构大强度重复游的训练负荷过程监控模式（图 9 – 1 – 7）。

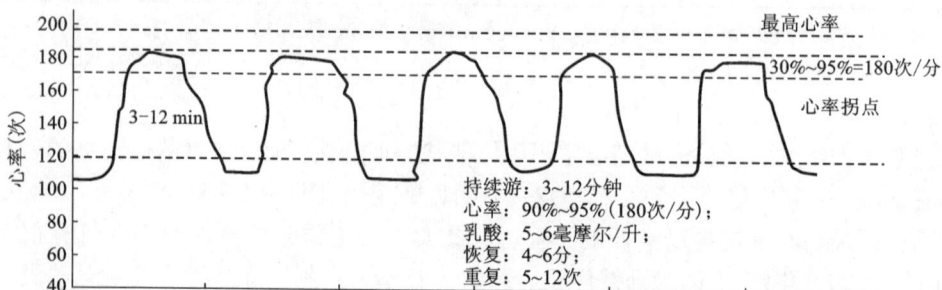

图 9 – 2 – 6   大强度重复游的训练负荷过程监控模式

7. 心率储备与目标心率

心率储备是最高心率与安静心率的差值。即心率储备 = 最高心率 - 安静心率。假设一个运动员的安静心率为 65 次/分，最高心率为 200 次/分，那么他的心率储备为 200 - 65 = 135。目标心率（靶心率）是由心率储备的某个百分比加上安静心率。70% 心率储备的目标心率可根据以下公式计算：①目标心率 = 安静心率 + 70% 心率储备；②目标心率 = 65 + (0.7 × 135) = 65 + 95 = 160 次/分。

假设两个运动员按同样的速度运动可能达到不同的心率储备，不可以由此错误地推断出心率高的运动员，承受负荷就大。例如一个最高心率为 210 次/分的运动员，其运动时的心率为 160 次/分，另一个运动员的最高心率为 170 次/分，运动时达到了 140 次/分。前者在最高心率以下 50 次完成，而后者在最高心率以下 30 次完成，那么后者承受了更高的训练负荷。所以一旦知道了安静心率与最高心率，那么练习强度就可以用以下公式推算出来：

$$训练强度（\%） = \frac{训练中心率 - 安静心率}{最高心率 - 安静心率} \times 100\%$$

如果上述运动员有同样的安静心率，即 50 次/分，那么他们的训练负荷百分比分别为 69% 和 75%。反过来，如果用心率控制或监控训练强度，那么要先拟定训练强度（75%），然后根据上述公式推断目标心率或训练中的心率。

根据训练实践分析，心率储备的百分比目标心率和最高心率的百分比目标心率是不一样的。当目标心率降低时，两种方法的区别越明显。60% 最高心率储备或者 73% 最高心率的目标心率被当作训练阈值（146 次/分）。如果一个训练手段低于这个目标心率，有氧能力就得不到较好的改善，因为训练刺激太弱。为了改进有氧能力，目标心率应在 60%~90% 最高心率储备之间（表 9-2-2）。由此，我们制定了训练强度定性分析对照表（表 9-2-3）。

表 9-2-2　心率储备百分比目标心率和最高心率百分比目标心率

目标心率	心率储备百分比	最高心率百分比	差值
186	90	93	3
180	85	90	5
173	80	87	7
166	75	83	8
160	70	80	10
153	65	76	11
146	60	73	12

注：安静心率 = 65 次/分；最高心率 = 200 次/分。

表 9 - 2 - 3　训练强度定性分析对照表(%)

心率储备	心率储备
轻微活动或者恢复性训练	50 ~ 60
小强度有氧训练	60 ~ 70
大强度有氧训练	70 ~ 80
无氧训练	80 ~ 90
最大负荷(比赛)	90 ~ 100
最高心率	最高心率
轻微活动或者恢复性训练	68 ~ 73
小强度有氧训练	73 ~ 80
大强度有氧训练	80 ~ 87
无氧训练	87 ~ 93
最大负荷(比赛)	93 ~ 100

三、体能训练与神经控制

(一)反射弧

反射弧由感受器、传入神经、中枢、传出神经与效应器五部分组成。感觉(佑入)神经元通过背根将感受器的感觉信息传入脊髓,感觉神经在脊髓内与中枢神经元联系,中枢神经作为接力站将信息传递给脊髓,然后前角运动神经元将神经冲动通过运动神经传递给效应器,即肌肉。例如当手指不小心触到热物体,疼痛感受器将受到刺激,并将信息通过传入神经元传递给脊髓,运动神经元受到激动而产生相应的动作,使手迅速收回,同时信息沿脊髓向上传导至脑感觉区,产生痛觉。动作模式训练就是通过这种反射弧建立的神经肌肉联络系统,达到自动化动力定型。

(二)运动单位及募集

一条运动神经元的轴突末梢可分出很多分支来和肌纤维接触,因此一条运动神经元可以支配多条肌纤维,我们将前角运动神经元和其所支配的肌纤维称为一个运动单位。这是神经对肌肉控制的基本单位。

1.运动单位的募集

运动单位参与收缩的过程叫运动单位的募集。肌肉的收缩力量可以从小到大逐渐递增,最后达到最大力量,这一过程的变化就是运动单位的募集过程。当神经冲动传至肌肉,兴奋性高的运动单位先兴奋然后收缩,随着神经放电频率的增加,兴奋性较低的运动单位也被兴奋从而产生收缩。这样更多的运动单位不断参与,使力量不断加强,直到组成整个肌肉的所有运动单位都参与收缩,肌肉就表现出最大收缩力量。如果运动神经元传来的神经冲动达到刺激阈值,就会引起它支配的运动单位内的肌纤维都同步收缩,如果刺激强度达不到刺激阈值,肌纤维就不收缩,不存在肌纤维随刺激强度大小的改变而出现收缩强度有大小变化的现象,这种现象叫做"全或无"现象。

2.运动单位的募集方式

肌肉在收缩时，快收缩运动单位与慢收缩运动单位的募集有一定的规律。当需要肌肉收缩力量持续增加时，一般慢收缩运动单位先被选择性动员，然后快收缩运动单位被动员，使肌力达到最大。在持续性肌肉工作中，如慢跑、慢速骑自行车或游泳等，慢收缩运动单位被动员。在快速大力量的肌肉收缩中，快收缩运动单位被动员。不同运动项目、运动单位的动员方式有不同的特点，如举重项目要求运动单位同步收缩，而耐力项目要求运动单位轮流收缩，这样能使举重运动员发挥出肌肉的最大力量，而耐力运动员则通过运动单位的轮流收缩使其达到抵抗疲劳的作用。

第三节　体能训练过程控制

一、训练过程控制

不管是年度多周期，还是多年多周期训练，要达到目标成绩乃运动训练的至上目标，不管是周期训练目标还是阶段性训练目标的实现，"为什么练，练什么，怎么练，练多少"是教练员不可回避的四个基本问题，也就是如何控制运动员的运动训练过程，实现创造优异运动成绩的问题。

没有负荷的训练不称之为训练，没有恢复的训练将是危险的训练。毋庸置疑，负荷是运动训练活动的主要因素，并且训练负荷需要严格控制，既不能无穷大，也不能无穷小，既不能无止境的大，也不能无止境的小，必须张弛相济，否则，不但取不到良好的训练效果，而且有可能损害身体健康。无目的则无所谓控制。"控制"是指掌握对象不任意活动或超出范围。控制训练负荷的内涵就是掌握负荷安排目的、练习内容、练习手段、负荷量度四个基本因素，尽可能满足实现目标成绩需要的过程。控制机理表现为他组织运行机理和自组织运行机理。

二、体能训练过程

(一)体能训练负荷

训练负荷是身体训练最重要的控制与影响因素。体能训练过程就是通过对受训者施加运动负荷，引起机体的形态、结构与机能产生生物适应性变化的过程。体能训练过程控制的实质就是控制受训练者承受训练负荷的过程，以引起机体产生生物适应性变化为根本目的。

训练负荷可分为负荷量和负荷强度两个方面。负荷强度是反映负荷对有机体的刺激深度，由密度、难度、质量以及重量等因素构成，这些因素分别适用于不同的运动专项和不同的练习。周期性运动的负荷强度多以练习中所完成的时间、高度、远度以及重量等来衡量，而非周期性运动的负荷强度多以练习的动作难度和完成质量来反映。负荷量多以练习的次数、练习的时间、练习的重量或总重量来反映。

负荷强度与量是构成训练负荷的两大要素，两者之间相互依存，不可分割。任何量都包含着强度的因素，而任何强度又都是通过量反映出来。刺激量大而刺激强度不够，或者是刺激强度大而刺激量太小都不能使机体承受刺激或产生应激，只有一定刺激强度的负荷达到相应的刺激量时，机体才会产生新的适应。

(二)训练过程适应

根据机体适应性原理,当外界环境发生变化时,人体内的相对平衡会被暂时打破。这时机体可通过一系列生理性调节来重新保持相对稳定,这种适应就是暂时性适应。如果暂时性适应长时间(几周、几月或多年)、周期性地反复进行,就会导致人体的形态和机能发生变化,这种变化即为长久性适应。高水平的体能是长期艰苦训练的结果,是机体对专项运动逐步建立运动适应的过程。这一过程是改造和建设训练者身体系统的过程,是使运动员各器官系统的形态和功能适应他所从事的训练项目的过程。训练者机体的这种适应能力越高,它的体能水平也越高。整个体能训练过程实质上就是追求人体训练适应的过程。所谓训练适应是反映训练者机体在长期训练和外界环境(自然环境与训练、比赛环境等)刺激的作用下所产生的生物学方面的功能性"动态平衡"(能量补充与消耗的动态平衡)。

体能训练的任务就是通过合理的训练负荷等手段,打破原有的生物适应与平衡,使机体在新的水平上产生新的生物适应与平衡。达到较高的适应水平所需要的时间取决于适应平衡建立的难度,难度越大,神经、肌肉和机能的适应所需要的时间也就越长,所以,无论是运动员还是一般普通人群的训练,都会以自身身体适应能力为基础。

训练适应主要是人体对运动刺激的一种生理适应过程,一般要经历以下几个阶段。

◆ 第一阶段:对运动员或一般人群的个体机体施加刺激阶段。这种刺激包括练习中、比赛中和生活中(饮食、作息制度、时差等)所受的各种刺激,机体每时每刻都在接受来自各方面的各种刺激。

◆ 第二阶段:对刺激产生直接的应答性反应阶段。机体在外部刺激的作用下,其机体内外感受器产生兴奋,将兴奋传输到各内脏机能器官和运动器官,使之尽快进入工作状态,对外来刺激做出运动必需的应答性反应。

◆ 第三阶段:对刺激产生局部或整体的适应阶段(暂时性适应)。机体器官和系统在接受刺激后,机能状况由开始的急剧上升逐渐趋于平衡,此时表示机体对刺激产生了训练适应。

◆ 第四阶段:结构与机能改造阶段(长久适应形成阶段)。在全面增加和系统重复各种外部刺激的基础上,使各相应的机能系统和组织器官产生明显的结构和机能改造。在这个阶段中可以看到运动器官和有关的机能系统的结构出现相应的完善和协调。

◆ 第五阶段:训练适应的衰竭阶段。当训练安排不合理时,如承受过度训练负荷或过大的比赛负荷,则长期训练适应的某些机能会出现衰竭的情况。通常采用"维持性运动负荷"就可以保持已达到的训练适应水平。完全停止训练或急剧地、长时间地降低训练负荷都会引起训练适应的消退,各种已获得的运动机能能力和运动性适应结构就会慢慢消失。

产生训练适应所用的时间越短,其消退的速度越快。例如,在两个月紧张的力量训练后完全停止练习,经过两周后,力量素质就会明显下降,经过2~3个月后就会降低到原来水平。因此,在体能训练过程中,一方面要避免适应的消退和适应过程的重复出现,另一方面也要避免盲目的长时间、高强度的刺激来追求训练适应。

三、体能训练原则

(一)健康保障原则

健康保障训练原则是指为实现预设训练目标,鼓励运动员在身心健康有保障的条件下组织运动训练活动的训练原则。不管是竞技运动员还是体育锻炼者，关注身体健康是以人为本的现代管理理念在训练工作中的重要体现。同时，作为运动训练活动的主体，健康状况对于训练活动的组织进行以及训练成果的好坏有着重要的影响，应得到高度的重视。因此，需要建立完整的健康保障体系。这包括日常的医务监督、定期的健康体检、及时的医药治疗和发生意外伤病时的应急处理机制。发生运动创伤后，需要停训停赛治疗的，应坚决停训停赛，不要因为追求一时一事的竞技利益或健身娱乐需求而使身体健康受到不应有的损害。

（二）竞技需要原则

竞技需要原则是根据项目比赛的特点和运动员在比赛中获取运动成绩的需要，从实战出发，科学安排训练过程的周期、阶段划分及训练的内容、方法、手段和负荷等要素的训练原则。比赛是竞技体育活动的核心组成部分，运动训练的目的是提高运动员的竞技能力，以求成功地参加比赛。训练的结果是否符合比赛的需要，是评价训练效果最重要的标准。一切训练活动都应该从比赛的需要出发而设计规划和组织实施。

竞技运动项目是多姿多彩的。有些项目主要比技术，有些项目主要比体能。有些项目主要比力量，另一些项目则主要比耐力。有些项目只是个人与个人比赛，另一些项目则是两队之间比赛。不同项目竞技需要有所不同，对体能训练要求也有所区别。

（三）自觉积极原则

自觉积极原则是指训练者对已设定的行为目标所采取的一种主动性行为。体育训练是一个自我训练、自我完善，并总是伴随着克服自身的惰性、战胜各种困难的过程，也是自我养成良好习惯的过程。我们只有真正做到"我要练"而非"要我练"，才能把体育训练作为生活中不可缺少的一部分，自觉积极地进行体育训练，才能获得愉悦的情感体验。

（四）个性化原则

个性化原则是指训练从个人和外界环境条件的实际出发，注重个体差异，在确定训练目的、选择运动项目、安排运动时间和运动负荷时，因人因项，区别对待。这是人们进行体能训练的根基，是训练效果好坏的基础。

（五）循序渐进原则

循序渐进原则是指在安排训练内容、难度、时间及负荷等方面要根据人体发展规律和超量负荷原理，有计划、有步骤地逐步提高要求。人体在不断适应、不断调整的过程中，体质逐步增强，从而提高健康水平。

（六）阶段性原则

人体发展分为生长发育期（25岁之前，大学本科生23岁左右毕业）、成熟期（25～40岁，工作、家庭等方面压力较重，是疾病蓄积期）和衰退期（40岁以后是人生比较平稳发展的时期）。阶段性原则是指根据人体生长发育、发展与衰退的规律，按不同发展阶段特点来安排体能训练的原则。

（七）全面训练原则

全面训练原则是指通过体能训练使身体形态得到全面而和谐的发展。人体是一个统一的整体，各器官系统的机能是相互影响、相互制约的。因此身体任何局部机能的提高，必然促进其他部位机能的改善。不同训练内容和方法有不同的作用，同时也都有一定的局限性。所以体能训练应以多样化的训练内容和方法来使身体机能得到全面、协调发展。

四、体能训练方法

(一)技术化训练

根据竞技运动需要原则,体能训练按运动项目的战术结构特征可以分为技术化分解与完整训练法。技术化分解训练法是指将完整的技术动作或战术配合过程合理地分成若干环节或部分然后按环节或部分分别进行训练的方法。

技术化完整训练法是指从技术动作或战术配合的开始到结束,不分部分和环节,完整地进行练习的训练方法。运用完整训练法便于运动员完整地掌握技术动作或战术配合,保持技术动作或战术配合的完整结构和各个部分之间的内在联系。它可以用于单一动作的训练,也可以用于多元动作的训练,可以用于个人成套动作的训练,也可以用于集体配合动作的训练。

(二)重复训练法

重复训练法是指多次重复同一练习,两次(组)练习之间安排相对充分休息的练习方法。重复次数的多少不同,对身体的作用也不同,重复次数越多,身体对运动反应的负荷量越大。如果重复次数不断地继续增加,可能使身体承受的负荷达到极点,乃至破坏有机体的正常状态,造成伤害。运用重复训练方法,关键是掌握好负荷的有效价值范围(最有训练价值负荷量下的心率),并据此调节重复次数。怎样去重复才能达到理想效果的负荷程度,应根据实际情况而定。

(三)间歇训练法

间歇训练法是指对多次练习时的间歇时间作出严格规定,使机体处于不完全恢复状态下,并反复进行练习的训练方法。

人们认为体质增强的过程是在运动中实现的,其实体质内部增强过程主要是在间歇中实现的,是在休息过程中获得了超量恢复。若离开在休息中取得的超量恢复,运动就会变成对增强体质毫无意义的事。间歇对增强体质的作用并不亚于运动本身。同重复训练法一样,间歇的时间也要依据负荷的有效价值标准去调节。一般说来,当负荷反应(心率)指标低于有效价值标准时,应缩短间歇时间,而负荷反应(心率)指标高于价值标准时,则可延长间歇时间。通过适当的间歇,把负荷量调节到负荷有效价值范围,以追求良好的训练效果。一般心率在130次/分左右时,就应再次开始训练。间歇时,不要静止休息,而应边活动边休息,如慢速走步、放松手脚、伸伸腰腿或进行深而慢的呼吸等。因为轻微活动可对血管起到按摩作用,帮助血液流动和排除代谢所产生的废物。

(四)持续训练法

持续训练法是指负荷强度较低、负荷时间较长、无间断地连续进行练习的训练方法。练习时,平均心率应在每分钟130~170次。持续训练主要用于发展一般耐力素质,并有助于完善负荷强度不高但过程细腻的技术动作。

连续训练时间的长短同样要根据负荷价值的有效范围确定,通常认为在140次/分左右的心率下连续训练20~30分钟,可使机体的各个部位都长时间地获得充分的血液和氧的供应,因而能有效地发展有氧代谢能力。

从增强体质的良好效果出发,训练时,需要间歇就休息一会儿,需要连续就接二连三地进行下去,所以不能仅讲究间歇,还要讲究连续,连续、间歇、重复都是在统一训练过程中实现的。连续、间歇、重复等因素各有其特有的作用，连续的作用在于持续负荷量不下降，并维持在一定的水平上，使身体充分地受到运动的作用。

(五)循环训练法

循环训练法由几个不同的练习点组成，当一个点上的练习完成后，练习者就迅速转移到下一个点，下一个练习者依次练习。练习者完成了各个点的练习，就算完成一次循环。循环训练法对技术的要求不高，且各项目都采用比较轻度的负荷，练习起来既简单有趣，又可获得综合训练，达到全面发展的良好效果。

(六)变换训练法

变换训练法是指变换运动负荷、练习内容、练习形式以及条件，以提高运动员积极性、趣味性、适应性及应变能力的训练方法。此法可以有效地调节生理负荷、提高兴奋性、强化训练意向情绪，以达到提高训练效果的目的。刚参加训练时，可多做些诱导性练习和辅助性练习。随着训练水平的提高，应加大练习的难度，如用越野跑代替在田径场的长跑等。训练条件的变化，可使训练者的大脑皮层不断地产生新的刺激，提高兴奋性、激发训练的兴趣，从而提高机体对负荷的承受能力，提高训练效果。另外，不断地对训练的内容、时间、动作速率等提出新的要求，可有效地调节生理负荷，使机体不断产生适应性变化，达到更好的训练身体的目的。

(七)抗阻训练法

抗阻训练法是使用杠铃、哑铃、沙袋等重物进行身体运动来训练身体、增强体力的方法。抗阻训练方法，既用于普通人为增强体质训练身体，又用于各项目运动员的身体训练，还可用于解决身体疾患的康复。抗阻训练可分为自身体重训练、自由重量训练和固定器械训练。

普通人增强体质进行的抗阻训练，应该采用最大摄氧量和最大心输出量以下的负荷。因为过大的负荷可能会给心血管和呼吸系统带来不良的影响。为了保证这种训练方法对身体的良好作用，在健身运动负荷价值范围内可以多次重复或连续。

（李忠、郑小云编写）

【思考题】

1.如何理解体能训练过程及其控制的基本原理？

2.体能训练过程监控如何实现？结合运动专项谈谈个人见解。

3.结合实际谈谈传统体能训练与功能性体能训练的区别与联系。

4.试述重复训练法、持续训练法、间歇训练法的异同。

5.以核心稳定性力量训练为训练内容，设计一份高强度耐力训练方案。

附表　功能动作筛查测试积分表

◆ 姓名：_____ 性别：_____ 出生日期：_____ 测试日期：_____
◆ 地址：___省___市___县___街道___号　邮编：_____
◆ 学校(运动队)：_____ 隶属单位：_____
◆ 身高：___ 体重：___ 年龄：___ 从事运动项目：____、____、____、____
◆ 最初运动项目及成绩：_____ 现从事运动项目：_____
◆ 优势手和脚：_____ 先前测试分数：_____
◆ 运动损伤：_____ 程度：_____ 时间：_____ 部位：_____
◆ 健身娱乐：_____、_____、_____ 持续时间：_____ 周频率：_____

测试		初始得分	最后得分	建议
深蹲				
过栏架步动作	左			
	右			
前后分腿蹲动作	左			
	右			
肩部灵活性动作	左			
	右			
冲击排除性测试	左			
	右			
直膝抬腿动作	左			
	右			
躯干稳定性动作				
俯撑排除性测试				
转动稳定性动作	左			
	右			
上体后伸排除性				
总分				

注：初始得分：记录七次测试得分；最后得分：取最低分；总分：最后得分之和。

参考文献

［1］Gray Cook. 动作 – 功能动作训练体系［M］. 张英波，等，译. 北京：北京体育大学出版社，2011.

［2］Boyle M. Functional Training for Sports［M］. Human Kinetics，2003.

［3］Gambetta V. Gray G. Following a Functional Path［J］. Training & Conditioning，1995，5（2）：25 – 30.

［4］Gambetta V. Clark M. A Formula for Functional［J］. Training & Conditioning，1998，8（4）：24 – 29.

［5］Gambetta V. Force and Function［J］. Training & Conditioning，1999，9（5）：36 – 40.

［6］Steven Plisk. The Lumbodorsal Fascia in Low Back Disorders：Evidence Based Prevention and Rehabilitation ［M］. Champaign（IL）：Human Kinetics，2002：79 – 80.

［7］Bill Foran. 高水平竞技体能训练［M］. 袁守龙，刘爱杰，译. 北京：北京体育大学出版社，2006.

［8］Gray Cook. Functional Training for the Torso［J］. NSCA Journal，1997（4）：14 – 19.

［9］杨桦，李宗浩，池建. 运动训练学导论［M］. 北京：北京体育大学出版社，2007.

［10］杨桦，池建. 竞技运动与奥运备战重要问题研究［M］. 北京：北京体育大学出版社，2006.

［11］Susan G，Michael Harper. Functional Training：Fad or Here to Stay［J］. Acsms Health & Fitness Journal，2010，14（6）：24 – 30.

［12］Tricoli V，Lamas L，Carnevale R，etal. Short-term Effects on Lower-body Functional Power Development：Wrightlifling VS. Vertical Jump Training Programs［J］. Journal of Strength and Contrioning Research，2005，19（2）：433.

［13］Gambetta V. Gray G. Following a Functional Path［J］. Training & Conditioning，1995（2）：25 – 30.

［14］Gambetta. Athletic Development：Theart & Science of Functional Sports Conditioning［M］. Human Kinetics，2007.

［15］Boyle M. Functional Training for Sports［M］. Human Kinetic，2003.

［16］Janda V. Muscle，Central Nervous Motor Regulation and back Problems［M］. New York：Plenum Press，1978.

［17］Newmann D. Kinesiology of Musculoskeletal System：Foundations for Physical Rehabilitation［J］. St Louis：CV Mosby，2002.

［18］Page P，Frank C，Lardner R. Assessment and Treatment of Muscle Imbalance：the Janda Approach［M］. Human Kinetics，2010.

［19］Palmitier RA，An KN，Scott SG，etal. Kinetic Chain Exercise in Knee Rehabilitation［J］. Sports Med，1991，11（6）：402 – 413.

［20］田麦久，刘大庆. 运动训练学［M］. 北京：人民体育出版社，2012.

［21］全国体育院校教材委员会审定. 运动解剖学［M］. 北京：人民体育出版社，2000.

［22］王瑞元，苏全生. 运动生理学［M］. 北京：人民体育出版社，2012.

［23］全国体育院校教材委员会. 运动生理学［M］. 北京：人民体育出版社，2002.

［24］陈小平. 竞技运动训练实践发展的理论思考［M］. 北京：北京体育大学出版社，2008.

［25］萨罗，瑞沃德. 游泳专项体能训练［M］. 闫琪，等，译. 北京：北京体育大学出版社，2010.

[26] Newton RU, Gerber A, Nimphius S, etal. Determination of Functional Strength Imbalance of the Lower Extremities[J]. Strength Cond Res, 2006, 20(4): 971 – 977.

[27] 周振华, 冯树勇. 高水平竞走运动员的训练负荷控制过程[J]. 体育学刊, 2015, 22(4): 121 – 124.

[28] 周振华. 我国男子20公里高水平竞走运动员专项训练负荷控制的研究[D]. 北京: 北京体育大学. 2013.

[29] PAYNE G. 人类动作发展概论[M]. 耿培新, 梁国立, 译. 北京: 人民教育出版社, 2008.

[30] 张英波. 动作学习与控制[M]. 北京: 北京体育大学出版社, 2011.

[31] 国家体育总局训练局国家队体能训练中心. 身体功能训练动作手册[M]. 北京: 人民教育出版社, 2014.

[32] 李志宏, 陈勇, 周振华. 运动防护理论基础[M]. 北京: 中国农业科学技术出版社, 2016.

[33] 谭成清, 李艳翎. 体能训练[M]. 长沙: 湖南师范大学出版社, 2012.